Altérité et identité dans les « histoires anglaises » au XVIIIe siècle

Faux Titre

ÉTUDES DE LANGUE ET LITTÉRATURE FRANÇAISES

Series Editors

Keith Busby
M.J. Freeman†
Sjef Houppermans et Paul Pelckmans

VOLUME 411

The titles published in this series are listed at *brill.com/faux*

Altérité et identité dans les « histoires anglaises » au XVIIIe siècle

Contexte(s), réception et discours

par

Beatrijs Vanacker

BRILL

LEIDEN | BOSTON

Illustration de couverture : Baculard d'Arnaud, *Clary ou le retour à la vertu récompensée, histoire anglaise*, in : *Épreuves du sentiment*, T.1, Paris, Laporte, 1803. Source : bibliothèque personnelle de Jan Herman, Leuven.

Library of Congress Cataloging-in-Publication Data

Names: Vanacker, Beatrijs, author.
Title: Altérité et identité dans les "histoires anglaises" au XVIIIe siècle : contexte(s), réception et discours / par Beatrijs Vanacker.
Description: Leiden ; Boston : Brill, [2016] | Series: Faux titre : études de langue et litterature francaises, ISSN 0167-9392 ; volume 411 | Includes bibliographical references.
Identifiers: LCCN 2016022149 (print) | LCCN 2016029825 (ebook) | ISBN 9789004323803 (hardback : acid-free paper) | ISBN 9789004324770 (e-book)
Subjects: LCSH: France—Intellectual life—18th century. | France—Relations—England. | England—Relations—France. | England—Foreign public opinion, French. | Politics and culture—France—History—18th century. | Politics and literature—France—History—18th century. | French literature—18th century—History and criticism. | England—In literature. | British in literature. | Discourse analysis.
Classification: LCC DC33.4 .V36 2016 (print) | LCC DC33.4 (ebook) | DDC 303.48/24404109033—dc23
LC record available at https://lccn.loc.gov/2016022149

Want or need Open Access? Brill Open offers you the choice to make your research freely accessible online in exchange for a publication charge. Review your various options on brill.com/brill-open.

Typeface for the Latin, Greek, and Cyrillic scripts: "Brill". See and download: brill.com/brill-typeface.

ISSN 0167-9392
ISBN 978-90-04-32380-3 (hardback)
ISBN 978-90-04-32477-0 (e-book)

Copyright 2016 by Koninklijke Brill NV, Leiden, The Netherlands.
Koninklijke Brill NV incorporates the imprints Brill, Brill Hes & De Graaf, Brill Nijhoff, Brill Rodopi and Hotei Publishing.
All rights reserved. No part of this publication may be reproduced, translated, stored in a retrieval system, or transmitted in any form or by any means, electronic, mechanical, photocopying, recording or otherwise, without prior written permission from the publisher.
Authorization to photocopy items for internal or personal use is granted by Koninklijke Brill NV provided that the appropriate fees are paid directly to The Copyright Clearance Center, 222 Rosewood Drive, Suite 910, Danvers, MA 01923, USA. Fees are subject to change.

This book is printed on acid-free paper and produced in a sustainable manner.

Pour Gerardo, Sebastian et Eleonore

Il en est des livres comme du feu de nos foyers : on va prendre ce feu chez son voisin, on l'allume chez soi, on le communique à d'autres, et il appartient à tous.

VOLTAIRE, *Dictionnaire philosophique*

Contents

Remerciements xi
Notice bibliographique xii

Anglomanie(s) 1
    Objet d'étude et contexte de recherche   10
    Cadres de référence   16
    Plan d'étude   21

1 **Images opposées, regards croisés**   25
    Préliminaires   25
    De la rivalité à l'entente – and back again   27
    Le débat sur le caractère national au XVIIIe siècle   34
        Sur l'esprit des nations   36
    L'identité nationale : constructions discursives   39
        Nous Autres, nous-mêmes   39
        Un discours patriotique   40
        Images opposées, regards croisés   44
    Anglomanie : débats et définitions   49
        Points de référence   50
        Questions de terminologie   54
        L'Anglomanie réévaluée   60
    Fictions de l'Altérité : préliminaires   61
        Anglicité littéraire : entre traduction (prétendue) et fiction avouée   65

2 *Histoires anglaises* : genèse et réception   70
    Le (pseudo-) statut des fictions à l'anglaise   71
    Le titre comme programme   77
    Les chiffres revus   82
    Préfaces   87
        Points de repère terminologiques   87
        Modalités d'un contrat de lecture variable   89
        En quête d'une voix d'auteur : le cycle de Mme Beccary   94
        Charlotte de Bournon-Malarme : questions d'auctorialité   100
        L'apparat de notes : un contrat de lecture renégocié   105
        Modalités d'investissement culturel   107
    Réception critique   109
        Remarques préliminaires   109

Corpus   113
  Perspectives de lecture   115
  De la feintise à la fiction   115
  Une anglicité traduite   124
  Anglicité et intertexte   130
  Valeur esthétique et intérêt commercial   140

3 **Méthodes de lecture**   151
  Préliminaires   151
    Topos et stéréotypie   151
    Un acte de lecture   152
  Pour une lecture topique   154
  Pour une lecture imagologique   158
    Imagologie : image et logique dialectique   159
    Manie, philie et phobie   163
  Bilan   168

4 *Histoires anglaises* : **variantes diachroniques**   170
  Préliminaires   170
  Le mode historique   170
    Histoire d'Angleterre (Arboflède)   172
    Roman-mémoires et imaginaire culturel (Nency Buthler)   173
    Récit-cadre et dialectique culturelle (Milord Feld)   178
  Apogée (1760-1790)   181
  Ruptures et continuités dans les fictions tardives   185
    Fictions (post-)révolutionnaires   187
    Le château de Bothwell   190
    Celtomanie et veine gothique   195

5 *Histoires anglaises* : **analyse topique**   204
  Préliminaires   204
  Séquences narratives   205
    Le récit de voyage   206
    L'orpheline persécutée   210
    Pamela revisitée   215
    Bilan   225
  Scènes topiques et transfert culturel   225
    Amours interculturels   227
    Voyage   238
    Guerre   246
    Langue   248

Figures   253
    Petits-maîtres français – « rakes » anglais   254
    Le triptyque des Heureux Orphelins   256
    Méchanceté mélancolique   262
    Le philosophe anglais   266
    Milord d'Ambi   267

6 Identité et regard   271
Préliminaires   271
Les Heureux orphelins de Crébillon-fils (1754)   272
    Contexte   272
    Les germes hybrides d'un personnage   275
    Un personnage, deux discours   279
    Le regard du libertin : entre essence et stratégie   282
    En guise de conclusion   288
Histoire de Miss Honora, Lefevre de Beauvray (1766)   289
    Contexte   289
    Entre topos et argument   290
    Une poétique de (re)mise en perspective   293
    Figures de patriotisme   297
    Voyageurs libertins   300
    En guise de conclusion   305
Lettres de Milord Rivers, Mme Riccoboni (1776)   307
    Contexte   307
    Un roman polyphonique   312
    Une argumentation dialectique   313
    Un philosophe détaché   316
    L'argument national : inconséquences et oscillations   321
    En guise de conclusion   327

Conclusion   329
    Modalités de topique culturelle   331
    Modalités d'étiquetage   333
    Modalités discursives et énonciatives   338

Bibliographie   341
    Corpus de référence   341
        Histoires anglaises   341
        Corpus d'appui   343
    Etudes   346
  Index   359

Remerciements

Le résultat de plusieurs années de recherches doctorales, menées à Leuven, mais aussi à Paris et à Lausanne, la présente étude porte également l'empreinte de nombreuses personnes qui ont toutes, à leur manière, contribué à sa réalisation.

Ma reconnaissance va tout d'abord à Jan Herman, fondateur du Centre de Recherche sur le Roman du dix-huitième siècle (R-18), « laboratoire » au sein duquel mes recherches ont pu mûrir, bénéficiant d'un climat d'étude généreux et d'une bibliothèque particulièrement équipée. Ensuite, j'ai plaisir à remercier les professeurs Paul Pelckmans, Lieven D'hulst, Helena Medeiros et François Rosset, pour leurs précieux conseils lors de la rédaction de ce travail.

Ces dernières années, le Fonds de la Recherche Scientifique (FWO-Vlaanderen) m'a fourni un contexte de recherches à la fois stimulant et confortable, particulièrement propice à la finition de ce travail.

Mes derniers mots de gratitude – et d'affection – s'adressent à mes proches, qui se reconnaîtront : que cette publication puisse rendre honneur à leur patience et à leurs encouragements incessants.

Notice bibliographique

Etant donné l'ampleur de notre corpus et l'extrême rareté de certains ouvrages, nous n'avons pu nous baser conséquemment sur l'édition originale des romans concernés. Dans les cas où nous avons été contrainte de nous fier à des éditions plus tardives, il en est rendu compte en note. Si, par exception, une édition critique était disponible, nous avons préféré celle-ci.

Il s'ensuit que l'orthographe des passages cités peut également varier sensiblement. Précisons à ce sujet que dans les rares cas où nous avons cité d'après une édition critique, nous avons suivi les modifications apportées au texte original.

La composition de notre corpus a été un travail intense, qui aurait été impossible sans l'aide de plusieurs personnes. Nous remercions le professeur Jan Herman de nous avoir donné libre accès à sa bibliothèque personnelle. Nous tenons à remercier également le personnel de la Bibliothèque Nationale, de la Bibliothèque Sainte-Geneviève à Paris et de la Bibliothèque de l'Université de Lausanne. Finalement, l'aide et l'efficacité remarquables des services du Prêt entre Bibliothèques de la Bibliothèque Centrale de Leuven ont été indispensables à la découverte de plusieurs ouvrages intéressants.

Anglomanie(s)

> J'ai remarqué qu'on ne lisait presque plus de romans français et que, par un goût décidé pour les productions étrangères, on préférait ceux de nos voisins. Mais j'ai le malheur d'ignorer l'anglais, et sans cette langue point de salut. On ne veut plus que des romans anglais, et ce qui pourrait ennuyer beaucoup dans les nôtres, revêtu d'un vernis britannique, se fait lire avec un empressement infini[1].

Lorsqu'en 1761, un auteur anonyme[2] se plaint du lectorat français, qu'il accuse d'un « goût décidé » pour les romans anglais, sa critique met à mal un engouement spécifiquement littéraire, pourtant inscrit dans un mouvement culturel, politique et social qui le dépasse : l'Anglomanie. Alors que celle-ci constitue de toute évidence le cadre de référence de cette étude, elle porte essentiellement sur les fictions *à l'anglaise* qui alimentent le goût du public français, interrogeant le cheminement de leurs modalités discursives au cours du XVIIIe siècle.

Dans cette perspective, l'image du « vernis britannique », citée en exergue, nous amène d'emblée au cœur de la présente étude. Le préfacier y met le doigt sur le caractère à la fois accessoire et distinctif du qualificatif « britannique »[3]. Distinctif d'une part, puisqu'il affirme que c'est bien l'anglicité des romans qui interpelle le lectorat français. Accessoire de l'autre, parce que sous l'apparence d'altérité culturelle se cachent en réalité des fictions similaires à la

---

1 Anon., « Serpille et Lilla, ou le roman d'un jour, traduit de l'original italien d'Angelo Molinari, Magdebourg », 1761, in : *Recueil de préfaces de romans du XVIIIe siècle*, volume II : 1751-1800, J. Herman – C. Angelet (éds), Publ. de l'université de Saint-Etienne – Presses Universitaires de Louvain, 1999, p. 127.
2 Le titre est parfois attribué à Anne-Gabriel Meusnier de Querlon, mais nous n'avons pu confirmer cette attribution. Quoi qu'il en soit, il est révélateur que la fiction est reprise dans *Les impostures innocentes, ou opuscules de M**** (à Magdebourg, 1761), qui est bien attribué à cet auteur. Le titre du recueil fait d'ailleurs appel au jeu d'imposture auctoriale, mis en œuvre dans les différents ouvrages réunis (dont également *Psaphion, ou la Courtisane de Smyrne*, 1748).
3 Bien évidemment, le toponyme « britannique » dans cet extrait se détache, politiquement, géographiquement et culturellement, du qualificatif « anglais », qui s'avère pourtant plus récurrent dans les écrits français – tant fictionnels que factuels – portant sur le voisin d'outre-Manche. Cela n'empêche que, surtout dans les fictions publiées après le seuil de 1790, l'étiquette *histoire anglaise* s'investit dans plusieurs fictions d'un référent spécifiquement « écossais », plutôt que « anglais ».

production française. Seule l'étiquette anglaise se porterait en effet garante de « l'empressement infini » des lecteurs à l'égard de romans qui, toujours d'après l'auteur, présentent les mêmes défauts que les romans français. Or, dans ce qui suit, ce « vernis britannique » – et la fonctionnalité ambiguë qui lui semble inhérente – sera questionné de part et d'autre, dans une tentative d'esquisser, pour la première fois, ses modalités d'existence.

Cet ouvrage se propose ainsi de contribuer à l'étude de l'Anglomanie littéraire en France par le biais d'une série de lectures textuelles ciblées, sans pour autant négliger la mise en contexte, indispensable à l'interrogation d'un phénomène aussi culturellement déterminé. Jusqu'à présent, la critique s'est en règle générale attachée à esquisser les différents modes d'apparition (sociopolitique, culturel et littéraire) du mouvement anglomane, sans questionner en profondeur les modalités discursives de cette littérature *à l'anglaise*. Par ailleurs, tant dans le domaine de l'histoire que dans les études culturelles ou littéraires, l'intérêt pour le phénomène de l'Anglomanie est plutôt modéré. Si la vogue anglomane du XVIIIe siècle est évoquée dans maintes études de référence à portée plus générale, celles qui se donnent pour ambition d'étudier l'Anglomanie littéraire de cette période font manifestement exception. Parmi les premières, nous citons notamment *Enlightenment Contested* de Jonathan Israel (2006)[4] ou *Anglomania : a European love affair* d'Ian Buruma (1999)[5]. L'ouvrage *Jean-Jacques Rousseau et les origines du cosmopolitisme* de Joseph Texte (1895) rejoint, de par son sous-titre « Etude sur les relations littéraires de la France et de l'Angleterre au XVIIIe siècle », de plus près notre objet d'étude. Quant aux rares monographies, l'intérêt des ouvrages peu connus de Joseph Büch (*Die Anglomanie in Frankreich*, 1941) et de Raymond Kelly[6] est éclipsé par la parution en 1985 de *Anglomania in France : 1740-1789. Fact, fiction and political discourse* par Josephine Grieder. Outre ces monographies, l'Anglomanie (littéraire) a été surtout le sujet de quelques études de cas, soit de fictions romanesques (*Les mémoires de Miss Fanny Palmer* (1769) de J.B. Champigny[7]),

---

4 Jonathan Israel, *Enlightenment contested. Philosophy, modernity and the Emancipation of Man 1670-1752*, Oxford, UP, 2006, p. 355.
5 Nous renvoyons aussi à l'article d'Alain Lauzanne, « Les Français à l'heure anglaise : l'anglomanie de Louis XV à Louis-Philippe », qui examine les modalités de l'Anglomanie vestimentaire en France (*Arob@se*, 3 : 2 (1999), pp. 1-14).
6 Raymond Kelly, *L'évolution de la théorie de la traduction en France au XVIIIe siècle : étude sur les idées esthétiques et littéraires dans leurs rapports avec l'Anglomanie*, Lyon, 1957. Thèse inédite.
7 Josephine Grieder, « Eighteenth-century French Anglomania and Champigny's Mémoires de Miss Fanny Palmer », *The Journal of the Rutgers University Libraries* 50: 2 (1988), pp. 115-119.

de pièces de théâtre (*L'anglomanie ou le dîner à l'angloise* de J. Quesnel[8]) ou de « figures littéraires » peu connues[9].

Cet ensemble d'études nous informe, de toute évidence, de l'attention académique relativement modeste pour les modalités fonctionnelles et discursives de l'Anglomanie française au XVIIIe siècle, en dépit même de la valeur de reconnaissance du terme qui, bien que souvent mobilisé dans les discours sur le siècle des Lumières, n'y fait guère l'objet d'une définition bien établie. Ensuite, à bien lire les premiers textes précités, il s'avère très vite que l'Anglomanie s'y voit récupérée dans un projet de recherche englobant, qui n'est pas (exclusivement) d'ordre littéraire. Tel est entre autres le cas de l'ouvrage majeur de Jonathan Israel, où l'Anglomanie est traitée en partie intégrante de l'expansion britannique dans la première moitié du siècle[10]. Alors que le terme est mis en évidence dans le titre d'un chapitre, tout en étant corrélé à celui d'« Anglicisme », il n'est pas en tant que tel rendu opérationnel dans le chapitre concerné. En revanche, le texte porte principalement sur la position privilégiée de la philosophie et de la culture anglaises, donnant lieu à ce que Israel appelle « the cult of English exceptionalism »[11]. Or, l'analyse de l'influence anglaise y souffre également d'un vague notionnel. D'une part, le terme « anglicisme » – pourtant cité dans son sens linguistique dans *l'Encyclopédie*[12] – est d'abord défini en termes politiques[13], avant d'alimenter le discours philosophique[14] et d'autre part le terme d'Anglomanie fait manifestement défaut à l'avantage d'*Anglophilie*,

---

8   Lucie Robert, « Monsieur Quesnel ou le Bourgeois anglomane », *Voix et Images* 20 : 2 (1995), pp. 362-387.

9   Jacques Gury, « Un anglomane breton au XVIIIe siècle : le comte de Catuélan », *Annales de Bretagne* 79 : 3 (1972), pp. 589-624.

10 Nous nous référons plus particulièrement au chapitre 14 (« Anglomania, *Anglicisme,* and the 'British Model' »), Jonathan Israel, pp. 344-372.

11 *Ibid.*

12 « Anglicisme, s.m. (*Gramm.*) idiotisme anglais, c'est-à-dire façon de parler propre à la langue angloise : par exemple, si l'on disoit en François *fouetter dans de bonnes mœurs,* whip into good manners : au lieu de dire, *fouetter afin de rendre meilleur,* ce seroit un *anglicisme,* c'est-à-dire que la phrase seroit exprimée suivant le tour, le génie & l'usage de la langue angloise. » (*Encyclopédie,* tome 1, 1751, p. 465)

13 « [Montesquieu] realized too that his own emerging political *anglicisme* could be propagated in the France of the 1730s and 1740s only very slowly and circumspectly. » (*op. cit.*, p. 359)

14 « Around 1745, the movement which d'Alembert dubbed *anglicisme* was indeed at its zenith, d'Alembert himself frequently extolling Newton and Locke in these days [...]. » (*op. cit.*, pp. 364-365) ou encore « Political as distinct from philosophical *anglicisme* only began to recede after a fresh wave of Anglophobia swept France in the mid-1750s

terme qui n'est pas défini davantage. Par ailleurs, dans *Anglomania : a European love affair* d'Ian Buruma (1999), qui se veut une introduction générale aux différentes formes d'Anglomanie que l'Europe a connues au fil du temps, le XVIIIe siècle – cadre d'émergence du terme – constitue seulement la première étape de l'ouvrage, qui aborde la fascination pour l'Angleterre dans la longue durée et dans un programme d'étude très vaste. Quant à l'étude de Joseph Texte – certes plus datée, mais d'une pertinence toujours évidente –, l'influence du modèle anglais y est examinée dans le cadre d'une étude du cosmopolitisme et intrinsèquement liée à la figure « emblématique » de Rousseau dans le contexte des rapports franco-anglais. Indépendamment du rôle sans doute trop décisif attribué à l'auteur genevois[15], l'étude de Texte a le mérite d'informer le lecteur – bien avant *Anglomania in France* – sur les différentes étapes de la fascination française (et allemande) pour l'Angleterre, et pour sa production littéraire en particulier. Sous sa plume également, les nuances, voire les contradictions, inhérentes au phénomène sont mises à nu. Texte veille ainsi à préciser que l'engouement littéraire durable des auteurs français dépasse le sens restreint de l'Anglomanie comme « mode passagère et sans portée » :

> Le succès de Richardson fut européen et peut-on raisonnablement supposer que des esprits comme Diderot, comme Rousseau, comme Goethe, comme André Chénier ou comme Mme de Staël aient été les dupes d'un *fiévreux et risible engouement*[16] ?

En même temps, il suggère que la « manie » philosophique et littéraire n'exclut guère la critique de l'Angleterre, dont les mœurs, mais aussi le langage, sont regardés d'un œil sévère par maint auteur ou penseur français. Ainsi Fréron à Desfontaines :

> Je ne conçois pas comment une nation si délicate et si spirituelle peut se servir d'un pareil langage pour composer des ouvrages d'esprit. Puis-je

---

preceding the Seven Years War in 1756, during which featured a new theme : Britain's imperial arrogance and aggression. » (*ibid.*, p. 368)

15   En témoigne entre autres l'analyse de Rousseau divulgateur d'un « sentiment anglais » : « Grâce à lui – et par ce qu'il avait écrit – on lut et on goûta Sterne, Ossian, Young, Hervey, ou Shakespeare lui-même, qui tous avaient exprimé dans une autre langue des sentiments analogues à ceux qu'il exprimait. » (*op. cit.*, p. 330)

16   *Op. cit.*, pp. 180-181. C'est nous qui soulignons.

m'imaginer que *Gulliver, Pamela* ou *Joseph Andrews* s'expriment en une langue si dure[17] ?

Par la suite, plusieurs études s'inscrivent dans le droit fil des observations de Joseph Texte. Il en va de même pour la thèse inédite de Kelly sur « les idées esthétiques et littéraires dans leurs rapports avec l'Anglomanie », dont le second chapitre est essentiellement une reprise des idées avancées dans *Jean-Jacques Rousseau et le cosmopolitisme*. Quant à la temporalité de l'Anglomanie littéraire qu'il propose, la périodisation reste assez floue, avec l'indication d'une première « vague d'enthousiasme » à partir de 1725 et d'une phase de popularité plus prononcée, inaugurée par l'introduction des modèles richardsoniens dans les années 1740.

Dans les sources précitées, les romans de notre corpus sont certes cités parmi les phénomènes illustratifs de la vogue anglomane, mais aussitôt écartés en raison de leur valeur esthétique jugée dérisoire. Texte voit ainsi, dans la lignée du modèle richardsonien, « éclore par douzaines les *lettres de Milady Linsay* (sic), les *mémoires de Clarence Welldone*, ou *Milord d'Ambi, histoire anglaise* : la liste en serait longue, et *sans profit*[18] ». Cette question du « profit », au double sens de succès commercial et de valeur esthétique, – question que Texte ne s'évertue pas à creuser – sera bien un des fils de pensée de notre étude.

Est-ce à dire que la présente étude établira définitivement les contours du mouvement anglomane en France ? Pas tout à fait. Mais l'Anglomanie fournissant l'arrière-fond incontournable de notre analyse des fictions à l'anglaise, nous envisageons que sa définition devrait gagner en précision et en profondeur dans le processus d'analyse. Qu'il soit clair d'entrée de jeu que la vogue anglomane s'introduit sous de multiples faces dans la société française, allant du goût très prononcé pour les us et coutumes anglais à la fascination pour les idées philosophiques et politiques des grands penseurs anglais, en passant par l'inondation des fictions *à l'anglaise*. Qui plus est, ces différentes manifestations d'Anglomanie ne suivent pas nécessairement le même parcours historique : tandis que l'imitation de la fiction anglaise est d'ordinaire censée s'intensifier dans la seconde moitié du siècle – même si « l'anglomanie préliminaire » dans la littérature de la première moitié n'est pas à négliger[19] – il est

---

17   *Ibid.*, p. 321.
18   *Ibid.*, p. 274. C'est nous qui soulignons.
19   L'étude de Jan Herman a notamment contribué à mettre sur l'avant-plan les pseudo-traductions de la première moitié du siècle, domaine resté longtemps inexploré (« La

généralement admis que la dissémination de la philosophie anglaise est un phénomène antérieur au XVIIIe siècle[20]. Pour leur part, dans leurs récits (de voyage), Béat de Muralt (1725)[21] et l'abbé Le Blanc (1745) se font les interprètes d'une fascination pour les mœurs et l'esprit anglais qui occupe déjà les esprits français au moment de leur rédaction[22]. Il va de soi que la vogue littéraire n'est pas uniquement le reflet d'une fascination culturelle englobante, mais suit également les impératifs inhérents au domaine littéraire.

Par ailleurs, le problème de définition appelle avant tout une analyse terminologique, d'autant plus que le terme d'Anglomanie connote, dès les premières mentions, le rejet même de toute passion effrénée pour l'Angleterre[23]. Au lieu de décrire une fascination généralement acceptée et partagée en France, le terme reflète les voix critiques qui se lèvent contre le culte de l'Angleterre, que ce soit pour des raisons esthétiques, sociales ou politiques. En effet, dans son texte pamphlétaire *Préservatif contre l'Anglomanie* de 1757, Fougeret de Monbron s'inscrit en faux contre l'influence anglaise en France :

> On voit, je l'avoue, depuis quelque temps nombre de fous *afficher* à l'imitation des Anglois l'indécence & la malpropreté [...]. Mais que peut-on inférer de cela ? Que ce sont des fous qui en imitent d'autres, & que des fous n'étant comptés pour rien dans la société, leur impertinent exemple n'est pas une règle à laquelle les gens raisonnables soient obligés de se conformer[24].

Dans ce passage, « l'imitation des Anglois » connote aussitôt l'idée d'un avilissement *relatif*, dont la faute est rejetée sur la culture anglaise. Alors qu'en Angleterre l'indécence et la malpropreté feraient partie intégrante de la culture nationale, en France, par contre, il s'agirait d'un phénomène excessif,

---

pseudo-traduction de romans anglais dans la première moitié du XVIIIe siècle. Analyse titrologique », In : *La traduction romanesque au XVIIIe siècle*, Etudes réunies par Annie Cointre, Alain Lautel, Annie Rivara, Arras, Artois presses, 2003, pp. 11-25).

20   Voir entre autres l'œuvre de référence d'Israel (*op. cit.*).

21   Pour ce qui est des *Lettres sur les Anglais et les Français*, cet ouvrage est en réalité déjà écrit à la fin du XVIIe siècle, mais n'est publié que quelques décennies plus tard.

22   Voir *infra*, chapitre 1.

23   Dans son article « Une excentricité à l'anglaise : l'Anglomanie », Jacques Gury, quant à lui, pose que « c'est avant 1755 que le mot *Anglomanie* apparaît et il est vite répandu et adopté » (in : *L'excentricité en Grande-Bretagne au 18e siècle*, M. Plaisant (éd.), Université de Lille III, 1976, p. 192).

24   Fougeret de Monbron, *Préservatif contre l'Anglomanie*, à Minorque, 1757, pp. 18-19. C'est nous qui soulignons.

ex-centrique[25], uniquement le fait des fous et des impertinents. L'idée d'une fascination (« manie ») pour le modèle anglais est ainsi connotée d'un sentiment d'indignation envers les folles pratiques imitatives des Français anglomanes. Il en va ainsi dans *La Frivolité* (1753), comédie de Louis de Boissy, où le terme d'Anglomanie est évoqué par le Suisse M. Fauster lors d'une discussion animée sur l'inconstance française :

> Son[26] transport l'autre jour étoit l'Anglomanie,
> Rien, sans l'habit anglais, ne pouvait réussir.
> Au-dessus de Corneille, il mettoit Saksepir [sic].
> Une nouvelle frénésie/aujourd'hui vient de la saisir ;
> C'est la fureur des accords d'Italie[27].

Dans la lignée du stéréotypage culturel de l'époque, se développe ensuite une conversation entre l'Anglaise francophobe Miss Blair et plusieurs personnages français, où la frénésie – qu'elle se manifeste comme *anglo*manie ou comme *italo*manie[28] – est tournée en dérision. Par le recours au terme de « frénésie », l'Anglomanie française est d'ailleurs manifestement investie d'un sens médical. De même, dans l'article « Anglomanie » de son *Dictionnaire* (1776), Robinet décrit le phénomène non seulement en termes d'« admiration outrée », mais de « maladie » dont il constate, à son soulagement, que la plupart des compatriotes ont été guéris entre-temps[29]. Cette charge connotative est d'autant plus signifiante qu'elle nous semble traduire la profonde ambiguïté qui continue à investir les rapports franco-anglais au XVIIIe siècle, en dépit même de la vogue anglomane.

Or, la consultation de quelques sources plus récentes nous apprend que la valeur dépréciative initiale ne connote plus autant le terme d'anglomanie. La définition fournie par Daniel-Henri Pageaux[30] dans *La littérature générale et comparée* (1994), par exemple, surprend en effet par son univocité et par sa perspective endogène. Dans sa synthèse des possibles rapports interculturels

---

25   Nous empruntons le terme à Gury, *ibid*.
26   C'est-à-dire le transport du peuple français.
27   Louis de Boissy, *La frivolité*, comédie en un acte et un vers, à Paris, chez Duchesne, 1753.
28   Au sujet du théâtre anglais voir aussi : « Il ne faut que paroître aux regards du Français :/ il est au fait, avant qu'on ait ouvert la bouche. » (*ibid.*, p. 32)
29   Jean-Baptiste-René Robinet, « Anglomanie », *Dictionnaire universel des sciences morale, économique, politique et diplomatique ; ou bibliothèque de l'homme d'état et du citoyen*, T.5, Londres, chez les libraires associés, 1778, p. 250.
30   Daniel-Henri Pageaux, « Images », in : *La littérature générale et comparée*, Paris, Armand Colin, 1994, p. 71.

(« unilatéraux ou bilatéraux, univoques ou réciproques »[31]), Pageaux distingue la « manie » notamment de la « philie » et de la « phobie ». La première orientation culturelle est entre autres illustrée par l'exemple de l'Anglomanie dans la France du XVIIIe siècle. En revanche, la signification que prend ce terme dans le raisonnement de Pageaux est celle d'une fascination *partagée* (Pageaux donne l'exemple des philosophes des Lumières) à laquelle correspond, en outre, « une vision négative, dépréciative de la culture d'origine »[32]. Tout esprit de nuance sur les différents domaines d'intérêt et la temporalité du phénomène y fait manifestement défaut.

Plusieurs spécialistes s'accordent cependant sur la part de l'*imitation* dans le courant anglomane du XVIIIe siècle. Pageaux insiste en effet sur ce que l'Anglomanie implique une « acculturation mécanique » de l'autre culture, à la différence du « vrai dialogue de cultures développé par la philie »[33]. Dans son ouvrage de référence, *Anglomania in France*, Grieder repère l'apparition de marques externes d'imitation, qui concernent non seulement l'habillement des Anglomanes[34], mais encore l'introduction des us et coutumes « à l'anglaise », de l'imitation des « jardins anglais » à l'amour du jeu de Whisk[35]. C'est notamment de cette importation d'habitudes anglaises que traite un des premiers ouvrages sur l'Anglomanie, *Die Anglomanie in Frankreich* (1941), de la main de Josef Büch[36]. Outre ces manifestations plutôt superficielles du mode de vie « à l'anglaise », l'influence de la « leçon anglaise » se manifeste également dans l'imitation de certains traits de caractère qui sont – à l'époque même – considérés comme étant typiquement anglais dans l'imaginaire français. Dans *La Ratomanie* (1767), par exemple, Sabatier de Castres ironise la manie d'un voyageur d'imiter l'air méditatif et sérieux qui est généralement attribué aux Anglais :

> Il a entendu dire qu'on ne voyageait dans ce pays que pour apprendre à penser. Il veut étaler les fruits de son pèlerinage. Il y a déjà un jour et

---

31   *Ibid.*
32   *Ibid.*
33   *Ibid.*, p. 72.
34   Elle donne entre autres l'exemple de la « robe à l'anglaise », qui serait d'une simplicité auparavant inconnue aux femmes françaises.
35   La popularité du jeu est telle que Du Terrail publie en 1765 un ouvrage qu'il appelle « Francion, l'Anti-whisk ; ou le jeu françois » (cité dans Grieder, *op. cit.*, p. 13).
36   « Man ritt nach englischer Art, man boxte ; […] Man aβ Roastbeef und Pudding und trank Punch. Man nahm einen 'Thee nach englischer Art' » (Büch, *Die Anglomanie in Frankreich*, Stuttgart und Berlin, Kohlammer Verlag, 1941, p. 20).

demi qu'il garde le silence, et que son esprit s'efforce de *paraître* enveloppé dans de profondes méditations[37].

Dans ce passage, l'auteur touche d'ailleurs à deux aspects qui sont – à nos yeux – inhérents à toute forme d'Anglomanie en France au XVIIIe siècle. D'abord, si les Français se passionnent pour la culture de leurs voisins d'outre-Manche, leur imitation se fonde manifestement sur une image, une re-présentation généralisée (ce que le voyageur « a entendu dire ») de l'Angleterre, modelée suivant une logique essentiellement française. Toute étude de l'Anglomanie en France – et il en va ainsi de la nôtre[38] – devra donc en premier lieu être mesurée à l'aune du regard *français* qui est porté sur l'Angleterre. Dès lors, plutôt que de vouloir reconstruire l'identité anglaise – littéraire, culturelle ou autre – au siècle des Lumières, notre démarche sera celle de dévoiler la manière dont l'anglicité[39] est *imagée* (au sens de « mise en images ») dans un corpus de fictions de main française. Comme semble nous suggérer l'amorce du passage précité (« il a entendu dire [...] »), ce regard français relève du plan des idées reçues, des images préconstruites ou encore de la *doxa*[40] de la société française.

Ensuite, à bien lire les témoignages cités auparavant, l'on observe qu'ils thématisent, chacun à sa façon, la nature superficielle de toute représentation

---

37 Sabatier de Castres, *La Ratomanie ou songe moral et critique d'une jeune philosophe, par madame* ***, Amsterdam, 1767, p. 108 (cité dans Grieder, *op. cit.*, p. 12). C'est nous qui soulignons.

38 C'est à cet effet également que nous avons inséré une étude de quelques récits de voyage contemporains aux romans de notre corpus principal. Nous nous référons de même à l'*Almanach des gens d'esprit* (1762, Londres, chez Jean Nourse) de François-Antoine Chénier, où il inclut un traité intitulé « Portraits : Des nations de l'Europe, par ordre alphabétique ».

39 Le terme d'« anglicité » constituera une notion centrale de notre raisonnement. Nous nous rendons compte qu'il ne figure pas tel quel dans les dictionnaires français, même si son usage s'avère en réalité assez récurrent. Le concept prend un sens restreint dans notre étude, en ce qu'il se réfère uniquement aux traits prototypiques attribués au caractère anglais dans la littérature française (fictionnelle et autre) que nous avons examinée. En d'autres termes, « anglicité » concerne ici les images purement discursives que les auteurs français de notre corpus projetaient sur l'Angleterre et sa culture, sans que la valeur représentative des images soit prise en compte. Du reste, notre recours au terme d'« anglicité » – qui renvoie strictement parlant au seul peuple anglais, au lieu de tous les habitants des îles britanniques – se justifie par l'omniprésence du terme « anglais » dans notre corpus de textes. Dans son ouvrage *Englishness identified : Manners and Character 1650-1850* (Oxford, 2000), Paul Langford nous apprend que « most foreigners used 'English' as the principal way of referring to the British people as a whole » (p. 12).

40 Voir à ce sujet Anne Cauquelin, *L'art du lieu commun : du bon usage de la doxa*, Paris, Seuil, 1999.

française (culturelle, littéraire, sociale) de l'anglicité. Sur le plan littéraire, tant le « vernis britannique » du passage cité en exergue que « l'habit anglais » dans la pièce de Boissy mettent à nu l'anglicité souvent formelle dont les ouvrages français se couvrent dans le but de répondre aux instances d'un public toujours plus anglomane. Une simple touche d'anglicité semble suffire à fasciner les lecteurs français, souvent en dépit de la qualité esthétique des ouvrages concernés. Cette tension constitutive entre la médiocrité des ouvrages en question et leur succès commercial – au moins en partie redevable à leur mise en scène anglaise, si superficielle soit-elle – fera l'objet d'une des questions de recherche qui informeront la présente étude.

Objet d'étude et contexte de recherche

Mais revisitons encore la préface à *Serpille et Lilla* qui, tout en s'inscrivant dans le contexte de l'Anglomanie culturelle, dénonce avant tout l'état de crise dans lequel se trouve la littérature française de l'époque. Crise, parce que le goût des fictions anglaises en France, tout comme en Europe[41], signale – sur le plan littéraire également – une reconfiguration des rapports en faveur de l'Angleterre, que la France semble au premier regard accepter volontiers, voire promouvoir. Crise, en ce que les rapports avec la littérature anglaise s'intensifient face au besoin d'un renouveau du genre romanesque au XVIIIe siècle, alors en quête d'une plus grande légitimité au sein de la République des Lettres[42]. Si l'introduction prépondérante du *novel* anglais est jusqu'à un certain point le fait d'une Anglomanie littéraire, formulant une réponse aux goûts d'un public friand de « toute chose anglaise », le roman français, pour autant qu'un tel roman existe, semble s'affirmer nécessairement à travers un échange interculturel et intertextuel avec d'autres traditions

---

41   Certes, si plusieurs littératures européennes marchent sur les traces de la littérature – i.c. du roman – anglais(e) – c'est très souvent toujours la France qui fait circuler le roman anglais sous forme de traduction-relais (voir aussi Geneviève Roche, *Les traductions-relais en Allemagne au XVIIIe siècle. Des lettres aux sciences*, Paris, CNRS, 2001). Citons à ce sujet Nathalie Ferrand : « Ce phénomène de la traduction-relais se tarit lentement après les années 1760 en Allemagne mais persiste dans certains pays comme en Espagne où *Pamela* de Richardson se trouve traduit en 1794 encore sur la version française. » (« Les circulations européennes du roman français. Leurs modalités et leurs enjeux », in : *Les circulations internationales en Europe, années 1680-années 1780*, s. dir. de P.Y. Beaurepaire et P. Pourchasse, Rennes, PUR, 2010, p. 401)

42   Voir Georges May, *Le dilemme du roman* (New Haven, Yale Univ. Press, 1963), dont le diagnostic du roman français a été fondamentalement réorienté dans *Le roman véritable* de Jan Herman, Mladen Kozul et Nathalie Kremer (Oxford, Voltaire Foundation, 2008).

littéraires et discursives. A ce sujet, le tournant *transnational*[43] qu'ont développé plusieurs chercheurs dans leur étude du roman – parmi lesquels Mary Helen McMurran[44], Nathalie Ferrand[45] et Jenny Mander[46] – s'affirme comme une étape logique dans la recherche sur l'émergence d'un genre romanesque, si hétérogène soit-il[47]. En dépit de leur approche individuelle, les chercheurs précités s'accordent pour mettre en évidence le rôle de la traduction comme mode de transfert, voire comme force créatrice du roman « européen »[48]. Le roman, genre poétiquement marginal dans la littérature française de l'époque, serait de ce fait plus ouvert « à la création d'un contact avec d'autres systèmes afin de se compléter et de regagner stabilité »[49].

Notre ambition n'étant pas de creuser davantage les multiples plans d'interférence entre l'émergence du/des roman(s) européen(s) et la pratique de la traduction, ces interférences marque(nt) néanmoins la scène littéraire qui conditionne, dans le contexte spécifique du roman français, la vogue des

---

43   Pour une référence antérieure à l'émergence transnationale du roman, voir Lennard J. Davis, *Factual Fictions : The origins of the English novel*, NY, Columbia UP, 1983, p. 42 : « Hence, the rise-of-the-novel phenomenon which sees England, France, and Spain as reacting together to some exterior propulsion to create the universal form of the novel despite national backgrounds and traditions. The argument for this transnational development is not to be discounted, and of course there is much credibility to the idea that the rise of the middle class brought into being a universal reaction of European cultures to this economic restructuring. » En revanche, Davis n'en distingue pas moins sa lecture éminemment nationale de l'émergence du *novel* en Angleterre.

44   Mary Helen McMurran, *The spread of novels : Translation and prose fiction in the eighteenth century*, Princeton, University Press, 2009.

45   Nathalie Ferrand, « Le creuset allemand du roman européen. Pour une histoire culturelle et transnationale du roman des Lumières », *RZfL* 3/4 (2006), pp. 303-337 ; *Traduire et illustrer le roman au XVIIIe siècle*, Nathalie Ferrand (éd.), Oxford, Voltaire Foundation, 2011 ; Nathalie Ferrand, « Les circulations européennes du roman français. Leurs modalités et leurs enjeux », *op. cit.*

46   Jenny Mander (éd.), *Remapping the Rise of the European Novel*, Oxford, Voltaire Foundation, 2007.

47   Voir à ce sujet également l'introduction de Jenny Mander : « The challenge posed by the novel for genre theory […] is that it lends itself to indefinite formal experimentation. » (*ibid.*, p. 8)

48   Prenant comme point de départ le roman français, Nathalie Ferrand fait recours à l'image de la « circulation » européenne – « à la différence du modèle de l'irradiation ou du 'rayonnement' » – dans sa description des échanges transnationaux : « le modèle de la circulation apparaît comme particulièrement approprié pour rendre compte de la richesse des échanges culturels suscités par le roman français au cours du XVIIIe siècle et la manière dont il a irrigué le grand corps littéraire européen. » (*op. cit.*, p. 399)

49   Shelly Charles, « Le système littéraire en état de crise : contacts intersystémiques et comportement traductionnel », *Poetics Today* 2 : 4 (1981), p. 148.

histoires anglaises. En effet, très vite – et, fait curieux, même avant la montée des traductions véritables[50] – un certain nombre d'auteurs français recourent à la formule *traduit de l'anglais* lors de la publication d'un original français. Suivant cette logique, l'auteur français assume le rôle de traducteur, au lieu d'affirmer son auctorialité du texte. Par le passé, la grande vogue de ces pseudo-traductions de l'anglais, qui selon Grieder s'étend des années 1740 jusqu'en 1780, a été maintes fois associée à – et récupérée par – la recherche sur la crise du roman français au XVIIIe siècle[51]. Est-ce à dire que dans ce contexte national – c'est-à-dire indépendamment de l'idée de la montée européenne du roman – la formule « traduit de l'anglais » se met dans le sillage de cette autre stratégie d'évasion, celle d'une revendication d'authenticité, telle qu'elle se présente dans les romans-mémoires et les romans épistolaires de la même époque[52] ? Rien que le constat de la survie de la formule « traduit de l'anglais » dans les dernières décennies du XVIIIe siècle, au moment même où les marques d'authenticité semblent avoir déjà disparu des paratextes en question, nous amènera à nuancer la portée de cette hypothèse, même si les deux pratiques discursives se recoupent et se renforcent manifestement à plusieurs égards.

Or, si nous ne manquerons pas de nous attarder sur les qualités fonctionnelles et institutionnelles des pseudo-traductions, dans notre optique, la question de leur (pseudo-)statut sera mise au service de celle de(s) modalité(s) textuelle(s) selon lesquelles les auteurs français mettent en scène l'anglicité (littéraire et culturelle) de leurs ouvrages. L'attrait dont bénéficient ces fictions prétendument traduites de l'anglais se voit du reste corroboré dans l'émergence desdites *histoires anglaises*, dont le titre en question figure souvent sur

---

50   Ainsi, l'abbé Prévost recourt à la mystification de la pseudo-traduction (e.a. dans *Le Philosophe anglais, ou histoire de Monsieur Cleveland* (1731), avant de se mettre à traduire *Clarissa* et *Sir Charles Grandison* de Richardson. Voir à ce sujet aussi Shelly Charles, « Les livrées de la perfection : la pseudo-traduction du roman anglais au XVIIIe siècle » (*Les Lettres Romanes* 67 (3-4), pp. 395-416) et l'article de Jan Herman, « La pseudo-traduction de romans anglais », *op. cit.*

51   Alors que Josephine Grieder s'intéresse moins à la mise en œuvre institutionnelle de la pseudo-traduction, cette idée est entre autres avancée dans les premiers articles de Charles et dans *Der englische Roman in Frankreich* de Wilhelm Graeber (1995).

52   Dans son article de 1981, Charles insiste sur l'interchangeabilité des deux « postures », à savoir celle de traducteur et celle d'éditeur : « La conception du rôle du « traducteur » occupe, dans ce cas [celui où le texte est libéré des normes littéraires, BV], la même fonction que celle du rôle de l'"éditeur" de Mémoires ou de Lettres. Cette identité fonctionnelle ressort surtout de la comparaison des préfaces : dans presque toutes, il existe une 'excuse' pour la présentation d'un texte qui ne correspond pas aux exigences de la bienséance et de la vraisemblance. » (*ibid.*, p. 154)

la page de titre des romans concernés. A partir des années 1760, l'on constate en effet une montée de romans qui mettent en scène une fiction à l'anglaise, alors qu'elles sont attribuées expressément à une plume française[53]. De la sorte, la discordance entre la mise en scène de l'ouvrage d'une part, et la mise en forme française de l'autre, s'y pose de manière plus prégnante que dans les pseudo-traductions. C'est précisément (le jeu sur) la perspective stratifiée, sous-jacent(e) aux *histoires anglaises*, qui sera un des fils conducteurs de notre propos.

Au constat de l'affinité intime entre les différentes pratiques d'écriture précitées, le choix du corpus pour cette étude – en l'occurrence, les fictions *à l'anglaise* attribuées à une main d'auteur française – est loin d'être évident. Qui plus est, aussi bien Shelly Charles que Mary Helen McMurran mettent en question la valeur et la fonctionnalité spécifiques des *histoires anglaises*. Partant du constat d'un vague tant notionnel (dans le choix des étiquettes) que procédural (concernant la démarche adoptée dans le paratexte), qui assimile les catégories factices d'*histoire anglaise*, de *pseudo-traduction* et même de *traduction*, Charles est d'avis que ces « subtilités de posture adoptées par les auteurs-traducteurs »[54] échappent au lecteur de l'époque. Pour sa part, McMurran en arrive à des observations encore plus marquées dans son étude *The spread of novels* (2009), où elle se consacre aux modalités d'interférence entre les transferts littéraires franco-anglais et l'émergence de la prose romanesque, dans une période où les espaces littéraires ne sont pas encore « cloisonnés », mais se distinguent par un dynamisme et une ouverture remarquables. Sans pour autant se référer explicitement au corpus des pseudo-traductions de l'anglais, McMurran fait part de ses efforts de repérage et de classement de romans (« the nebulous novel »), souvent restés sans issue. Elle en déduit la thèse que pour une bonne part du XVIIIe siècle, les pérégrinations continues des romans présupposaient une dissimulation de leurs origines respectives, qui serait reflétée dans la conscience d'un certain flou (para)textuel chez le lecteur de l'époque. Ou encore, la fiction romanesque émergente aurait pris la forme d'un creuset (« a melting pot »), où la mobilité et la malléabilité des romans allaient de pair avec une attitude d'indifférence de la part du lecteur devant les origines et le statut des fictions (« reader's total indifference to origins »[55]). Il s'ensuit

---

53   Grieder parle en termes d'« imitation [of] English fiction from avowedly French pens » (*ibid.*, p. 74).
54   Charles, *op. cit.*, p. 411.
55   McMurran, *op. cit.*, p. 51. Nous citons également l'original anglais : « From a marketing perspective, the prose fiction field was a melting pot rather than a series of nation-to-nation trades. Such mobility and malleability is reason to speculate that the novel emerged because of, and not in spite of, an indifference to novels' origins. Perhaps the

que Mary Helen McMurran et – jusqu'à un certain point – Shelly Charles en arrivent à poser l'interchangeabilité des étiquettes titrologiques, qui seraient à cette époque totalement dépourvues de leur fonctionnalité distinctive.

Est-ce à dire que l'on est censé passer outre toute possibilité de spécificité fonctionnelle ou statutaire des catégories concernées ? Nous n'en sommes pas convaincue. *Primo*, si la filière anglaise est par moments accompagnée d'autres filières (persane, grecque, latine, italienne[56]), elle retrouve à nos yeux toute sa pertinence au regard du mouvement anglomane et des transferts littéraires franco-anglais sous-jacents à la montée du roman. *Secundo*, si le « vernis » britannique des nombreuses fictions à l'anglaise est d'ordinaire raillé comme le simple reflet d'une vogue et dénué de répercussions sur le plan textuel, la question de sa mise en forme et de sa mise en discours n'en est pas moins digne d'être posée. En dépit de la (relative) perméabilité du champ concerné, notre étude part de l'hypothèse que l'étiquette *histoire anglaise* signale une spécificité – fonctionnelle, si l'on veut – qui dépasse le paratexte pour investir le plan textuel à proprement parler. Une spécificité, en outre, qui n'est pas sans nous informer sur la dynamique d'émancipation connotant le genre romanesque – et certains des auteurs concernés – au long XVIIIe siècle. Elle sera en même temps le prétexte d'une étude en profondeur des fictions, qui posera pour la première fois la question des modalités diégétiques d'une anglicité qui, à ce qu'il semble, a été trop aisément qualifiée de « vernis britannique ».

Cette étude s'appuiera sur un corpus de textes que nous avons voulu représentatif de la *fiction à l'anglaise*, sans pour autant être en mesure d'aspirer à l'exhaustivité. Cela étant, les critères de démarcation établis diffèrent volontairement de ceux que Grieder s'était proposés dans *Anglomania in France* (1985). Dans sa monographie, Grieder fait coïncider le *terminus ad quem* de son corpus avec les événements historiques de 1789. La valeur symbolique de cette date, inaugurant une ère nouvelle dans l'histoire de la France et de l'Europe entière, n'est pas seule à expliquer le choix de l'auteur, qui entrevoit une coïncidence avec le fonctionnement inhérent du paysage littéraire, dans la disparition subite des fictions concernées : « the fiction would last no longer

---

novel consolidated as a genre because it was a stranger nowhere, a circulatory phenomenon that linked languages and regions. » (*ibid.*)

56   Telle est aussi l'idée avancée par Jan Herman au sujet des pseudo-traductions dans la première moitié du siècle : « [...] on peut arguer que dans le dossier relativement mince de la pseudo-traduction la filière anglaise n'a pas de fonctionnalité foncièrement différente des autres et que l'épithète « anglais » ne connote pas un autre système de valeurs littéraires que [d'autres filières] » (*op. cit.*, p. 21).

than the climate to which 1789 would put such a decisive end »[57]. Par ailleurs, dans la troisième partie de son ouvrage (« The English in fiction : novels and stories 'from', 'by' and about the English »), Grieder examine un corpus de pseudo-traductions, d'*histoires anglaises* et d'autres romans français mettant en scène des personnages anglais, qui sont publiés pendant une période de cinq décennies (1740-1789). Comme déjà annoncé, notre approche se veut d'une part plus *inclusive* du point de vue historique : si nous sommes d'accord avec l'auteur d'*Anglomania in France* que la période 1740-1789 se particularise par une multiplication de fictions à l'anglaise, notre étude bibliographique (*Chap. 2 : Genèse et réception*) révélera que, en amont, le sous-titre *histoire anglaise* fait son apparition longtemps avant cette période-clé et que, en aval, il ne disparaît aucunement à l'avènement de la Révolution. Dès lors, cette étude reflète un dépassement conscient des frontières factices du XVIIIe siècle. Notre point de départ se situe à la fin du XVIIe siècle, avec la parution du roman *Le Comte d'Essex, histoire angloise* de 1688, alors que la découverte de plusieurs *histoires anglaises* tardives nous apprend que la vogue ne s'éteint définitivement que dans les années 1820[58]. La périodisation proposée par Grieder retrouvera son importance dans un deuxième temps seulement, lorsque quelques romans de cet âge d'or de la fiction *à l'anglaise* seront soumis à une analyse textuelle plus approfondie. D'autre part, notre étude sera aussi plus ciblée que celle proposée dans *Anglomania in France*, en ce sens que nous examinerons la spécificité, sinon statutaire au moins fonctionnelle, des fictions *à l'anglaise* à la lumière de l'émergence de la fiction romanesque. Cette fonctionnalité ne résiderait pas seulement dans la reconnaissance explicite d'une fictionnalité romanesque, mais aussi dans le dévoilement d'une toile de fond topique – à la fois narrative et culturelle – dont il importera de souligner l'enjeu stratégique, voire commercial sous-jacent. Notons à ce sujet l'édition de trois « nouvelles anglaises » (Baculard d'Arnaud, Florian, Sade) par Michel Delon, dont le préambule touche également à l'effet de reconnaissance établi par les marqueurs d'anglicité (littéraire) dès même le titre, stipulant que « les titres eux-mêmes soulignaient la référence. [...] Lorsque l'imitation n'était pas si nettement affichée, un prénom féminin anglais suffisait à indiquer l'univers sensible auquel appartenait le roman »[59].

---

57   Grieder, *op. cit.*, p. 116.
58   Voir la liste chronologique en appendice.
59   *Histoires anglaises : Sade – Florian – Baculard d'Arnaud*, présenté par Michel Delon, Collection Dix-huit, Paris, Zulma – Calmann-Lévy, 1994, pp. 7-8. Michel Delon cite, outre l'imitation de Marie Leprince de Beaumont, *La nouvelle Clarisse* (1767), aussi deux traductions authentiques, sans pour autant les reconnaître comme telles : *La*

Dans notre ouvrage se dessinera ainsi une histoire littéraire particulière qui reflètera à plusieurs égards les transferts paradigmatiques de la prose romanesque au long XVIIIe siècle. Cette enquête sur la spécificité de notre corpus d'étude s'informera d'ailleurs de multiples renvois à des *corpus d'appui*. Dans un premier temps, notre présentation de l'Anglomanie – dont l'anglicité fictionnelle n'est qu'un des modes d'apparition – s'appuiera en effet sur une lecture de quelques documents non-fictionnels. Ensuite, notre hypothèse sur la fonctionnalité particulière des fictions *à l'anglaise* nous amènera à prendre en considération quelques pseudo-traductions, tout en focalisant leurs préfaces, lieux stratégiques par excellence.

Cadres de référence

Les questions de recherche creusées dans la présente étude s'inscrivent d'emblée dans la lignée d'une tradition de recherche visant à établir ce qu'on pourrait appeler une *Poétique historique* du roman au XVIIIe siècle. Genre décrié par la critique malgré ses succès auprès des lecteurs, le roman a connu une histoire particulière, à laquelle des chercheurs comme Georges May (*Le dilemme du roman*) et Philip Stewart (*Imitation and Illusion in the French memoir-novel, 1700-1715*) ont consacré leurs études de référence. Soumise d'abord à une logique d'*accréditation*, selon laquelle le lecteur contemporain aurait été amené à accorder crédit aux réclamations d'authenticité d'un genre en crise, dans plusieurs études récentes l'histoire de l'émergence du discours romanesque a été revisitée et reconfigurée sous l'enseigne d'une lecture *pragmatique*. Dans *Le roman véritable* (2009), Jan Herman *et al.* émettent ainsi que l'ascension du roman se définit davantage en termes de *légitimation*, les protestations d'authenticité fonctionnant comme autant de marqueurs (péri-)textuels propices à permettre la mise en place d'une fictionnalité nouvelle. Pareillement, Zeina Hakim conçoit les protestations d'authenticité dont débordent les liminaires romanesques sur le mode d'un *jeu*, susceptible d'engendrer auprès du lecteur une oscillation continue entre l'adhésion d'une part et la prise de distance critique de l'autre[60].

---

nouvelle *Paméla, ou les véritables mémoires de Maria* (1766), traduction de *Maria, the genuine Memoirs of a young Lady of Rank and Fortune* (1764) et *Miss Melmoth, ou la nouvelle Clarice* (1771), qui serait une traduction de *Miss Melmoth or the new Clarissa*, par Sophia Briscoe (1771).

60 Zeina Hakim, *Fictions déjouées. Le récit en trompe-l'œil au XVIIIe siècle*, Bibliothèque des Lumières 80, Genève, Droz, 2012.

Par ses démarcations historiques et par son corpus, dont la plupart des textes s'associent à la problématique esquissée ci-dessus, la présente étude (re)posera inévitablement la question de l'émergence du discours romanesque, fût-ce encore dans une autre perspective. Outre leur éventuelle valeur légitimante, les stratégies discursives établies dans ces fictions *à l'anglaise* suscitent en effet aussi des questions d'ordre culturel, en ce qu'elles prétendent à la transmission d'une forme d'anglicité discursive. De ce fait, notre étude n'est pas sans montrer des affinités méthodologiques avec le concept de *transfert culturel*, mis en œuvre par Michel Espagne et Michael Werner[61] dans l'objectif de focaliser les « circulations » (de textes, d'idées,...) entre plusieurs contextes culturels, en l'occurrence le contexte anglais d'émergence et le contexte français de réception.

Notre étude partage avec l'étude des transferts culturels un intérêt pour « les enjeux » sous-jacents d'une importation culturelle, ainsi que pour « les stratégies qui la motivent »[62]. L'étude des transferts culturels semble pourtant privilégier les (réseaux de) vecteurs, ou encore les agents culturels, susceptibles de faire voyager les idées et les textes entre plusieurs aires culturelles[63]. Comme nous nous intéressons davantage aux textes en tant que porteurs de sens qu'aux auteurs véhiculant le transfert[64], la notion de « transfert culturel » nous concerne avant tout au sens procédural, en ce qu'elle s'accompagne d'inévitables processus de « tri, [de] sélection, [de] hiérarchisation, [de] relecture parfois teintée d'erreurs », comme le décrit encore Edmond Dziembowski[65]. C'est donc la question d'un éventuel transfert d'anglicité, telle qu'elle s'inscrit dans le discours fictionnel des romans, que nous examinons ici, en regardant d'une part les stratégies discursives légitimant le processus de transfert et d'autre part les modes d'apparition fictionnels qui le reflètent.

---

61 Voir l'étude de référence *Transferts. Les relations interculturelles dans l'espace franco-allemand (XVIIIe et XIXe siècles)*, Paris, Editions recherches sur les civilisations, 1988. Notons du reste que cette orientation méthodologique, issue d'un contexte de recherche germanique, ne semble pas encore pouvoir dépasser cette empreinte culturelle.

62 Voir l'article-manifeste de Béatrice Joyeux-Prunel, « Les transferts culturels, un discours sur la méthode », *Hypothèses* 1 (2002), pp. 149-162 [p. 153].

63 *Ibid*. Sous ce rapport, voir également *Les circulations internationales en Europe, années 1680-années, 1780, op. cit.*

64 Indéniablement, plusieurs auteurs de notre corpus (dont l'abbé Prévost et Mme Riccoboni, pour ne citer que les plus connus) assument le rôle de vecteur dans les processus de transfert culturel entre la France et l'Angleterre. S'il en sera certes question, nous n'aborderons pas de façon systématique le parcours particulier des auteur(e)s concerné(e)s.

65 Edmond Dziembowski, « Remarques sur les transferts culturels franco-britanniques au XVIIIe siècle », in : *op. cit.*, p. 455.

Cette prédilection pour les modalités discursives est également ce qui distingue notre approche de celle suivie dans *Anglomania in France*. S'il appartient à Grieder, dans la perspective d'historienne qui est la sienne, d'avoir analysé de façon circonstanciée les modes d'apparition fictionnels de l'Anglomanie dans ses rapports avec l'Anglomanie sociale et politique, notre lecture se veut plus décidément discursive. Ainsi, nous prendrons en compte, dans un premier temps, la part rhétorique des discours préfaciels et, dans un second temps, l'inscription de l'anglicité imaginaire dans la fiction, dont la logique narrative n'est pas sans avoir une incidence forte sur la valeur signifiante des images culturelles. Dans la lignée de l'analyse du discours, telle que mise en œuvre par Dominique Maingueneau[66], nous prendrons en compte la « scène d'énonciation » à travers laquelle les *histoires anglaises* se donnent à lire, ou encore la façon dont ces textes représentent leur propre situation d'énonciation.

Conformément à la tripartition proposée par Maingueneau, notre analyse sera guidée par lois intrinsèques du discours littéraire (*scène englobante*), en ce que nous envisageons d'associer l'analyse des stéréotypes nationaux dans les portraits de personnages anglais au fonctionnement de la topique thématico-narrative sur laquelle ils se greffent. Quant au second niveau d'analyse distingué par Maingueneau, ladite *scène générique*, les textes de notre corpus relèvent d'ordinaire du genre de discours romanesque (même si des fois non-avoué), dont il importera de prendre en considération l'histoire d'émergence ainsi que les modalités thématiques et formelles particulières. Il semble licite de poser qu'à ce niveau les figurations de l'altérité culturelle s'articulent sur les dispositifs du roman-mémoires et, encore plus souvent, du roman épistolaire, d'ordinaire polyphonique.

Toujours suivant la terminologie de Maingueneau – et à un troisième niveau analytique – cette scène générique est mise en œuvre par l'entremise d'une *scénographie* mémorielle ou épistolaire, au sens d'une scène légitimant – souvent dès le paratexte – l'acte de l'écriture et qui se voit par la suite confirmée (et légitimée à son tour) par l'énonciation du discours fictionnel. Dans ce processus de légitimation mutuelle, la scénographie qui sous-tend le discours se valide pour ainsi dire au fur et à mesure, à travers ce discours même[67]. Cela vaut d'autant plus pour le roman du XVIIIe siècle en quête de reconnaissance

---

66   Pour de plus amples informations, voir Dominique Maingueneau, *Le contexte de l'œuvre littéraire. Enonciation, écrivain, société*, Paris, Dunod, 1993 ; *Ibid., Le Discours littéraire. Paratopie et scène d'énonciation*, Paris, Armand Colin, 2004.

67   Voir aussi Dominique Maingueneau, « Scénographie épistolaire et débat public », dans *La lettre entre réel et fiction*, Jürgen Siess (éd.), Paris, Sedes, 1999.

qui met en œuvre la valeur légitimante de l'épistolarité ou des mémoires afin d'investir son ouvrage de l'autorité requise. Par rapport à l'imaginaire culturel dont s'investissent ces romans, il sera dès lors indiqué d'examiner les possibles interférences entre les modalités du discours et les images culturelles véhiculées dans un dispositif qui, en règle générale[68], se nourrit de la polyphonie (discordante) des personnages[69]. Cela n'empêche pourtant pas la présence d'une instance à portée auctoriale qui puisse se superposer à la polyphonie fictionnelle, comme dans le cas des notes d'un éditeur et/ou d'un traducteur fictif[70]. De la sorte, il s'avérera que dans les fictions *à l'anglaise* ladite anglicité des romans se laisse déduire à la fois de l'énonciation des épistoliers fictifs que de l'énoncé de leurs lettres respectives, voire du paratexte (aussi minimal qu'il soit).

C'est par cette attention particulière pour la mise en discours des clichés socioculturels que notre approche diffère sensiblement de celle avancée par Grieder. Certes, les mérites d'*Anglomania in France* ne sauraient être mis en cause : non seulement l'auteur fonde ses observations sur un corpus très vaste de fictions, mais encore elle réussit à distinguer – et illustrer de façon circonstanciée – plusieurs traits de caractère[71] qui se montrent récurrents dans la mise en scène fictionnelle de l'Anglais(e). Mais son compte rendu des caractéristiques attribuées aux Anglais ne rend pas suffisamment compte de leur inscription générique ni du contexte d'énonciation spécifique. L'impression s'impose alors que Grieder conçoit les fictions comme un mode de représentation, comme un registre parmi d'autres, à travers lesquels la culture française transmet ses idées sur la culture anglaise. Même si elle reconnaît

---

68   Dans certains romans, l'irréductible des voix narratives est atténué dans les textes liminaires, où l'auteur (même en tant que figure de traducteur et/ou d'éditeur) présente une lecture directrice, surtout morale, du roman en question.

69   A ce sujet, voir également Monika Moravetz, *Formen der Rezeptionslenkung im Briefroman des 18. Jahrhunderts* (Tübingen, 1990), où la théorie de la polyphonie bakthinienne est mise à profit de l'analyse du roman épistolaire du XVIIIe siècle.

70   Pour la distinction entre « fictif » et « fictionnel », nous renvoyons à Michael Riffaterre dans *Fictional Truth* : « The only reason that the phrase « fictional truth » is not an oxymoron, as « fictitious truth » would be, is that fiction is a genre whereas lies are not." (Baltimore, John Hopkins UP, 1990, p. 1, cité dans Hakim, *op. cit.*, p. 48)

71   Parmi ceux-ci, elle mentionne la singularité, la mélancolie et la violence anglaises et – plus tard – leur caractère bénévole et philosophique, ainsi que la vertu particulière des femmes anglaises.

les particularités de la fiction[72], elle ne semble pas prendre en compte l'intrigue globale des romans d'où elle cite ses exemples. Qu'il nous soit permis d'illustrer cette critique, de façon fort simplifiée, par le passage suivant, où Grieder se réfère au personnage du philosophe d'Ambi dans le roman *Milord d'Ambi* (1778) de Mme Beccary. Tout en voulant illustrer, par cette référence, l'amour du retrait et de la solitude dit typiquement anglais[73], elle n'hésite pas à extrapoler les valeurs véhiculées par ce personnage à l'ensemble du roman : « Banished from further consideration are uncomfortable traits like violence, *singularité* and insociability[74]. » Or, dans le roman de Mme Beccary, le caractère bénévole et paisible de Milord d'Ambi est en effet contrebalancé par le caractère du libertin Milord d'Horvic qui représente à son tour certains traits typiques – péjoratifs ceux-là – du caractère anglais, tels que la violence ou l'ivrognerie.

Sans pour autant éviter les généralisations – qui s'imposeront de temps à autres – nous veillerons, pour notre part, à aborder les romans de notre corpus par une (multiplicité de) lecture(s) susceptible(s) de rendre compte de l'argumentation inhérente à la fiction. Au même effet, nous ferons également appel à des concepts provenant de plusieurs ouvrages-clés dans le domaine de l'analyse (discursive) de la stéréotypie littéraire. Notre étude s'inspirera d'une part du modèle de lecture proposé par Jean-Louis Dufays dans *Stéréotype et lecture* (1994), qui distingue entre plusieurs « codes », ou encore plusieurs niveaux rhétoriques de stéréotypie en littérature. Notre projet de mise en perspective mettra également en œuvre plusieurs concepts de l'*Imagologie* (Leerssen, Florack, Pageaux), qui se définit comme « l'étude des représentations de l'étranger dans la littérature »[75]. La notion d'image culturelle – qui s'institue en hétéro-image, auto-image et méta-image – s'avérera ainsi particulièrement propice à conceptualiser la représentation de l'Autre dans les fictions *à l'anglaise*. En effet, étant donné la forme polyphonique de la plupart des romans, la mise en scène de l'Autre semble s'y répartir sur une multitude de personnages – et de regards. Afin d'illustrer l'importance de la focalisation

---

72 Elle consacre une partie de son analyse à l'avènement du mouvement de la « sensibilité » en fiction, lequel aurait à son avis sensiblement réorienté la représentation de l'« Anglais » (Grieder, *op. cit.*, p. 93). Le corpus que nous avons étudié ne justifie pourtant aucunement une telle vision « évolutive ».

73 Grieder, *ibid.*, p. 92.

74 Grieder, *ibid.*, p. 93.

75 Cf. Jean-Marc Moura, « L'imagologie littéraire : essai de mise au point historique et critique », *Revue de Littérature Comparée* 66 : 3 (1992), p. 271.

pour la mise en scène de l'anglicité dans les *histoires anglaises*, nous insérons, à la fin de notre travail, trois études de cas : *Les Heureux Orphelins, imitation de l'anglais* (1754) de Crébillon-fils, *Histoire de Miss Honora* (1766) de Lefèbvre de Beauvray[76] et *Lettres de Milord Rivers* (1776) de Mme Riccoboni. Au-delà des divergences poétiques et argumentatives, les textes sélectionnés témoignent tous d'une approche consciente et parfois ludique de la mise en perspective de l'image culturelle.

Plan d'étude

Pour cette étude, nous nous sommes laissé guider par deux questions directrices : *primo*, celle de savoir quel serait le *statut* de l'étiquette *histoire anglaise* et des fictions qui s'y réfèrent ; *secundo*, celle de la *portée* discursive de l'anglicité annoncée dans le sous-titre. En tant que telles, ces questions forment la base des deux volets de notre ouvrage, qui se feront pourtant écho à plusieurs égards.

Dans le premier volet, historico-littéraire, nous nous focalisons tantôt sur le contexte historique, tantôt sur le co-texte plus immédiat des fictions *à l'anglaise*. Les chapitres inclus dans cette partie sont donc, chacun à sa façon, concernés par le mode d'existence, ou encore par la nature du phénomène littéraire des *histoires anglaises*. Tout d'abord, nous nous proposons d'analyser comment la manie des fictions à l'anglaise s'inscrit dans une Anglomanie qui trouve des échos dans tous les domaines de la société. Ainsi, nous projetons de remettre en perspective la vogue littéraire en prenant en considération le contexte politique et socio-culturel. Dans un premier temps, notre compte rendu des rapports politiques mouvementés entre la France et l'Angleterre au siècle des Lumières nous amènera à jeter d'entrée de jeu une lumière plus nuancée sur la fascination pour la culture anglaise dont témoignaient bon nombre de Français. L'histoire particulière qui lie « depuis toujours » les deux nations majeures de l'Europe semble en effet être à la base du regard souvent contradictoire et biaisé qui continue à dominer, en dépit de ladite « manie », les textes français au sujet de leurs voisins d'outre-Manche. Ensuite, étant donné que l'Anglomanie trouve son apogée à une époque où l'intérêt plus général pour la question de l'identité nationale se déploie, nous nous proposons d'esquisser les différentes thèses – souvent concurrentielles – qui participent du débat naissant sur les Nations. Même si, dans cette section également, nos observations seront pour la plupart dégagées

---

76   Voir l'analyse pour la question complexe de l'auctorialité dans ce cas particulier.

de sources secondaires, elles se révèleront d'une grande valeur pour notre étude des *histoires anglaises* proprement dites. Dans une dernière étape contextualisante, nous prendrons également en compte plusieurs témoignages non-fictionnels sur la culture anglaise, publiés dans un laps de temps qui correspond à peu près à celui de notre corpus primaire, mettant de la sorte en perspective certaines tendances dans la représentation du caractère national, telle qu'elle prend forme dans les fictions à l'anglaise de la même époque.

Dans une deuxième démarche, notre angle d'approche se rétrécit au co-texte immédiat des romans de notre corpus, moyennant une étude de leurs « péritextes »[77], à savoir des formules titrologiques d'une part, et des textes liminaires (*i.c.* les pré- et postfaces) d'autre part, en vue de repérer d'éventuels « traits distinctifs » qui justifieraient quelque délimitation générique. En même temps, ce second chapitre se met également au service d'une mise à nu d'éventuelles particularités des fictions à l'anglaise, quoique celles-ci soient cette fois-ci abordées du point de vue réceptif. Si l'on veut comprendre le statut des fictions à l'anglaise dans le domaine littéraire français, il importe en effet non seulement de prendre en compte la façon dont elles se présentent – et se justifient – par rapport au public, mais également d'examiner comment elles sont perçues par ce même public (critique). A cet effet, nous projetons d'examiner quelques-unes des revues littéraires les plus pertinentes de la deuxième moitié du XVIIIe siècle, à savoir *L'Année littéraire*, la *Correspondance littéraire*, le *Journal étranger* et le *Journal encyclopédique*. En même temps, l'analyse des métatextes ouvrira également la voie à l'analyse discursive des *histoires anglaises*, qui forme le second volet de cette étude. Plus en particulier, il s'avérera que parmi les critères d'analyse – qui concernent le « statut » des romans, leur « anglicité » et leur valeur « esthétique » – les deux derniers seront décisifs pour l'orientation des analyses discursives. D'une part, nous projetons d'y examiner les modèles littéraires d'outre-Manche qui ont joué un rôle d'importance pour la mise en scène de « l'anglicité » dans les fictions à l'anglaise. D'autre part, s'y manifeste déjà – tantôt entre les lignes, tantôt de façon explicite – ce que nous voudrions appeler la topique profonde des fictions de notre corpus. Par ce terme, nous entendons que les *histoires anglaises* – pour la plupart écrites par des auteurs de moindre importance, voire anonymes – se laissent guider par des stratégies de reconnaissance et semblent dès lors rédigées en fonction des demandes des lecteurs français.

---

77 Il va de soi que nous empruntons le terme à l'ouvrage de référence de Gérard Genette, *Seuils* (Paris, Seuil, 1987).

De ce fait, plutôt que d'être imposée – comme *a priori* – à nos textes, l'orientation directrice de nos analyses discursives découle *a posteriori* de l'étude de la réception critique des fictions concernées. Conformément à la méthode analytique de la partie historico-littéraire – qui nous amènera du contexte général de l'Anglomanie à l'analyse du co-texte immédiat des romans – la partie discursive sera entamée par un aperçu historique, portant sur les évolutions thématiques et formelles des *histoires anglaises* au fil du temps. Ce n'est qu'après ce survol général que nous procédons à la lecture topique d'un corpus sélectif de romans *à l'anglaise*. Par le fait que notre aperçu historique s'étend sur un laps de temps considérable, il s'agira de faire transparaître, à travers la tendance à la reprise continue de topoï, les capacités d'adaptation des auteurs de fictions à l'anglaise. Ainsi, l'on ne peut qu'observer comment, sous l'étiquette permanente d'*histoire anglaise*, la constellation romanesque s'adapte aux lois changeantes de la fiction romanesque en France.

En même temps, ce survol étendu fera ressortir qu'à leur apogée – c'est-à-dire dans une période qui s'étend à peu près des années 1760 à 1790 – les *histoires anglaises caractérisent par une cohésion plus prononcée. En raison de cette* homogénéité – et par le fait qu'il s'agit d'une période centrale dans l'histoire de l'Anglomanie littéraire – nous projetons de focaliser notre lecture topique sur les romans qui composent ce corpus rétréci. Lecture qui s'inspirera de la profonde topicité des *histoires anglaises*, qui, en plus, s'avère fonctionner à deux niveaux différents, mais relatés : le niveau thématico-narratif et le niveau socioculturel. En dernier lieu, la stéréotypie (culturelle aussi bien que narrative) *constitutive* de cette formule romanesque sera revisitée au prisme du projet poétique de trois auteur(e)s spécifiques : Crébillon-fils, Marie-Jeanne Riccoboni et Lefèvre de Beauvray.

Cela étant, est-ce qu'il serait licite de plaider en faveur d'une revalorisation esthétique de ces plusieurs dizaines de romans *à l'anglaise* ? La nature à vrai dire répétitive de cette littérature nous amènerait à répondre plutôt par la négative. Mais c'est précisément à travers les éternelles redites, au fil des imitations et des réécritures, que peut se découvrir une toile topique digne d'être prise en considération par un regard scientifique, indépendamment de tout jugement de valeur esthétique. En fin de compte, il s'agit ici encore d'ouvrages qui ornaient mainte bibliothèque privée de l'époque[78]. Dès lors, ce

---

78   Renvoyons sous ce rapport aux fonds de la *Herzogin Anna Amalia Bibliothek*, consultés par Nathalie Ferrand à la lumière de la réception de roman français à Weimer au XVIIIe siècle (*Le roman français au berceau de la culture allemande. Réception des fictions de langue française à Weimar au XVIIIe siècle, d'après les fonds de la Herzogin Anna Amalia*

sont ces images culturelles également, empreintes d'une mise en scène fictionnelle, qui étaient répandues parmi des lecteurs – et, plus souvent encore, des lectrices – avides de « toute chose anglaise ». Par notre souci constant de mise en contexte et de mise en perspective, nous espérons montrer au lecteur que les apparences de simplicité et de médiocrité s'avèrent – du moins dans certains cas – trompeuses.

Bibliothek, Université de Montpellier III, 2003). D'après le répertoire établi par Nathalie Ferrand, cette bibliothèque contenait entre autres *Mémoires de Miladi B* (rééd. de 1761) par Charlotte-Marie-Anne Charbonnier de la Gueusnerie, *Histoire de Miss Jenny* (1764) et *Adèle de Senange* (éd. de 1796) de Mme de Souza, mais aussi la traduction allemande d'un roman de Mme Bournon-Malarme : *Richard Bodley, oder die unglückliche Vorsicht, aus dem Französischen der Comtesse de Malarme* (1786).

CHAPITRE 1

Images opposées, regards croisés

> Modern writers have aptly pictured France and Britain as « unruly twins », together weaving through their strife, agreement and mutual influence a wider pattern whose original threads cannot be easily traced to the one or the other.
> GERALD NEWMAN, *The Rise of English nationalism*, p. 2[1]

Préliminaires

Avant d'aborder les modalités (péri-)textuelles des *histoires anglaises* il importe d'esquisser ici, sous forme de préambule, les lignes de force des discours à portée socio-politique et culturelle qui en constituent l'arrière-fond.

De la sorte, le présent chapitre prendra la forme d'une esquisse : celle-ci retrace quelques lignes de la toile signifiante des discours – politiques, socio-culturels et autres – participant, à leur façon, de l'imaginaire français au sujet de l'Angleterre dans la seconde moitié du XVIIIe siècle. Outre les ouvrages de référence, tels que *Londres* de Pierre-Jean Grosley (1770)[2], nous avons inclu également plusieurs textes moins connus. Parmi ces derniers, citons entre autres les *Nouvelles observations sur l'Angleterre, par un voyageur* de l'abbé Coyer (1779)[3], le *Tableau de Londres et de ses environs* de La Combe (1784) ou

---

1 Gerald Newman, *The rise of English nationalism : a cultural history (1710-1830)*, London, Weidenfeld and Nicholson, 1987, p. 3.
2 En témoigne La Combe dans l'introduction au *Tableau de Londres* de 1784, où Grosley est cité – en tant que « repoussoir » – d'un seul trait avec Le Blanc et Muralt : « Muralt, Rouquet, le Blanc, & Grosley ont savamment disserté sur vos moeurs, vos loix, vos arts, & votre littérature : s'ils pouvoient retourner à Londres, ils seroient forcés ou de tout effacer, ou de tout changer. » (*Le tableau de Londres et de ses environs, avec un précis de la constitution de l'Angleterre et de sa décadence*, à Londres et à Bruxelles, 1784, p. v). L'édition que nous utilisons est celle de 1797 (*Londres, ou Tableau civil, moral, politique, philosophique, commercial et religieux de cette capitale ; dans lequel l'on voit les moeurs, loix, usages, caractères, superstitions et le génie anglais, &c.*, à Paris, chez Desray).
3 L'abbé Coyer, *Nouvelles observations sur l'Angleterre, par un voyageur*, à Paris, chez la veuve Duchesne, 1779.

les *Lettres d'un jeune homme à son ami sur les Anglais et les Français* (1779)[4] de main anonyme. En outre, sont également considérés, pour différentes raisons, quelques textes écrits au XVIIIe siècle, mais seulement publiés récemment, tels que le *Parallèle de Paris et de Londres* (1781)[5] de Louis-Sébastien Mercier et le *Journal de voyage en Grande-Bretagne, en Ecosse et en Irlande* de Marc de Bombelles (1784)[6]. Dans le cas de Mercier, l'intérêt du texte se justifie certes par son auteur, qui était évidemment un actant important sur la scène littéraire du XVIIIe siècle finissant, mais il réside aussi dans une attention particulière pour le regard individuel de l'auteur-voyageur. Il en va de même pour le *Journal de voyage*, où la signature de Bombelles se fait gage de neutralité[7]. A l'encontre de cette réclamation d'objectivité, saute aux yeux la perspective ouvertement anti-anglaise (et anti-anglomane) du *Dictionnaire social et patriotique, ou précis raisonné de connoissances relatives à l'Economie morale, civile & politique* (1770)[8] de Lefèvre de Beauvray et du *Patriote, ou préservatif contre l'Anglomanie* de Louis-Gabriel Bourdon (1789)[9]. Cette multitude de voix, et non seulement des plus connues, assure une compréhension plus circonstanciée des représentations non-fictionnelles mises en œuvre.

La grande masse de discours non-fictionnels portant sur l'Anglomanie ne sort pourtant pas du néant, mais se fait l'écho d'un intérêt littéraire dont les témoins précoces remontent au siècle précédent. Dans ce chapitre, nous nous référerons dès lors à plusieurs reprises – fût-ce en note – à des textes de référence du début du siècle, à savoir les *Lettres sur les Anglois et les François* de

---

4 Anon, *Lettres d'un jeune homme à son ami sur les Français et les Anglais, relativement à la frivolité reprochée aux uns et la philosophie attribuée aux autres ; ou essai d'un parallèle à faire entre ces deux nations*, à Amsterdam et se trouve à Paris, 1776.

5 La datation est approximative, puisqu'elle est absente du manuscrit retrouvé. Cf. Louis-Sébastien Mercier, *Parallèle de Paris et de Londres*, inédit présenté et annoté par Claude Bruneteau et Bernard Cottret, Paris, Didier, coll. des études critiques 2, 1982, p. 12.

6 Marc de Bombelles, *Journal de voyage en Grande-Bretagne et en Irlande*, éd. par Jacques Gury, SVEC 269, Oxford, Voltaire Foundation, 1989.

7 Quant au positionnement de M. Bombelles, nous renvoyons également au passage suivant, de la main de Jacques Gury, éditeur critique du *Journal* : « [M. Bombelles] ne se veut pas cosmopolite, pas plus qu'il n'accepte de jouer les caméléons dans les pays qu'il visite. Tout en respectant les coutumes et les usages des Anglais, il entend bien s'affirmer français. Mais, il ne correspond pas à l'image que les Anglais ont du Français : frivole, léger, badin. Il n'est ni le petit-maître, ni l'aristocrate hautain, il a la réserve du diplomate et de l'homme mûr. » (*ibid.*, p. 11)

8 Claude-Rigobert Lefèvre de Beauvray, *Dictionnaire social et patriotique, ou précis raisonné de connaissances relatives à l'Economie morale, civile & politique*, à Amsterdam, 1770.

9 Louis-Gabriel Bourdon, *Le patriote ou préservatif contre l'Anglomanie*, à Londres, 1789.

Louis Béat de Muralt (1725), les *Lettres philosophiques* de Voltaire (1734) et les *Lettres d'un François* de l'Abbé Le Blanc (1745).

En même temps, la prise en considération d'un corpus non-fictionnel répond à un réflexe méthodologique proposé par plusieurs études en Imagologie. Aux dires de Jean-Marc Moura, la logique particulière de l'image littéraire de l'Autre ne pourrait en effet se comprendre que par le détour de sa mise en perspective dans un discours englobant d'ordre social.

> Ultimement, la force novatrice d'une image – c'est-à-dire sa littérarité – résidera dans *l'écart* qui la sépare de l'ensemble des représentations collectives (donc conventionnelles), forgées par la société où elle naît. Elle n'apparaît donc qu'après un détour nécessaire par l'examen de l'imaginaire social[10].

Reste à voir évidemment si dans notre cas ce « détour nécessaire » nous amènera fatalement à souligner, dans un second temps, l'écart distinctif des images culturelles mises en discours.

En tant que tels, les textes non-fictionnels en question paraissent dans une période du XVIIIe siècle qui est particulièrement marquée par des conflits politiques. D'une part, le cauchemar de la Guerre de Sept Ans n'est pas encore effacé de la mémoire collective et, d'autre part, la Guerre d'Indépendance en Amérique et l'atmosphère (pré-)révolutionnaire reconfigurent une fois de plus les rapports franco-anglais sur le plan politique. De ce fait, l'étude (discursive) du corpus « factuel » devrait nous aider à considérer l'effet éventuel des conflits politiques et militaires de la deuxième moitié du siècle sur l'imaginaire des Français. En outre, sur un plan plus général, il s'agira de voir dans quelle mesure ce corpus secondaire atteste quelque logique évolutive dans la pensée sur l'identité nationale au cours du XVIIIe siècle.

De la rivalité à l'entente – and back again

Les conflits franco-anglais ont pour ainsi dire « depuis toujours » influencé la démarche politique des deux pays impliqués. Au XVIIIe siècle, ces rivalités n'entravent aucunement la montée de l'Anglomanie française, phénomène culturel qui semble, au premier regard, annonciateur d'un rapprochement entre la France et l'Angleterre. La concomitance apparente de cet arrière-fond

---

10 Jean Marc Moura, « L'Imagologie littéraire : essai de mise au point historique et critique », *Revue de Littérature Comparée*, 3 (1992), p. 279. C'est nous qui soulignons.

de conflits d'une part, et de l'intérêt croissant pour la culture anglaise en France d'autre part, nous amène d'entrée de jeu à considérer avec précaution l'existence de quelque lien de causalité entre les plans politique et socioculturel. En effet, si maint spécialiste trouve dans l'instabilité politique de l'époque une explication – au moins partielle – pour les fluctuations qui se font remarquer dans les relations franco-anglaises, ce lien causal ne s'avère pourtant pas aussi évident qu'il ne le paraît au premier abord. Dans ce qui suit, nous présentons un bref survol des moments-clés dans l'histoire politique (franco-anglaise) du XVIIIe siècle, tout en rendant compte de leur influence éventuelle sur l'opinion publique en France.

En général, il saute aux yeux que le long XVIIIe siècle est parsemé de conflits militaires entre la France et l'Angleterre, qui redessinent à chaque fois le paysage politique européen. D'abord, la Guerre de la Succession d'Espagne (1701-1714) – où l'Espagne et la France, alliées, s'opposent à une coalition qui compte, à part l'Angleterre, également la Prusse de Frédéric I et les Provinces-Unies – aboutit à la paix d'Utrecht. A cette occasion, l'Angleterre se confirme comme une puissance de première importance en Europe, même si la suprématie de la France n'est, à ce moment-là, pas encore remise en cause. Dans les années 1740, l'Europe est bousculée par une nouvelle guerre de Succession, celle d'Autriche (1740-1748). Cette fois, la Prusse s'allie à l'union franco-espagnole, pour s'opposer à la coalition anglo-autrichienne. A la suite de cette guerre, les animosités entre les deux nations s'intensifient, tant sur le continent qu'en territoire colonial. Si la France sort plus ou moins indemne de la guerre, elle n'a pas non plus remporté de grands succès. Qui plus est, alors que les Français se croient toujours le centre de l'Europe, « se confirme dans les faits la suprématie anglaise »[11]. Une fois de plus, les alliances formées se montrent de courte durée, puisqu'en 1756, par le traité de Versailles, l'Autriche se rapproche de la France, qui entre alors dans une nouvelle période de conflits intenses avec l'Angleterre.

Mais ce sont la Guerre de Sept ans – qui occupe les pouvoirs centraux de l'Europe tant sur le Continent que dans l'empire colonial – et le Traité de Paris (1763) qui constituent un véritable tournant dans l'histoire des guerres franco-anglaises, en ce qu'ils redéfinissent en profondeur les rapports politiques en Europe. En effet, suite à la Guerre de Sept Ans, l'empire colonial français est en grande partie en ruines, contrairement au pouvoir anglais, qui continue à s'affirmer[12]. La supériorité, surtout navale, de l'Angleterre conduit entre

---

11 Edmond Dziembowski, *Un nouveau patriotisme français* 1750-1770, SVEC 365, Oxford, Voltaire Foundation, 1998, p. 14.

12 Jérôme Hélie, *Petit atlas historique des Temps modernes*, Armand Colin, 2003, p. 142.

autres à sa conquête du Canada français. En même temps, il s'avère vite que « la France est moins affaiblie que ne le croit alors l'opinion européenne[13]. » Dans les années 1770, par son intervention dans la Guerre de l'Indépendance en Amérique du Nord, la France s'allie aux « Insurgents » dans une tentative d'affaiblir la domination anglaise. Durant cette période, souvent qualifiée de « seconde guerre de Cent Ans » (1689-1815)[14], c'est encore l'inimitié constante entre la France et l'Angleterre qui nourrit la série interminable de conflits politiques et militaires.

Est-ce à dire que ces conflits auraient eu une influence évidente sur le regard français, qui ne cesse de se projeter sur l'Autre anglais au cours du grand XVIIIe siècle ? De même, est-il licite d'argumenter qu'une période d'entente diplomatique entre les deux nations se traduise en une ouverture progressive par rapport à la culture anglaise ? A bien lire l'ouvrage de référence de Gabriel Bonno, cette thèse s'appliquerait effectivement à la période de la Paix d'Utrecht. A partir de 1725 se manifesteraient ainsi plusieurs signes de rapprochement : « A mesure que s'éloigne dans le passé le souvenir des dernières guerres entre la France et l'Angleterre, les rancunes de jadis, l'ancienne animosité de l'esprit national s'atténuent[15]. » Bonno établit une causalité assez explicite entre les relations politiques franco-anglaises et l'orientation de l'opinion publique. De même, François Crouzet écarte l'hypothèse d'une « haine congénitale entre les deux pays », y substituant l'idée d'une animosité essentiellement contextuelle[16].

L'hypothèse d'une causalité politique n'exclut pourtant pas que certains spécialistes nourrissent l'idée, certes moins répandue, que l'identité et les préjugés nationaux seraient dans quelque mesure inhérents aux relations franco-anglaises et dès lors relativement indépendants des circonstances historiques. Richard Lodge était ainsi déjà d'avis que « the Anglo-French alliance, even in the years when it was a real force, was always rather fragile, [...] it had its origins in dynastic rather than in national interests, and was never popular in either country »[17]. Aux dires de Lodge, l'antagonisme naturel entre les

---

13   *Ibid.*

14   François Crouzet, *La guerre économique franco-anglaise au XVIIIe siècle*, Paris, Fayard, 2008, p. 7.

15   Gabriel Bonno, *La culture et la civilisation britanniques devant l'opinion française de la paix d'Utrecht aux Lettres philosophiques*, Philadelphia, Transactions of the American Philosophical Society (38 :1), 1948, p. 42.

16   Crouzet, *op. cit.*, p. 134.

17   Richard Lodge, « The anglo-french alliance 1716-1731 », in : *Studies in Anglo-French history during the eighteenth, nineteenth and twentieth century*, éd. par Alfred Coville et Harold Temperley, Cambridge, U.P., 1935, p. 17.

deux cultures aurait continué à resurgir, même en temps de paix[18]. En outre, si causalité politique il y a, celle-ci n'est pas toujours définie dans les mêmes termes. Citons à cet égard encore l'exemple parlant de la Guerre de Sept Ans. Dziembowski, pour sa part, signale que l'Anglophobie des Français s'aiguise déjà dans le « prologue » à la Guerre de Sept Ans pour se prononcer davantage à mesure que les ambitions politiques de l'Angleterre s'affirment. Et dans son étude *The cult of the nation*, l'historien David Bell argumente que, pendant la Guerre de Sept Ans, se manifeste une première montée de xénophobie des deux côtés de la Manche, qui s'exprime par le biais de propagande patriotique au détriment de l'ennemi :

> The cosmopolitanism so often associated with eighteenth-century French culture abruptly disappeared from books and periodicals, to be replaced by snarling hostility to France's enemies[19].

A la base de cette guerre se trouve, du moins dans l'imaginaire français, un conflit militaire en Amérique du Nord, où un officier français du nom de Jumonville trouve la mort dans une attaque imprévue des Anglais[20]. Les propagandistes français se seraient avidement servis de cette « Affaire Jumonville » afin de mettre en lumière le (stéréotype du) caractère barbare et traître des Anglais. D'après D. Bell, dans cette période de conflit, l'ère est aux discours manichéens et généralisants. En témoignerait une lettre de l'*Observateur hollandais* à l'égard de la mort de Jumonville, où la responsabilité de la guerre est explicitement rejetée sur les Anglais : « Le premier acte d'hostilité de la part des Anglois a été un forfait contraire au droit des gens, et le premier meurtre a été un assassinat[21]. »

Toutefois, aux yeux de Dziembowski, l'ubiquité de discours récriminatoires n'empêcherait pas que la « manie » de l'Autre garde ses droits d'existence

---

18   Notons que Dziembowski semble aller dans le même sens lorsqu'il tend à « ancrer » l'anglophobie du XVIIIe siècle dans une tradition d'inimitié « plusieurs fois centenaire » qui se prêterait difficilement aux explications : « Elle appartient davantage à la passion qu'à celui de la réflexion politique conservatrice ». (*op. cit.*, p. 45) Dans un autre article, « Remarques sur les transferts culturels franco-britanniques au XVIIIe siècle », le même auteur insiste à la fois sur la *cause* immédiate « de la seconde guerre de Cent Ans » et sur les origines d'une « incompréhension » enracinée (*op. cit.* p. 459).

19   Bell, *op. cit.*, p. 82.

20   Voir David Bell, « English Barbarians, French Martyrs », in : *The cult of the Nation in France : Inventing Nationalism, 1680-1800*, Cambridge MA, Harvard U.P., 2001, pp. 78-79.

21   « Observateur hollandois », lettre II, 1er octobre 1755, p. 24, cité dans Dziembowski, *op. cit.*, p. 76.

durant la guerre, quoiqu'elle s'exprime en général seulement dans les publications anonymes et privées[22]. Grieder, quant à elle, pousse cette idée en posant qu'aux années où les conflits de la Guerre de Sept Ans s'intensifient, se manifeste précisément une nouvelle phase d'Anglomanie culturelle, qui continue à prospérer jusqu'à la fin des années 1770. A l'en croire, « the 'maladie épidémique' of imitation of the English »[23] connaîtrait dans cette période une dissémination toujours plus prononcée, vu la récurrence du terme dans des sources de nature parfois très divergente :

> The frequency with which it appears in literature of all sorts – private and public, from diaries and memoirs to periodicals and pamphlets – testifies to the vitality of the phenomenon[24].

En même temps, l'auteur d'*Anglomania in France* observe que cette deuxième démarche se voit tout de suite accompagnée des plus virulentes attaques anti-anglomanes. Alors que l'Anglomanie se tourne progressivement en phénomène « quotidien », force est de constater la contemporanéité de réactions opposées par rapport à l'Angleterre.

Quant à l'issue de la Guerre de Sept Ans, rappelons que celle-ci est indéniablement humiliante pour la France, en ce que la paix de Paris en 1763 marque le bouleversement des rapports de pouvoir franco-anglais tant en Europe qu'Outre-mer. Du côté français, l'on s'attendrait dès lors à une intensification des sentiments de phobie par rapport à un pays qui s'est emporté sur la France aux yeux de l'Europe entière. C'est sur cette (première) réaction anti-anglaise que met l'accent Frances Acomb, qui étaye sa thèse entre autres par la citation de plusieurs pièces de théâtre, dont l'orientation anglophobe serait indéniable. Elle se réfère par exemple à la pièce de Favart, *L'Anglais à Bordeaux* (1763), publiée à l'ultime fin de la Guerre de Sept Ans, où elle entrevoit un nationalisme implicite, qui consisterait en : « the victory of the French national character over the national character of the English – a subtle revenge for the loss of an empire »[25]. Ensuite, elle reconnaît dans le patriotisme plus

---

22 Pour un constat similaire sur la francophobie en Angleterre, voir l'article du même auteur, « Remarques sur les transferts culturels franco-britanniques au XVIIIe siècle » (*op. cit.*).
23 Grieder, *op. cit.*, p. 10.
24 Grieder, *ibid.*, p. 11.
25 Frances Acomb, *Anglophobia in France 1763-1789 : An Essay in the History of Constitutionalism and Nationalism*, Durham, Duke University Press, 1950, p. 55. Sur l'anglophobie, voir aussi Claude Nordmann, « Anglomanie et anglophobie en France au XVIIIe siècle », *Revue du Nord* LXVI, 261-262, 1984, pp. 787-803.

explicite qui est véhiculé par le *Siège de Calais* (1765) l'espoir français d'une défaite imminente des Anglais : « England in the eighteenth century, it was confidently believed, would not long be able to remain in a position of world dominance[26]. » Dziembowski, pour sa part, semble observer une remontée d'Anglomanie après la Guerre de Sept Ans, même s'il veille à relativiser tout de suite l'ampleur de ce phénomène « élitiste », car « la France anglomane se limite à une partie de l'élite urbaine et lettrée du pays »[27]. En même temps, il prend soin de signaler la persistance de réactions anglophobes dans ce qu'il considère comme une période de rapprochement temporaire entre les deux nations[28]. Cette fois-ci, l'anglophobie serait d'ordre politique, en ce que les Français anglophobes craignent avant tout la menace d'une imitation du système politique anglais.

Etant donné la grande disparité des études disponibles, toute conclusion définitive semble téméraire. D'une part, plusieurs chercheurs s'accordent sur la présence d'une Anglomanie toujours plus affirmée, indépendamment des rebondissements du contexte politique. C'est Texte qui, en 1895 déjà, réussit à mettre le doigt sur cette contradiction surprenante :

> Curieux de noter que les recrudescences de l'Anglomanie coïncident avec nos plus cruelles défaites ou avec les traités les plus désastreux. Jamais notre admiration de l'Angleterre ne fut plus vive qu'aux environs de 1748, 1763 ou de la guerre d'Amérique. Pendant la guerre de 7 ans, elle atteint au délire[29].

Cela n'empêche que les contours de cette Anglomanie française ne se laissent pas fixer aisément. Ainsi, alors que la manie d'imitation est qualifiée de « phénomène quantitativement limité » par Dziembowski, Grieder n'hésite pas à insister sur sa diffusion générale. Pour ce qui est des manifestations d'anglophobie, en revanche, celles-ci semblent effectivement suivre la logique de l'histoire politique. Plusieurs chercheurs sont enclins à établir un lien causal entre les conflits franco-anglais et la propagation de sentiments anglophobes.

---

26 Acomb, *ibid.*, p. 59.
27 Dziembowski, *op. cit.*, pp. 221-222.
28 Par ce, Dziembowski fait la critique d'un passage de Bonno, où celui-ci minimise l'influence de la Guerre de Sept Ans sur l'opinion publique en France : « malgré sa défaite, la nation française ne témoigne pas de rancune à son heureuse rivale » (*op. cit.*, p. 37).
29 Joseph Texte, *Jean-Jacques Rousseau et les origines du cosmopolitisme : étude sur les relations littéraires de la France et de l'Angleterre au XVIIIe siècle*, Genève, Slatkine Reprints, 1970, p. 91.

Il semble ainsi que, au fur et à mesure que le pouvoir anglais s'affirme au XVIIIe siècle, les voix anti-anglaises se fassent plus virulentes. Partant, lorsqu'en 1775 éclate l'opposition des colons américains à l'égard du pouvoir central d'Angleterre, les Français n'hésitent pas à lutter du côté des « Insurgents », jusqu'à ce qu'en 1782 soit déclarée l'Indépendance de l'Amérique. Si la révolution américaine constituait sans doute une source d'inspiration pour la Révolution de 1789 qui était déjà dans l'air, la participation française pourrait en même temps être conçue comme une tentative de se venger des humiliations infligées par l'Angleterre. Comme le pose Sorel, c'est de cette manière que « la France recouvrait dans le monde cette « face » qu'elle avait perdue à l'issue de la Guerre de Sept Ans »[30]. Cette période d'hostilité intense est confirmée par Bell, qui considère la Guerre de l'Indépendance comme un deuxième apogée de xénophobie française au XVIIIe siècle. En revanche, c'est dans cette même période pré-révolutionnaire que Grieder situe d'autre part une nouvelle forme d'Anglomanie, plus intériorisée et donc moins visible au premier regard, à savoir celle de la « naturalisation » : « certain practices heretofore associated with the British appear, [are] assimilated and domesticated in the French context »[31]. A l'en croire, ce ne serait que lorsque la Révolution bat son plein que l'Anglomanie est finalement supprimée par une perspective à la fois nationaliste et anglophobe.

Il sera devenu clair que l'histoire franco-anglaise du XVIIIe siècle ne se laisse pas aisément traduire par quelque logique évolutive, ni classer sous le dénominateur général d'Anglomanie. Même les auteurs qui ont placé le siècle des Lumières presqu'exclusivement sous l'enseigne de l'Anglomanie (Grieder) ou de l'Anglophobie (Acomb) se sont sentis contraints à rendre compte des contre-mouvements, ainsi que des affinités qui se dessinent entre des prises de position à première vue antagonistes. Les multiples rencontres militaires entre les deux pays ont indéniablement exercé un rôle prépondérant dans les rapports franco-anglais – comme elles le faisaient d'ailleurs bien avant le XVIIIe siècle –, mais la nature exacte de cette influence pose problème.

Nous sommes dès lors encline à nous rapprocher d'une perspective plus nuancée, telle que déjà avancée par Dziembowski. Ce dernier prend soin de rendre compte des rapports multiples qui existent entre l'histoire des guerres franco-anglaises et les réactions respectives – souvent opposées mais simultanées – des différentes classes sociales impliquées. Il en ressort un siècle des Lumières où Anglomanie et Anglophobie sont des forces non seulement concurrentielles, mais pour la plupart concomitantes : « Il existe en fait une

---

30 Sorel, *op. cit.*, p. 159.
31 Grieder, *op. cit.*, p. 21. Nous y reviendrons dans ce qui suit.

infinité de nuances dans l'expression du sentiment anglophobe. Comment dès lors distinguer un anglophile tiède d'un anglophobe modéré[32]? »

Le débat sur le caractère national au XVIIIe siècle

Mais la grande complexité des interférences entre la France et l'Angleterre n'est pas uniquement le fait de conflits militaires. Ainsi, au-delà de la spécificité des rapports franco-anglais, l'on constate qu'au siècle des Lumières la question de la relation entre *l'individu* et *le collectif* se trouve au centre des débats. Comme il ressortira de la suite, cette relation a été considérée dans une perspective inclusive – à la lumière des rapports d'*appartenance* – mais aussi, et peut-être surtout, sous un jour exclusif, en ce que l'individu était à plusieurs égards posé en *opposition* avec une altérité irréductible.

Ainsi, aux dires de Jean-René Suratteau, la France serait au centre d'un mouvement cosmopolite, suivant lequel l'humanité est unifiée dans une « parenté spirituelle indépendante des limitations politiques »[33] ou encore, dans les termes d'Hubert Baysson, une « communauté intellectuelle [...] qui transcende toute idée de nationalité »[34]. D'après cette idée, le facteur d'unification n'est plus l'appartenance nationale, mais une parenté plus abstraite qui, tout en dépassant la particularité de l'identité nationale, se montre autrement exclusive. Nous y reviendrons.

La thèse selon laquelle la France occuperait une position centrale dans l'Europe cosmopolite des Lumières se voit défendue avec conviction dans l'ouvrage-clé de Louis Réau, *L'Europe française au siècle des Lumières* (1938), où l'auteur cite l'attrait de la langue et de la littérature françaises parmi les causes de cet attrait. Ainsi, s'il reconnaît que l'hégémonie française est tantôt reconnue, tantôt contestée au cours du XVIIIe siècle, il insiste que la France se trouve pleinement impliquée dans les différents mouvements d'idées – souvent concurrentiels – qui dominent les débats intellectuels en Europe. Sous ce rapport, il est remarquable que Réau promeuve les Lumières (françaises) comme une période où l'atmosphère intellectuelle est dominée par la pensée cosmopolite. Cosmopolitisme qui, à en croire l'auteur de *L'Europe française*, paraît exclure toute possibilité de sentiment national :

---

32 Dziembowski, *op. cit.*, p. 50.
33 Voir l'article de Jean-René Suratteau, « Cosmopolitisme et patriotisme au siècle des Lumières », *Annales historiques de la Révolution française* 253 : 1 (1983), p. 381.
34 Hubert Baysson, *L'idée d'étranger chez les philosophes*, coll. Ouverture philosophique, Paris, l'Harmattan, p. 35.

Le cosmopolitisme exclut le patriotisme qui est considéré comme un préjugé. 'La nature, écrit le chevalier de Boufflers, a donné à chaque homme le monde pour cité et tous les hommes pour concitoyens.' L'affaiblissement ou pour mieux dire l'atrophie du sentiment national est un des traits caractéristiques du siècle des Lumières[35].

A bien considérer ce passage, qui date déjà de 1938, une remise en perspective s'impose. Certes, le XVIIIe siècle a depuis toujours été mis en rapport avec un mouvement d'émancipation, intellectuelle mais aussi sociale, qui était pourtant avant tout promu par les philosophes. Or, leur prise en compte de « tous les hommes » les amène non seulement à « traquer ce qui lie et unit les peuples entre eux »[36], mais aussi à constater leurs différences irréductibles. Depuis la publication de *L'Europe française*, plusieurs chercheurs ont insisté sur la fascination continue des penseurs des Lumières pour la question du caractère national[37], qui semblait traduire la conscience nationale toujours plus forte des Français[38]. Au lieu de situer la montée des nationalismes exclusivement au XIX siècle, des historiens comme David Bell et Jean-Louis Suratteau s'accordent pour situer les germes du processus au XVIIIe siècle, avec la Révolution française comme premier apogée :

> In one sense, the French began to think like nationalists over a very short period of time : immediately before and during the French Revolution of 1789, less than the space of a single generation. Yet the transformation cannot be properly understood without setting it in a deeper context :

---

35 Louis Réau, *L'Europe française au siècle des Lumières*, Paris, Albin Michel, 1938, p. 258.
36 Stéphane Pujol, « Histoire et philosophie de l'histoire », in : *Raison universelle et culture nationale au siècle des Lumières*, David A Bell, Ludmila Pimenova et Stéphane Pujol (éds), Etudes internationales sur le dix-huitième siècle 2, Paris, Champion, 1999, p. 180.
37 Ce chapitre ne vise pas à fournir une analyse détaillée du terme « caractère national » dans le contexte du XVIIIe siècle. Qu'il suffise de renvoyer à la définition avancée dans l'article anonyme « Caractère des nations » dans *L'Encyclopédie* (T. 11, p. 666) : « Le caractère d'une nation consiste dans une certaine disposition habituelle de l'âme, qui est plus commune chez une nation que chez une autre, quoique cette disposition ne se rencontre pas dans tous les membres qui composent la nation ».
38 Parmi les auteurs qui défendent la thèse que le mouvement « nationaliste » connaît déjà un essor au XVIIIe siècle, citons e.a. Bell et Acomb : « Some of the nationalism that appears during the period 1763-1789 is rudimentary, but much of it is mature [...] The words *patrie* and *nation*, which in a fully developed nationalism are almost synonymous, were not infrequently used in that way in the period 1763-1789. » (*op. cit.*, p. 53)

it represented the culmination of a process that had begun a century earlier[39].

En considérant les événements de 1789 dans le contexte d'un réveil national, Bell s'inscrit en faux contre les assertions antérieures de Louis Réau, qui soulignait le caractère cosmopolite de la Révolution, « nourrie de l'illusion que tous les peuples sont frères, solidaires contre les tyrans »[40]. Cela se reflète dans de nombreux débats philosophiques qui participent de la mise en place d'un discours circonstancié sur les conditions de possibilité et les modes d'existence d'un esprit national.

Sur l'esprit des nations

Si l'existence d'une conscience nationale avant 1789 prête toujours à discussion[41], le manque de consensus pourrait s'expliquer en partie par les évolutions terminologiques qu'ont parcourues les termes en question au fil du temps. En effet, alors que maint penseur du XVIIIe siècle se sert de l'adjectif « national »[42], le sens du terme diffère sensiblement du sens cultivé au XIXe siècle. Citons à ce sujet Roberto Romani dans son ouvrage *National character and public spirit in Britain and France* (2006) : « 'The philosophers' 'nations' were usually the peoples inhabiting existing states, whereas states themselves were often regarded as necessary but strictly utilitarian devices »[43].

En dépit de l'intérêt porté à l'idée de « nation », Bell, Suratteau et Baysson – parmi d'autres – admettent que le terme se charge d'un autre sens dans la période révolutionnaire. Ainsi, si les philosophes des Lumières ont préparé le terrain, ce sont bien les événements aux alentours de 1789 qui ont « cristallisé » le sens moderne d'un terme comme « nation »[44]. Comme le pose Bell dans son article « The Unbearable Lightness of Being French », la conceptualisation de la « nation » est radicalement déstabilisée au moment où le paradigme

---

39   Bell, *op. cit.*, p. 7.
40   Réau, *op. cit.*, p. 258.
41   Cfr. Roberto Romani, *National character and public spirit in Britain and France : 1750-1914*, Cambridge, University Press, 2006, p. 21.
42   « It hardly needs saying that national stereotypes long predate the eighteenth century. Nonetheless, at the end of the old Regime, the French went to unprecedented lengths in cataloguing, analyzing, debating, and caricaturing national differences. » (Bell, « The unbearable lightness of being French », *op. cit.*, p. 1226) Voir à ce sujet aussi Elisabeth Rechniewski, « References to 'national character' in the 'Encyclopédie' », SVEC 12, Oxford, Voltaire Foundation, 2003, pp. 221-237.
43   Romani, *ibid.*
44   Baysson, *op. cit.*, pp. 27-28.

politique – royal – sur lequel elle se base, est remis en cause. Alors que la légèreté et la sociabilité dites typiquement françaises avaient été acceptées comme l'essence même du caractère national, ces traits distinctifs commencent à poser problème pendant la Révolution[45]. Le Français émergeant du chaos politique était censé être plus viril et indépendant, afin de faire face aux responsabilités civiques du nouvel Etat.

Notons par ailleurs que dans les débats, la question sous-jacente de savoir si l'« esprit » national existe vraiment ne se pose pas. Elle semble être d'une évidence incontournable dans une société où le fait que « chaque nation a son *caractère* particulier » est considéré comme « une espèce de proverbe ». En témoigne encore la tonalité affirmative de l'entrée « caractère des nations » dans l'*Encyclopédie* :

> Le caractère d'une nation consiste dans une certaine disposition habituelle de l'âme, qui est plus commune chez une nation que chez une autre, quoique cette disposition ne se rencontre pas dans tous les membres qui composent la nation[46].

Si la « disposition habituelle » ne s'étend pas à l'ensemble de la nation, elle est tout de même suffisamment répandue pour être considérée comme (proto-)typique. Dans la suite de l'article de l'*Encyclopédie*, une attention particulière est prêtée à l'influence du climat sur le caractère d'un peuple. Un argument qui trouve sa définition la plus élaborée – ou du moins la plus connue – dans *De l'esprit des Lois* de Montesquieu (1748)[47]. Rappelons que le philosophe y établit un lien entre le climat respectivement chaud ou froid dans lequel vit un peuple et les mœurs spécifiques de ce dernier. Notons du reste que ni la notion de peuple, ni celle de « climat » se voient définies en termes strictement géopolitiques. Citons à ce sujet encore d'après Romani : « Climate, when taken as a criterion for evaluating a people's character, was usually applied to vast areas

---

45 Voir sur cette question le passage suivant de Bell : « More observers started to think of impaired national virility as an urgent problem in need of a solution. » (« The unbearable lightness », *ibid.*, p. 1230)

46 « Caractère des Nations », in : Diderot – d'Alembert, *Encyclopédie ou dictionnaire raisonné des sciences, des arts et des métiers*, T.2, à Paris, chez Briasson, chez David, chez Le Breton, chez Durand, 1751-1765, p. 666.

47 Dans son analyse du caractère national en France au XVIIIe siècle, Romani relativise l'aspect innovateur de l'ouvrage, qui résiderait avant tout dans l'approche systématique de l'auteur : « Yet we must be on our guard against assuming any innovation, watershed or sharp break within the tradition of thought about national characters – Montesquieu is no exception. » (*op. cit.*, p. 19)

of the globe (continents, for example) rather than to particular countries »[48]. L'argument climatologique – mis en évidence dans la réception critique de l'œuvre[49] – trouve son sens ultime dans un diagnostic stratifié, à portée physique et morale[50]. Aux dires de Montesquieu, à l'influence physique, *naturelle*, du climat s'associe celle *culturelle* et *morale* du (type de) gouvernement.

Quant à l'imaginaire français – culture regardante – et anglais – culture regardée – ceux-ci seront creusés dans la suite de notre analyse. Au demeurant, il n'est pas sans importance de signaler les divergences entre la vision essentialiste sur le caractère national, cultivée par maint penseur de l'époque, et le creuset manifestement hétérogène de traits distinctifs dont s'investit l'image culturelle en question. Cela est aussi l'observation de Rechniewski quand elle évoque une détermination de la part des auteurs de l'*Encyclopédie* de concevoir l'esprit français comme une essence, malgré de nombreuses contradictions qui s'y manifestent[51].

Dans le cas du caractère français par exemple, l'image dominante de la « sociabilité », connotée par les idées de légèreté et de superficialité – et déjà critiquée dans, par exemple, les *Lettres persanes* de Montesquieu – s'associe dans plusieurs sources à des traits dont la connotation est tout autre. Dans l'article « Manière » de Saint-Lambert, la nation française se qualifie ainsi non seulement de « vive, gaie, inconstante, inconsidérée », mais aussi de « brave et sincère », ce qui à première vue ne rejoint point l'idée de « légèreté ». Et pourtant, cela n'empêche pas l'auteur de poser que « les François sont le peuple de l'Europe moderne dont le caractère est le plus marqué et qui a éprouvé le moins d'altération »[52].

---

48   Romani, *op. cit.*, p. 21.
49   Pensons entre autres à l'essai *Of National characters* (1748) de David Hume : « As to *physical causes*, I am inclined to doubt altogether of their operation in this particular ; nor do I think that men owe anything of their temper or genius to the aid, food or climate. » (Hume, « Of national characters », in : *Essays, Moral, Political and Literary*, vol. 1, [*David Hume, The philosophical works*], éd. par Thomas Hill Green et Thomas Hodge Grose, Aalen, Scientia Verlag, p. 264)
50   Voir Georges Benrekassa, *Montesquieu : la liberté et l'histoire*, Paris, 1987, p. 176, cité dans Rechniewski, *op. cit.*, p. 225.
51   Cf. Rechniewski, *op. cit.* p. 236 : « The tenacity with which the contributors sought to resolve or surmount such difficulties reveals the hold which the idea of a distinct 'national' character continued to exercise over the mind of the Enlightenment. »
52   Jean-François de Saint-Lambert, « Manière », In : Diderot et D'alembert, *op. cit.*, T.10, 1751, pp. 34-37.

L'identité nationale : constructions discursives

Nous Autres, nous-mêmes

Avant d'examiner une sélection de textes non-fictionnels sur la culture anglaise, il semble licite de mettre en lumière la pensée exclusive et antithétique qui les nourrit. Au XVIIIe siècle, le mouvement d'émancipation d'une modernité naissante – et de l'individu plus en particulier – s'articule en effet sur un processus d'autodéfinition (en l'occurrence française) qui se réalise expressément *par rapport à* l'autre. Institué en pendant historique du Français, l'Anglais s'y voit d'ordinaire érigé en figure ultime de cette altérité.

L'attention méticuleuse des Lumières pour l'identité – et l'altérité – revêt aussi la forme d'un désir de catégorisation stratifiée des nations ou des cultures[53]. En effet, si la rencontre de l'Autre non-européen dans les récits d'écrivains voyageurs était censée ouvrir le dialogue avec la culture qui en fait l'objet d'étude, il s'avère que cette ambition anthropologique ne se défait que difficilement d'un eurocentrisme invétéré, condescendant envers l'autre[54]. Citons sous ce rapport H. Baysson, quand il pose que « dès le début du XVIIIe siècle, une certaine idée de la prééminence de la culture et de la civilisation européennes voit le jour »[55]. Plusieurs philosophes, tels que Montesquieu et Voltaire, attribuaient à l'Europe une espèce de civilité et de raffinement qui la rendrait supérieure aux autres continents. Ainsi, Voltaire à l'égard de l'Asie : « de quelque peuple policé de l'Asie que nous parlions, nous pouvons dire de lui : il nous a précédés et nous l'avons surpassé »[56].

Sur le plan discursif, l'eurocentrisme fait que l'Autre s'institue en simple prétexte d'une exploration approfondie du Même. En tant que sujet d'étude, le regard d'autrui se tourne ainsi en « instrument critique de la société européenne »[57] ; en tant qu'objet, la mise en scène de l'Autre est défigurée sous le regard euro-centrique du voyageur. Cela n'empêche que « la critique de l'ethnocentrisme est une chose bien courante au XVIIIe siècle »[58]. Cette prise de conscience de la primauté du regard européen – même voyageur – trouve entre autres son expression dans le passage suivant de Rousseau :

---

53   Rechniewski, *op. cit.*, p. 236.
54   Pujol, *op. cit.*, p. 180.
55   *Op. cit.*, p. 134.
56   *Essai sur les mœurs*, cité dans Baysson, *ibid.*, p. 134.
57   Pujol, *ibid.*, p. 182.
58   Tzvetan Todorov, *Nous et les Autres : la réflexion française sur la diversité humaine*, Paris, Seuil, 1989, p. 28.

> Depuis trois ou quatre cents ans que les habitants de l'Europe inondent les autres parties du monde et publient sans cesse de nouveaux recueils de voyages et de relations, je suis persuadé que nous ne connaissons d'hommes que les seuls Européens[59].

Outre le regard euro-centrique sur le monde, plusieurs chercheurs signalent à juste titre que l'intérêt dont témoignent les Français par rapport aux autres nations de l'Europe ne se justifierait pas – ou pas uniquement – par un désir de dialogue, mais plutôt par un besoin de confirmation de la suprématie française. Bell semble rejoindre ce point de vue lorsqu'il pose que la plupart des discours français sur l'Autre véhiculaient une perspective franco-centrique, où la défense de l'identité française impliquait une mise en évidence de l'altérité anglaise[60].

Alors que le XVIIIe siècle en général serait caractérisé par une prise de conscience national(ist)e progressive[61], Bell singularise en outre les périodes de conflit, qu'il considère comme des catalyseurs dans le processus de stigmatisation de l'Autre, du moins sur le plan de la propagande véhiculée par les canaux officiels. Cette concomitance de fascination et de rivalité aurait d'ailleurs amené les auteurs à ne viser qu'une tranche bien délimitée de la société anglaise qui, en plus, était loin de nourrir l'imagination des Français : le peuple[62]. Une fois de plus, surgit l'image d'un siècle des Lumières – et des Lumières françaises plus en particulier – gouverné par des forces concurrentielles qui, plutôt que de se neutraliser, se complètent, jouant chacune un rôle égal mais distinct dans l'histoire du XVIIIe siècle.

Un discours patriotique

En même temps, à partir de 1770, l'on est confronté à une multiplication de documents factuels, dont surtout des récits de voyage. Même au moment où les Français se seraient déjà formés une image plus fondée de leurs voisins d'outre-Manche[63], la question du caractère national de ces derniers continue

---

59   Jean-Jacques Rousseau, « Discours sur l'origine de l'inégalité », cité dans T. Todorov, *ibid.*
60   Bell, *op. cit.*, p. 1221.
61   Dziembowski situe l'affirmation d'un sentiment national, qui mettrait définitivement fin au cosmopolitisme de la première moitié du XVIIIe siècle, au début de la Guerre de Sept Ans. (*op. cit.*, p. 317)
62   Bell, *ibid.*, p. 92.
63   Voir aussi Grieder. Notons que cette dernière a également consacré un chapitre aux récits de voyage du XVIIIe siècle. Les mérites de ce chapitre – qui est bien argumenté et étayé par un nombre de sources impressionnant – sont indéniables. L'originalité de notre analyse sera tout de même préservée à plusieurs égards. *Primo*, notre approche sera avant

à fasciner les écrivains (voyageurs). Comme leurs écrits paraissent d'ailleurs dans une période-clé de l'histoire politique de la France, la lecture du corpus non-fictionnel nous amènera en outre à considérer l'effet éventuel des conflits politiques et militaires de la deuxième moitié du siècle sur l'imaginaire des Français. En outre, sur un plan plus général, il s'agira d'étudier dans quelle mesure ce corpus d'appui atteste quelque logique évolutive dans la pensée sur l'identité nationale au cours du XVIIIe siècle.

A bien considérer les documents en question, cette pensée se laisse difficilement définir. Si plusieurs d'entre eux témoignent d'une orientation patriotique – pensons seulement au *Dictionnaire patriotique* de Lefèvre de Beauvray – nous avons retrouvé peu de textes qui rejettent l'altérité « barbare » des Anglais avec un dédain explicite[64]. Toujours est-il que sous la surface anthropologique de l'observation[65] se cache souvent un regard français intéressé qui n'hésite pas à prendre position dans les débats sur l'identité nationale.

En effet, si plusieurs auteurs cherchent à confronter leur propre culture (regardante) avec celle (regardée) de leurs voisins, ils restent fatalement encloués dans un raisonnement binaire qui est conditionné par leurs partis pris culturels. Ainsi, dans *Les nouvelles observations sur l'Angleterre* (1779) l'Abbé Coyer fait preuve d'une approche ouverte et constructive envers la culture anglaise, tout en reconnaissant qu'« ils [les Anglais] suivent leur façon de voir & de sentir comme nous suivrons la nôtre, ils sont contents, & nous aussi »[66]. La reconnaissance des différences culturelles semble exclure toute tendance universaliste[67] en faveur d'un relativisme culturel prudent. Le compte rendu de Coyer n'en est pas pour autant exempt de quelques touches patriotiques.

---

tout « discursive » au lieu d'être historique. *Secundo*, le corpus de base de notre analyse s'avèrera à la fois plus spécifique – en raison d'un nombre plus restreint de récits de voyage – et plus général – en ce que nous incluons aussi des textes manuscrits et des ouvrages qui n'appartiennent pas au genre des récits de voyage. Finalement, les questions de recherche qui sous-tendent cette lecture seront en grande partie différentes de celles proposées par Grieder, par le fait qu'elles s'associent à une recherche qui s'est définie, d'entrée de jeu, de façon bien différente.

64 L'exemple des *Lettres d'un jeune homme* constitue dans notre corpus l'exemple le plus parlant d'un rejet catégorique de la culture anglaise.
65 Pour plus d'informations sur cette « ambition anthropologique » voir *Les genres littéraires et l'ambition anthropologique au dix-huitième siècle : expériences et limites*, études réunies par Alexandre Duquaire, Antoine Eche et Nathalie Kremer, Leuven, Peeters, 2005.
66 L'Abbé Coyer, *Nouvelles observations sur l'Angleterre*, 1779, p. 83.
67 De même, malgré le fait que l'auteur reconnaît avoir des difficultés à distinguer le caractère anglais « dans une capitale immense, où il est altéré par le mélange de tant de nations » (*ibid.*, p. 257), cette mixtion de cultures ne l'empêche pas de proposer au lecteur

L'auteur n'hésite en effet pas à insister, en long et en large, sur la divulgation de la langue et de la culture françaises en Angleterre[68].

Dans le *Parallèle de Paris et de Londres*, Louis-Sébastien Mercier vise de prime abord à attiser l'intérêt – et l'admiration – de ses lecteurs pour la culture anglaise. Mais ce recours au modèle anglais ne saurait être attribué à l'agenda cosmopolite de l'auteur, qui semble plutôt envisager la promotion de sa propre culture. « [Q]uelle que soit l'attention qu'il porte au cadre londonien, ce qui prime cependant pour Mercier, c'est Paris »[69], comme le signalent à juste titre les éditeurs critiques Bruneteau et Cottret dans l'introduction. Ainsi, le parallèle avec l'Autre se montre en premier lieu révélateur par rapport au réflexe patriotique qu'il met à nu. Citons Mercier :

> Ceux qui ont voyagé et sont instruits, verront un désir d'avertir patriotiquement la nation des avantages qu'elle peut retirer par cette comparaison, qui prouve que les améliorations ne sont pas impossibles ; puisqu'ils sont établis depuis peu dans une ville voisine, rivale, mais libre[70].

Ce qui saute aux yeux dans ce passage, c'est le vocabulaire explicitement patriotique adopté par Mercier, qui présente l'Angleterre non seulement comme un modèle, mais aussi comme un rival redoutable que la France se doit de surpasser à nouveau. Ou comme le pose Mercier dans son traité : « La rivalité excite l'émulation »[71]. Certes, la teneur combattive du passage pourrait s'expliquer par un besoin de l'auteur d'esquiver d'éventuels reproches d'Anglomanie de la part de ses lecteurs. Toutefois, cette mise en évidence d'un auteur qui prétend vouloir « avertir patriotiquement la nation » n'est point un passage isolé. Mercier clôture son essai sur une dernière invitation explicite au lecteur à rivaliser avec un « ennemi » dont « on ne conserve que ce qui peut servir »[72]. Si Mercier inscrit les rapports franco-anglais sous l'enseigne de l'échange, celui-ci se fait toujours en vue d'une domination de l'autre.

« quelques traits » qui lui « paraissent entrer dans [la] composition du caractère anglais » (*ibid.*).

68 Voir le passage suivant : « On ne nous parle que français. Le Français entre dans toutes les éducations au-dessus du peuple. C'est le privilège de notre langue ; on la parle couramment dans toutes les Capitales, dans toutes les cours de l'Europe. » (*ibid.*, p. 161)

69 Bruneteau – Cottret (Mercier), *op. cit.*, p. 33.

70 Mercier, *ibid.*, p. 182.

71 Mercier, *ibid.*, p. 68.

72 Mercier, *ibid.*, p. 182.

L'orientation patriotique se prononce davantage à mesure que les textes non-fictionnels se montrent plus ouvertement pamphlétaires. Or, si l'on peut s'attendre à un tel patriotisme dans des ouvrages de l'époque révolutionnaire, il est intéressant de noter qu'en 1770 déjà, Lefèvre de Beauvray conçoit dans son avant-propos au *Dictionnaire social et patriotique* la « Patrie » comme le seul et unique moteur de « [s]on existence, de [s]on éducation, de [s]es sentiments, de [s]es idées ». Qui plus est, l'usage du concept « Lumières », symbole indéniable de l'émancipation au XVIIIe siècle, signe chez lui avant tout la réinscription de l'individu émancipé dans son contexte patriotique. Ainsi, avant d'interpeller ses lecteurs, Lefèvre de Beauvray émet un *ethos* d'auteur qui est explicitement ramené à son esprit patriotique :

> Sorti des épaisses ténèbres de l'Enfance, j'ouvris enfin les yeux à la Lumière […] ; je vis d'abord toute l'étendue de mes devoirs par rapport à la société, dont j'étais membre[73].

Ce patriotisme de la figure d'auteur marque bon nombre de récits ultérieurs, dont l'*Histoire politique de la révolution en France* de 1789[74], où l'avant-propos est un écho presque littéral du texte de Lefèvre de Beauvray[75]. Il nous semble en plus constituer le reflet paratextuel d'un paradoxe rhétorique qui investit en profondeur tant les témoignages non-fictionnels que les fictions de notre corpus : l'écart entre l'intérêt affiché pour l'Autre et le repli effectif sur la propre culture française, dont il importe de confirmer la supériorité, ou de stimuler la résurrection dans les cas où la suprématie anglaise est reconnue. Davantage que dans les comptes rendus d'un Voltaire, ou d'un Béat Louis de Muralt, cette double rhétorique est formulée dans un discours patriotique prononcé. Ne fût-ce que par le recours plus fréquent aux termes de « patrie » et, dans une plus grande mesure, de « nation » ; une tendance qui semble suggérer au moins la *lexicalisation* (progressive) d'une conscience nationale.

---

73   Lefèvre de Beauvray, *op. cit.*

74   Dans cet ouvrage, la mise en scène – à savoir la correspondance entre deux Lords anglais – cache en fait un dessein très différent : celui de juger le gouvernement français à la lumière de la société voisine d'Angleterre.

75   « Tout citoyen doit à sa Patrie les services qu'il est en état de lui rendre. C'est une dette sacrée dont rien ne peut exempter. Pour la remplir, j'ai recueilli les connaissances que vingt années de voyages & d'étude comparative des gouvernements m'ont fait acquérir. […] J'ai osé dire tout ce que j'ai cru juste et utile ; Si j'ai fourni quelques idées propres à contribuer au bonheur de ma patrie, j'ai rempli la tâche d'un bon citoyen. C'est ma récompense. » (Jacques Lescène-Desmaisons, *Histoire politique de la Révolution en France, ou Correspondance entre Lord T*** et Lord D****, 2 vols, Londres, 1789, pp. iii-iv)

Il s'avérera par la suite que ce langage est en même temps l'inscription discursive d'un réflexe culturel sous-jacent, mais néanmoins récurrent, dans le corpus fictionnel. Le regard fictionnel projeté sur l'Autre s'y montre en effet déterminé par les prédispositions et les idées stéréotypées du Même qui regarde.

Images opposées, regards croisés

Sur le plan textuel, l'implémentation nationale des témoignages non-fictionnels trouve également un écho dans la représentation antithétique des images culturelles françaises, d'une part, et anglaises, d'autre part. Ainsi, Bell et Dziembowski s'accordent pour argumenter que dans maint compte rendu français se fait remarquer un « portrait-type de l'Anglais »[76]. Celui-ci se fonde entre autres sur les idées de la mélancolie et de la grossièreté, qui faisaient ressortir, *a contrario*, la légèreté et la politesse françaises. Aussi, l'image de l'Anglais qui s'en déduit de prime abord, trouverait-t-elle sa cohérence dans une altérité radicale, ainsi que dans une perspective généralisante. Même s'il se manifeste dans certains passages isolés une attention pour la particularité irréductible de l'individu, la plupart des textes visent à définir, à travers cet individu, l'essence du caractère national.

Il vaut toutefois la peine de descendre au niveau de l'économie discursive, où paraît d'une part l'appareillage conceptuel des textes en jeu, configuré d'auto-images (françaises), d'hétéro-images (anglaises) et de méta-images (*i.c.* le prétendu regard anglais sur la culture française). D'autre part, le lecteur y décèle le raisonnement particulier – et des fois inconséquent – ainsi que les enjeux de l'auteur en question. Dans ce qui suit, seront traités brièvement les stéréotypes récurrents dans leur mise en œuvre argumentative ; en même temps, il s'agira de signaler, à l'aide de quelques cas bien ciblés, les incongruités émergeant non seulement de la confrontation de différents ouvrages contemporains, mais aussi au sein d'un discours isolé.

Ces inconséquences font en premier lieu ressortir la posture indécise des auteurs concernant la véridicité, sinon la représentativité, des images culturelles véhiculées. Des fois, ils font preuve d'une prise de conscience quant au fonctionnement et la force argumentative des stéréotypes. Habituellement, ce réflexe prend la forme d'une déconstruction du préjugé ou du stéréotype, qui perdrait sa légitimité au miroir de la réalité[77]. A titre illustratif, citons le passage suivant, extrait de *Londres* :

---

76   Dziembowski, *op. cit.*, p. 52.

77   Notons à ce sujet que ce réflexe est déjà présent dans les récits de Voltaire, L'abbé Leblanc et Béat de Muralt, qui n'hésitent pas non plus à remettre en cause les conditions énoncia-

> D'après le goût *connu* des Anglais pour les combats d'hommes et d'animaux, [...] j'avais *imaginé* de trouver à Londres un peuple aussi sanguinaire [...] *mais je me trompois*[78].

Dans le cas de *Londres*, la remise en question du stéréotype de férocité, traditionnellement attribué aux Anglais, semble cadrer dans une tentative plus générale de réhabiliter le voisin anglais aux yeux du lecteur français. A cet effet, Grosley remet en perspective tant les hétéro-images que les méta-images (souvent péjoratives) qui étaient projetées sur l'imaginaire anglais. Il en va de même de la prétendue antipathie des Anglais pour toute chose française qui serait « *suivant quelques visionnaires*, dans le *sang* anglois, [...] mais il est aisé d'en découvrir quelques raisons qui, sans l'autoriser, peuvent au moins la rendre plus tolérable aux Français »[79]. Grosley cherche à défaire ces images de leur caractère absolu et inné. Il signale ainsi qu'une grande partie des préjugés résultent de mésententes culturelles, citant l'exemple suivant :

> telle était la manière brusque dont on me quittoit, pour aller chercher quelqu'un qui entendît le François & le parlât : c'étoit le comble de la politesse ; mais avant que d'y être accoutumé, je n'y voyois qu'un mouvement chagrin, produit par l'antipathie nationale[80].

De ce fait, l'auteur illustre comment le regard français – *i.c.* celui de l'auteur-voyageur français et de son lecteur – serait essentiellement une construction, aisément démolie au fil de quelques rencontres. Cette lecture est emblématisée dans l'image d'auteur esquissée dans les remarques conclusives :

---

tives (le *dire*) de leur discours sur l'identité nationale. Ils se montrent à plusieurs moments conscients que toute tentative de caractérisation nationale aboutit à des généralisations qui ne reflètent point la particularité des individus. Dans les *Lettres sur les Anglois*, Béat de Muralt commence son traité par reconnaître que « les caractères généraux qu'on donne aux Nations, souffrent de grandes exceptions », thèse qu'il reprend plusieurs fois dans la suite. De même, si Béat de Muralt avoue que ses *Lettres sur les Anglois* ne sont pas exemptes d'images générales, il se montre conscient de la subjectivité de son regard personnel : « Je reviens au général des Anglois, & ce sont principalement ces réflexions générales que je ne vous garantis pour véritables que par rapport à l'effet que les Anglois font *sur moi*. » (*ibid.*)

78 Grosley, *op. cit.*, (I) p. 84. C'est nous qui soulignons.
79 Grosley, *ibid.*, (I) p. 167.
80 Grosley, *ibid.* (I), p. 185.

« Je rapporte les choses comme je les ai vues ; je rends mes réflexions comme elles se sont formées, simplement, ingénument, franchement[81]. »

Or, s'il est vrai que l'auteur se propose d'offrir au lecteur une vue plus nuancée sur les Anglais, son ouvrage n'est pas exempt de généralités[82]. D'entrée de jeu, le récit de Grosley reprend l'image rabâchée d'un peuple anglais dont la mélancolie et la contemplation sont comme « peintes sur leurs visages ». Conformément, Londres se présente comme une ville enveloppée de cette « fumée éternelle » qui y « répand un air triste et lugubre ». Qui plus est, la « mélancolie nationale », comme la pose l'auteur, est instituée en *mobile* de bon nombre d'autres traits distinctifs anglais. L'esprit mélancolique serait, d'une part, à la base d'une fureur intense que Grosley juge tout également inhérente à l'anglicité et, d'autre part, étroitement lié à la nature philosophique et réflexive, elle aussi typiquement anglaise. Dans un raisonnement simplifiant, deux traits à première vue opposés sont ramenés à une même constitution de base, la mélancolie anglaise. Il en ressort une hétéro-image singulièrement traditionnelle, où les notes critiques de l'auteur sont éclipsées par le rappel d'une anglicité dont les traits distinctifs s'inspirent en grande partie d'images en vigueur depuis longtemps.

De même, un auteur comme Mercier, qui témoigne d'une vue particulièrement lucide sur la valeur influente – et déformante – des préjugés[83], ne se défait que difficilement de ce même réflexe généralisant. Alors qu'il prend clairement position dans le débat sur l'Anglomanie, qui défigurerait la perspective française sur l'Angleterre, il n'évite pas les généralisations binaires, inhérentes à la stéréotypie culturelle. En dépit de l'assertion que le caractère d'un peuple se fonde dans un amalgame complexe de facteurs hétérogènes, il reconnaît, tout comme Grosley, l'esprit réflexif des Anglais qui, depuis toujours, manque à ses compatriotes : « le caractère de la nation angloise paroît plus posé, moins étourdi que celui de la françoise [...] *tout* aide à lui imprimer de la réflexion »[84].

---

81 Grosley, *ibid.*, (1) pp. 427-428.
82 Comme l'affirme Le Blanc déjà en 1745, la subjectivité du regard de l'auteur contient également une dimension culturelle, ou ce qu'il appelle des « préventions nationales », « qui [l']empêchent de [se] mettre dans le véritable point de vue pour bien juger des objets qui ne [lui] sont pas familiers. » Dans un discours sur les Nations, toute position exogène, dépourvue d'« images », serait exclue *a priori*, puisque tout regard est conditionné par la culture à laquelle il appartient et à partir de laquelle il approche le monde.
83 Voir *supra*.
84 Mercier, *op. cit.*, p. 65.

Or, qu'en est-il de la légèreté volage des Français, qui se relatait traditionnellement, pour ainsi dire en « binôme oppositionnel », au sérieux des Anglais ? Si l'altérité de l'identité anglaise est toujours jugée fondamentale, la légèreté dite « française » est surtout thématisée sous forme de méta-image : les auteurs français ne semblent l'assumer que pour décrire la réputation d'un groupe spécifique de compatriotes, lesdits « petits-maîtres », en Angleterre. Alors qu'ils ne considèrent pas la légèreté comme inhérente au caractère français, ils semblent d'avis qu'elle n'en détermine pas moins le regard anglais face à la culture française. En revanche, ici encore, la valorisation de cette méta-image, pour récurrente qu'elle soit, diffère sensiblement suivant l'argumentation particulière de l'auteur en question. Dans le cas de l'ouvrage anonyme *Lettres d'un jeune homme*, par exemple, où les différences entre Français et Anglais sont polarisées, l'auteur récuse systématiquement les méta-images attribuées aux Anglais, pour y opposer ensuite son regard patriotique. Citons, à titre illustratif, son assertion au sujet du stéréotype de la légèreté française :

> Les Anglois nous accusent de légèreté. [...] A force d'entendre répéter cette assertion, l'Europe entière en a été persuadée, surtout en voyant les Français ne la pas réfuter[85].

Dans cet ouvrage, l'insertion des méta-images péjoratives participe de la construction, *par défaut*, d'une identité française positive qui diffère sensiblement des préjugés en vigueur. Chez d'autres auteurs, la même image sert en premier lieu à mettre en évidence une hétéro-image toujours fort ancrée dans la pensée française : celle de la fierté anglaise. Dans le dictionnaire de Beauvray, par exemple, l'entrée « Anglais » est entièrement construite autour de la fierté « nationale » et de la haine « si forte et si générale » des Anglais par rapport aux Français. En mettant l'accent sur ce trait de caractère, Lefebvre de Beauvray non seulement crée une hétéro- et méta-image péjoratives des Anglais, mais il insiste en même temps sur l'éloignement entre les deux nations (« il existe à Londres une société de Citoïens, connus sous le nom d'Anti-Gallican »[86]), ce qui cadre parfaitement dans l'argumentation du texte : la rivalité entre les Français et les Anglais s'explique, de façon naturelle, par leurs profondes différences culturelles. S'y oppose l'argumentation de Grosley qui cherche encore à justifier l'orgueil des Anglais[87]. Si l'auteur reconnaît l'antipathie des

---

85 *Lettres d'un jeune homme*, p. 7.
86 Lefèvre de Beauvray, *op. cit.*, p. 22.
87 Cette approche justificatrice de Grosley (« he gives reasons to explain this antipathy ») amène Grieder à le considérer comme « a more reasonable voice (*op. cit.*, p. 42).

Anglais – ce qui suggère qu'il s'agit d'une idée fort répandue et prise pour vérité – il relativise cette haine, en suggérant qu'elle « ne s'étend pas à tout ce qui appartient aux François »[88]. Le dédain anglais est au moins partiellement justifié par le mauvais exemple que donnent les Français légers et corrompus, lesdits « petits-maîtres », en Angleterre. Plutôt que d'être considérée comme essentielle, l'antipathie des Anglais, tout comme le comportement français qui la provoque, seraient jusqu'à un certain point « corrigibles ».

Par ailleurs, l'un des traits anglais jugés essentiels dans l'imaginaire français après 1770, est sans aucun doute le goût de la liberté. Il n'est guère surprenant que, dans la période pré-révolutionnaire, cette idée soit le plus souvent chargée d'un sens politique. La France se trouvant à la veille de grands bouleversements, les auteurs ne font pas mystère de leur admiration pour le peuple anglais, qui a su se créer un système gouvernemental moins contraint par le pouvoir royal. Qui plus est, dans bon nombre d'ouvrages, la passion anglaise pour la liberté est affiliée à un autre trait politique, à savoir l'esprit civique. Comme Lacombe le résume bien en 1784 : « Aucun Anglais n'est exclu de la qualité de citoyen de l'état : de là leur sûreté, leur patriotisme & leur fierté »[89]. Cet intérêt général pour les affaires publiques trouve sa cause immédiate dans l'organisation du gouvernement anglais, qui s'ouvrirait aux apports de toutes les classes sociales. Ce « droit qu'a tout Anglais de députer, d'être député, de monter même au rang de pair, [...] le privilège exclusif de balancer, de discuter & de décider les plus chers intérêts de la nation »[90] fait qu'il se voit davantage impliqué dans l'affaire publique. Reste alors l'éternelle question de savoir si ce goût du peuple est la simple conséquence de la constitution politique du pays, ou s'il y aurait également quelque disposition naturelle à détecter dans le caractère national. Les opinions semblent diverger à cet égard : alors que la plupart des auteurs n'évoquent que l'argument politique, l'abbé Coyer suggère l'existence d'un « esprit public » plus général, qui serait inhérent à l'« humanité » anglaise. Grosley, quant à lui, semble reconnaître des traces de « la mélancolie impétueuse et opiniâtre » dite typiquement anglaise dans « ce vif intérêt qu'on trouve chez tous les Anglois pour les affaires publiques »[91]. Mais la vision la plus intégrée se lit sans doute dans *l'Histoire politique de la France*. Vu que l'Angleterre y est avancée comme exemple ultime à tous égards, la mise en évidence de l'esprit civique ne peut étonner. Il est pourtant plus remarquable que le même argument amène l'auteur à valoriser leur

---

88   Grosley, *op. cit.*, pp. 164-5.
89   Lacombe, *op. cit.*
90   Grosley, *op. cit.*, p. 423.
91   Grosley, *ibid.*

politesse – trait de caractère peu souvent attribué aux Anglais féroces – au détriment de la politesse – jugée offensive – des Français. Dans un premier moment, l'auteur pose sa thèse en termes généraux (« la politesse, strictement parlant, n'appartient qu'à un peuple libre, [...], et au pays où un individu tient sa considération de sa qualité de citoyen ») pour ensuite procéder à un parallèle plus spécifique :

> En Angleterre, où règne la politesse d'actions, le regard est mesuré, il semble dire : c'est un Citoyen ; je lui dois des égards. [...] Mais en France, il lui offre l'empreinte d'une opinion défavorable. On dirait que tout Français n'est susceptible d'estime que pour lui-même[92].

S'il faut reconnaître la recurrence de cette image de la politesse française au XVIIIe siècle, la suggestion d'une variante anglaise de cette politesse – civique – ne laisse pas d'apporter quelque nuance à l'image stéréotypée de l'Anglais barbare tel qu'il apparaît dans les discours non-fictionnels. Du reste, cette fascination très prononcée pour les qualités civiques des Anglais nous porte en même temps à confirmer une thèse déjà avancée par David Bell, qui constate à l'avènement de la Révolution l'essor d'une nouvelle identité française : celle d'un citoyen décent et grave, qui n'hésite pas à assumer ses devoirs civiques[93].

Anglomanie : débats et définitions

Si l'on peut poser que le repli courant sur la propre culture ne fait que souligner l'impossibilité d'un compte rendu neutre – dénué de tout présupposé national – il en va de même pour les textes du corpus qui se veulent explicitement polémiques, dirigeant par-là l'interprétation de l'ouvrage. Cela vaut d'autant plus pour la question de l'Anglomanie, phénomène qui joue nécessairement un rôle d'importance – mais problématique – dans les débats contemporains.

Parmi les multiples expressions de fascination pour l'Etranger, l'Anglomanie se distingue en effet par l'influence déterminante que le mouvement – socio-culturel, économique et politique – a exercée sur le positionnement équivoque de la France au sein de l'Europe des Lumières. Alors que l'Europe des Lumières se modèle toujours *à la française* à l'aube du siècle, au fur et à

---

92 *Op. cit.*, p. 357.
93 Voir *infra*, 1.4.2.

mesure que le pouvoir de l'Angleterre s'affirme, l'hégémonie française perd du terrain. L'on pourrait alors s'attendre à ce que la France, confrontée à la concurrence d'outre-Manche, se ferme à toute possibilité d'influence anglaise dans un réflexe de protéger sa propre hégémonie. Loin de là, il semble que ce soient les Français[94] qui applaudissent et accueillent de bon cœur toute chose anglaise, de la philosophie aux coutumes. Ainsi, alors que, dans l'imaginaire européen, l'Angleterre représente à plusieurs égards des valeurs, sinon contraires, du moins alternatives à celles de la France, c'est bien la France qui se montre la première encline à adopter la *façon* anglaise et se fait elle-même « l'intermédiaire entre l'Angleterre et l'Europe »[95].

Nonobstant l'émergence d'une *Europe anglaise*, la langue française continue pourtant à garder son statut d'intermédiaire universel. Ainsi, si la France se met à la remorque de la culture et littérature anglaises, c'est effectivement par le biais de traductions françaises – souvent de « belles infidèles »[96] – que l'Europe fait la connaissance des textes et idées anglais. L'on pourrait dès lors se demander comment et dans quelle mesure une nation, qui sait maintenir sa suprématie à certains égards, se soumet à l'étoile montante de son éternel frère ennemi. Rien que la longue et complexe histoire des contacts franco-anglais fait supposer que l'Anglomanie française du XVIIIe siècle ne se laisse ni définir ni généraliser aisément.

Points de référence

Les quelques chercheurs qui se sont consacrés au phénomène semblent partager l'idée d'une Anglomanie stratifiée qui, en outre, connaît plusieurs stades évolutifs dont la délimitation est pourtant sujette à discussion. Quant au *terminus a quo*, plusieurs études de portée générale l'ont fait correspondre avec la publication des *Lettres philosophiques* (1734) de Voltaire. Cette idée se voit entre autres développée dans *Anglomania, a European love affair* (2000) d'Ian Buruma, qui en outre n'hésite pas à aborder l'Anglomanie au XVIIIe siècle principalement à travers la figure et l'œuvre de Voltaire. Quant aux récits de voyage antérieurs aux *Lettres philosophiques*, il se borne à mentionner :

---

94 Dziembowski remet en cause l'ampleur de ladite « Anglomanie » des années 1750 : « Loin d'être un phénomène de masse, l'anglophilie du début des années 1750 ne touche qu'une fraction très restreinte des Français. Le groupe des anglophiles revêt en fin de compte l'aspect d'une sorte de club intime, comptant en son sein la fine fleur du milieu lettré. » (*op. cit.*, p. 33)

95 Hazard, *op. cit.*, p. 242.

96 Pour en savoir plus, voir l'ouvrage de référence de Mounin, *Les belles infidèles*, Lille, PU, 1994.

> [Voltaire's *Letters concerning the English nation*[97]] is a most unusual book, for which Voltaire had invented a new genre. Unlike the authors of the kind of travel book, popular in his days, who concentrated on famous sites and exotic descriptions, Voltaire approached his subject as an intellectual traveller. The book is a journey of ideas[98].

Bien avant Buruma, bon nombre de spécialistes ont mis en évidence la part de Voltaire dans la divulgation de la pensée et de la culture anglaises en France. Ainsi, nous retrouvons la thèse de Buruma chez René Pomeau, dans une préface de 1964, où ce dernier insiste sur l'originalité de Voltaire, qui serait à situer dans son approche, plutôt que dans ses idées. En effet, Voltaire aurait investi ses « lettres d'un voyageur » – et le genre en tant que tel – d'une orientation critique : « Voltaire avait renoncé à écrire des 'lettres d'un voyageur', simplement pittoresques. Ce qui importe, dans cette Angleterre, c'est sa 'philosophie', autrement dit, son esprit moderne »[99]. Qui plus est, l'on constate qu'au XVIIIe siècle déjà, plusieurs auteurs attribuent à Voltaire un rôle catalyseur dans la divulgation de la leçon anglaise. Citons à ce sujet Fougeret de Monbron dans son *Préservatif contre l'Anglomanie* : « Que de comptes ce célèbre, l'illustre, le grand Voltaire n'aura-t-il pas à rendre à Dieu au sujet du nombre prodigieux de cervelles qu'il a renversées »[100].

En revanche, dans les ouvrages de référence de Texte et, ensuite, Bonno, les *Lettres philosophiques* se réduisent au statut de point culminant, sinon point de convergence, d'écrits antérieurs[101]. Alors que Texte attribue à l'ouvrage de Voltaire toute son importance, il y ajoute que « Voltaire, en fait, 'résume avec éclat', suivant le mot de Sainte-Beuve, ce qui avait été dit de l'Angleterre avant lui »[102]. De même, dans son étude, consacrée à la divulgation de la culture anglaise avant les *Lettres philosophiques*, Bonno conteste l'originalité de l'œuvre de Voltaire :

---

97   Rappelons que la version anglaise, *Letters concerning the English nation*, paraît déjà en 1733.
98   Ian Buruma, *Anglomania, a European love affair*, NY, Vintage Books, 2000, p. 34.
99   René Pomeau, Préface, *Lettres philosophiques*, Paris, 1964, p. 14. Pour une perspective similaire sur la question, voir Dziembowski, *op. cit.*, p. 17.
100 Voir le *Préservatif contre l'Anglomanie* de Fougeret de Monbron (à Minorque, 1757, p. 5).
101 Voir également Dziembowski : « La découverte de l'Angleterre n'a certes pas débuté avec Voltaire. On peut dater de la Révocation de l'Edit de Nantes le point de départ de la découverte progressive de ce pays longtemps mal connu. » (*op. cit.*, p. 19)
102 Texte, *op. cit.*, p. 44.

Voltaire n'augmente pas la somme des informations déjà répandues en France avant les *Lettres philosophiques*, mais il élargit leur zone de diffusion en les mettant à la portée du grand public, particulièrement dans le cas de la philosophie de Locke et des travaux de Newton[103].

De façon méticuleuse, Bonno précise sur quels points les observations de Voltaire sont tributaires d'ouvrages antérieurs. Parmi ceux-ci, ce sont avant tout – et à juste titre – les *Lettres sur les Anglais* du Suisse Béat de Muralt qui font l'objet d'une analyse approfondie. Du reste, Voltaire lui-même ne laissait pas de reconnaître cet héritage, comme en témoigne l'ouverture de la lettre 19, « Sur la comédie », où il cite les *Lettres sur les Anglais et les Français* pour ensuite entrer dans un dialogue critique avec le texte de Béat de Muralt[104].

Parmi les autres « chaleureux plaidoyers » pour une image plus favorable des Anglais, l'abbé Prévost se situe également à l'avant-plan. Or, l'on pouvait s'attendre à ce que ce dernier auteur soit avant tout cité pour avoir réalisé son projet journalistique *Le Pour et le Contre*[105], où il s'érige en « promoteur » des culture et littérature anglaises. En revanche, aussi bien Texte que Bonno mettent en relief les textes fictionnels de Prévost, à savoir *Les mémoires et aventures d'un homme de qualité qui s'est retiré du monde*[106] et *Le Philosophe anglais, ou histoire de M. Cleveland*[107]. En effet, la représentation fictionnelle de l'Anglais dans les romans de Prévost aurait été, à en croire Bonno, cruciale pour la représentation de l'étranger dans l'imaginaire français de l'époque[108].

Outre l'absence de consensus sur le *terminus a quo* de la fascination française pour le modèle anglais, il semble tout aussi précaire de déterminer l'évolution ou encore la portée exacte de cette manie. Lorsque Josephine Grieder esquisse l'histoire du phénomène dans son *Anglomania in France*, elle cite différentes

---

103   Bonno, *op. cit.*, p. 167.
104   Voltaire, *Lettres philosophiques*, éd. présentée, établie et annotée par Frédéric Deloffre, Collection Folio Classiques, Paris, Gallimard, 1986, p. 129.
105   Le journal apparaît régulièrement entre 1734 et 1740. Voir à ce sujet l'ouvrage de référence de Shelly Charles, *Récit et réflexion : poétique de l'hétérogène dans* Le Pour et Contre *de Prévost, Studies on Voltaire and the 18th Century* 298, Oxford, Voltaire Foundation, 1992.
106   L'ouvrage paraît, en différents volumes, entre 1728 et 1730. Désormais nous y référons par le titre abrégé de « Mémoires d'un homme de qualité ».
107   L'ouvrage paraît, également en différents volumes, entre 1732 et 1739. Désormais nous y référons par le titre abrégé de « Cleveland ».
108   Aussi importante soit-elle, l'œuvre de l'abbé Prévost ne fera pas partie de notre étude discursive, vu que nous avons préféré focaliser notre étude sur la deuxième moitié du siècle, ainsi que sur les fictions *à l'anglaise*, où l'originalité de la main française est attestée plus ouvertement.

sources afin d'établir que l'Anglomanie bat déjà son plein au beau milieu du siècle. En témoignerait la publication du *Préservatif contre l'Anglomanie* qui, comme une preuve *a contrario*, semble corroborer l'intérêt progressif pour la culture anglaise :

> Whatever dates one opts for, however, Fougeret de Monbron's *Préservatif* [1757] proves two things : that by the late 1750's interest in the English had assumed visible form ; and that these exterior manifestations were a fit topic for ridicule[109].

De plus, toujours selon Grieder, le *Préservatif* était un des premiers textes où l'Anglomanie se voit nommée explicitement, ce qui ne ferait que souligner la présence accrue du phénomène. Cette hypothèse n'est pourtant pas partagée par Dziembowski, qui souligne le statut exceptionnel du *Préservatif*[110], ainsi que l'usage plutôt rare du terme Anglomanie. Partant, il préfère parler en termes d'anglophilie, vu que la mode anglaise n'aurait pas encore « pris une grande ampleur dans la France des années 1750 »[111]. La diffusion de l'Anglomanie, par contre, se ferait attendre jusqu'après la Guerre de Sept Ans, tout en se bornant, dans cette période également, « à une partie de l'élite urbaine et lettrée du pays »[112].

Cette divergence s'explique, au moins en partie, par l'étendue très variable accordée à l'emploi du terme dans la littérature secondaire. Ainsi, Bonno recourt à la notion d'Anglomanie dans le contexte des premières décennies du XVIIIe siècle, période où l'on n'en était qu'aux signes précurseurs de la fascination pour l'Angleterre. Par ailleurs, dans *Anglomania in France*, la notion couvre une réalité bien plus large et complexe que celle d'imitation, qui est au premier abord évoquée par le concept de « manie »[113]. Grieder pose en effet que l'Anglomanie française prit forme en trois étapes distinctes. Dans les premiers stades, qui se connotent souvent de la superficialité d'ordinaire attribuée à l'Anglomanie française, les Français feraient preuve d'un « intérêt visible » (pendant les années 1750), avant de s'adonner à une « imitation » excessive,

---

109 Grieder, *op. cit.*, p. 9.
110 « Loin d'être un ouvrage rendant compte avec exactitude de l'état des esprits vers 1757, il serait plutôt d'après nous une production isolée et originale, fruit de l'amertume d'un écrivain […] » (Dziembowski, *op. cit.*, p. 31).
111 Dziembowski, *ibid.*, p. 32.
112 *Ibid.*, p. 202.
113 Voir *supra*, Introduction.

mais superficielle (à partir de 1760)[114] de toute chose anglaise. Dans le stade de la « naturalisation », qui se manifesterait à la fin des années 1770, Grieder décèle en revanche une passion qui investit plus en profondeur la société française pour toucher aux fondements politiques de la nation dans les années qui précèdent la Révolution. Pour étayer sa thèse, Grieder cite un commentaire anonyme de l'époque pré-révolutionnaire :

> 'On ne peut se dissimiler', says one of the most perceptive [authors] in 1788, 'que l'Anglomanie a préparé depuis longtemps la révolution qui semble prête à s'opérer. Elle a fixé nos regards sur une constitution qui fait des hommes libres[115].

Dans cette troisième phase se manifeste alors également l'idée d'un accaparement, ou encore d'une *domestication* de l'Autre. En effet, aux dires de Grieder, il semble que les Français, plutôt que d'admirer et de respecter l'altérité de leurs voisins d'outre-Manche, se croient de plus en plus à même de l'imiter, voir de l'incarner. En même temps, à mesure que le désir d'imitation et d'accaparement se radicalise en France, Grieder entrevoit un changement dans la perception française. A ses yeux, tant les textes factuels que les fictions refléteraient l'évolution vers une représentation plus constructive de la culture anglaise, à travers la mise en scène d'images plus tolérantes et indulgentes des Anglais : « In the eighties they view with tolerance manners and mores which early commentators had described with contempt or disapproval[116]. » Il restera pourtant à voir si l'analyse discursive des fictions à l'anglaise permettra de corroborer l'évolution esquissée par Grieder.

Questions de terminologie

Or, qu'en est-il de cette conceptualisation stratifiée et évolutive de l'Anglomanie? Il paraît en effet que dans un premier temps l'appellation d'Anglomanie était connotée d'un sens critique, étant conçue par les opposants les plus hardis de cette affection « ridicule » pour les Anglais[117]. C'est dans ce sens-là que le

---

114   C'est dans cette période que Dziembowski situe l'avènement de l'Anglomanie française, au sens propre du terme.
115   *Correspondance inédite sur Louis XVI, Marie-Antoinette, la cour et la ville de 1777 à 1792*, 25 mars 1788, II, p. 243, cité dans Grieder, *op. cit.*, p. 29.
116   Grieder, *ibid.*, p. 63.
117   Cette idée est entre autres développée dans l'article « Une excentricité à l'anglaise : l'Anglomanie » de Jacques Gury : « La nouvelle épithète est chargée de mépris, voire d'hostilité, et vise à ridiculiser les Français qui se sont engoués des choses anglaises et

terme est mis en œuvre dans la pièce de théâtre de Louis de Boissy en 1753, *La frivolité*[118], pour ensuite être cristallisé sous la plume de Fougeret de Monbron dans son *Préservatif contre l'Anglomanie* de 1757[119]. Dans ce dernier texte, la manie des Français est minutieusement dévoilée comme une fascination superficielle, faute de véritables connaissances de la culture anglaise. Même les traducteurs français, censés avoir introduit la littérature anglaise en France, n'auraient pas été gênés par leur compréhension plutôt limitée de la langue : « On se mit à lire leurs Auteurs, à les traduire. Dieu sait, si on les entendit. N'importe, on les trouva merveilleux[120]. » Pareillement, les (premiers) observateurs de la culture anglaise, dont Voltaire, mais aussi Le Blanc et Muralt, n'auraient pas hésité à nourrir l'imaginaire français d'observations peu fondées : « On sait que M. l'Abbé le B... n'a pas assez demeuré en Angleterre pour se flatter de connoître un peuple qu'il n'est pas aisé d'approfondir dans plusieurs années d'études[121]. » Certes, la plume de Fougeret de Monbron est trempée dans l'encre du patriotisme, colorant sa défense de la suprématie française[122]. Il est néanmoins intéressant d'observer sa critique persistante d'une passion imaginaire de l'Autre, qui serait « construite » de toutes pièces dans des discours auto-référentiels, sans fondement dans la réalité. Dans un manifeste ouvertement subjectif et aucunement exempt de stéréotypes réducteurs et de stratégies discursives, il n'en réussit pas moins à mettre à nu les regards généralisants et superficiels qui nourrissent l'Anglomanie.

D'autre part, plusieurs chercheurs conçoivent l'Anglomanie également comme mode d'expression d'un intérêt sincère pour les idées et les écrits provenant de la culture anglaise, sans qu'ils adoptent quelque temporalité contraignante. Reprenons sous ce rapport un passage de Gury, qui se fait l'interprète de cette conception inclusive de l'Anglomanie :

à réduire leur enthousiasme au niveau d'affectations – et d'affections – dérisoires. » (in : *L'excentricité en Grande-Bretagne au XVIIIe siècle*, Michèle Plaisant (éd.), PU Lille p. 192)

118   Dziembowski, *op. cit.*, p. 30.
119   Comme note Gury, il se dégage de plusieurs témoignages de l'époque l'impression qu'une partie des Français anglomanes de l'époque feraient en effet « justice » à cette critique : « La matinée se passe *à l'anglaise*, entre amis, le dîner est *à l'anglaise*, vers 4 heures, on sert le thé *à l'anglaise*, le soir on joue au whist [...] C'est un mode de vie qui bouleverse les relations de société. » (*ibid.*, p. 194)
120   Monbron, *op. cit.*, p. 7.
121   *Ibid.*, p. 9.
122   Très conscient de son regard subjectif, il ne le croit pourtant pas incompatible avec son « zèle extrême pour la vérité » (*ibid.*, p. 18).

> Le mot désigne à la fois l'*Anglophilie*, raisonnée et sélective, et l'*Angolâtrie*, aveugle et abusive, les manifestations les plus superficielles et les plus éphémères et les réactions profondes et durables d'une société s'ouvrant volontairement à une nouvelle civilisation[123].

Cela étant, cette prise en compte de la nature stratifiée et variable du courant anglomane est d'autant plus pertinente qu'il se développe dans un contexte historique d'interférences franco-anglaises particulièrement mouvementées. L'émergence de l'Anglomanie se nourrit – plutôt qu'elle ne s'en détache – en effet d'un arrière-fond de tension et de concurrence permanentes. Si l'appréciation d'autres cultures participe de l'atmosphère des Lumières, elle se complexifie en effet sensiblement lorsqu'elle a pour effet (apparent) de rapprocher deux nations qui – outre leur rapport d'éternels frères ennemis – se disputent en même temps l'hégémonie de l'Europe.

Outre l'exemple évident de Bourdon, cet autre auteur d'un *Préservatif contre l'Anglomanie*, plusieurs textes du corpus non-fictionnel s'expriment sur « ce vice à la mode », soulignant à leur façon l'impact du phénomène dans les dernières décennies du XVIIIe siècle. Citons dans un premier moment le *Dictionnaire social et patriotique*, qui se montre à plusieurs égards révélateur du débat culturel contemporain. Lefèvre de Beauvray n'hésite pas à associer le courant anglomane aux convictions cosmopolites des « philosophes », lesquelles marqueraient un déni de l'amour de la Patrie. Ainsi, l'Anglomanie serait en premier lieu basée sur un mépris injustifié pour la « Nation » et, qui plus est, impliquerait selon l'auteur une « évasion » de la responsabilité envers le « véritable amour de la Patrie »[124]. Partant, l'Anglomanie consisterait avant tout en un choix *négatif*, l'admiration démesurée pour les qualités des Anglais étant jugée secondaire au refus de reconnaître le mérite des compatriotes. L'aversion de l'auteur se manifeste dans la suite du propos par de multiples références au registre médical. Il repousse ainsi l'Anglomanie dans le domaine de l'anomalie, de la déviance, en la représentant comme une « maladie », dont il faut « nous guérir » par les « remèdes » qu'il offre au lecteur.

---

123   Gury, *op. cit.*, p. 192.
124   « Nous n'ignorons point qu'il existe en France des hommes qui, pour se dispenser d'être citoïens, se proclament hautement eux-mêmes Philosophes *cosmopolites*. Nous connoissons à Paris mille gens mécontents par principes, ou par humeur, de tout ce qui se fait dans leur pais, & qui crient sans cesse à la décadence de leur Nation. Nous entendons, chaque jour, bourdonner à nos oreilles un essaim de François *Anglomanes*, admirateurs outrés & panégyristes éternels des Peuples de la Grande-Bretagne. » (Lefèvre de Beauvray, *op. cit.*, p. 24)

Ultime remède avancé par Lefèvre de Beauvray, qui fait écho au *Préservatif* de Fougeret de Monbron : le voyage en Angleterre. Dans la confrontation réelle avec la culture de l'Autre, les Français anglomanes seraient amenés à apprécier le caractère anglais à sa juste valeur. S'il est permis d'admirer les Anglais pour certaines qualités, cette admiration ne devrait pourtant pas ombrager la reconnaissance des propres mérites, ni même l'amour de la patrie, indispensable aux yeux de Lefèvre de Beauvray : « Nous chérissons, nous estimons, nous admirons de bonne foi nos concitoyens, sans fermer les yeux sur le *vrai* mérite de leurs voisins »[125]. Or, si l'auteur du *Dictionnaire* prétend maintenir le juste milieu entre la fierté du Même et l'admiration de l'Autre, ses idées se montrent toutefois fort influencées par la perspective française et, plus en particulier, par l'idée de la supériorité française à l'échelle européenne[126]. « Il est temps de laisser-là messieurs les Anglais qui, certainement, ne valent pas mieux que les Français, lorsqu'on les juge sans partialité[127]. »

Dans le discours de Lefèvre de Beauvray sur l'Anglomanie transparaît en effet un sentiment de patriotisme qui, au lieu de préfigurer la montée de la pensée nationaliste dans les dernières décennies du XVIIIe siècle, semble réactiver l'idée de la supériorité française en Europe. Or, si ce repli sur la propre culture n'étonne pas dans un *Dictionnaire social et patriotique*, la lecture de quelques témoignages contemporains d'orientation plus neutre confirme le mépris dont témoigne Lefèvre de Beauvray à l'égard de ses compatriotes anglomanes. Dans la préface aux *Nuits anglaises*[128] Contant d'Orville oppose son intérêt sincère pour la culture anglaise à l'imitation aveugle et superficielle des Anglomanes. S'il est, lui aussi, poussé par le « désir de connaître les Anglais », il préfère traverser la Manche (« Pour apprendre à connaître les hommes, il faut vivre au milieu d'eux »[129]) – à l'instar de Lefèvre de Beauvray – au lieu de se fier aux comptes rendus peu fondés qui circulent en France. Une fois de plus, l'idée est avancée qu'après des décennies de contacts franco-anglais toujours plus intenses, la connaissance de l'Autre n'est toujours pas à la hauteur de la réalité.

---

125 Lefèvre de Beauvray, *op. cit.*, p. 26. C'est nous qui soulignons.
126 A l'égard de la domination du regard français, voir Grieder : « At the same time, their adherence to and preference for their own social standards prove that at no time do they ever abandon a consciously French stance. » (*op. cit.*, p. 63)
127 Lefèvre de Beauvray, *ibid.*, p. 23.
128 André-Guillaume Contant d'Orville, *Les nuits anglaises ou recueil de traits singuliers, d'anecdotes, d'événemens remarquables, de faits extraordinaires, de bizzareries, d'observations critiques & de pensées philosophiques, &tc propres à faire connaître le génie & le caractère des Anglais*, Paris, Costard, 1770.
129 Contant d'Orville, *op. cit.*, p. 1.

Qui plus est, la montée de l'Anglomanie n'aurait fait que déformer davantage cette vue erronée.

Dans les deux textes, les auteurs mettent en œuvre la même logique antithétique : l'Anglomanie, phénomène de mode jugé superficiel et peu représentatif, ne véhicule guère une image réaliste du caractère anglais. Une idée qui est reprise avec autant de fermeté presque vingt ans plus tard, dans *Le patriote* (1789), ouvrage qui se donne d'emblée pour projet principal de « guérir, s'il est possible, tous les maux que nous a causés le faux système de suivre, à notre manière, les exemples de la Grande-Bretagne[130]. » Dans le dialogue en vers – qui forme le cœur de l'ouvrage – l'auteur assume le rôle de l'« Anglomane converti », qui n'a pu approfondir sa connaissance de la culture anglaise qu'après s'être libéré de l'influence aveuglante de l'Anglomanie :

> Oui, trop longtemps Anglomane ; comme un amant épris de quelques vains appas, tant que je l'adorai, je ne la connus pas. Je ne l'adore plus, mais j'honore & j'admire l'illustre Nation qui vit sous son empire[131].

Seulement, si l'auteur remet en cause, dans la lignée de ses prédécesseurs, le peu de connaissance véritable sur laquelle l'Anglomanie française serait basée, le reproche de superficialité n'est plus de règle :

> L'Anglomanie, dont la contagion n'est pas à beaucoup près aussi affoiblie qu'on le croit communément, pourroit devenir très-dangereuse, surtout dans la circonstance actuelle. La constitution et les lois d'Angleterre sont à présent, on le sait, un grand sujet de controverse politique[132].

Ici, l'Anglomanie se charge d'une portée politique plus prononcée, reflétant les temps mouvementés qui forment le contexte de cet ouvrage : Bourdon souligne le danger qui réside dans l'imitation aveugle d'un autre système *politique*, au lieu de signaler, comme le faisaient ses prédécesseurs, le risque d'une méprise essentiellement *socio-culturelle*. Le texte de Bourdon pourrait ainsi suggérer l'avènement d'une nouvelle phase, où l'Anglomanie est progressivement prise au sérieux, voire appréhendée pour sa portée politique. Une telle observation pourrait ainsi indiquer que – outre les modifications (supposées) dans la représentation française de l'Autre anglais – la compréhension du phénomène « Anglomanie » en tant que tel soit, elle aussi, sujette à évolution,

---

130   Bourdon, *op. cit.*, p. v.
131   Bourdon, *ibid.*, p. 20.
132   Bourdon, *ibid.*, p. ix.

comme l'a déjà avancé Grieder. Cela étant, sur la base de notre corpus sélectif, nous n'avons pu retrouver – au travers des divergences dans les textes précités – l'évolution entrevue par Grieder dans les modes d'existence de l'Anglomanie en France. Au lieu d'être supprimée par la dénotation politique, l'idée d'une Anglomanie culturelle « de surface » ne semble pas avoir disparu du discours critique français de l'époque (pré-) révolutionnaire.

Toujours est-il que les différents comptes rendus précités convergent en effet dans l'attitude critique qu'ils adoptent envers le phénomène. Alors que l'ubiquité de l'Anglomanie française est reconnue, les auteurs en question refusent de valoriser la perception de l'Angleterre qu'elle véhicule. En dépit de cette critique sur l'adoration – déformante – de l'Autre anglais, l'idée même de porter le regard outre-Manche n'est pas d'emblée écartée. Qui plus est, cet intérêt se révèle être le catalyseur de la plupart des écrits consultés. Plusieurs auteurs partent en effet du constat que, après des décennies entières d'Anglomanie, l'Angleterre reste toujours ce voisin trop mal connu et méconnu, qui gagnerait à être regardé d'un œil plus attentif. Dans le *Parallèle de Paris et de Londres* surtout, Mercier amène le lecteur à s'enfoncer dans la culture anglaise, à regarder au-delà des préjugés et des généralités. L'auteur s'en prend à l'opinion publique, tant anglomane qu'anglophobe, voire au gouvernement, qu'il accuse d'avoir créé, ou du moins attisé, les phobies de maint Français pour des raisons purement politiques :

> Il y a un grand nombre de gens mal instruits ou à demi instruits à Paris, qui détestent cordialement les Anglais sans savoir trop pourquoi. [...] Le [Français] voilà anti-anglois à toute outrance, et il ne s'aperçoit pas qu'il est la dupe des partisans de la guerre et qu'il épouse la cause du gouvernement, qui fait la guerre de plume et d'épée avec l'autre gouvernement ; que les individus ne doivent ni se détester ni se noircir au gré des gouvernements, mais pénétrer les motifs qui les font agir réciproquement[133].

Il s'agit d'un des rares passages où le rôle manipulateur du gouvernement, surtout en temps de guerre, est ouvertement critiqué[134]. Mercier touche d'ailleurs aussi à la problématique de la méconnaissance de l'Autre, cause récurrente de sentiments de mépris. S'il reconnaît que la Manie de l'Autre est souvent basée sur une perception superficielle, son plaidoyer pour une appréciation fondée

---

133   Mercier, *op. cit.*, p. 78.
134   Mercier argumente « qu'on ne peut malheureusement pas quelques fois faire autrement que de se battre ; mais qu'il ne faut pas outrer la haine ni injurier et calomnier les individus pour cela ». (*ibid.*)

de la culture anglaise implique aussi une critique au sujet de l'Anglophobie qui trouble le regard de certains compatriotes. Cette double critique cadre d'ailleurs dans la logique argumentative du texte, qui met à nu les mécanismes de généralisation nourrissant l'imaginaire français. Les références à l'« imagination » du peuple français, au sens de « fantaisie » sont d'ailleurs récurrentes, comme en témoigne encore le passage suivant : « Les deux nations se moquent l'une de l'autre sans se connoître ; elles se prêtent chacune des ridicules et des vices *imaginaires*, et outrent ceux qu'elles ont en effet[135]. » Aussi Mercier, tient-il à réintroduire auprès de ses lecteurs la distinction entre l'effet *généralisant* des préjugés et la réalité des particularités *individuelles* que le voyageur intéressé ne peinerait pas à découvrir.

L'Anglomanie réévaluée

Cela étant, l'idée de l'Anglomanie émanant des sources non-fictionnelles citées ne reflète pas univoquement une fascination pure pour la culture anglaise, telle que l'avait suggérée Daniel-Henri Pageaux dans son article de 1994. Maintes sources confirment qu'à l'époque même, le terme se charge souvent d'une connotation péjorative, évoquant l'idée d'un regard superficiel sur l'Autre. En même temps, il est généralement admis que le terme couvre plusieurs formes d'intérêt et d'imitation (culturelle, politique, esthétique), qui se recoupent – au moins partiellement – plutôt que d'être agencées d'après quelque logique évolutive.

Outre l'équivocité terminologique, il importe de signaler la présence concomitante d'un courant anglophobe tout aussi distinct. Le constat semble valoir pour des écrits pamphlétaires, tels le *Préservatif* de Fougeret de Monbron (1757) et le *Dictionnaire patriotique* (1770) de Lefèvre de Beauvray, qui signalent une réaction anti-Anglomane. A ce qu'il paraît, cette critique s'inspire d'un réflexe protecteur de la propre culture et d'un patriotisme enracinés depuis longtemps, plutôt que de s'inscrire dans quelque tournant de la pensée française. A ce sujet, Dziembowski entrevoit à juste titre, sous ces marques d'anglophobie intense, ce qu'il appelle « une anglophobie de base, faisant partie en quelque sorte du patrimoine mental des Français »[136].

La France, déstabilisée par des crises internes et contrainte à porter le regard ailleurs à la recherche de nouveaux modèles, ne réussit que partiellement à s'émanciper d'un sentiment de supériorité. Il ne serait donc pas opportun de projeter les interférences entre « Anglomanie » et « Anglophobie » sur un

---

135   *Ibid.*, p. 61. Ou encore : « Le Parisien *s'imagine* que l'Anglois est sombre et barbare. » (*ibid.*, p. 79) C'est nous qui soulignons.
136   Dziembowski, *op. cit.*, p. 312.

axe évolutif et schématique. Par ailleurs, la remarquable continuité de l'anglicité mise en discours compromet à sa façon l'idée d'évolution. Nonobstant quelques indices d'un regard français évolué, les textes non-fictionnels d'après 1770 sont marqués par l'éternelle reprise des mêmes images culturelles, telle que la mélancolie et la férocité anglaises. A cet égard, la thèse avancée par Grieder dans *Anglomania in France* se voit donc confirmée : « [the travelers] show much less originality in their analyses of the national character and temperament, not infrequently falling back on the clichés of past decades »[137].

Autant dire que les discours non-fictionnels examinés déploient un paradoxe rhétorique, qui oppose la conscience (initiale) de l'auteur devant la difficulté de définir le caractère anglais de façon objective à son repli (ultime) sur une logique généralisante et différentielle. L'altérité des Anglais s'exprime ainsi presque toujours *par opposition* à (l'image créée de) la culture française. Emblématique est alors le passage du *Parallèle* de Louis-Sébastien Mercier, qui est clairement parmi les écrivains les plus modérés, où l'Angleterre n'est pas seulement posée comme un modèle, mais aussi comme une « rivale » de la France.

Les dernières décennies du XVIIIe siècle – période où la publication d'*histoires anglaises* trouve son apogée – ne respirent donc aucunement l'atmosphère d'une Anglomanie redéfinie au fil du temps. Qui plus est, si maint discours non-fictionnel s'inscrit en faux contre une Anglomanie superficielle, porteuse d'une méconnaissance de l'Autre, l'engagement d'objectivité couvre à peine les incongruités discursives. S'y reflète non seulement la fascination pour l'Angleterre, mais aussi la chronique d'une société française déstabilisée, qui cherche à retrouver sa propre supériorité.

Fictions de l'Altérité : préliminaires

Au vu du corpus d'*histoires anglaises*, la question du rapport avec l'altérité anglaise fait nécessairement ressortir les modalités propres au dispositif fictionnel. De prime abord, il paraît que, en termes littéraires aussi, l'intérêt pour la culture anglaise s'inscrit dans ce que Jean-Marie Goulemot a appelé « un dialogisme culturel » :

---

137 Grieder, *op. cit.*, p. 55.

Le terme 'dialogisme' m'a paru le plus adéquat pour tenter de définir le rapport dix-huitièmiste à l'Autre, qu'il s'agisse d'un dialogue respectueux, de vampirisme ou d'indifférence ignorante[138].

Terme derrière lequel se cache la présupposition d'un XVIIIe siècle « respectueux de l'altérité culturelle »[139], qu'en effet la lecture des textes concernés ne manque pas d'ajuster en termes de « vampirisme » ou d'« indifférence ». Plus spécifiquement, les bibliographies du genre romanesque français au XVIIIe siècle en appellent au constat que la formule titrologique *histoire anglaise* n'est guère un fait isolé dans le paysage littéraire de l'époque. Sa particularité est, au niveau paradigmatique, nuancée par la présence de textes fictionnels *cachetés* sous une enseigne très similaire. La récurrence de la notion d'« histoire » comme indication titrologique se laisse entre autres mesurer à la parution de fictions françaises du modèle « histoire + marqueur culturel », dont le deuxième élément annonce aux lecteurs la mise en scène culturelle d'où l'histoire est *censée* atteindre le public.

Alors qu'il annonce l'idée précitée d'un dialogue imaginaire avec l'Altérité, le titre n'est pourtant guère annonciateur du contenu des fictions en question, qui prend le plus souvent la forme d'une esquisse à peine développée de quelques traits culturels dits caractéristiques. Ainsi, dans une *nouvelle portugaise* de Jean-Pierre Claris de Florian (1784), le passage d'ouverture insiste tout brièvement sur la « tendresse » des Portugais avant de passer à la nouvelle qui devrait en « garanti[r] la vérité »[140]. Dans *Pierre, nouvelle allemande*, le même auteur consacre seuls quelques mots au goût de la simplicité et du naturel qu'il appelle « allemands », avant de passer à une histoire qui témoigne d'autant moins de cet esprit allemand que même les noms des personnages, tels que Thérèse ou Pierre, font soupçonner la main française qui l'a écrite[141]. Florian prend pourtant bien soin d'insérer un intertexte explicite qui renvoie à Salomon Gessner[142], en réponse au goût littéraire du public qui, dans les

---

138 Voir la préface de Jean-Marie Goulemot à *Dialogisme culturel au XVIIIe siècle*, actes publiés sous la direction de Goulemot, *Cahiers d'histoire culturelle* 4 (1997), p. 4.
139 *Ibid.*
140 Jean-Pierre Claris de Florian, *Les six nouvelles de M. de Florian*, à Londres, 1784, p. 199.
141 Florian, *ibid.*, p. 103.
142 Peter Boerner, « National images and their place in literary research. Germany as seen by eighteenth-century French and English reading audiences », *Monatshefte* 67, 4 (1975), p. 362. Sur le succès français des *Idyllen* de Gessner, qui était en réalité originaire de Zürich, voir l'article de Fernand Baldensperger, « Gessner en France », in : *Etudes d'histoire littéraire*, Paris, Droz, 1939, pp. 116-147.

dernières décennies du siècle, est à la découverte de la littérature allemande[143]. Du reste, il se révélera par la suite que la mention explicite d'intertextes connus auprès du public est une stratégie courante qui se manifeste également dans les « histoires anglaises ». Dans *Sophronime, nouvelle grecque*, l'auteur se déclare même incapable de peindre l'identité nationale des Grecs : « Il faut être plus Grec que je ne le suis pour oser parler des Grecs »[144]. Cette *excusatio propter infirmitatem*, stratégie rhétorique paratextuelle qui est en plein contraste avec la formule titrologique adoptée, n'empêche toutefois pas l'auteur d'investir l'intrigue d'une topique culturelle, répondant à l'horizon d'attente – défini en termes minimaux – des lecteurs français[145].

A ce qu'il paraît, cette vogue de récits *à l'étrangère* signale l'appréhension pour le moins ambiguë des auteurs français devant cette Altérité imitée. Si les romanciers français participent de bon cœur d'une fascination européenne pour l'Autre (oriental parmi d'autres) sous toutes formes de fiction[146], la mise en discours de cette fascination ne manque pas de mettre à nu les images réductrices dont elle se nourrit et qu'elle contribue à transmettre.

Dans ce contexte de tâtonnements mutuels, les interférences littéraires entre la France et l'Angleterre reflètent des mobiles bien particuliers, prenant forme dans un climat d'incessants affrontements politiques. En effet, la France ayant perdu son éclat après le règne de Louis XIV, l'Angleterre est en passe de devenir le nouveau centre d'attrait. N'empêche que la France – et avec elle l'Europe entière – est, après tant d'années d'hégémonie française, toujours habituée

---

143 Ecoutons Grimm en 1762 : « La poésie et la littérature allemande vont devenir à la mode à Paris, comme l'était la littérature anglaise depuis quelques années. Déjà on étudie la langue allemande comme une langue scientifique, et plusieurs amateurs de la littérature y ont fait beaucoup de progrès. Comme on se livre à Paris avec une chaleur extrême à ses goûts, je prévois que dans trois ou quatre ans d'ici personne ne pourra se montrer en bonne compagnie sans savoir l'allemand, et sans avoir lu les poëtes de cette langue. » (*C.L.*, janvier 1762, p. 11)

144 Florian, *ibid.*, p. 172.

145 Ainsi, l'intrigue comprend des éléments typiques d'un récit grec classique, tels que « l'esclave », « le polythéisme », « l'oracle », « les barbares » (Florian, *ibid.*, p. 173).

146 Pour en savoir plus, nous renvoyons à l'excellente étude de Srinivas Aravamudan, *Enlightenment orientalism. Resisting the Rise of the Novel* (Chicaco and London, University of Chicago Press, 2012), où l'analyse de fictions orientales de main française et anglaise sert de point de départ pour une révision critique de la « généalogie » dominante du *Rise of the Novel* au siècle des Lumières : « Reintroducing the importance of the fictions of Enlightenment Orientalism would lead to an alternative genealogy that acknowledges the impact of collections of fiction such as *The Arabian Nights* and a whole host of related texts – whether or not they qualify formally as 'novels' – on global literature and culture. » (pp. 18-19)

à l'idée d'une Europe cosmopolite *à la française*. En littérature, l'émergence transculturelle du roman au XVIIIe siècle porte ainsi une empreinte française indéniable[147], ne fût-ce que par le fait que les versions françaises sont à la base de nombreuses traductions-relais dans d'autres langues européennes. Sous ce rapport, la mise au point de Gustave Lanson dans son *Manuel bibliographique de la littérature française* relève déjà plus de 250 traductions de l'anglais, qui se montrent dès lors nettement plus populaires que les traductions de l'allemand (76), de l'italien (52) et de l'espagnol (20)[148]. Or, si les écrivains français semblent se mettre avec conviction à la remorque d'auteurs anglais comme Defoe, Swift, Fielding et Richardson, c'est par la voie française que l'Europe prend goût à la littérature anglaise. A cet égard, Réau va jusqu'à suggérer que :

> sans l'intermédiaire des traductions françaises, la littérature anglaise serait restée lettre morte en Europe. Les traductions italiennes et allemandes du Robinson Crusoë de Daniel Defoe, des romans de Goldsmith et de Richardson sont faites non d'après l'original, mais d'après la version française qui est souvent une adaptation abrégée et enjolivée[149].

Evincée par le rayonnement intellectuel de l'Angleterre, la France s'institua donc, fût-ce dans un rôle *secondaire,* en pivot incontournable dans la divulgation d'idées et d'ouvrages anglais. Posée à l'autre bout de cette chaîne de transferts culturels, la réception allemande en porte également témoignage. Citons à ce sujet Nathalie Ferrand qui, dans plusieurs travaux récents, a fait ressortir avec conviction l'importance – longtemps sous-estimée – de la réception créatrice du genre romanesque en Allemagne : « A ce titre, l'Allemagne est un véritable

---

147   Voir notamment les articles précités de Nathalie Ferrand au sujet du « roman européen », ainsi que *Les traductions-relais en Allemagne au XVIIIe siècle. Des lettres aux sciences* de Geneviève Roche (*op. cit.*) et *Englische Literatur des 17. und 18. Jahrhunderts in französischer Weiterübersetzung* par Geneviève Roche et Wilhelm Graeber (Tübingen, Max Niemeyer, 1988) ou encore l'article de Philip Stewart, « Traductions et adaptations : le roman transnational » (in : *Le second Triomphe du Roman du XVIIIe siècle*, s.dir. de Philip Stewart et Michel Delon, Oxford, Voltaire Foundation, 2009).

148   Reprise de Réau, *op. cit.*, p. 298. Notons que bon nombre des traductions sont des pseudo-traductions.

149   Réau, *ibid.*, p. 32. Dans son article « Traduire au dix-huitième siècle » (SVEC, 2005), Shelly Charles touche également à l'ampleur du phénomène : « Le rôle d'original joué par les traductions françaises, notamment en Allemagne, est un phénomène central dont on commence à connaître l'ampleur. En retraduction, mais aussi dans l''original', les traductions françaises sont lues dans toute l'Europe, devenant par là même à l'occasion plus actives que les véritables originaux [...]. » (*ibid.*, p. 141)

creuset du roman français et anglais qu'elle publie, traduit, fait se croiser dans ses traductions-relais de romans anglais à travers leurs versions françaises, contribue à diffuser et donc à faire évoluer en les métamorphosant[150]. »

Anglicité littéraire : entre traduction (prétendue) et fiction avouée
Rien qu'en nous basant sur les données bibliographiques, nous ne pouvons que constater l'apport considérable des auteurs-traducteurs français à la divulgation de la littérature anglaise, et de sa prose romanesque plus en particulier. Inspirés d'une fascination pour cette altérité anglaise, les auteurs en question s'émancipent pourtant à peine des contraintes de l'esthétique française – ni d'ailleurs de l'imaginaire français, dont la persistance dans les écrits non-fictionnels sur l'Angleterre a déjà été signalée ci-dessus.

Cela vaut en premier lieu pour les traductions françaises, dont la fidélité envers l'original n'est jamais garantie au XVIIIe siècle[151], les traducteurs n'hésitant pas à adapter les textes de départ au goût de leur public français. Cette pratique de traduction libre, qui est en quelque sorte un accaparement de l'original, se présente évidemment en différents degrés, mais l'adaptation poussée, voire la réécriture de l'original, ne font guère exception, de sorte que « l'activité de traduction frôle parfois [...] l'activité de création originale »[152].

Pensons à cet égard aux libertés que l'abbé Prévost s'est accordées dans ses versions de *Clarissa Harlowe* et de *Sir Grandison*. Entre-temps, est devenu fameux le passage dans l'*Introduction* du traducteur à *Sir Charles Grandison*, où il recourt à une image métaphorique, quand il considère le roman original (le texte-source) comme une « matière brute » qui demanderait d'être retravaillée :

> Certains ouvrages d'esprit [...], sous une rude écorce, c'est-à-dire avec de grands défauts dans la forme, ne laissent pas de renfermer des beautés supérieures. [...] Une main habile peut lever cette écorce, c'est-à-dire

---

150 Nathalie Ferrand, « Le creuset allemand du roman européen », *op. cit.*, p. 322.
151 Plusieurs études ont relevé que les normes traductionnelles évoluent, à la fin du siècle, vers une plus grande fidélité par rapport au texte de départ. Signalons sous ce rapport l'étude de Kristiina Taivalkoski sur les traductions françaises de Henry Fielding (*La tierce main. Le discours rapporté dans les traductions françaises de Fielding au XVIIIe siècle*, Arras, Artois Presses de l'Université, 2006).
152 Shelly Charles, « Traduire au dix-huitième siècle », *op. cit.*, p. 135.

établir l'ordre, retrancher les superfluités, corriger les traits, et ne laisser voir enfin que ce qui mérite effectivement de l'admiration[153].

De telles pratiques ne se limitent évidemment point au contexte français[154], comme nous démontre encore le parcours littéraire des *Fortunate Foundlings*. Déjà dans l'adaptation française par Crébillon fils, *Les Heureux Orphelins* (1754), seul le noyau dur du roman original par Eliza Haywood, *The Fortunate Foundlings* (1744), est conservé. Sous la plume de Crébillon, les interventions se montrent particulièrement radicales, puisque les premières pages de l'original, les seules à être traduites au sens propre du terme, ne servent que de prétexte à l'auteur pour en faire un tout autre roman, dont non seulement l'intrigue mais également la tonalité diffèrent nettement de la version originale. En d'autres termes, Crébillon fils, auteur reconnu de romans libertins, ne fait qu'emprunter l'idée de base du roman de Haywood pour en faire un ouvrage de forte empreinte crébillonienne. Lorsque ce roman est – dans un second mouvement de transfert – retraduit en *The Happy Orphans* (1759) par Edward Kimber, la tonalité libertine est atténuée en faveur d'une intrigue sentimentale qui ne rappelle que très faiblement les deux versions précédentes.

Ce cas de figure, qui ne fait guère exception au XVIIIe siècle, fait présumer que les contours imprécis d'un texte littéraire – surtout quand il ressort d'un genre en quête de légitimation – permettaient une certaine ouverture créatrice à d'autres agents littéraires désireux de (re-)travailler la matière romanesque. Sous ce rapport, la distinction conceptuelle entre *texte* (clos) et *discours* (ouvert), proposée par Jan Herman dans *Le récit génétique*, se révèle particulièrement éloquente :

> Or, à l'Âge classique l'immense majorité de la production 'textuelle' n'y apparaît pas comme 'texte' à proprement parler, mais comme 'discours', ouvert et manipulable : on complète les discours, on les adapte,

---

153   *Nouvelles lettres anglaises ou Histoire du Chevalier Grandisson*, traduit par Prévost, Amsterdam, 1770, cité dans *Recueil de Préfaces de traducteurs de romans anglais 1721-1828*, Annie Rivara et Annie Cointre (éds), Publications de l'Université de Saint-Etienne, 2006, p. 71.

154   Signalons également notre étude de la traduction anglaise de la *Paysanne parvenue* de Mouhy (1739) par Eliza Haywood, intitulée *The Virtuous Villager* (1742), où la traduction anglaise s'est avérée, par moments, une réécriture critique – et ouvertement féminine – de l'original (« On the inconstancy, the perfidy and deceit of mankind in love affairs: Eliza Haywood's translation of *La paysanne parvenue* », in : *Translators, interpreters, mediators, women writers, 1700-1900*, ed. by G. Dow, Bern, Peter Lang, 2007, pp. 55-71).

les améliore, les remplace, les traduit. La production du roman, comme discours, est inséparable de cette activité de remaniement discursif[155].

Ces remaniements engendrent de nouvelles versions, qui servent à leur tour de texte source aux versions ultérieures. L'acte de traduction est alors fréquemment abordé comme une sorte de *laboratoire*, de *plateforme*, où le traducteur trouve l'occasion de développer sa propre écriture, et même de « mesurer sa poétique à celle d'un autre, de la discuter, de la dépasser [...] »[156].

Toujours est-il que, si la pratique de la traduction libre, orientée vers le public-cible, est très répandue au XVIIIe siècle, ce sont en premier lieu les traductions libres de langue française qui déterminent le mouvement anglomane en Europe. Les qualités novatrices du roman anglais passent dès lors, avant d'influencer d'autres littératures nationales, par une mise en forme française qui, elle, répond aux directives du contexte d'accueil. En même temps, l'on ne saurait dénier que les traductions françaises d'ouvrages – *i.c.* de romans – anglais naissent précisément d'une admiration pour cette Altérité que semble promettre l'esprit anglais. Dans son étude récente *The spread of novels*, Mary Helen McMurran fait ainsi référence à la concomitance de deux attitudes opposées envers l'acte de traduire, où elle observe l'influence des interférences culturelles dominantes de l'époque :

> I have adduced evidence for two apparently opposing attitudes toward the cultural work of translation across the Channel : nationalist resistance to translation, which some have characterized as a phobia, and the promotion of translation due to a philia or mania for one other[157].

Sensible aux imbrications subtiles de ces prises de position dans l'ensemble des théories et pratiques contemporaines, elle ne manque pas de nuancer cette dichotomie réductive (philie *vs* phobie), inapte à rendre compte de la grande variété des « practices of cultural mixing across the Channel »[158]. Aux dires de Wilhelm Graeber, dans bon nombre des traductions concernées, se

---

155 Herman *et al., op. cit.*, p. 6.
156 Charles, « Traduire au dix-huitième siècle », *ibid.*, p. 140. A titre illustratif, citons également le passage suivant de l'article « Taking liberties : Translation and the Development of the Eighteenth-Century Novel », où McMurran note à son tour que « because so many translators were also novelists themselves, translation and original compositions were part of the same system of rhetorical activity. » (*The translator* 6 : 1 (2000), p. 88)
157 McMurran, *op. cit.*, p. 104.
158 *Ibid.*, p. 107.

fait ainsi découvrir une « contradiction entre une admiration malgré soi de l'imagination des voisins et la condamnation de leur goût » qui sera « omniprésente jusqu'à la fin du siècle »[159]. Cette tension trouverait un écho explicite dans les préfaces de traducteurs, qui tentent effectivement de garder un équilibre précaire entre la mise en évidence des libertés qu'ils se sont permises, d'une part, et la promesse d'avoir conservé le caractère étranger de l'original, d'autre part[160].

Sous ce rapport, certains chercheurs, dont Graeber, ont cru entrevoir une tendance progressive à reconnaître la valeur inhérente du goût anglais, au détriment du penchant initial à la domestication culturelle et littéraire[161]. Certes, cette hypothèse pourrait s'inscrire – à long terme – dans l'apparente réorientation générale de la pratique traductionnelle au XIXe siècle, qui se mettrait davantage au service de l'original. Elle perd pourtant sa valeur par l'interprétation particulière de Graeber quant à la montée des pseudo-traductions, qu'il considère comme la preuve ultime de la « dissolution » du goût français classique. Se pose pourtant la question de savoir jusqu'à quel point ces textes qui se donnent pour des traductions de l'anglais seraient de quelque façon plus représentatifs de la littérature anglaise. A l'encontre de Graeber, il nous semble que le projet même de forger une littérature anglaise de main française ne ferait qu'entériner la tendance à la naturalisation, voire à l'accaparement dont témoignent la plupart des auteurs et des traducteurs français[162]. En effet, là où les traductions authentiques[163] s'inspirent, au moins en partie, de quelque texte de départ, dans ces textes, l'intertexte dans le titre est non seulement fictif, mais également issu d'un esprit français. Dans le cas des pseudo-traductions, cette double perspective – l'une, anglaise, cachant pour ainsi dire l'autre, française – s'explique en premier lieu par sa fonctionnalité dans la culture-cible, l'étiquette de traduction permettant aux

---

159 Wilhelm Graeber, « Le charme des fruits défendus : les traductions de l'anglais et la dissolution de l'idéal classique », in : *La traduction en France à l'âge classique*, Lieven D'hulst et Michel Ballard Villeneuve d'Ascq, Presses Universitaires du Septentrion, 1996, p. 309.

160 *Ibid.*, p. 314.

161 *Ibid.*, p. 317.

162 Voir aussi Charles, *op. cit.*, p. 146.

163 Remarquons qu'au XVIIIe siècle, il est parfois difficile de faire la distinction entre les traductions et les pseudo-traductions. En témoignent les changements de statut de certains textes par la découverte tardive d'un original longtemps cru inexistant. Pensons à l'*Histoire de Mme Dubois. Nouvelle anglaise* (1769), indiquée par Streeter (*op. cit.*) comme une traduction supposée, mais dont Madeleine Blondel dans son article « Essais d'identification de traductions » (*Etudes anglaises* 21 : 2 (1968)) a retracé l'original anglais de Mrs Woodfin.

auteurs de protéger leurs écrits du discrédit littéraire, pour ne nommer qu'une fonction parmi d'autres. Sur le plan *culturel*, se conserve dans les pseudo-traductions l'illusion d'une anglicité fondée sur des sources authentiques, ne fût-ce que dans le péritexte. De ce fait, l'accaparement s'y manifeste moins explicitement, étant camouflé par l'imposture titrologique. Il en va autrement pour le terme d'*histoire anglaise*, qui semble présupposer une pleine reconnaissance de la fictionnalité du texte – et d'une anglicité tout aussi fictionnelle. Nous y reviendrons. Pour l'heure, il suffit de signaler l'interférence entre les modalités fictionnelle, d'une part, et française, d'autre part, des romans concernés. En même temps – et par le fait même – que le statut romanesque des textes est confirmé par les auteurs français, l'empreinte française du texte transparaît indéniablement dans la mise en scène anglaise. Plutôt que d'admirer, sinon de respecter l'altérité anglaise, les fictions à l'anglaise semblent ainsi répondre à une logique inverse, où le regard anglais devient plus que jamais, ou du moins plus ouvertement, le *reflet* d'un regard français, *i.c.* le résultat de la construction fictionnelle d'un auteur français particulier. Sous ce rapport, les *histoires anglaises*, plutôt que d'être le signe d'une soumission – littéraire – à l'Autre, signeraient le point d'aboutissement d'un mouvement d'accaparement, où cette Altérité se voit réduite aux contours d'une image fictionnelle.

CHAPITRE 2

Histoires anglaises : genèse et réception

> Si la situation du voyageur en terre étrangère constitue l'assise d'une réflexion anthropologique au sens contemporain, l'on doit s'interroger sur celle du romancier, de l'historien et du philosophe, qui se consacrent généralement à un phénomène relevant de leur propre culture ou d'une culture autre, mais sur la base d'un savoir médiatisé. La mise à distance effectuée entre le monde réel et celui de la fiction s'avère-t-elle suffisante dans ce cas[1] ?

Dans le droit fil des observations préliminaires sur la fiction de l'altérité au XVIIIe siècle, le présent chapitre signale notre entrée définitive dans l'univers fictionnel à l'anglaise – fût-ce en l'abordant de prime abord à travers l'apparat péri- et métatextuel qui l'entoure. Après avoir suivi les regards des « voyageur(s) en terre étrangère », il s'agira désormais en effet de nous « interroger sur [la situation] du romancier ». Dans la perspective qui est la nôtre – et qui aspire à définir quelques modalités discursives des fictions à l'anglaise – il paraît en effet indiqué d'aborder ce corpus de textes – en amont – sous l'angle de sa genèse et – en aval – du point de vue de sa réception. Conjoints, ces deux angles d'approche devraient nous permettre de formuler des éléments de réponse à la question d'une définition – ou encore d'une délimitation – possible de ce phénomène littéraire particulier.

Dans cette double enquête, la question directrice sera précisément celle de la « mise à distance entre le monde réel et celui de la fiction » avancée dans le passage en exergue. En effet, la mise à distance qui sous-tend l'anglicité fictionnelle est-elle suffisante à faire adhérer le lecteur de romans à la scénographie anglaise ? En outre, comment la topique (péri-)textuelle, qui sollicite un effet de reconnaissance de la part du lecteur, et l'imaginaire culturel de ce dernier interagissent-ils dans l'acte de lecture ? Ces interférences, seraient-elles de quelque façon conditionnées par les différentes postures préfacielles des auteurs en question ? Le XVIIIe siècle se trouve en effet envahi par un nombre important de fictions qui affichent une forme d'anglicité. Dans le vaste continuum de fictions à l'anglaise, il s'agira pour nous d'analyser les lignes de partage

---

[1] « Introduction », in : *Les genres littéraires et l'ambition anthropologique au dix-huitième siècle : expériences et limites, op. cit.*, p. 5.

entre l'*histoire anglaise* et la pseudo-traduction, dispositif voisin et concomitant. Les deux phénomènes s'apparentent évidemment à travers leur inscription dans le contexte socio-culturel de l'Anglomanie. Par contre, dans un siècle où « la fiction envahit le domaine de l'écrit […] et investit les genres les plus divers »[2], il reste à examiner quelle spécificité rhétorique l'on peut attribuer aux deux dispositifs en question. Ainsi, alors que les pseudo-traductions ne se réclament pas systématiquement de l'imposture du document authentique, feintise romanesque par excellence, ils n'en font pas moins appel à une feintise culturelle. Dans ce cas, le « vernis britannique » s'énonce d'ordinaire dès les textes liminaires, où l'acte de traduction – ayant introduit le prétendu original anglais en France – est thématisé expressément, ne fût-ce qu'au niveau titrologique. Mais qu'en est-il des auteurs d'*histoires anglaises* ? Font-ils mention d'un éventuel rapport – formel, thématique – à la fiction anglaise dans leurs préfaces et quelles en seraient les modalités (culturelles, mais aussi narratives) déployées dans la fiction ? Par ailleurs, la feintise culturelle qui sous-tend les pseudo-traductions, y est-elle toujours opératoire de quelque façon ?

Dans le premier volet – péritextuel – de ce chapitre, ces questions seront abordées à travers une étude quantitative et qualitative des titres et d'un corpus de discours préfaciels. La concision de cette analyse s'explique, *primo*, par son rôle secondaire – notre étude discursive se veut diégétique, plutôt que péritextuelle – et, *secundo*, par la portée modeste – en soi révélatrice – des matériaux disponibles. Ensuite, en vue de l'esquisse d'éventuels traits définitionnels, il sera tout aussi opportun d'examiner dans quels termes l'anglicité fictionnelle assumée par les *histoires anglaises* a été accueillie dans les journaux contemporains. Au-delà de la revendication (ludique) de l'authenticité, qui serait plutôt la part des pseudo-traductions, nous aborderons celle de la représentativité – poétique et culturelle – des fictions à l'anglaise par rapport au(x) modèle(s) textuel(s) étranger(s) dont elles se réclament. A cet effet, la seconde partie de ce chapitre s'assignera pour mission de faire une lecture comparative de comptes rendus parus dans des revues littéraires de l'époque.

Le (pseudo-) statut des fictions à l'anglaise

En France, le XVIIIe siècle est marqué par l'évolution – amplement discutée et étudiée – du statut de la fiction romanesque. S'il n'entre pas dans l'enjeu de cette étude de creuser le débat sur la position problématique qu'occupe

---

2 Baudouin Millet, *Ceci n'est pas un roman, op. cit.*, p. 97.

le roman dans le paysage littéraire français, sa présentation succincte constitue pourtant une première étape nécessaire avant d'entamer l'analyse péritextuelle.

Cette référence est d'autant plus importante que dans les années 1780, période où la publication d'*histoires anglaises* connaît son apogée, le discours romanesque ne paraît pas encore au terme du mouvement d'émancipation et d'ascension qu'il accomplit au fil du XVIIIe siècle. Avant de se profiler comme genre reconnu dans le champ littéraire[3], le roman se caractérise par une instabilité profonde, oscillant entre la poétique classique de « *reproduction* mimétique de la vérité par la fiction »[4] et la revendication d'une vérité autre, celle de la fiction. La légitimation de la fiction ne se réalise ainsi que très graduellement, prenant forme à travers un arrangement – avant tout péritextuel[5] – où se trouvent impliqués tant l'auteur du texte que son public. Celui-ci consisterait en la dénégation de la fictionnalité du texte préfacé selon la formule connue : « Ceci n'est pas un roman ». Dénégation qui est rendue plus crédible par l'adoption de formules textuelles authentifiantes, telles que les mémoires ou les correspondances. Pendant un certain temps, le roman n'étant pas conforme aux normes de la bienséance et de la vraisemblance qui lui sont imposées par les représentants du champ littéraire de l'époque, les romanciers se voient contraints de contourner les « critères de la littérarité »[6] par le recours à un discours prétendument authentique.

Mais l'efficacité des stratégies adoptées ne se laisse évidemment mesurer qu'au regard du lecteur de roman. Au fil des années, nombre de chercheurs ont déjà réfléchi sur les modes de lecture dominants de l'époque, émettant des hypothèses parfois fort divergentes. En concevant le désaveu de l'auteur en termes d'un contrat de lecture – compris comme tel par le lecteur – les auteurs du *Roman véritable* ont ainsi sensiblement redéfini ce qui, depuis *Le dilemme du roman* de George May, a été généralement considéré comme une feintise sérieuse[7], configurée en vue d'induire en erreur tant les censeurs que les lecteurs sur le statut fictionnel des textes. Selon May, le désaveu des

---

3   Dans son article de 1980, « Du non-littéraire au littéraire : sur l'élaboration d'un modèle romanesque au XVIIIe siècle », Shelly Charles présente la situation du genre romanesque comme suit : « Le genre narratif français, principalement constitué par le roman, se trouve situé, pendant la majeure partie du XVIIIe siècle, dans les marges d'un système littéraire dont le centre est hautement structuré. » (*op. cit.*, p. 408)
4   Herman *et al*, *op. cit.*, p. 15. Remarquons que, dans cette étude, la question des pseudo-traductions et des phénomènes corrélés n'est pas traitée en profondeur.
5   Voir Genette, *Seuils*, Paris, Seuil, 1987.
6   Charles, *op.cit.*, p. 409.
7   Voir encore Schaeffer, *op. cit.* Pour un condensé de sa théorie, voir la publication électronique « De l'imagination à la fiction », *Vox Poetica* [http://www.vox-poetica.org/t/articles/schaeffer.html].

romanciers était en premier lieu une tentative d'évasion devant les condamnations *poétiques* – comme celle du manque de vraisemblance romanesque – et *morales* – comme l'atteinte portée au manque de respect pour les bienséances – qui étaient *in se* contradictoires. Sans pour autant remettre en question la part de ces récriminations dans l'évolution du roman au XVIIIe siècle, Jan Herman et ses co-auteurs argumentent que la crise du roman se définirait plutôt en termes – *rhétoriques* – de reconnaissance :

> Pour les auteurs de cet ouvrage, le choix difficile entre une fiction à édification morale (mais invraisemblable) et une fiction proche du réel (mais immorale) est subordonné à un autre questionnement qui se pose en termes de reconnaissance : la fiction se pose-t-elle comme telle ou non et comment se fait-elle reconnaître[8] ?

Suivant cette thèse, la question de savoir si la fiction est *accréditée* – acceptée pour vraie – par les lecteurs se subordonne, au fil du temps, à celle de la *légitimation*. Lieu de prédilection de cette négociation : les préfaces romanesques. Comme le précise encore Nathalie Kremer dans son article « De la feintise à la fiction : le mouvement dialogal », la revendication de la fictionnalité prend forme « à travers l'instauration de certains 'protocoles' de lecture et de la reconnaissance de ces protocoles »[9]. En raison du ressassement de ces représentations topiques préfacielles, le montage péritextuel – plutôt que de prétendre à la véridicité du récit – signale sa fictionnalité, mettant en marche une forme de feintise ludique. Dans *Pourquoi la fiction*, Jean-Marie Schaeffer définit l'effet de cette feintise ludique en termes d'une « immersion mimétique [du lecteur] dans l'univers fictionnel »[10]. Partagée par l'auteur et le lecteur, la feintise ludique de la préface – en tant que lieu de transition – ne viserait pas à tromper le lecteur quant au statut *ontologique* du texte, mais plutôt à lui permettre « de se glisser dans l'univers de la fiction »[11]. Or, en conformité avec leur mise en évidence du rôle interprétatif du lecteur, les auteurs du *Roman véritable* développent une vision *pragmatique*[12] de l'acte de lecture, au détriment de

---

8   Herman *et al., op. cit.*, p. 7.
9   Nathalie Kremer, « De la feintise à la fiction. Le mouvement dialogal de la préface », *Neophilologus* 91 (2007), pp. 583-595 (p. 590).
10 « La fonction de la feintise ludique est de créer un univers imaginaire et d'amener le récepteur à s'immerger dans cet univers, elle n'est pas de l'induire à croire que cet univers imaginaire est l'univers réel. » (*op. cit.*, p. 156)
11 Schaeffer, « De l'imagination à la fiction », *op. cit.*
12 Cette lecture *pragmatique* s'opposerait alors à celle *sémantique* de Georges May : « Le pacte du roman véritable se solde par la formule 'Ceci n'est pas un roman'. Oblique et biaisée, la formule sollicite une double lecture, sémantique d'une part, pragmatique d'autre

celle *sémantique*, c'est-à-dire littérale, sous-entendue dans la thèse de Georges May. Entre la *fiction* assumée comme telle et la *feintise* qui implique le camouflage du statut fictif de l'œuvre, se décèle ainsi une zone où la fictionnalité de l'œuvre serait signalée, par les auteurs, et reconnue, par les lecteurs, à travers les moyens de la feintise, trop récurrents pour être longtemps pris au sérieux.

Serait-il pour autant approprié d'accorder quelque valeur distinctive aux fictions *à l'anglaise* dans l'ensemble des stratégies légitimantes mises au service du roman émergent au XVIIIe siècle ? Pour répondre à cette question, il paraît indiqué de reculer d'un pas, afin de considérer – dans un premier temps – le dispositif des pseudo-traductions, plus souvent commenté dans la littérature.

Dans ce genre de fictions, ladite anglicité, dont les modalités diégétiques ne différencient pas nécessairement de celles élaborées dans les *histoires anglaises*, se négocie néanmoins en des termes plus explicites dans le discours liminaire. Bon nombre des spécialistes semblent du reste s'accorder pour intégrer les pseudo-traductions jusqu'à un certain point dans une pratique d'imposture littéraire qui les dépasse. En témoignent des études, même très récentes, consacrées aux modalités – ou faut-il dire aux jeux ? – d'imposture qui accompagnent la montée du roman à cette époque (Herman, Kozul, Kremer 2008 ; Hakim 2012). La supercherie de la pseudo-traduction s'y voit en effet intégrée dans le paradigme des fictions qui « font vrai ». De même, dans son étude précitée, Charles insiste sur ce « lien embryonnaire entre édition et traduction » :

> Quand nous avons d'un côté un personnage-auteur, de l'autre un éditeur, il suffit que le personnage-auteur soit un étranger (en l'occurrence un Anglais) pour que l'éditeur se double d'un traducteur[13].

Il s'avère en effet que les deux stratégies se recoupent et se renforcent à plusieurs égards. Dans la lignée des fictions pseudo-authentiques, c'est *l'ambiguïté* des pseudo-traductions, en ce qu'elles s'inscrivent dans deux champs littéraires, français l'un et anglais l'autre, qui leur permet d'échapper aux contraintes d'un système littéraire (devenu) trop contraignant. En outre, comme

---

part. A un niveau purement sémantique elle implique un rejet de tout ce qui peut rappeler la fiction. [...] D'un point de vue pragmatique cependant, la formule a aussi valeur de rituel, comme il est de coutume dans la conclusion des contrats. Par l'effet de reconnaissance provoquée par la fréquence de son emploi, la formule ne peut pas manquer de signifier l'appartenance du texte à un paradigme fictionnel. » (Herman *et al.*, *Le roman véritable. Stratégies préfacielles au XVIIIe siècle.*, 2008, p. 7)

13 *Op. cit.*, p. 401.

les pseudo-traductions prennent souvent la forme d'un texte pseudo-authentique qui serait la traduction de quelque « manuscrit anglais », elles présupposent pour ainsi dire une double série de prémisses. Confronté à une double démarche mystificatrice, le lecteur averti est censé reconnaître non seulement la nature fictionnelle du texte, mais aussi sa signature française.

Face à l'attention scientifique pour les mystifications romanesques, l'intérêt modeste pour l'émergence des *histoires anglaises* pourrait étonner au premier regard. Il s'explique pourtant par la perception dominante de la littérature *à l'anglaise*, qui met en évidence la continuité entre les différentes étiquettes mobilisées. C'est encore la thèse de base de Shelly Charles dans son article déjà cité, où elle fait appel à l'interchangeabilité – ou encore la « perméabilité » – des titres, illustrée dans l'œuvre de Mme Riccoboni[14] – en raison de leur valeur référentielle analogue. En dépit de l'hétérogénéité formelle, les marqueurs titrologiques auraient eu la même valeur signifiante, en ce qu'ils dénotent la catégorie générale des romans *pseudo-anglais*. Elle en déduit, dans une deuxième démarche, l'indifférence du lecteur de romans par rapport aux subtilités titrologiques, qui n'intéresseraient à vrai dire que le chercheur contemporain :

> Le lecteur de l'époque ne semble pas tenir compte de certaines subtilités de posture adoptées par les auteurs-traducteurs (ou par leurs éditeurs) et passe surtout outre nos catégories : traductions, pseudo-traductions, histoires anglaises[15]. »

Pour sa part, McMurran en arrive à des observations similaires dans *The spread of novels*. Ayant mené une enquête sur les pratiques de transfert regardant la production romanesque des deux côtés de la Manche, McMurran fait part de ses tentatives de repérage et de classement de romans du XVIIIe siècle. Tentatives souvent restées sans issue définitive, ce qu'elle voit reflété par les informations souvent équivoques ou incomplètes dans les bibliographies consacrées à cette période. Elle en déduit entre autres l'hypothèse que, pour une bonne part du XVIIIe siècle, les pérégrinations continues des romans allaient de pair avec une conception très libre de leurs origines respectives, ou encore avec la conscience d'un certain flou (para)textuel, non seulement de la part

---

14   Cf. « Nous ferons l'hypothèse que les *Lettres de Fanni Butlerd* restent « anglaises », de la même manière qu'elles restent des « lettres » alors que, au fil des éditions successives, on supprime certaines mentions authentifiantes, comme « écrites en 1735 », par exemple, et que le document privé est à un auteur professionnel. » (*ibid.*, p. 411)
15   Charles, *ibid.*

des auteurs-traducteurs, mais encore chez les lecteurs. La fiction romanesque émergente aurait pris la forme d'un « creuset » (« a melting pot »), au sein duquel la mobilité et la malléabilité des formes romanesques ne feraient que signaler l'insensibilité du lecteur devant la question des origines premières et du statut exact des fictions (« reader's total indifference to origins »[16]). De manière analogue à Charles – fût-ce à une échelle plus générale – McMurran en arrive ainsi à poser l'interchangeabilité des étiquettes romanesques, qui seraient alors totalement dépourvues de fonction signalisatrice.

Loin de vouloir contester d'un seul tenant la légitimité de ce point de vue, qui s'associe à plusieurs égards à la lecture pragmatique des protocoles de lecture discutés par Jan Herman et son équipe de recherche, nous croyons entrevoir dans le corpus des *histoires anglaises*[17] nombre de paramètres (para-)textuels susceptibles de signaler une spécificité fonctionnelle, qui n'est pas sans nous informer sur la dynamique d'émancipation connotant le genre romanesque – et certains auteurs concernés – au long XVIIIe siècle. D'entrée de jeu, il ressort ainsi de notre corpus que les *histoires anglaises* se passent plus souvent d'une préface, ou du moins du pacte de lecture culturel et ontologique qui s'y voit d'ordinaire négocié dans le cas des pseudo-traductions[18]. En même temps, force est de constater que les *histoires anglaises* attestent l'idée d'une émancipation graduelle de la fiction, en ce sens que certains topoï de la feintise continuent à informer la diégèse *à l'anglaise*[19], assurant – à ce qu'il paraît – un *effet* de véridicité (culturelle et/ou ontologique) narrative.

---

16   McMurran, *op. cit.*, p. 51.
17   Notons que Charles définit cette catégorie – qui en réalité n'en serait pas une – comme « des fictions narratives au cadre anglais, mais qui ne prétendent pas explicitement être des traductions ». (*op. cit.*, p. 410)
18   Si préface il y a, l'argumentation légitimante est plutôt de l'ordre de l'imitatif et de l'intertextuel, comme nous illustrons par la suite. Des auteurs tels que Marie-Jeanne Riccoboni ou Charlotte de Bournon-Malarme manquent en effet de prévoir un texte préfaciel dans nombre de leurs romans *à l'anglaise*.
19   Pour ce qui est de la gradualité dans l'émergence du roman, celle-ci es aussi évoquée par Herman *et al., op. cit.*, p. 54 : « Si la vérité est immuable, il faut reconnaître à la fiction une certaine gradualité. […] La gradualité de la fiction s'étale entre un état non déclaré, qu'on peut appeler 'feintise' et un état déclaré. »

Le titre comme programme[20]

Alors que la publication progressive de fictions *à l'anglaise* sans justification (culturelle) semble préfigurer leur émancipation d'une époque où la légitimation de la fiction avait été de mise, ce processus n'est pas sans incidences sur le contrat de lecture culturel des romans en question. Mais la distinction entre la pseudo-traduction et les fictions de notre corpus s'explicite en réalité dès la page de titre. En effet, si certaines pseudo-traductions se passent également d'une préface justificatrice, la légitimation est rétablie par le titre, et par sa composante *rhématique* plus en particulier[21]. Par ce terme, Genette entend la part du titre qui informe sur les particularités formelles, ou encore sur le statut de l'ouvrage en question. Dans ce contexte, la formule « traduit de l'anglais » – aussi topique soit-elle – a valeur de légitimation face au statut supposé du roman. En tant que telles, les informations *rhématiques* (quelle est la nature du texte ?) se distinguent de la partie *thématique* du titre (de quoi s'agit-il ?). La composante thématique des romans en question étant en effet souvent similaire – les « Lettres/Mémoires de Milord/Mylady » abondent autant dans les deux cas de figure – l'indication *rhématique histoire anglaise* ne fait plus que signaler l'anglicité du roman sans pour autant la légitimer par la référence à quelque acte de traduction. De ce fait, la formule d'*histoire anglaise* ne ferait que corroborer l'anglicité fictionnelle déjà annoncée dans la partie thématique du titre, sans pour autant légitimer le transfert culturel sous-jacent.

En dehors de cette évolution de l'explicite à l'implicite, se pose également la question de savoir si la formule impliquerait une valeur distinctive permettant, sur le plan formel par exemple, de distinguer les romans en question desdites pseudo-traductions. De ce fait, il nous semble indiqué d'examiner plus en profondeur le fonctionnement de l'appellation *histoire anglaise* dans le champ littéraire du XVIIIe siècle. L'adjectif *anglais* de l'étiquette accole les romans concernés au vaste champ des échanges franco-anglais – culturels et littéraires – qui a été traité dans le premier chapitre. A travers la notion d'*histoire*, par contre, les fictions concernées s'inscrivent dans un autre paradigme romanesque, qui non seulement connaît plusieurs variantes au XVIIIe siècle – paraissent entre autres des *histoires allemandes*, des *histoires chinoises* et des *histoires espagnoles* – mais dont le sens même se voit redéfini au fil du temps.

---

20   Le titre s'inspire d'un article de Jean Sgard, « Le titre comme programme : 'Histoire d'une grecque moderne' », qui a fourni plusieurs idées essentielles dont ce paragraphe s'est inspiré (« Le Titre comme programme : Histoire d'une Grecque moderne », *Rivista di Letterature Moderne e Comparate*, July-Sept 1994, n° 47 (3), pp. 233-40).

21   Genette, *op. cit.*, p. 75.

En termes de diachronie, il est intéressant de noter que – longtemps avant les essais de théorisation plus récents[22] – Vivienne Mylne[23] aperçoit une assimilation graduelle entre le discours *fictionnel* et le discours *historique* au cours du XVIIe siècle. D'une part, les écrivains de fictions chercheraient à apparenter leurs ouvrages au mode *factuel* pour d'évidentes raisons de crédibilité, l'Histoire se réclamant d'une longue ascendance et d'une légitimité acquise depuis longtemps. D'autre part, les auteurs de textes historiques semblent s'inspirer à leur tour de quelques procédés narratifs et stylistiques caractéristiques du discours fictionnel. Il s'ensuit un rapprochement entre les deux paradigmes, dont Mylne rend compte dans le paragraphe suivant :

> Thus, while the style of heroic novels might seem to us quite inappropriate for works of history, the contemporary reader would not always find so striking a difference between the novels and the histories at his disposal[24].

Outre le *style*, c'est le *fond* même des textes historiques qui s'investit d'une certaine fictionnalité. Pourvu que l'essence soit historique, les historiens n'hésitent pas à égayer leurs ouvrages de détails pittoresques de leur propre cru. En même temps, les auteurs de fictions se montrent enclins à intégrer des événements ou des personnages historiques, afin d'apporter quelque touche historique à leurs récits. Cette approche est illustrée à merveille par l'œuvre de Mme de Villedieu, qui aurait consciemment brouillé les frontières entre fiction

---

22   Voir entre autres l'article de référence de Genette, « Récit fictionnel, récit factuel », dans *Fiction et Diction*, collection « Poétique », Paris, Seuil, 1991, pp. 65-93. Qu'il nous soit permis de citer ses conclusions : « Si l'on considère les pratiques réelles, on doit admettre qu'il n'existe ni pure fiction ni Histoire si rigoureuse qu'elle s'abstienne de toute 'mise en intrigue' et de tout procédé romanesque. » (p. 92) ou encore : « Sur le plan narratologique, comme sur le plan thématique, les attitudes gradualistes ou, comme dit Thomas Pavel, « intégrationnistes » me semblent plus réalistes que toutes les formes de ségrégation. » (p. 91) Pour un aperçu des recherches narratologiques en matière « du récit de fiction, de ses frontières, de son au-delà », voir aussi l'article de Frank Wagner, « Le récit fictionnel et ses marges : état des lieux », *in : Vox Poetica* [http://www.vox-poetica.org/t/articles/wagner2006.html].

23   Vivienne Mylne, *The Eighteenth-Century French Novel : Techniques of Illusion*, Manchester–NY, Manchester UP–Barnes & Noble, 1965. Pour en savoir plus sur l'évolution de la conception de l'histoire au XVIIe siècle, voir Faith Beasley, *Revising Memory : Women's Fiction and Memoirs in seventeenth-century France*, Rutger UP, 1991, pp. 10-71.

24   Mylne, *ibid.*, p. 21.

et histoire[25]. En témoigne le passage suivant, tiré de sa préface aux *Annales galantes*, où l'auteur défend le droit de réécrire l'Histoire :

> J'avoue que j'ai ajouté quelques ornements à la simplicité de l'histoire. La Majesté des matières historiques ne permet pas à l'Historien judicieux de s'étendre sur les incidents purement galants. [...] J'ai dispensé mes Annales de cette austérité. J'augmente donc à l'Histoire quelques entrevues discrètes et quelques discours amoureux[26].

Alors que la revendication explicite d'historicité se voit progressivement effacée des préfaces au fil du temps, le terme reste omniprésent dans les titres d'ouvrages. Ainsi, en 1751 paraissent treize fictions[27] dont grand nombre sont, ou se présentent comme, des traductions de l'anglais. Saute alors d'autant plus aux yeux la ressemblance avec les titres originaux, où le terme *history* apparaît entre autres dans *The History of Clarissa Harlowe* ou *The History of Charlotte Summers*. En tant que telle, cette ressemblance ne fait que ratifier les parallélismes dans l'évolution du roman/*novel* des deux côtés de la Manche. Dans le contexte anglais, la fiction romanesque évoque souvent un discours mixte, que Davis appelle « *the novels/news discourse* »[28] et qui se reflète dans le double profil de nombre d'auteurs : « It was not a coincidence that so many authors during the eighteenth century in England were directly associated with journalism[29]. » Dans son étude sur le (nouveau) roman anglais du XVIIIe siècle Alain Bony insiste à son tour sur les ambiguïtés de l'apparat notionnel adopté dans les préfaces romanesques[30]. Dans son chapitre sur le

---

25 Voir Domna C. Stanton, « The Demystification of History and Fiction in *Les Annales galantes* », in : *Actes de Wake-Forest*, éd. par Milorad Margitic et Byron Wells, *Papers in French Seventeenth-Century Literature* 37 (l987), pp. 339-60.

26 Préface aux *Annales galantes,* citée dans Faith E. Beasley, « Elèves et collaborateurs : les lecteurs mondains de Mme de Villedieu », *Madame de Villedieu Romancière : nouvelles perspectives de recherche,* études réunies par Edwige Keller-Rahbé, PUL, 2004, p. 187.

27 Du genre « histoire + adjectif qualificatif » (p.ex. *histoire tragique, histoire critique, histoire admirable,...*) ou du type « histoire de... » (p.ex. *Histoire de Charlotte Summers*). Les données se basent sur la bibliographie de Martin-Mylne-Frautschi (1977).

28 Lennard J. Davis, *Factual Fictions. The Origins of the English Novel*, University of Pennsylvania Press, 1996.

29 *Ibid.*, p. 110.

30 Alain Bony, *Eleonora, Lydia et les autres : Etude sur le (nouveau) roman anglais du XVIIIe siècle,* Lyon, Presses universitaires, 2004. Dans son étude *Factual Fictions. The origins of the English novel*, Lennard J. Davis insiste pour sa part sur la spécificité du contexte anglais, où plusieurs *novelists* de la fin du 17e siècle, tout comme Daniel Defoe au

contrat de lecture dans *Moll Flanders* (1722) de Daniel Defoe, Bony évoque la question de l'historicité réclamée par Defoe dans les préfaces à ses ouvrages. Or, les assertions de l'auteur s'avèrent non seulement révélatrices du terme *history*, mais semblent aussi refléter l'évolution sémantique de son équivalent français. A bien lire la préface de *Roxana*, la signification du terme *history* s'opposerait ainsi à l'orientation plus fictionnelle du mot *story* : « The Foundation of This is laid in Truth of Fact ; and so the Work is not a Story, but a History »[31]. A en croire Bony, les insistances de Defoe sur cette distinction terminologique cadrent dans un contexte où les glissements sémantiques entre les deux termes, *story* et *history*, étaient légion dans les péritextes romanesques. Il cite à cet égard quelques titres d'ouvrages d'Aphra Behn qui montrent comment, vers la fin du XVIIe siècle déjà, les significations respectives de *story* et *history* – la fictionnalité d'une part et la factualité de l'autre – se rapprochent. Ainsi, dans le titre d'*Ooronoko* (1688), la romancière, qui « sait jouer à merveille […] sur les ambiguïtés et les glissements de sens entre les deux termes »[32], précise « qu'il s'agit d'une *True History*, ce qui serait la « preuve » ultime, toujours selon Bony, « que certaines histoires dites « vraies » pouvaient ne l'être pas »[33]. Dans plusieurs ouvrages, le terme de *history* connote la fictionnalité dans une telle mesure que :

> au détour du siècle les deux notions, *history* et *novel*, [sont] susceptibles d'être mises à contribution pour désigner des récits d'inspiration très semblable, chacune venant d'une certaine façon suppléer aux carences de l'autre […][34].

S'il est vrai que l'évolution du terme français « histoire » s'articule de façon analogue, elle se révèle en réalité plus complexe. Là où – malgré un indéniable rapprochement sémantique – le signifiant *history* se distingue du signifiant *story*, le terme *histoire* évoque une polysémie qui complexifie davantage

---

18e siècle, mettent à profit l'ambiguïté du paradigme « *news/novels* » dans le processus de légitimation : « Defoe, Richardson, and Fielding each claimed to be beginning a new type of narration, a new species of writing, but since no clear conventions had been determined, and no real terminology had been used to define their attempts, they each had to create crudely the categories into which their works might fall. For Defoe, this category took advantage of the news/novels discourse's attitude toward fact and fiction but never quite made a transition to a clearly defined commitment to fiction, […]." (*op. cit.*, p. 161)

31   Cité dans Bony, *ibid.*, p. 75.
32   Bony, *ibid.*, p. 76.
33   *Ibid.*
34   *Ibid.*

sa mise en discours. En effet, dans la variante française sont impliquées tant l'acception d'historicité – soit de « fait » – que celle de récit[35] – soit de « fiction ». A partir du XVIIe siècle, le terme évoque également l'idée d'« aventure » ou d'une « série d'aventures », voire de « propos mensongers, pour tromper et mystifier »[36]. Si l'on pouvait présumer que, de prime abord, la mention d'« histoire » dans le titre concède au texte l'objectivité, la dignité et la valeur exemplaire de l'Histoire, « genre littéraire bien défini et soumis à des règles »[37], son accaparement dans le domaine fictionnel engendre un processus de dévalorisation où valeur sémantique et pratique littéraire s'enchevêtrent. Ainsi, le terme étant appliqué à des textes qui ne réalisent pas la promesse inhérente d'objectivité et d'unité[38], il en perd quelque peu sa valeur. Cette fictionnalisation graduelle n'exclut pourtant pas la validité – même sous-jacente – de la première acception d'« historicité ». C'est précisément la portée polysémique du terme qui explique sa récupération dans l'apparat paratextuel des récits prétendument authentiques. En témoignent entre autres les choix titrologiques de l'abbé Prévost qui, dans les années 1720 et 1730, hésite manifestement entre l'étiquette de « mémoires »[39] ou de « lettres » d'une part et celle d'« histoire » d'autre part.

Il semble ainsi que dans la réorientation sémantique de la notion d'histoire se dessine l'émancipation – tout aussi hésitante – de la fiction romanesque, et des *histoires anglaises* plus en particulier. Ainsi, les premières occurrences de cette étiquette – qui remontent aux dernières décennies du XVIIe siècle – évoquent toujours l'arrière-fond historique de l'intrigue concernée (voir *infra*). Par la suite, et surtout dans la seconde moitié du XVIIIe siècle, la formule *histoire anglaise* s'applique à des ouvrages qui, quoique souvent articulés sur le

---

35   Pour des raisons méthodologiques, nous faisons ici abstraction du modèle d'analyse narratologique (*histoire/récit/narration*) proposée par Genette. Qu'il nous soit permis par contre de citer d'après le *Trésor de la Langue Française informatisé*, où l'entrée « histoire » signifie entre autres « récit concernant un fait historique ou ordinaire ; narration d'événements fictifs ou non » [http://atilf.atilf.fr/].

36   « Histoire », *Le Robert, Dictionnaire historique, op.cit.*, p. 1723.

37   Sgard, *op.cit.*, p. 239.

38   Sgard prend l'exemple – extrême – de *L'histoire d'une grecque moderne* de L'abbé Prévost : « Le titre ne référant qu'à l'histoire on devrait s'attendre à une mise en forme particulièrement élaborée de faits inédits. Or ce n'est justement pas le cas. [...] l'histoire suppose en effet sincérité, objectivité, « fidélité » aux faits, et c'est ce dont le narrateur est le moins capable. [...] Le sens même du mot « histoire » semble se décomposer sous sa plume et perdre son sens. » (*op. cit.*, p. 234)

39   Voir d'une part les *Mémoires d'un homme de qualité* ou encore *Mémoires d'un honnête homme* et de l'autre *Cleveland*.

dispositif (authentifiant) mémoriel ou épistolaire, sont ouvertement reconnus comme fictionnels. Dans une troisième démarche, l'on observe que l'étiquette *histoire anglaise* survit au tournant du siècle pour désigner un type de roman qui s'est, enfin, libéré de toute stratégie authentifiante. A la différence de la pseudo-traduction, l'*histoire anglaise* semble donc signaler une pratique romanesque où la fiction transparaît progressivement à travers les stratégies d'accréditation qui étaient, pour une bonne part du XVIIIe siècle, inhérentes à l'architecture romanesque. La portée graduelle de ces modifications titrologiques se reflète encore dans un autre phénomène récurrent : la publication du même roman sous des étiquettes légèrement différentes. Ainsi, Baculard d'Arnaud publie plusieurs de ses fictions *à l'anglaise* alternativement sans et avec le marqueur *histoire anglaise*. Dans l'édition de 1773 de *Nancy, ou les malheurs de l'imprudence et de la jalousie*, la fiction est présentée comme « histoire tirée de l'anglois ». De même, les éditions successives de *Lettres de Mistriss Fanni Butlerd* font montre d'un processus d'émancipation, en ce que la mention « écrites en 1735, traduites de l'anglais en 1756 par Adelaïde de Varançais », est d'abord remplacée par celle, plus brève, de « traduites de l'anglais par Marie de M*** » avant d'être supprimée dans une version ultérieure.

Les chiffres revus

Dans leur ouvrage collectif, les auteurs du *Roman véritable* distinguent pour leur part une certaine gradualité dans l'ensemble des dispositifs de fiction romanesque du XVIIIe siècle, qui oscilla pour ainsi dire entre la feintise et un état de fictionnalité reconnue. Tant du côté de l'auteur que de la part du lecteur, le contrat de lecture pouvait varier entre l'affirmation de l'authenticité et la reconnaissance du fictionnel. En soulignant l'importance du lecteur – qui est censé reconnaître le jeu de feintise à travers la topique paratextuelle – ces chercheurs s'inscrivent (entre autres) en faux contre la thèse évolutive avancée par Hobson dans *The object of Art*. Selon celle-ci, entre la première et la deuxième moitié du XVIIIe siècle l'on assiste à l'évolution d'une perception *bimodale*[40] à une perception *bipolaire* de la fiction. Cela revient à dire que, dans la perception du roman, et de l'œuvre d'art plus en général, le public évolue, d'après

---

40 Marian Hobson, *The Object of Art. The Theory of Illusion in Eighteenth-century France*, Cambridge, University Press, 1982, pp. 85-87. Voir à ce sujet aussi Jan Herman, Mladen Kozul et Nathalie Kremer, « Crise et triomphe du roman au XVIIIe siècle. Un Bilan », in : *Le Second Triomphe du roman du XVIIIe siècle*, études présentées par Philip Stewart et Michel Delon, Oxford, SVEC, 2009 (2), pp. 22-66.

Hobson, d'une attitude consciente vers une adhésion aveugle à l'illusion créée par la fiction. Ainsi, alors que dans la perception *bimodale* de la fiction, le public resterait conscient de l'artefact de la fiction, tout en étant temporairement absorbé dans l'univers de fiction, dans le cas d'une perception *bipolaire*, la conscience de fictionalité serait gommée en faveur d'« une méprise du lecteur, qui est trompé et prend, même momentanément, la représentation pour la réalité »[41].

Une analyse titrologique[42] de la sous-catégorie de la fiction à l'anglaise semble effectivement remettre en cause la théorie de Hobson, tout en suggérant un dévoilement progressif de la révendication d'anglicité (fictionnelle). Cette thèse se voit du reste confirmée par Grieder, qui argumente à plusieurs reprises que le déclin des pseudo-traductions serait à mettre en relation avec la montée des *histoires anglaises* qui, contrairement au premier type de fiction à l'anglaise, proviendraient d'une plume d'auteur *avouée* (« avowedly French pens »[43]). L'aveu de l'origine nationale du texte impliquerait alors également un dévoilement ultérieur de la nature fictionnelle du texte. De même, un bref survol des pseudo-traductions contenues dans la bibliographie de Mylne *et al.*[44] permet de constater que dans les années 1760 et 1770 le dispositif de la pseudo-traduction se concilie d'ordinaire avec celui du texte pseudo-authentique – rendu visible dans le titre par le recours à des termes authentifiants, tels que « manuscrit » ou « lettres »[45]. Dans les dernières décennies du siècle ces embrayeurs d'authenticité s'effacent devant les termes d'« histoire », dont la portée ambiguë a déjà été discutée ci-dessus, « aventures »[46] ou, plus

---

41   Jan Herman *et al.*, *ibid.*, p. 23.
42   Que le titre soit significatif pour la reconnaissance du public est encore confirmé par Graeber dans sa monographie *Der englische Roman in Frankreich : 1741-1763 : Ubersetzungsgeschichte als Beitrag zur franzosischen Literaturgeschichte* : « Dem Titel kam in dieser Zeit, in der die englischen Autoren in Frankreich nahezu unbekannt waren und ihre Werke meist ohne Verfassernamen erschienen, eine besondere Bedeutung zu : Es hing zunächst von seiner Signalwirkung ab, ob das Interesse der französischen Leser geweckt werden konnte. » (*op. cit.*, p. 312)
43   Grieder, *op. cit.*, p. 74.
44   Vivienne Mylne, Martin Angus et Richard Frautschi, *Bibliographie du genre romanesque français 1751-1800*, London, Mansell, 1977.
45   Citons en guise d'illustration, à part l'exemple fameux de l'abbé Prévost, *Cleveland* (1731), entre autres les *Mémoires de milady Worthon, traduits de l'anglais* par M. d'Estrade de 1767.
46   Ce qui n'exclut évidemment pas l'apparition de la feintise titrologique jusque très tard dans le siècle. Ainsi François Guillaume Ducray-Duminil recourt encore à la topique de la pseudo-anglicité dans *Lolotte et Fanfan, ou les aventures de deux enfants abandonnés dans une isle déserte, rédigées et publiées sur des manuscrits anglais* (1788).

explicitement encore, « roman ». C'est le cas notamment des *Chevalières errantes ou les deux sosies femelles, roman traduit de l'anglais* (1788), ou encore des *Heureux modèles ou l'école du bonheur, roman traduit de l'anglois* (1791) de la main de Lemierre d'Argy. De ce fait, l'indication « traduit de l'anglais », tout en restant de mise dans le champ romanesque français, se réconcilie de plus en plus avec l'idée de fictionnalité. Lorsqu'à partir de 1760 la publication d'*histoires anglaises* – c'est-à-dire de récits dont l'anglicité est annoncée mais non pas justifiée dans le titre – devient plus récurrente, la fiction *à l'anglaise* de main française semble également s'émanciper comme une pratique romanesque à part entière. Il faudra toutefois attendre la fin des années 1780 avant que les « mémoires » et les « lettres » disparaissent vraiment de l'encadrement paratextuel de la fiction *à l'anglaise*. Si évolution il y a, elle ne se fait clairement pas d'un pas.

Qui plus est, dans un deuxième temps, l'étude des listes bibliographiques de Mylne *et al.* nous amène à remettre en perspective ladite évolution continue du désaveu au dévoilement de la *fiction* à l'anglaise, telle que l'avait posée Grieder :

> To the declining number of false translations in the eighties *may* perhaps be ascribed as cause another phenomenon which peaked in that decade : the gradual invasion, beginning in the late sixties, of imitation English fiction from avowedly French pens[47].

Or, la validité d'un éventuel rapport de causalité entre la montée des *histoires anglaises* et ledit déclin du nombre de pseudo-traductions est nuancée par un examen en profondeur des dates de publication des romans respectifs. Certes, alors que Mylne *et al.* font mention d'au moins cinq pseudo-traductions dans les années 1750, la première vague (modeste) de sept *histoires anglaises* étiquetées comme telles n'apparaît que dans les années 1760 et, en plus, elle est largement tributaire d'un écrivain prolifique, Baculard d'Arnaud. Mais la parution d'*histoires anglaises* ne semble, même à son apogée vers 1780, aucunement influencer le nombre de pseudo-traductions. Ainsi, pour la même période, la *Bibliographie du roman français* rend compte d'une dizaine de pseudo-traductions, chiffre qui continue à augmenter entre 1790 et le tournant du siècle, lorsqu'il est fait mention d'une vingtaine de pseudo-traductions[48]. Au

---

47 Grieder, *ibid.*, p. 74. C'est nous qui soulignons.
48 N'ayant pas eu les moyens de vérifier avec précision les données procurées par cette bibliographie, nous nous sommes limitée aux romans dont l'origine anglaise était explicitement remise en cause par les bibliographes concernés. Toutefois, il nous semble fort

lieu de se succéder, les deux types d'imitation se posent donc jusqu'à un certain point en phénomènes concomitants. Cette thèse gagne en pertinence, lorsque sont prises en compte les fictions dont le titre préfigure la mise en scène anglaise sans reprise du titre rhématique. Ainsi, dans la seule bibliographie de Mylne *et al.*, nous avons repéré dans les années 1760 sept mentions d'*histoires anglaises* sans étiquette. Du reste, il s'avère que le nombre ne décline aucunement jusqu'à la fin du siècle : respectivement seize et treize *histoires anglaises* voient le jour dans les années 1780 et 1790. De ce fait, notre vue inclusive sur le corpus en question semble contester la thèse de successivité.

Primo, prenant en considération l'ensemble du corpus (cat. 1 et cat. 2), le décalage modeste entre l'émergence des pseudo-traductions et des *histoires anglaises* ne permet pas d'étayer l'idée d'évolution. *Secundo*, à l'encontre de toute suggestion d'un déclin sensible de pseudo-traductions dans les années 1780, la formule reste récurrente jusqu'à la fin du siècle. S'il est vrai qu'au cours de la deuxième moitié du siècle la notion « traduit de l'anglais » alterne progressivement avec d'autres indications d'anglicité littéraire, il paraît en effet que les auteurs ont des difficultés à renoncer au paradigme de la pseudo-traduction. Quant aux *histoires anglaises*, celles-ci se montrent, même après 1800, toujours présentes dans le champ romanesque. Cette continuité est en partie liée à la prolixité d'une romancière particulière, Mme Bournon-Malarme, dont *Les deux borgnes, ou Lady Justina Dunbar* (1809), *Qui ne s'y serait trompé ? ou Lady Armina* (1810), *Mylord Clive* (1810), *La famille de Tilbury* (1816) continuent à témoigner d'une veine anglaise au-delà de 1800. Pourtant, elle n'est pas un phénomène isolé dans la littérature française de l'époque préromantique, où les fictions d'auteurs comme Cazenove d'Arlens (*Le château de Bothwell, ou l'héritier*, 1819) ou Mme de Cueüllet (*Rose Mulgrave*, 1806) complètent la liste.

Mais qu'en est-il, tout compte fait, des particularités de l'*histoire anglaise* à la lumière de ses indéniables interférences avec le paradigme des pseudo-traductions tout au long – et même au-delà – du XVIIIe siècle ? Cette concomitance se corrobore d'autant plus que nombre d'auteurs en appellent à des

---

probable que le nombre véritable de pseudo-traductions dépasse nos estimations. Ainsi, dans la *Bibliographie du roman épistolaire en France des origines à 1842* d'Yves Giraud sont cités plusieurs romans « traduits de l'anglais » qui sont absents de Mylne *et al*. Notons entre autres que dans la *Bibliographie de la littérature française de 1800 à 1930* de Hugo Thieme, Mme Bournon-Malarme ne figure même pas dans la liste. Les quelques données proviennent de la *Bibliographie du roman épistolaire en France des origines à 1842* d'Yves Giraud et de la *Petite Bibliographie biographico-romancière ou Dictionnaire des Romanciers* de Nicolas-Alexandre Pigoreau (Genève, Slatkine reprints, 1968 (1821)). Contrairement à la bibliographie de Mylne *et al.*, où le statut des textes était pris en compte, ces listes ne nous procurent toutefois pas d'informations très précises sur l'origine des textes.

étiquettes variables au fil de leur carrière littéraire. Ce dernier point, toutefois, déplace notre analyse du niveau quantitatif des répertoires bibliographiques à l'étude des stratégies discursives des auteurs concernés. En regardant de plus près ces stratégies, l'on constate dans plusieurs cas un glissement de la pseudo-traduction[49] à l'*histoire anglaise*. Il se détache ainsi, dans l'œuvre individuelle de certains auteurs, l'idée sinon d'évolution, du moins de parcours. A ce qu'il semble, les écrivains en question confirment leur auctorialité ainsi que la fictionnalité de leurs ouvrages de plus en plus explicitement au fil de leur carrière littéraire. Plus ils sont lus, plus volontiers ces auteurs renoncent au pseudo-statut de « traducteur » de textes anglais. Transparaît alors l'idée selon laquelle le choix du dispositif littéraire se ferait, dans certains cas, pour des raisons stratégiques, en fonction de la réception du public et de la reconnaissance de l'auteur en question.

Cette hypothèse est à son tour étayée par la présence d'une dizaine de pseudo-traductions *anonymes* qui survivent au déclin du phénomène, situé par Grieder aux années 1780[50]. Tandis qu'à l'aube de la vogue anglomane, le paradigme des pseudo-traductions marquait une première étape dans la reconnaissance d'auteurs tels que Mme Riccoboni, quelques décennies plus tard, les pseudo-traductions cessent d'assumer le rôle de catalyseur littéraire. En revanche, les *histoires anglaises* sont d'ordinaire de la main de quelque auteur plus ou moins connu. En effet, tandis que des auteurs comme Cazenove d'Arlens, Marie Wouters, Mme de Souza, Isabelle de Charrière, Barthélémy Imbert ou Mme Leprince de Beaumont[51] se lient ouvertement au concept d'*histoire anglaise*, la pseudo-traduction reste la part des auteurs qui, tout en voulant profiter de la vogue anglomane, assument la figure plus modeste de traducteur, voire se cachent sous l'anonymat total. Or, le fait qu'à plusieurs reprises ces pseudo-traductions proviennent de sources anonymes pourrait trouver une justification – partielle – dans l'hypothèse que leur fonction de

---

49   Il s'agit respectivement de *Lettres de Fanni Butlerd* (1757) de Mme Riccoboni (qui publie d'ailleurs cet ouvrage sous pseudonyme) et des *Lettres de Milady Bedford* (1769) et *Mémoires de Lucie d'Olbery* (1770) de Mme Beccary. De même, parmi les multiples romans à *l'anglaise* de Mme Bournon-Malarme, on entrevoit un transfert subtil des romans étiquetés (*Mémoires de Clarence Welldone, ou le pouvoir de la vertu, histoire anglaise*, 1780 ; *Anna Rose-Tree, histoire angloise*, 1782) qu'elle publie plutôt au début de sa carrière aux romans ultérieurs, sans étiquette.

50   Un constat similaire s'impose dans les années 1790, où huit pseudo-traductions anonymes voient le jour.

51   Cette idée est encore corroborée par le constat que, dans les quelques *histoires anglaises* qui sont écrites par une main anonyme, telle que *Milord Rodex* (1768), l'anonymat va de pair avec la reprise de la feintise préfacielle.

subterfuge poétique se situe également sur un plan individuel et pragmatique, mis au service d'un processus d'établissement d'auteurs particuliers.

Préfaces

Points de repère terminologiques

Nombre de chercheurs y ont déjà insisté : bien plus que les titres, ce sont les textes liminaires qui s'instituent en lieux de médiation et de négociation du statut textuel ou encore – pour citer Nathalie Kremer – en « un dialogue pragmatique entre les représentations du texte et l'horizon d'attente du lecteur »[52]. Avant d'amorcer l'analyse des préfaces ayant orné les fictions à l'anglaise, deux remarques s'imposent. *Primo,* il importera d'examiner la charge individuelle de la posture[53] préfacielle adoptée par l'auteur, avant même de pouvoir raisonner en termes d'évolution. *Secundo,* vu la spécificité du corpus, qui comporte un nombre important de fictions dénuées de préface, il nous faudra autant poser la question du *pourquoi* et *comment* des préfaces que celle de leur *absence* fréquente.

De prime abord, il saute aux yeux que les préfaces aux *histoires anglaises* déploient une diversité de stratégies discursives et d'arguments rhétoriques qui se laissent difficilement répertorier. Dans ce qui suit, nous introduisons toutefois quelques dispositifs d'analyse qui nous aideront à formuler quelques tendances générales. Une première paire conceptuelle est suggérée par Genette dans *Seuils*, où il distingue à juste titre les préfaces *auctoriales dénégatives* de celles *auctoriales assomptives*. La différence entre l'assomption et la dénégation résiderait alors dans la mise en scène (sérieuse ou fictive) de l'attribution du texte. Alors que les préfaces assomptives « disent (ou impliquent) la vérité sur la relation entre leur auteur et le texte qui suit »[54], les préfaces dénégatives proposent une « attribution manifestement fausse du texte »[55]. Or, si les

---

[52] Nathalie Kremer, *Le mouvement dialogal, op. cit.*, p. 590.

[53] Notre emploi du terme « posture » se distingue de la définition fournie par Jérôme Meizoz, qui conçoit la posture littéraire d'un auteur comme « la manière singulière d'occuper une position dans le champ littéraire » (*Postures littéraires : mises en scène modernes de l'auteur*, Genève, Slatkine, 2007, p. 18). Alors que Meizoz concède au concept de « posture » la qualité de « dépasser la vieille division des tâches entre les spécialistes de l'interne et de l'externe textuel » (*ibid., La fabrique des singularités. Postures littéraires II*, Genève, Slatkine, 2011, p. 81), nous limitons son emploi aux figurations – et mises en scène – paratextuelles adoptées par les auteurs de notre corpus.

[54] Genette, *op. cit.*, p. 256.

[55] *Ibid.*

paradigmes de la pseudo-traduction, d'une part, et de l'*histoire anglaise*, d'autre part, paraissent au premier regard s'y articuler de façon univoque, nos lectures révèleront une réalité textuelle bien plus nuancée. Ainsi, dans plusieurs préfaces les réclamations d'authenticité – topiques en raison de leur récurrence – s'ajoutent aux marqueurs de fictionnalité.

Par ailleurs, comme il se dégage de l'étude titrologique, les (éventuelles) lignes de partage entre pseudo-traduction et *histoire anglaise* semblent refléter davantage le parcours individuel des auteurs concernés qu'elles n'indiquent quelque évolution générale. Or, toute étude qui focalise le processus de légitimation d'une voix littéraire prend nécessairement une tournure discursive. A ce sujet, le concept d'*ethos discursif* – qui consiste en l'image d'auteur que le locuteur (tel que l'auteur de fictions) construit dans son discours afin de légitimer son dire[56] – nous servira d'appui conceptuel. En d'autres termes, l'image façonnée par le locuteur dans son discours est censée persuader ses lecteurs de la légitimité même de sa prise de parole. L'analyse de l'*ethos* discursif a tout son intérêt dans le contexte historique du XVIIIe siècle, où « la prise de parole n'apparaît pas comme une évidence »[57]. Par ailleurs, vu la présence de préfaces tant *assomptives* que *dénégatives* dans notre corpus, il nous semble dans ce contexte opportun d'examiner l'*ethos* de l'auteur reconnu à la lumière des particularités de son histoire *légitimante*, composée d'éventuelles préfaces – assomptives et dénégatives – antérieures.

Or, de par leurs références explicites à quelque original ou intertexte étrangers, les paratextes respectifs des deux paradigmes de fiction *à l'anglaise* sont, outre des lieux de légitimation, aussi des espaces potentiels de transfert entre

---

56   Le terme « ethos (discursif) » connaît une longue histoire dans les études littéraires, qui remonte jusqu'à la rhétorique classique d'Aristote (Dominique Maingueneau, *Le contexte de l'œuvre littéraire*, op. cit., p. 138). Nous nous référons entre autres aux études de Maingueneau, qui distingue l'*ethos discursif* de l'auteur de l'*ethos prédiscursif* (ou encore de l'ethos *préalable* dans les termes de Ruth Amossy). L'*ethos prédiscursif* concernerait l'image préalable de l'énonciateur. Ainsi, « le seul fait qu'un texte relève d'un genre de discours ou d'un certain positionnement idéologique induit des attentes en matière d'ethos » (Dominique Maingueneau, « Ethos, scénographie, incorporation », in : *Images de soi dans le discours : la construction de l'ethos*, sous la direction de R. Amossy, p. 79). L'*ethos discursif* serait alors le « statut » que se confère l'énonciateur, dans le discours même, afin de légitimer son dire. (in : Ruth Amossy, *ibid.*, p. 17)

57   Jan Herman, « Image de l'auteur et création d'un ethos fictif à l'âge classique », *Argumentation et analyse du discours*, s. dir. de Michèle Bokobza-Kahan et Ruth Amossy, 3 (2009), pp. 1-12.

les cultures concernées[58]. Dans le cas des *histoires anglaises* surtout, où la mise en scène anglaise ne semble plus en premier lieu servir la feintise statutaire, il s'agira d'examiner si et de quelle manière la double inscription culturelle – française et anglaise – est thématisée dans les textes liminaires. Est-ce que l'auteur souligne l'altérité de l'intrigue préfacée ou cette altérité, reste-t-elle plutôt implicite, une fois qu'elle n'assume plus de fonction légitimante proprement dite ? Sur ce plan, les préfaces aux fictions à l'anglaise peuvent s'avérer soit *ethnocentriques*[59] soit *allocentriques*, à mesure qu'elles s'orientent vers la culture de réception française sans trop insister sur l'encadrement anglais du récit ou qu'elles mettent en relief, d'entrée de jeu, l'altérité de la culture anglaise qui forme, prétendument, le cadre du récit qu'elles introduisent.

Si les paramètres présentés ci-dessus constituent les lignes de force de notre analyse préfacielle, elles ne nous amèneront pas à établir quelque catégorisation définitive. Ce corpus de textes semble en effet davantage s'identifier à travers les zones grises, les glissements entre plusieurs dispositifs fictionnels. Cette lecture se déduit tout aussi naturellement de l'analyse de paratextes isolés que d'une lecture comparative, qui réunit plusieurs avant-propos d'un seul auteur. Il s'ensuit une double démarche analytique, où seront examinés de plus près quelques cas isolés, avant d'aborder deux cycles de textes préfaciels d'auteurs spécifiques, à savoir Charlotte de Bournon-Malarme et Mme Beccary[60].

Modalités d'un contrat de lecture variable

Il est important d'évoquer, avant même d'entamer l'analyse (péri-) textuelle, le nombre relativement restreint de textes liminaires dans le corpus d'*histoires anglaises* étiquetées comme telles (cat. 1)[61]. Un tel constat semble réintroduire l'idée de quelque évolution générique qui mènerait à un roman à l'anglaise de main française se passant de tout discours préfaciel. Toutefois, lorsque la catégorie des *histoires anglaises* sans étiquette (cat. 2) y est incluse, toute corrélation évidente entre l'absence de préfaces, d'une part, et l'attribution française des romans, de l'autre, est remise en perspective. En effet, des trente-cinq

---

58 Voir à ce sujet également l'article d'Isabelle Collombat, « Pseudo-traduction : la mise en scène de l'altérité », *Le Langage et l'Homme* 28:1 (2003), pp. 145-156.

59 Nous empruntons le terme à Antoine Berman, *La Traduction et la Lettre ou l'Auberge du lointain* (Seuil, 1999), cité dans Richard Watts, *Packaging Post-coloniality : the manufacture of literary identity in a francophone world*, Lanham, Lexington Books, 2005, p. 76.

60 Nous n'avons pu retrouver des détails sur la vie – ni d'ailleurs sur le nom complet – de cette romancière, dont les variantes « Beccari » et « Becari » ont également été attestées. Voir aussi *infra*.

61 Seules six *histoires anglaises* de la première catégorie sont pourvues d'une préface. Dans quelques autres cas, le péritexte consiste en une dédicace ou épigraphe.

histoires anglaises (cat. 2) que nous avons pu retracer, une quinzaine se font précéder de quelque texte liminaire. Qui plus est, plusieurs de ces discours s'insèrent dans des *histoires anglaises* publiées à partir des années 1780, ce qui semble compromettre toute logique évolutive radicale. Ainsi, les *Lettres de Fanni Butlerd*, pseudo-traduction de Mme Riccoboni, se passent en 1757 déjà d'un discours liminaire, alors que dans la même période, les *Mémoires de Lucie d'Olbery* (1761), fiction pseudo-traduite de Mme Beccary, est bel et bien précédée d'un discours d'authentification, même classique, car entamé par la formule déjà connue, pour ne pas dire topique, à l'époque même : « Ce Journal, tombé entre mes mains par un hasard peu digne d'intéresser le public, m'inspira le désir de la traduire, & de la faire imprimer. »

Reste la question de savoir quel serait l'enjeu des préfaces d'*histoires anglaises* : est-ce que ces liminaires répondent à des finalités différentes de celles des préfaces dénégatives, à première vue propres aux pseudo-traductions, ou reprennent-ils toujours les mêmes stratégies d'authentification ? Les préfaces, permettent-elles de distinguer davantage les *histoires anglaises* des pseudo-traductions ou suggèrent-elles plutôt l'idée d'une continuité ? Et même si, sur le plan *ontologique*, ces préfaces tardives témoigneraient d'un dévoilement progressif de la fictionnalité, quels seraient les arguments invoqués à préfigurer le transfert *culturel* mis en scène dans ces romans[62] ?

Dans quelques cas de figure, l'imposture de la traduction est thématisée dans la préface, en dépit de son absence à la page de titre. *Les deux orphelines, histoire angloise* (1769) s'ouvre ainsi par un *Avertissement* du traducteur, qui n'hésite pourtant pas à remettre en cause son image de traducteur tout comme l'authenticité de son ouvrage. D'une part, il reconnaît aussitôt être un « traducteur infidèle » ; d'autre part, il infirme – du point de vue du lecteur – la validité même de la question d'authenticité : « Il lui importe peu que la famille des Wilsons ait existé ou non »[63]. Si la suggestion d'infidélité ouvre ici la voie à l'originalité, dans *Les Égarements de l'amour, ou lettres de Fanéli et de Milfort* (1776), Barthélémy Imbert fait de l'originalité de son ouvrage un argument central de son *Avertissement* :

> Je dois dire maintenant un mot du sujet. Il n'est ni traduit, ni imité ; mais en fait de plagiat, un auteur ressemble à la femme de César ; il ne faut pas

---

62 Dans cette analyse préfacielle, nous nous concentrons sur les *histoires anglaises* publiées dans la seconde moitié du XVIIIe siècle, dans le but de garder la conformité avec l'analyse discursive.

63 Teuton [pseudonyme supposé], *Les deux Orphelines, histoire angloise*, Paris, Pillot, 1769, p. iv.

> même qu'il puisse être soupçonné. Tandis qu'on imprimoit ces Lettres, il m'est tombé sous la main un vieux fragment d'anecdote manuscrite, où il étoit mention d'une démarche à peu près semblable à celle où la passion entraîne mon Héros dans la seconde partie. Cette copie manuscrite, faite par moi, sans doute, d'après un récit, ou d'après un livre, comme d'un trait remarquable, était absolument sortie de ma mémoire. Comme plusieurs feuillets sont arrachés, & qu'il n'y a ni fin ni commencement, j'ignore où l'anecdote a été puisée ; mais elle peut avoir été tirée d'un Ouvrage connu, & je prends le parti d'en parler, afin qu'on ne m'en parle point[64].

Après avoir inscrit son œuvre dans le paradigme de la fictionnalité romanesque, Imbert renoue – comme dans un second mouvement – avec l'idée d'une filiation textuelle, fût-ce sur le mode de l'anecdote et de l'intertexte au lieu de celui plus restreint de la traduction (supposée). Certes, le terme de « manuscrit » rappelle le paradigme du document authentique, mais celui-ci – plutôt que de constituer une sorte d'état premier et original du texte – n'intervient qu'*après* la rédaction du roman. En outre, l'état délabré du manuscrit, d'où « plusieurs feuillets sont arrachés », ne sert plus de gage d'authenticité mais fait ressortir un travail de (ré-)écriture romanesque d'après des modèles de fiction établis. La logique imitative à laquelle répond la création romanesque est d'ailleurs évoquée plus tôt déjà, quand Imbert observe « qu'à moins de ressusciter Clarice ou Héloïse, on ne doit pas s'attendre à un succès brillant »[65]. Si dans *Les égarements de l'Amour*, cette stratégie de légitimation par inférence prend une tournure ironique, dans *Lettres de Milord Rodex pour servir à l'histoire des mœurs du 18ᵉ siècle* (1768) et dans *Mémoires de Miledi B* (1760) elle sert manifestement à négocier la position du roman dans le domaine de la prose française *à l'anglaise*. Il ne saurait donc étonner qu'à deux reprises Marie-Jeanne Riccoboni y sert d'intertexte légitimant. Dans l'*Avis du libraire*, *Miledi B* est en effet inscrit dans le droit fil de *Fanni Butlerd* et *Juliette Catesby*, pour des raisons évidemment stratégiques :

> L'accueil que le public a fait aux lettres de Mistriss Fanni, & à celles de Miladi Juliette, m'ont engagé à lui présenter les Mémoires de Miledi B. Je serai satisfait s'il les reçoit avec autant d'empressement[66].

---

64   Barthélémy Imbert, « Avertissement », *Les Égarements de l'amour, ou lettres de Fanéli et de Milfort*, 1776, pp. vii-viii.

65   *Ibid.*, p. vi.

66   Charlotte de la Gueusnerie, *Mémoires de Miledi B*, à Amsterdam et se trouve à Paris chez Cuissart, 1760.

Le cas de *Miledi B* a d'ailleurs longtemps mystifié le public, le roman étant effectivement attribué à Mme Riccoboni dans nombre de catalogues. Dans son *Avant-propos,* l'éditeur de *Milord Rodex* prend également pour modèles les deux romans de Riccoboni, ceux-ci ayant suscité l'effet de lecture qu'il ambitionne pour son roman[67]. Ces renvois explicites aux intertextes français témoignent du reste de l'orientation souvent *ethnocentrique* des textes liminaires : au lieu d'ancrer leurs fictions dans une tradition littéraire anglaise – celle qui est présupposée par l'encadrement titrologique – les romanciers préfigurent un contexte de réception français, avec, à côté de l'œuvre de Marie-Jeanne Riccoboni, des renvois fréquents à *La nouvelle Héloïse.* La signature française des fictions *à l'anglaise* riccoboniennes est encore soulignée dans l'apparat paratextuel ingénieux de *Lettres de Miss Honora, ou le vice dupe de lui-même* (1766)[68].

Dans ce roman, qui est généralement attribué à Lefèvre de Beauvray[69], préface et postface se font écho dans un discours métafictionnel à voix multiples

---

67 « Que de gens ont pu se reconnaître dans les Lettres charmantes de Milady Catesby, de Miss Butler [sic] ? » (*Lettres de Milord Rodex pour servir à l'histoire des Mœurs du 18ᵉ siècle*, à Amsterdam, chez Arkstée et Merkus, à Paris, chez H.C. De Hansy, 1768, p. v.)

68 Dans ce cas, le renvoi à Riccoboni et Baculard d'Arnaud prend la forme d'un argument *a contrario* quand il identifie le document anglais dont il s'est inspiré : « cette Nouvelle Angloise intitulée *Histoire de Fanni*, qu'on ne doit confondre, ni avec celle de *Miss Fanni Butler*, ni avec une Brochure Françoise qui a pour titre *Fanni, ou l'heureux repentir.* » (Lefèvre de Beauvray, *Histoire de Miss Honora, ou le Vice dupe de lui-même*, à Amsterdam et se trouve à Paris, chez Durand, 1766, p. 27)

69 Le jeu sur les origines du roman dépasse en effet le plan paratextuel, investissant aussitôt le niveau des métatextes critiques. De prime abord, le roman avait été attribué à l'abbé Irailh, qui l'avait annoncé comme tel à Voltaire dans une lettre. Dans sa réponse du 30 mars 1766, Voltaire considère le roman dès lors comme une partie intégrante de l'œuvre de l'abbé : « J'espère trouver dans Miss Honora le plaisir que m'ont fait vos autres ouvrages. [...] Je ne doute point de la bonté du choix que vous aurez fait, du mérite du sujet et de tout l'intérêt que vous-même aurez répandu dans cet essai » (cité dans *Correspondence and related documents : XXX : January-September 1766, letters D13078-D13595*, Theodore Besterman (éd.), *Les Œuvres complètes de Voltaire*, Geneva, Banbury et Oxford, Institut et Musée Voltaire & Voltaire Foundation, 1968-1977, vol. 30, pp. 152-153). Dans l'*Année Littéraire* et le *Mercure de France* d'avril 1766, Lefèvre de Beauvray fait publier une lettre où il revendique l'auctorialité du roman, prétendant avoir « dict[é] un ouvrage sous ce titre, à un galant homme de mes amis [Irailh]. » (*Mercure de France*, avril 1766, p. 106) Conformément au discours équivoque sur les origines anglaises de *Miss Honora* (voir aussi notre étude de cas), cette revendication n'en est finalement pas une, puisque Lefèvre de Beauvray désavoue aussitôt sa paternité, en raison de la mauvaise qualité de la version dictée : « Non, Monsieur, je ne puis ni ne dois reconnoître mon ouvrage dans la copie informe & défigurée qu'on vient d'en publier. » (*ibid.*, p. 107) Ce qui se présente dans les premières lignes comme une réclamation d'auctorialité se reconfigure dès lors aussitôt en

où nombre des présupposés de la fiction *à l'anglaise* sont remis en cause de manière ludique. C'est entre autres le cas pour la question de l'originalité du roman, lequel est d'emblée mis en relation avec une « Brochure angloise » fictive, intitulée *Histoire de Miss Fanni*. Or, l'enjeu du paratexte n'est évidemment pas l'identification de cet original anglais – qui fait clairement figure d'une littérature *à l'anglaise*, presqu'au sens générique[70] – mais bien l'histoire, à fortes touches ironiques, de l'émancipation du texte comme fiction française. Ainsi, c'est bien ledit neveu de l'auteur de la Brochure angloise qui insiste sur l'originalité de *Miss Honora*, où l'éditeur a « tout changé, jusqu'à la forme de l'Ouvrage, jusqu'aux lieux de la scène, aux noms & aux caractères des Personnages »[71]. Au rapport étroit entre original et (pseudo-) traduction se substitue, ici encore, l'idée d'une filiation textuelle plus libre, inhérente à toute pratique littéraire mettant à profit des sources exogènes, « comme tant d'Auteurs modernes l'ont fait par rapport aux anciens, & comme les Ecrivains Anglois le font tous les jours à l'égard des nôtres »[72].

Si *Miss Honora* emblématise, à travers cet échange de lettres préfacielles, la double émancipation – du roman par rapport à son fond prétendu d'une part et de la fiction *à l'anglaise* par rapport aux modèles anglais d'autre part – la récurrence de la figure du traducteur-éditeur illustre en même temps la gradualité même du processus. Suivant le même fil d'idées, il est à noter que les *histoires anglaises* tardives semblent mobiliser plus facilement la notion d'auteur dans le paratexte. En témoigne aussi – fût-ce ironiquement – l'*Avis de l'éditeur* dans *Tout s'arrange à la fin ou histoire de M. Melfort* (1790)[73], attribué à Mlle Haudry. L'avant-propos, qui se présente de prime abord comme un cas traditionnel de la préface dénégative par la mention explicite d'un éditeur, renvoie explicitement à l'« auteur » du roman, une femme de lettres *française*

---

désaveu public. Il en résulte un discours oblique qui transmet le jeu paratextuel du roman au niveau métatextuel. Dans *L'Année Littéraire*, il s'y ajoute une seconde lettre, où la question de l'auctorialité est abordée à nouveau. Ironiquement, la lettre est citée dans nombre de documents secondaires de l'époque (dont le *Dictionnaire des ouvrages anonymes et pseudonymes* d'Antoine-Alexandre Barbier) comme preuve ultime de l'auctorialité de Lefèvre de Beauvray.

70   Voir aussi l'analyse de Shelly Charles dans « Les livrées de la perfection », *op. cit.*, p. 414, où elle argumente que le renvoi paratextuel au prétendu original, *Miss Fanni*, « est une façon de nommer « presque tous les romans anglais », ou plutôt « pseudo-anglais [...] ».

71   *Miss Honora, op.cit.*, Postface, p. 6.

72   *Ibid.*, Postface, p. 25.

73   Le roman est paru sous un autre titre également, à savoir *Henri Melfort, histoire angloise* (1790).

et *établie*[74]. *Histoire anglaise* par sa forme et son contenu, l'origine française de cet « ouvrage d'imagination » est alors pleinement reconnue. Il en va de même dans *Nérine, histoire angloise* (1798) de Lafont, qui est présenté comme un « roman » dans l'épître dédicatoire à Lesage.

De ce fait, notre survol de quelques paratextes isolés fait ressortir une fictionnalité *à l'anglaise* qui se présente sous des modalités (relativement) différentes. Compte tenu d'une gradualité indéniable – qui dévoile les affinités avec la pseudo-traduction – il s'avère non seulement que ces romans affirment davantage leur nature fictionnelle mais aussi qu'ils s'inscrivent plus ouvertement dans le paysage littéraire français. Il s'ensuit une littérature *à l'anglaise* qui n'est plus attribuée à quelque source exogène et dont la part de l'imagination n'est plus à négocier en termes explicites. Cette logique émancipatoire se déploie également au fil des paratextes de deux romancières françaises, dont la renommée (modeste) est intrinsèquement liée à celle (tout aussi modeste) de l'*histoire anglaise*.

En quête d'une voix d'auteur : le cycle de Mme Beccary[75]

Mme Beccary[76] est auteur d'une œuvre plutôt modeste, qui est, du moins en termes quantitatifs, ombragée par celle de Charlotte Bournon-Malarme, romancière polygraphe en matière d'*histoires anglaise*. Dans le contexte d'une analyse paratextuelle, l'œuvre beccarienne n'est pourtant pas insignifiante, vu

---

74 Mlle Haudry, *Tout s'arrange à la fin ou histoire de M. Melfort*, à Pithiviers, chez Cocatrix, l'an IV.

75 Cette analyse portera sur les préfaces des romans suivants : les *Lettres de milady Bedfort, traduites de l'anglois* (1769), les *Mémoires de Lucie d'Olbery, traduites de l'anglais par Madame de B...G....., auteur des Lettres de milady Bedford* (1770), *Milord d'Ambi, histoire anglaise, par Madame Beccary, auteur des Lettres de Lucie d'Olbery* (1778) et les *Mémoires de Fanni Spingler, histoire anglaise* (1781).

76 Peu de détails de la vie privée de Mme Beccary sont connus. Les quelques sources secondaires (souvent ultérieures) émettent la supposition qu'elle soit née en Italie dans une famille de poètes. Mme Beccari(a) aurait « anglicisé » son nom de famille italien en « Beccary », pour des raisons sans doute purement pragmatiques. En effet, les quelques romans qui ont bénéficié d'une certaine renommée dans son temps s'inscrivent tous dans la vogue anglomane. Voir pour les informations citées Alexandre Pigoreau, *Petite bibliographie biographico-romanesque ou dictionnaire des romanciers*, Genève, Slatkine reprints, 1968 ; Fortunée B. Briquet, *Dictionnaire historique, littéraire et bibliographique des Françaises et des étrangères naturalisées en France, connues par leurs écrits ou par la protection qu'elles ont accordées aux gens de lettres, depuis l'établissement de la Monarchie jusqu'à nos jours*, Paris, de l'imprimerie de Gillé, 1804 et Eva Martin Sarteri *et al.* (eds), *The feminist encyclopedia of French literature*, Westport, Greenwood Press, 1999, p. 35.

qu'elle met à nu les ambiguïtés, voire les incongruités de l'apparat paratextuel. L'intérêt du corpus préfaciel de cet auteur réside alors précisément dans la diversité des stratégies préfacielles adoptées.

Un premier regard porté sur les titres de l'œuvre beccarienne permet d'y déceler aussitôt une logique évolutive. Des histoires « traduites de l'anglais » du début de sa carrière, Mme Beccary paraît en effet graduellement dévoiler son statut d'auteur, jusqu'à pleinement assumer la fonction auctoriale dans ses derniers ouvrages. Alors que son identité reste cachée sous l'anonymat lors de la publication de ses deux premiers ouvrages, le titre de son deuxième roman, *Lucie d'Olbery*, semble pourtant, et malgré la reprise de la formule de la pseudo-traduction, mettre à nu l'auctorialité de Mme Beccary, à travers la précision ajoutée au titre principal : « auteur des *Lettres de Milady Bedford* ». L'opérationnalité de cet indice n'est pourtant que rétroactive : Mme Beccary est érigée en *auteur* de l'ouvrage précédent, alors que pour la publication de *Lucie d'Olbery*, où elle est indiquée comme *traductrice* de l'original anglais, l'étiquette dénégative est maintenue. Du reste, la stratégie d'attribution rétrospective se répète encore dans le cas de *Milord d'Ambi*, où Mme Beccary, alors indiquée par son nom, est présentée comme « l'auteur des *Lettres de Lady Lucie d'Olbery* ». Si la figure de Mme Beccary s'impose donc graduellement en tête de ses ouvrages, ce dévoilement se réalise toujours sous l'enseigne de l'ambiguïté terminologique.

Quant aux préfaces, notre lecture des textes liminaires de Mme Beccary nous a portée à croire que les différents cas de figure préfaciels mis en scène s'articuleraient d'après une logique évolutive. Ainsi, dans le premier roman, *Lettres de Milady Bedford*, étiqueté comme pseudo-traduction, le discours préfaciel ne fait que mettre en œuvre, sans aucune ambiguïté, le dispositif dénégatif le plus conséquent – couvrant tous les embrayeurs préfaciels nécessaires à la mise en place d'une feintise convaincante. Absente de la page de titre, Beccary assume le rôle d'éditeur, consacrant plusieurs paragraphes à l'histoire de la reconstitution de l'ouvrage préfacé. Ainsi, Beccary explicite comment elle est entrée en contact avec le « digne fils » des protagonistes et comment celui-ci s'était, avant leur rencontre, emparé des correspondances reprises dans l'ouvrage. Toutes les étapes de la genèse – du devenir-livre des correspondances authentiques – sont explicitées et le discours préfaciel sert en premier lieu à ancrer la diégèse dans un contexte d'édition des plus topiques. En même temps, se voit tissée une continuité authentifiante entre la préface et le texte préfacé, en ce sens que la fiction préfacielle dévoile aussi l'issue de l'intrigue préfacée. En effet, le lecteur y apprend, avant même d'entamer la lecture, que les protagonistes de la diégèse sont morts très jeunes. C'est le résultat du travail de commémoration et de reconstruction de leur fils unique que va lire le lecteur. La continuité entre la diégèse, d'une part, et la fiction préfacielle, de l'autre, sert donc également de facteur légitimant : c'est parce que le jeune Milord Clare, « étant encore enfant » au moment du décès, voulait connaître l'histoire de ses parents, que leurs lettres ont été recueillies. La constellation posthume du récit préfacé, établie par le fils même de Milord et Milady Bedford, motive – du dedans de la fiction – la feintise (ludique) du manuscrit prétendument authentique. L'enchevêtrement entre la préface et le discours préfacé est encore intensifié par l'émotivité dont s'investit la proto-lecture de Milord Clare :

> Il lisoit souvent ces précieux monumens d'une tendresse à qui il devoit le jour, regrettoit la perte de parens si respectables, & leur rendoit une espece de culte, en les faisant revivre dans sa mémoire[77].

La mise en évidence de la force émotive des lettres rassemblées entre parfaitement dans la logique de la préface *dénégative* de Mme Beccary. Minimisant le rôle qu'elle a joué dans la publication des lettres, celle-ci insiste à plusieurs reprises sur la valeur intrinsèque des lettres. Ainsi, plutôt que d'être légitimé par quelque nom d'auteur reconnu, l'ouvrage *se* légitime en raison de ses qualités inhérentes. C'est ce qui ressort également du dernier paragraphe de la préface, où Mme Beccary tend à s'effacer afin d'attribuer à l'histoire même toute son importance :

> Je laisse au Lecteur le plaisir d'en juger lui-même. Je suis bien persuadée que cette Histoire ne sera pas sans mérite, pour les honnêtes gens[78].

Quant au *transfert culturel*, celui-ci est évidemment fonctionnel, en ce qu'il sous-tend l'imposture de la « traduction de l'anglais ». Il est dès lors explicitement mis en scène sous forme d'une rencontre entre le jeune Milord et ladite éditrice lors de son voyage en Angleterre. Ici encore, c'est l'intérêt des lettres mêmes qui amène Mme Beccary à offrir ses talents de traductrice, après avoir obtenu la permission « de les donner au public de [s]on pays »[79]. Ainsi, à travers la mise en scène du transfert culturel, transparaît une fois de plus une stratégie de légitimation intrinsèque : c'est parce que Mme Beccary « les trouv[a]

---

77   Mme Beccary, *Milady Bedfort, traduites de l'anglois par Madame de B… G…*, à Paris, chez De hansy, le jeune, 1769, « Avis au lecteur », pp. vi-vii.
78   *Ibid.*, pp. xi-xii.
79   *Ibid.*, p. x.

si intéressantes » qu'elle a tant insisté pour que les lettres en question fussent connues auprès du public français. Ses efforts de « traductrice » feraient ainsi écho à l'intérêt inhérent aux lettres manuscrites.

De même, la deuxième préface, l'*Avis au lecteur* qui prélude aux *Mémoires de Lady Lucie d'Olbery*, inscrit le roman à plusieurs égards dans le paradigme de la pseudo-traduction. Non seulement la préface est dénégative – il s'agit d'un *journal* qui est *par hasard* tombé entre les mains de la traductrice-éditrice – mais le désaveu fictionnel est également basé sur la posture adoptée par Mme Beccary. Largement absente du paratexte – où sa position d'auteur n'est que suggérée par la référence à *Milady Bedford* sur la page de titre – elle attire l'attention du lecteur sur ses motifs de publier ces mémoires, qui répondraient parfaitement aux goûts moraux et esthétiques des lecteurs français. Comme les *Lettres de Milady Bedford*, l'histoire de *Lucie d'Olbery* semble en effet s'inscrire dans la lignée des romans anglais de Samuel Richardson[80], en brodant sur le thème de la vertu « mise à l'épreuve de tout »[81]. En revanche, vers la fin de la préface, Mme Beccary semble par moments *assumer* le livre qu'elle introduit, lorsqu'elle reconnaît ne pas avoir traduit, mais « écrit » ces mémoires en raison de leur « utilité », à l'encontre « d'une quantité prodigieuse de *livres*, dans lesquels leurs *Auteurs* font des peintures séduisantes des passions »[82]. De cette façon, la voix de l'auteur commence à réclamer graduellement une place plus distincte dans le paratexte de *Lucie d'Olbery*. Conformément à son ethos *prédiscursif*, construit dans la préface aux *Lettres de Milady Bedford*, Mme Beccary s'y présente comme un actant sérieux dans le champ littéraire de son époque, qui aurait pris la plume dans le seul objectif de transmettre l'histoire utile, car exemplaire, d'une vertu à toute épreuve. Par rapport à *Milady Bedford*, l'accent semble se déplacer progressivement de l'œuvre à son auteur, qui est reconnu avec précaution, ne fût-ce que par le recours aux marqueurs précités. En même temps, l'oscillation entre les deux dispositifs – celui

---

80 Versini, parmi d'autres, reconnaît les parallèles qui rapportent le traitement de la « vertu récompensée » dans les fictions à l'anglaise aux grands romans sentimentaux (*Pamela, or virtue rewarded*, 1740 et *Clarisse, or the History of a young Lady*, 1748) de Samuel Richardson : « Tous ces romans conservent de *Clarisse* l'histoire d'une vertu persécutée et finalement triomphante, dans un dénouement le plus souvent beaucoup plus souriant que celui de Richardson, la peinture d'émules de Lovelace qui en fait des romans de séduction et des ébauches moralisantes des *Liaisons,* la polyphonie enfin dans la plupart des cas. » (*Le roman épistolaire,* Paris, PUF, 1979, p. 103)

81 Nous renvoyons à un passage similaire de la préface de *Milady Bedford* : « On y verra que toujours douce & résignée dans une destinée fort cruelle, causée par la mauvaise conduite & par la dureté d'un mari, aucun traitement, aucune injustice ne l'a jamais fait sortir de son caractère. » (*ibid.*, p. x)

82 Mme Beccary, *Mémoires de Lady Lucie d'Olbery*, « Avis au lecteur », 1770, s.p.

de la pseudo-traduction et celui de la fiction assumée – nous fait assister à la mise en place d'une auctorialité qui n'est toujours pas pleinement acquise. Il semble que, dans l'attente de cette reconnaissance, Mme Beccary continue à se construire une réputation par voie indirecte, mettant en lumière le « sérieux » et « l'utilité » inhérents à ses écrits.

Ces stratégies préparatoires se voient confirmées dans la préface de *Milord d'Ambi, histoire angloise* de 1778, où l'auctorialité de Mme Beccary est avouée en toutes lettres. Ce déplacement se reflète dans ce cas clairement dans la substitution de l'étiquette *histoire anglaise* à celle de pseudo-traduction. A cet effet, l'auteur insère la « lettre d'un ami de l'auteur » qui tient « lieu de Préface », où elle est avancée comme l'auteur des manuscrits qui – toujours d'après l'« Ami » de l'auteur – sont dits « très dignes d'impression ». Par cette lettre la romancière continue néanmoins à écarter la reconnaissance de son ouvrage, pour la confier à une autre instance narrative. Ce réflexe de déresponsabilisation ne ferait que suggérer à nos yeux l'importance de la *reconnaissance* de l'auteur individuel – et de son œuvre – dans la mise en œuvre des stratégies romanesques respectives.

Outre sa portée laudative et légitimante, la « lettre d'un ami » prend également la forme d'un discours sur le Roman, où se discute le désintérêt du public de l'époque pour les romans exemplaires, étant plus fasciné par les romans vicieux, alors que « toute personne sensée, sans doute, remarquera le but moral »[83] d'un roman comme celui de Mme Beccary. Par stratégie oppositive, la « lettre » inviterait donc le « lecteur sensé » à se plonger dans la lecture du récit préfacé. A l'ethos de l'auteur se lie donc l'ethos de ses lecteurs. En effet, si « l'ami de l'auteur » est d'avis que le public a pris un « dégoût pour ces sortes d'Ouvrages, qui portent l'empreinte de Roman »[84], il incombe à Mme Beccary de prouver le contraire. Or, même si la romancière assume dans ce cas-ci pleinement son rôle d'auteur, le roman semble nécessiter toujours quelque forme de légitimation.

Se dessine ainsi, dans le cycle préfaciel de Mme Beccary, un parcours qui nous mène de la feintise (ludique) la plus « topique » à l'affirmation hésitante de la fiction. En dépit de l'évolution qui se fait remarquer, la légitimation du discours par une instance « externe » semble pourtant toujours requise. La même impression se dégage de la préface au dernier roman, *Mémoires de Fanni Spingler, histoire anglaise* de 1781. De prime abord, ce dernier texte préfaciel s'affiche comme l'aboutissement de l'émancipation graduelle de l'auteur. En effet, Mme Beccary établit d'entrée de jeu un lien direct avec son public, tout

---

83 Mme Beccary, *Mémoires de Lady Lucie d'Olbery*, « Avis au lecteur », 1770, s.p.
84 *Ibid.*

en s'adressant en termes très explicites « à [s]es lecteurs ». En plus, toute légitimation indirecte semble avoir disparu, le péritexte se composant de la seule préface de l'auteur. En revanche, à scruter le discours préfaciel, en ressort – entre autres par les choix terminologiques de l'auteur – toujours l'hésitation ressentie par Mme Beccary devant la reconnaissance de son récit. Certes, elle présente Fanni Spingler comme « mon Héroïne » à ses lecteurs français ; en outre, elle insiste, de façon plus passionnée encore que dans les préfaces précédentes, sur sa tâche éducative de romancière. Elle se montre dès lors pleinement impliquée dans l'histoire qu'elle « offre » au public, insistant que son utilité inhérente lui est plus chère que les « jugements de ceux qui lui seroient le moins favorables »[85]. Au regard de la posture de romancière émancipée – qui semble finalement avoir dépassé toute dépendance d'un jugement externe quelconque – construite dans cette dernière préface, l'on ne peut que s'étonner des recours fréquents au terme de « Mémoires », qui suscite des échos de la préface dénégative[86]. En outre, comment interpréter, dans ce discours ambigu, le passage suivant : « la vérité du sujet m'oblige à laisser la vertu sans récompense et le vice sans punition »[87] ? Le terme « vérité » – qui peut se comprendre comme la vérité intrinsèque d'une fiction ou comme une référence à l'authenticité du texte – se révèle ici, du moins à nos yeux, emblématique de l'hésitation continue de la romancière.

Ainsi, à travers les multiples stratégies de légitimation se dessine dans le corpus de Mme Beccary le trajet hésitant d'une double mise à nu : celle de l'auteur dans sa part de responsabilité et celle de la fictionnalité de son œuvre. Si l'attention se déplace progressivement de l'ouvrage à son auteur, le mouvement à rebours évoqué dans la dernière préface ne fait que corroborer la précarité de l'émancipation auctoriale. De fait, la reprise des formules dénégatives par une romancière qui a finalement assumé son œuvre met inévitablement en évidence la portée topique de ces termes, mais souligne paradoxalement leur valeur légitimante, même si fort réduite. Les *histoires anglaises* de Mme Beccary ne sont du reste pas les seules fictions où la terminologie péritextuelle, à première vue clairement axée sur la reconnaissance de la fictionnalité, récupère des termes qui ressuscitent la feintise du document authentique. Dans la réédition de *Les bizarreries du destin, ou mémoires de Milady Kilmar*

---

85 Mme Beccary, *Mémoires de Fanni Spingler, histoire anglaise*, à Paris, « A mes lecteurs », 1781, p. vii.
86 Cfr. « les Mémoires que je donne au Public » (*ibid.*, p. iii) ; « en publiant ces Mémoires » (*ibid.*, p. v).
87 *Ibid.*, p. v.

(1781), Sabatier de Castres introduit son roman de prime abord comme des « Mémoires » :

> Ces mémoires, composés pour la seule amitié, n'étoient pas destinés au grand jour ; mais celle qui y décrit les évènements de sa vie, me pardonnerait sans peine de les avoir publiés, en les voyant paroître sous les auspices d'une PRINCESSE dont les qualités personnelles font l'admiration & le Bonheur de tous ceux qui ont l'avantage de l'approcher[88].

A l'encontre des stratégies d'authentification dans la dédicace à la Princesse de Savoie, la préface de Sabatier de Castres fait transparaître l'image d'un auteur qui se vante du succès de la première édition (1769) de son ouvrage. En même temps qu'il se plaint des contrefaçons tant françaises qu'étrangères, qui l'ont incité à faire une nouvelle version corrigée[89], il semble pleinement assumer sa responsabilité d'auteur[90].

Quant au transfert culturel impliqué dans ces formules, d'autres constats s'imposent. En effet, alors que, dans le cas des pseudo-traductions, l'anglicité du roman était à la fois emblématisée et légitimée par le voyage du traducteur, dans les *histoires anglaises* Mme Beccary garde le silence quant au *vernis britannique* de ses romans, pourtant pleinement affirmé par les titres. Qui plus est, les quelques intertextes littéraires qu'elle insère dans les préfaces sont issus de l'œuvre de Montaigne et de Rousseau. Les romans sont ainsi d'entrée de jeu inscrits dans le champ littéraire français, en dépit du regard anglais mis en scène dans la fiction. De ce fait, les préfaces ethnocentriques de Mme Beccary marquent une fiction *à l'anglaise* orientée vers un public éminemment français.

Charlotte de Bournon-Malarme : questions d'auctorialité[91]

Dans les rares études secondaires qui daignent rendre compte de sa carrière, Charlotte de Bournon, comtesse de Malarme (1753-1830 ?) fait figure de romancière certes prolixe[92], mais secondaire, dont la production littéraire se fait

---

88   Sabatier de Castres, *Les bizarreries du destin, ou mémoires de Milady Kilmar*, à Paris, chez Moutard, 1781, p. v.
89   Sabatier de Castres, *ibid.*, p. viii.
90   Notons déjà que dans les comptes rendus de cet ouvrage, l'auctorialité de Sabatier de Castres ne sera à aucun moment remise en cause.
91   Cette lecture portera sur les préfaces des romans suivants : *Lettres de Milady Lindsey, ou l'épouse pacifique*, 1780 ; *Mémoires de Clarence Welldone, histoire anglaise*, 1780 ; *Anna Rose-Tree, histoire angloise*, 1783 ; *Les deux borgnes, ou Lady Justine Dunbar*, 1803.
92   Les quelques sources retrouvées se contredisent sur le nombre exact de romans, mais la prolixité de cette romancière ne fait pas de doute. Aussi tôt qu'en 1804, le dictionnaire de

avant tout remarquer par sa mise en œuvre récurrente de la formule anglaise. Sa bibliographie impressionnante trahit aussi sa posture de « professionnelle » des lettres[93]. Etant obligée de vivre de sa plume, malgré sa descendance noble, Charlotte de[94] Bournon était de ces romancières pour qui « écrire s'imposait comme une nécessité pour gagner de l'argent et s'insérait dans une lutte pour la survie et l'indépendance »[95]. En témoigne du reste une lettre de sa main – citée à la fin de ce chapitre – où elle n'hésite pas à négocier, pour ne pas dire exploiter, cette image d'auteur dans un échange de type commercial.

D'après ce que nous avons pu répertorier, Charlotte de Bournon est en effet l'auteur d'une quinzaine de romans *à l'anglaise*, publiés entre 1780 et 1820. Si ses fictions constituent donc un échantillon représentatif du corpus, l'on ne peut pourtant qu'observer le nombre restreint de discours liminaires. En tant que telle, la quasi absence de préfaces fait supposer que cette auteur déploie des stratégies d'émancipation auctoriale assez différentes de celles adoptées par Mme Beccary, en dépit des analogies thématiques et formelles manifestes entre leurs *histoires anglaises*.

Dès la publication de sa première fiction à l'anglaise, *Lettres de Milady Lindsay* (1780), Mme Bournon-Malarme assume en effet l'auctorialité de ses romans. Tandis que Mme Beccary restait discrète quant au statut exact de ses écrits, Mme Bounon-Malarme semble donc, d'entrée de jeu, viser à émanciper ses romans du couvert de la feintise. Dans aucune de ses préfaces romanesques, son rôle d'auteur n'est remis en question. Toujours est-il que ces mêmes textes préfaciels confirment notre hypothèse que les stratégies préfacielles de cette époque visent la reconnaissance de l'auteur(e) concerné(e), autant que l'émancipation du genre romanesque. Si par les réclamations ouvertes d'auctorialité l'accent se déplace du statut de l'*ouvrage* à son *auteur*, la précarité du rôle de cette dernière y transparaît pourtant de façon plus immédiate. D'emblée, la

---

Briquet fait déjà mention de 14 romans, qui ne sont pourtant pas tous écrits dans le style anglais (*op. cit.*, p. 220). Quérard rend compte de 42 romans entre 1780 et 1827.

93 Nous empruntons le terme à Adeline Gargam, *Les Femmes savantes, lettrées et cultivées dans la littérature française des Lumières ou la conquête d'une légitimité* (1690-1804), Paris, Champion, 2013, p. 215, qui cite entre autres le nom de Mme de Bournon-Malarme (p. 216).

94 Dans une des rares études consacrées à l'oeuvre de Charlotte de Bournon-Malarme, Michel Delon insiste sur cette modification minimale du nom d'auteur : « The novels of Charlotte Bournon-Malarme, who in 1815 restored the aristocratic particle 'de' to her name along with the title of countess, offer a particularly fertile corpus for research both in their quantity and in the lack of critical attention hitherto paid to them. » (« Violence in the novels of Charlotte [de] Bournon-Malarme », *Representing violence in France 1760-1820*, edited by Thomas Wynn, SVEC, 2013, pp. 251-260 [p.251])

95 *Idem*, p. 216.

figure de l'auteur se voit négociée dans un dialogue explicite avec le public qui est invité, semble-t-il, à approuver non seulement le roman, mais en même temps son auteur. Ecoutons à ce sujet le plaidoyer révélateur de la romancière : « *Me* voilà donc en proie à la censure, & *je* me trouverai heureuse, si *je* mérite d'être encouragée ; c'est où *je* borne toute *mon* ambition »[96]. Au fil de l'Avertissement de son premier roman, Mme Bournon-Malarme se construit un *ethos* discursif ambigu – où elle se montre tantôt confiante, tantôt incertaine – et qui vise manifestement l'approbation du public.

C'est l'image d'un auteur débutant qu'elle offre au public, modelée d'entrée de jeu sur le parcours de Mme Riccoboni. Ce sont les « charmants ouvrages » de cette romancière et sa carrière « qu'elle a sçu couvrir de roses » dont Mme Bournon-Malarme s'inspire explicitement. Or, si le renvoi à l'œuvre riccobonienne contribue à préfigurer la renommée littéraire de Bournon-Malarme (« j'ai cru bonnement, que j'allois marcher, au moins d'un pas égal, à côté de mon incomparable modèle »[97]), il n'en cache pas moins une démarche stratégique. Stratégie qui ne passe d'ailleurs pas inaperçue dans un compte rendu circonstancié des deux premiers romans de Bournon-Malarme, publié dans *L'esprit des journaux* en septembre 1780[98]. Présentant l'auteur d'emblée comme une débutante, le critique suggère sur le mode ironique l'imitation médiocre du modèle riccobonien dans les deux romans discutés. Dans la même lignée, le compte rendu de *Mémoires de Clarence Welldone* ouvre sur un renvoi à l'épître dédicatoire, d'où se déduit l'image d'une romancière qui, faute d'expérience, a commis nombre d'inadvertances, sur le plan stylistique autant que dans l'esquisse des personnages :

> [D]e toutes les lettres qui composent les deux petits volumes de ce roman, la plus curieuse est sûrement l'épître dédicatoire. L'auteur nous apprend qu'elle est jeune ; nous allons plus loin à son égard, car nous nous plaisons à la croire même jolie, ce qui nous autorise à la traiter avec l'indulgence que l'on doit avoir pour une jolie femme, qui veut joindre à ses charmes, le titre d'auteur ; nous ne nous arrêterons donc pas à conseiller à madame de Malarme, de soigner davantage son style, & de s'attacher à rendre les

---

96   Mme Bournon-Malarme, *Lettres de Milady Lindsey*, « Avertissement », p. iv. Nous soulignons.
97   *Ibid.*
98   « Examinons jusqu'à quel point notre auteur a pu *profiter* du modèle qu'elle s'est choisi, Madame Riccoboni. » (*L'esprit des Journaux*, septembre 1780, p. 128).

tournures de ses phrases plus claires [...] on pourrait encore lui conseiller d'être plus fidèle dans les tableaux qu'elle fait des étrangers[99].

Si l'argument de la jeunesse, avancé par Bournon-Malarme dans le paratexte, est volontiers récupéré dans *L'Esprit des Journaux,* le regard condescendant du critique, qui insiste hors de propos sur la beauté physique de la débutante, a pour effet d'empreindre ses écrits de l'image stéréotypée d'une écriture romanesque féminine, par définition mineure et – qui plus est – médiocrement réalisée par Bournon-Malarme (voir *infra*).

Certes, ayant d'emblée positionné sa production littéraire dans le droit fil de l'œuvre riccobonienne, Bournon-Malarme y appose elle-même volontiers le double sceau de la littérature à l'anglaise et de l'écriture féminine qui caractérisent ce modèle. L'auteur des *Lettres de Milady Lindsey* insiste du reste sur cette condition de femme (« Je suis femme, & assez bien partagée du côté de l'amour-propre »). Ces stratégies étant pleinement admises dans *L'Esprit des Journaux,* elles font manifestement obstacle à la consécration littéraire de cette « jolie femme, qui veut joindre à ses charmes le titre d'auteur ».

Par ailleurs, dès cette première fiction de sa plume, Bournon-Malarme ne thématise guère le *transfert culturel* sous-jacent à la perspective anglaise de la mise en scène. Ainsi, l'impression se crée que, la feintise ontologique ayant apparemment perdu sa raison d'être dans les stratégies préfacielles de Mme Malarme, la feintise culturelle serait de même dépourvue de sa pertinence. A travers les insistances récurrentes sur son auctorialité, la romancière semble en effet suggérer que la perspective anglaise de ses fictions est inhérente à l'imaginaire romanesque.

Cinq ans plus tard, lors de la publication d'*Anna Rose-Tree, histoire angloise,* c'est néanmoins l'image d'une romancière plus confirmée qu'elle véhicule à son public « indulgent ». En même temps, toutefois, elle souligne, dans une *captatio benevolentiae* explicite, sa dépendance de ce même public « à qui il importe de plaire, & à qui [elle] sacrifie volontiers [s]es veilles, pourvu qu'en échange, il ne [la] traite pas avec trop de rigueur »[100]. Ici encore, l'émancipation de la figure d'auteur, demeurée précaire, se négocie prudemment, au lieu de se réclamer d'un seul trait. De même, ce processus d'émancipation auctoriale a partie liée avec la réclamation de fictionnalité, restée implicite dans les premiers romans : ainsi, ce n'est qu'après les premiers succès des *Lettres de Milady Lindsey* et des *Mémoires de Clarence Welldone* que Mme Bournon-Malarme prend position par rapport à la pratique de feintise romanesque :

99   *Ibid.*, p. 131.
100 Mme Bournon-Malarme, *Anna Rose-Tree,* « Avertissement », p. iv.

> Presque tous les auteurs s'empressent, dans une longue Préface, d'assurer leurs lecteurs que leurs livres ne sont pas des Romans. Ces exemples multipliés ne me séduiront pas ; je leur dis, moi, *avec franchise*, voici un Roman que je vous présente[101].

Ce changement d'attitude prend un essor dans la dernière préface que nous avons pu tracer et qui prélude aux pratiques romanesques du XIXe siècle, à savoir *Les deux borgnes ou lady Justina Dunbar* (1803). A la fin de sa carrière, Mme Bournon-Malarme se proclame ainsi suffisamment « reconnue » – tant en France qu'à l'étranger – pour se donner le droit de faire le point sur la prose romanesque de son époque :

> En ne reconnaissant le privilège dont tant de gens se croient en droit d'user envers les auteurs, au moins ai-je celui de parler de mes propres ouvrages. Accueillis en général avec bonté de la part du public, plusieurs ont été traduits en anglais et en italien[102].

Observons à cet égard que, dans le cas de Mme Bournon-Malarme, seule est valorisée la reconnaissance de la part des lecteurs, abstraction faite d'éventuelles voix critiques dans les journaux littéraires. Manifestement convaincue que sa voix d'auteur a été légitimée par le succès de ses romans, la romancière se croit à même d'offrir à ses lecteurs un traité sur le Roman. A part l'argument prévisible des romans vraisemblables, qui « ne [s']écart[e]nt pas des lois de la nature »[103], l'idée directrice de cet exposé pose le roman comme « miroir fidèle », fournissant une « connaissance exacte du siècle dans lequel il a été composé». Aux dires de Bournon-Malarme, l'évolution du goût littéraire serait donc largement influencée par les événements majeurs qui jalonnent l'histoire politique et socioculturelle d'une société. L'on ne saurait dès lors s'étonner que, dans l'aperçu historico-littéraire esquissé par Mme Bournon-Malarme, la perspective française soit une fois de plus le point de repère privilégié. Certes, la romancière ne laisse pas de reconnaître le rôle pionnier d'auteurs comme Henry Fielding ou Samuel Richardson ; cependant, elle se montre convaincue que la réputation de « nombre de Romanciers » a « égalé, sinon surpassé celle de ces grands maîtres »[104]. Un tel point de vue est d'autant

---

101 *Ibid.*, pp. iv-v.
102 Mme Bournon-Malarme, *Les deux borgnes ou Lady Justine Dunbar*, A Paris, chez Gérard, 1803, s.p.
103 *Ibid.*
104 *Ibid.*

plus révélateur que ses propres romans s'inspirent à plusieurs égards de la littérature et de la culture anglaises.

Ce péritexte paraît ainsi confirmer la thèse selon laquelle, du point de vue littéraire également, la « manie » d'écrire des fictions *à l'anglaise* n'aurait point effacé le sentiment de suprématie française qui régnait chez certains auteurs concernés. Sous la plume de Mme Bournon-Malarme, l'inspiration anglaise est reconnue, mais aussitôt refoulée, au profit d'une remise en évidence de la littérature française. Ce mouvement d'*accaparement littéraire* se pose en des termes très explicites à la fin de la préface, lorsque la romancière exprime ses réserves à l'égard des origines de la vogue du roman noir. Alors que l'histoire a fait « honneur aux Anglais de ce nouveau genre », Mme Bournon-Malarme lui attribue une fois de plus des germes français : « la vérité est qu'il naquit au milieu de nous, des mille et une circonstances barbares qui soutinrent si longtemps en France le règne monstrueux de l'anarchie »[105]. Ce raisonnement est d'autant plus remarquable que dans le roman en question, *Lady Justine Dunbar*, un des *gothic novels* anglais d'Ann Radcliffe constitue un intertexte explicite[106].

L'appareil de notes : un contrat de lecture renégocié

Toujours soumise aux goûts anglomanes du public français, dans ses préfaces Mme Bournon-Malarme semble se porter garante d'une littérature *à l'anglaise* qui s'est entre-temps émancipée de la feintise, tant culturelle qu'ontologique, inhérente au paradigme de la pseudo-traduction. L'appareil de notes de certains de ses romans semble néanmoins apporter des nuances à la fictionnalité apparente de ces fictions à l'anglaise. A l'encontre du paradigme romanesque établi dans le paratexte, l'illusion d'une authenticité (surtout culturelle) est à plusieurs endroits réintroduite dans la diégèse, fût-ce par le biais d'interventions minimales. A défaut des « protocoles pragmatiques »[107] propices à légitimer

---

105 *Op. cit.*, s.p.

106 « Un livre à moitié ouvert était resté sur une élégante chiffonnière, il le prit pour le parcourir, c'étoit un roman d'Ann Radcliffe, l'*Italien, ou le Confessionel des pénitens noirs* ; il tomba à un passage où *Scheldoni* persécute d'une manière atroce la jeune *Rosalba*. Quel monstre ! pensa-t-il, et pourtant il existe des gens aussi méchans ! [...] Il entend ouvrir la porte du petit salon, il reconnoît la voix de myladi Farsang [...], mais elle n'est pas seule et parle à demi-voix. » (*op. cit.*, p. 171-172)

107 Le terme est emprunté à Cécile Cavillac, qui l'adopte pour « désigner la façon dont le pacte romanesque devait, pour être recevable, fictionnaliser la performance discursive dans le roman dit classique ou préromantique. » (« Vraisemblance pragmatique et autorité fictionnelle », *Poétique* 101 (1995), pp. 23-47, cité dans Nathalie Kremer, « Le mouvement dialogal », *op.cit.*, p. 590)

l'autorité fictionnelle, le plan diégétique pose en effet le problème de la disparité concrète entre *mise en forme* française et *mise en perspective* anglaise. Il s'ensuit que dans l'apparat de notes de *Lettres de Milady Lindsey* (1780), Mme Bournon-Malarme se montre par moments contrainte à renouer avec le paradigme de la pseudo-traduction. De ce fait, la revendication de la fiction est – jusqu'à un certain point – entravée dans la diégèse par l'insertion de touches de feintise. Dans un premier mouvement, Mme Bournon-Malarme renégocie ainsi le contrat de lecture de la fiction. Dans une tentative de rendre plus vraisemblable le désaccord entre l'énonciation (française) et la mise en scène (majoritairement anglaise), elle tient à préciser au lecteur qu'il existait, avant celle française, une énonciation anglaise : « cette lettre écrite en Anglois, a été traduite, ainsi que toutes celles de la même langue »[108]. Chose remarquable, le contrat de lecture est par la suite redessiné dans une seconde note. Au lieu de recourir à la feintise de la pseudo-traduction, Mme Bournon-Malarme semble y déplacer le paradoxe au monde imaginaire de la fiction diégétique proprement dite. Cette idée se dégage de la note d'auteur qui invite le lecteur à se replacer dans le monde imaginaire, où la langue de conversation n'est pas le français, mais bien l'anglais :

> On doit faire attention que c'est une paysanne Angloise qui parle. Elle appelle Mlle de Beauchamps Miss, parce que c'est l'expression dont on se sert. Mlle de Beauchamps & sa gouvernante parlent passablement Anglois[109].

Voilà un des rares passages où l'auteur à la fois sensibilise le lecteur à la disparité entre mise en forme et mise en scène et l'invite à faire abstraction de cette disparité, par son adhésion au monde imaginaire. De ce fait, est rendu explicite l'effort d'imagination du lecteur qui est pour ainsi dire inhérent à toute lecture de fiction.

Au regard des passages précités, un double constat s'impose. D'abord, alors que sur le plan *paratextuel* la revendication de la fiction ne pose pas problème, il s'avère qu'au niveau *textuel,* l'émancipation de la fiction *à l'anglaise* est des fois renégociée. Dans ces romans, la feintise (ludique) ontologique se maintient sur le plan diégétique, à travers la forme épistolaire ou – plus explicitement – par quelques notes, où elle évoque un brin d'authenticité par son renvoi aux

---

108 *Op. cit.*, p. 40.
109 *Ibid.*, p. 146.

présupposés de la correspondance[110]. Sur le plan culturel également, les indices de l'auteur illustrent à la fois la prise de conscience du paradoxe et la nécessité de le légitimer du dedans de la fiction, soit en renouant avec la feintise, soit en explicitant la logique du faire-semblant de la feintise ludique. Au même titre que le premier roman de Bournon de Malarme, *Mémoires de Clarence Welldone* comporte une note d'auteur où la romancière insiste sur l'origine française du terme roué (« cette expression n'est point du tout anglaise »[111]) qui est pourtant mis dans la bouche d'un personnage anglais, faisant par-là ressortir une fois de plus les présupposés culturels de son *histoire anglaise*.

Or, qu'en est-il de la fonctionnalité de ces notes ? En tant que telle, cette incongruité souligne la longévité des protocoles pragmatiques ayant longtemps sous-tendu la feintise du discours romanesque. A un moment où leur caractère pragmatique ne fait plus de doute, certains marqueurs d'authenticité (culturelle) continuent en effet d'investir la diégèse, adoptés – à ce qu'il paraît – en fonction d'une légitimation immanente de la fiction *à l'anglaise* comme jeu de faire semblant.

Les paratextes de Mme Bournon-Malarme et de Mme Beccary permettent ainsi d'esquisser les contours de l'histoire particulière de notre corpus, telle qu'elle a été établie dans ce qui précède. Histoire d'une évolution graduelle et oscillante, marquée par des statuts transitoires (entre fiction et feintise – entre (pseudo-) traduction et *histoire anglaise*) et par des enjeux disparates (entre légitimation romanesque et vogue culturelle). En plus, du moins dans le cas des deux auteurs concernés, l'idée s'impose que les transmutations générales de feintise en fiction s'associent au trajet d'émancipation de l'auteur en question.

Modalités d'investissement culturel

Toujours est-il que la part culturelle des *histoires anglaises* est souvent mise à l'arrière-plan dans les textes préfaciels. Dans les quelques préfaces qui prennent en considération l'anglicité de la fiction romanesque, l'accent tombe manifestement sur sa portée *idéologique* ou sur la création d'une couleur locale à peine développée. Certains romanciers investissent leur préface d'un discours sur les Nations qui devrait, à en croire les assertions des auteurs concernés, préfigurer la portée argumentative du roman à suivre. Tel est entre

---

110 Mme Bournon-Malarme n'est pas la seule romancière à insérer des notes explicatives authentifiantes sur la rédaction et l'échange des lettres. Il en va autant pour *La nouvelle Clarice, histoire véritable* (1767) où Marie-Jeanne Leprince de Beaumont insère, outre plusieurs notes explicatives sur les us et coutumes anglais, quelques notes d'édition.

111 Mme Bournon-Malarme, *Mémoires de Clarence Welldone*, T. 1, p. 149.

autres le cas du roman *Le danger d'aimer un étranger, ou histoire de Mylady Chester et d'un duc français*, écrit par Witart de Bézu en 1783, et dont le titre annonce au lecteur l'argumentation polémique qui se développe par la suite. S'y annonce en effet non seulement un discours interculturel, mais encore une prise de position explicite à l'égard du caractère national, qui oriente le lecteur dans son interprétation du roman.

Dans la lignée du titre, le préfacier dénonce les répercussions pernicieuses des contacts interculturels à travers l'idée du *mariage*, topos romanesque par excellence :

> Cette Correspondance nous a frappés, par le grand-jour qu'elle répand sur une *vérité très-utile*, & à laquelle les Jeunes-gens qui voyagent dans les Pays étrangers ne font pas assez d'attention : c'est qu'il est *toujours préjudiciable* au bonheur et à l'intérêt de l'homme d'épouser une Etrangère ; & pour les femmes, de s'attacher à un Etranger[112].

Dans un discours à portée *socio-culturelle* (« les femmes d'un pays ne conviennent pas à un autre, puisque ce sont elles qui doivent donner à leurs Enfans [...] les ineffaçables notions des usages, de la politesse, des manières, du langage »), et même *raciale* avant-la-lettre (« un autre inconvénient, c'est que les Grâces perdent toujours à être transplantées »), le préfacier regarde sous un jour explicitement négatif les effets des échanges culturels. En tant que plaidoyer contre l'union interculturelle, la préface de Witart de Bézu illustre du reste l'hétérogénéité idéologique d'un phénomène qui est vaguement indiqué comme *Anglo-manie* littéraire. Alors que son roman répond à la manie du public français, mettant à profit la double inscription culturelle des fictions à l'anglaise, le message qui transparaît dans la préface – et par extension, dans la diégèse – n'en est pas un de promotion, mais bien de dissuasion des contacts interculturels.

Or, s'il est vrai que dans le roman de Witart de Bézu, la fiction à l'anglaise intègre de façon plutôt explicite un discours sur les Nations, les particularités poétiques de ce type de texte – la disparité entre fond et forme – ne sont point mentionnées dans la préface. En outre, l'auteur n'hésite pas à relativiser l'orientation culturelle de son roman – et l'intérêt présupposé de son public anglomane –, attestant que l'ouvrage « sera également utile à toutes les nations ». Witart de Bézu n'est d'ailleurs pas le seul auteur d'*histoires anglaises* à invoquer la valeur universelle de l'intrigue en matière de morale et de sentiment. Ainsi,

---

112   Witart de Bézu, *Le danger d'aimer un étranger, ou histoire de Milady Chester et d'un Duc français*, « Avis de l'éditeur », 1783, s.d. Nous soulignons.

dans son *expositio* d'*Amélie, anecdote anglaise*[113], Baculard d'Arnaud infirme d'entrée de jeu l'inscription culturelle du récit, pourtant mise en évidence dans le titre, pour insister sur la portée universelle de l'argument sentimental :

> Il n'y a point de doute que Paris ne lui prodigue autant de larmes que Londres lui en a données. Ce n'est pas pour les âmes sensibles qu'il existe des préjugés nationaux, des divisions, des animosités aussi injustes que barbares ; la politique et la guerre n'ont aucun empire sur des cœurs de cette trempe ; la source de toutes les vertus, l'humanité les rapproche, les unit, les lie par des nœuds indépendants des intérêts divers, des temps et des lieux ; ils reconnaissent la même patrie, la même origine, la même famille, & assurément nous éprouverons en faveur d'Amélie le même attendrissement que si elle étoit née dans nos climats[114].

Aussi divergents soient-ils, les passages précités permettent de déceler – à ce qu'il nous semble – quelques-unes des modalités-clés de la fiction *à l'anglaise*. Rédigées spécifiquement en vue d'un public anglomane, certaines fictions font en effet ressortir la valeur particulière d'une anglicité *romanesque*, où la portée générale de l'argument national est placée en dialogue permanent avec celle – particulière, mais universelle – des passions humaines. Passions particulières en raison de l'unicité de l'intrigue d'amour mise en scène ; passions universelles, car réunissant des publics d'origines diverses dans l'acte de lecture. Cependant, la quasi absence de renvois au transfert culturel dans les préfaces semble désigner, d'ores et déjà, l'agenda essentiellement stratégique de maint auteur d'*histoires anglaises*.

Réception critique

Remarques préliminaires

Suite à cette étude péritextuelle, qui a prêté l'oreille aux voix rhétoriques des auteurs, il nous a fallu prendre en considération, dans un second temps, la voix du lecteur, afin de mesurer la réception du *pacte de lecture* signé par les auteurs. Les témoignages directs du lectorat contemporain faisant défaut, cette étape s'est inévitablement orientée vers les échos fournis par les critiques littéraires de l'époque. Dans un souci de perspective et d'approfondissement, ces textes critiques seront abordés à la lumière de quelques pierres de touche analytiques.

---

113 Baculard d'Arnaud, *Epreuves du sentiment, Tome cinq*.
114 *Ibid.*, p. 452.

A cet effet seront également prises en compte les préfaces aux traductions de romans anglais, de façon à reconstruire la réception de l'anglicité tant esthétique que culturelle par les traducteurs français. En effet, pour estimer à leur juste valeur les arguments déployés dans les comptes rendus repérés, il importe de les mettre en perspective dans un contexte de réception qui est particulièrement interpellé par la littérature *à l'anglaise* au sens large du terme.

Avant de procéder à l'analyse des comptes rendus, quelques observations s'imposent. D'abord, il est évident que les critères d'évaluation conditionnant le jugement d'un critique littéraire peuvent fort différer du point de vue plutôt intuitif d'un lecteur. Dans le cas des *histoires anglaises* moins célébrées surtout, il arrive qu'elles soient tout de suite condamnées sous prétexte d'un manque apparent de littérarité, alors que les rééditions attestent un succès réel auprès des lecteurs[115]. Nous touchons par là de nouveau au constat de la grande hétérogénéité esthétique qui marque les romans de notre corpus. En revanche, les critiques ne manquent pas pour autant de signaler la réussite commerciale d'un roman, en dépit des pauvres qualités esthétiques.

Ensuite, les différents domaines du savoir n'étant pas encore désintégrés au XVIIIe siècle, l'opinion véhiculée dans la lecture dite critique d'un ouvrage n'est jamais indépendante de facteurs non-littéraires – qu'ils soient politiques, idéologiques ou philosophiques. Par ailleurs, le jugement critique se voit plus d'une fois coloré par des ambitions purement personnelles, les disputes publiques entre critiques et auteurs ne faisant pas exception. Ainsi de Marivaux dans le *Spectateur*, où il s'en prend aux comptes rendus qui auraient pour objet non pas les œuvres, mais leurs auteurs :

> Mais que ce même homme, non content de critiquer bien ou mal un ouvrage, enveloppe insensiblement dans sa critique une satire contre

---

115 C'est la fameuse question de la différence entre « lecture ordinaire » et « lecture littéraire », ou encore entre le « lu » et le « lectant », posée par Michel Picard. Dans son article « Lecture littéraire vs lecture ordinaire : une dichotomie à interroger », cette distinction est remise en question par Jean-Louis Dufays, qui invoque à sa défense les types et genres de texte « au statut fluctuant » parmi lesquels « ceux dont la légitimité littéraire est contestée, comme les textes paralittéraires. » (*op. cit.*, p. 314) Tout en étant un anachronisme, le terme « paralittérature » s'applique, à notre avis, à un certain nombre des textes concernés, dont le degré de littérarité n'est pas très prononcé, même s'ils se présentent comme des textes littéraires. (*ibid.*, in : *L'expérience de lecture*, Vincent Jouve (éd.), Paris, L'improviste, 2005, pp. 309-322)

l'auteur et jette un ridicule sur son caractère, il me semble que c'est ce
qu'on ne devrait jamais lui passer [...][116].

En effet, au XVIIIe siècle le texte est toujours plutôt un « discours » malléable – ouvert aux interventions externes – où le statut de l'auteur n'est pas non plus circonscrit de manière claire et distincte. Les rapports entre les différents actants du champ littéraire se déclinent dès lors jusqu'à un certain point sur une logique d'interchangeabilité. Comme le pose Voltaire dans son article « Critique », pour être « bon juge »[117], le critique est censé disposer lui-même de quelque talent littéraire : « Il faut être un Quintilien pour oser juger les ouvrages d'autrui ; il faut du moins écrire comme Bayle écrit sa *République des lettres* »[118]. Ainsi, dans une période où les textes littéraires se « vendent » de plus en plus « sous la forme de marchandises, et non plus d'œuvres soutenues par des mécènes »[119], le positionnement des auteurs se forge nécessairement moyennant – ou en dépit de – la voix des critiques littéraires, qui ne sont jamais des actants désintéressés[120]. Ce conflit d'intérêts littéraires s'énonce plus nettement encore lorsqu'un auteur est à la fois objet et sujet de la critique. Tel paraît avoir été le cas de Baculard d'Arnaud, collaborateur de Fréron pour l'*Année littéraire* dans le domaine des œuvres romanesques[121]. Dans cette perspective, il est moins probable que les critiques particulièrement laudatives de la revue, qui vont à l'encontre des réactions sévères de Grimm dans la *Correspondance littéraire,* puissent surprendre le lecteur actuel.

A cela s'ajoute que le roman est un genre relativement nouveau qui ne se laisse pas aisément définir par quelque terminologie critique préconstruite.

---

116   Marivaux, *Le Spectateur français,* p. 246. Cité dans Eloïse Lièvre, « D'une Querelle à l'autre : l'auteur et le critique, une relation sociale et morale », in : *Critique, critiques au XVIIIe siècle*, Malcolm Cook et Marie-Emmanuelle Plagnol-Diéval (éds), *French Studies* 22, Peter Lang, Bern, 2006, p. 23.

117   Dans son article « Critique » du *Dictionnaire philosophique*, Voltaire distingue les critiques au sens vrai, c'est-à-dire les « vrais critiques » philosophes, des folliculaires parmi lesquels il compte entre autres Fréron, illustrant par là encore, *mutatis mutandis,* la partialité dont il accuse d'autres actants littéraires. (Voltaire, *Dictionnaire philosophique, T.1, op. cit.*, p. 656)

118   Voltaire, « Critique », *ibid.*, p. 392.

119   Cf. Bernard Miège, « À propos de la formation de l'espace public en France au XVII et XVIIIe siècles », in : *Journaux et journalistes, hommage à Jean Sgard,* (*Recherches et Travaux* 48), 1995, Grenoble, Presses Universitaires, pp. 177-188.

120   Miège, *ibid.*, p. 187.

121   Sgard, *Dictionnaire des journalistes*, Grenoble, presses universitaires de Grenoble, 1976, p. 34.

Par conséquent, il s'avère que les critiques littéraires recourent à un discours subjectif qui se traduit difficilement en observations poétiques. Dans la même lignée, l'on constate que l'attention des critiques se focalise davantage sur les capacités de séduction du discours sentimental, propices à interpeller le regard compatissant du lecteur. Cela n'empêche pour autant que les critiques des fictions à l'anglaise font à plusieurs reprises écho à des critères d'évaluation dits classiques. Parmi ceux-ci, c'est surtout la question de la *vraisemblance* – règle classique, mais qui elle aussi se voit redéfinie au cours du XVIIIe siècle[122] – qui oriente toujours le jugement final du critique. Il en va ainsi du compte rendu des *Mémoires de Miss Fanny Spingler* (1781), qui met à nu le manque de vraisemblance morale dans la mise en scène des personnages. Dans un premier temps, c'est la rencontre problématique[123] du vice – représenté par « l'indiscret et pétulant » libertin Dorblac – et de la vertu – incarnée par la « chaste et réservée » Miss Spingler qui pose problème. Ainsi, il est jugé inacceptable que l'héroïne soit portée à pardonner les méfaits de Dorblac, alors qu'elle succombe elle-même à ses malheurs. La vertu punie et le vice pardonné, voilà ce qui est invraisemblable. L'invraisemblance semble ensuite également affecter le personnage même de Dorblac, dont le caractère libertin serait « raté », par le fait qu'il ne se compare que difficilement au libertin anglais Lovelace. Comme il s'avérera par la suite, ce personnage représente en effet la figure libertine par excellence en France depuis la traduction française de *Clarissa, or the History of a young Lady* de Samuel Richardson (1748) :

> Vous ne lui [à Miss Spingler] pardonnerez pas la constance de son amour pour un homme qui a tous les vices de *Lovelace*, sans avoir rien de ses grâces, sans avoir une étincelle de son esprit[124].

A l'invraisemblance morale s'ajoute dès lors une invraisemblance d'ordre littéraire qui, pour sa part, atteste un autre développement dans la littérature (et critique) française, à savoir l'introduction du roman anglais comme paramètre d'évaluation. Du passage précité se dégage en effet l'idée qu'en dépit de leur attachement à l'esthétique française les critiques littéraires prennent davantage en considération les modèles anglais dans l'évaluation de (certains) romans français. A ce qu'il paraît, le rapport complexe avec l'altérité anglaise – où ouverture et accaparement se superposent – investit donc à la fois les fictions à l'anglaise et les sources secondaires contemporaines.

---

122 Voir entre autres les études précitées de Nathalie Kremer.
123 A.L., 1781, « Mémoires de Fanni Spingler, Histoire angloise », Tome II, Lettre III, p. 66.
124 *Année littéraire, op. cit.*, p. 54.

Corpus

L'hétérogénéité même de la presse littéraire au XVIIIe siècle fait qu'une sélection représentative de revues et journaux littéraires s'impose avec d'autant plus d'importance. Hormis quelques renvois isolés à d'autres sources, notre analyse de métatextes se concentrera sur quatre journaux littéraires, à savoir : *L'Année Littéraire*, le *Journal Encyclopédique*, le *Journal Etranger* et la *Correspondance Littéraire*[125]. La composition de ce corpus se fonde à la fois sur la nécessité d'une orientation internationale – *i.c.* anglaise – et sur la prise en considération d'une certaine divergence, afin d'assurer la représentativité des opinions.

La signature internationale des revues ne s'actualise pourtant pas toujours de la même manière. Ainsi, dans le cas de la *Correspondance littéraire* de Friedrich Melchior Grimm, tant le collectif de collaborateurs – « un Allemand, deux Français, un Suisse, sans compter quelques collaborateurs occasionnels » – que le lectorat ont une signature éminemment transnationale. Les correspondants s'adressent principalement à un public non français, et semblent présupposer le rayonnement de la France comme centre intellectuel et esthétique du paysage européen. Le *Journal Encyclopédique* se profile en termes similaires. Distribués dans plusieurs pays européens, comme l'Allemagne et l'Italie, les articles se distinguent par une attention prononcée pour la littérature étrangère, et celle anglaise en particulier[126]. Ensuite, les comptes rendus du *Journal Étranger* résultent souvent d'une collaboration internationale de correspondants littéraires. Qui plus est, le *Journal* recourt régulièrement à la traduction de comptes rendus de main étrangère. A cela s'ajoute que, contrairement à d'autres journaux littéraires, le champ d'intérêt du *Journal* ne se réduit pas à la littérature anglaise et allemande, mais atteste une orientation plus radicalement européenne, où se trouvent incluses des contributions sur l'Italie, la Scandinavie, la Pologne et l'Espagne. Finalement, si la distribution européenne de l'*Année Littéraire* d'Elie Fréron est incontestable, elle n'empêche pas que l'orientation du journal en matière de littérature étrangère est équivoque[127]. Des fois, les ouvrages de plume étrangère sont en effet appréciés

---

125   *L'Année Littéraire* (A.L.) de 1754 à 1791 ; *Le Journal Etranger* (J.E.) de 1754 à 1762 ; *Le Journal Encyclopédique* (J.En.) de 1756 à 1794 et *La Correspondance Littéraire* (C.L.) de 1747 à 1790. Pour les références complètes, voir la bibliographie.

126   Pour de plus amples informations, voir Sgard, *op. cit.*, p. 672 et Jesse W. Hemperley, *The 'journal encyclopédique' (1756-93) as an intermediary of English literature in France*, Vanderbilt University, Ann Arbor, 1971.

127   « Dans ce processus du cosmopolitisme intellectuel qui s'est plaidé au XVIIIe siècle […] l'*Année Littéraire* a présenté successivement les arguments les plus opposés. » (Paul Van Tieghem, *L'Année Littéraire comme intermédiaire en France des littératures étrangères*, Paris, 1917, p. 25)

pour leurs qualités esthétiques intrinsèques, sans que leur « identité nationale » ne semble compromettre la réception française. En revanche, la connaissance des littératures étrangères y est régulièrement décrite comme une menace, l'imitation d'un autre goût étant jugée pernicieuse pour la littérature française. Cette tendance à poser un regard politique sur le domaine littéraire est rendue explicite dans la boutade suivante qui est publiée à la veille de la guerre de Sept Ans : « Leur littérature n'est pas plus sûre que leur politique »[128].

En dépit d'une orientation internationale partagée, l'*Année littéraire* se distingue par une signature radicalement conservatrice, « volontiers hostile aux nouveautés, décidée à soutenir en toute rencontre la religion, la morale, le gouvernement établi, en un mot, les traditions »[129]. Cette prise de position se traduit en un rejet catégorique de la pensée philosophique et encyclopédique, ainsi que de quelques-uns de ses représentants, tels que Voltaire ou Diderot[130]. Le *Journal Encyclopédique* se situerait pour sa part de l'autre côté du continuum et Hemperley va même jusqu'à suggérer que la réception favorable de la littérature anglaise dans ce journal s'inspire de la brouille entre Elie Fréron et Pierre Rousseau[131].

Mais c'est avant tout la prise en compte de la *Correspondance littéraire* qui nous amènera à illustrer la diversité d'opinions dans la critique littéraire de la seconde moitié du siècle. En effet, servis à un cercle restreint de lecteurs abonnés, les comptes rendus de ce journal échappent largement aux contraintes qui gouvernent la publication des journaux publics. La distribution restreinte et confidentielle donnerait lieu à une tribune plus indépendante, d'où le fait que la nécessité de « l'intérêt » – inhérente aux canaux de distribution publics – serait écartée. C'est aussi l'idée avancée par Roland Mortier :

> L'indépendance intellectuelle de Grimm est manifeste dans certains de ses jugements sur la production des vedettes de l'époque, qu'il s'agisse de Crébillon-fils, du philosophe Condillac et même de Voltaire[132].

---

128 *AL*, 1756, VI, p. 241. Cité dans Van Tieghem, *ibid.*, p. 32.
129 Van Tieghem, *ibid.*, p. 25.
130 Van Tieghem, *ibid.*, p. 103.
131 « Intense interest in English literature before 1766 is perhaps due to some extent to the *Journal Encyclopédique*'s desire to counteract Fréron's *Année littéraire*, the avowed enemy of the *Journal Encyclopédique* and the 'philosophes' movement with which it was connected. » (Hemperley, *ibid.*, p. 3)
132 Roland Mortier, « Préface ». Article disponible sur le site du Centre international d'étude du XVIIIe siècle. Site web [http://c18.net/18/p.php?nom=p_cl] Consulté le 12 août 2011.

Il reste toutefois difficile d'entrevoir les motifs dissimulés déterminant la touche personnelle de certains comptes rendus. La prise en considération de l'hétérogénéité inhérente au discours critique s'avérera dès lors d'autant plus pertinente en vue d'une reconstruction plus fondée de la réception des *histoires anglaises*.

Perspectives de lecture

Cette étude sera agencée sur trois paramètres, susceptibles de rendre compte des récurrences et, le cas échéant, des évolutions dans l'accueil contemporain des fictions à l'anglaise. Il s'agira ainsi d'examiner, dans un premier temps, la question du *statut* des romans, dans l'objectif de mesurer les différents modes de réception du pacte de lecture sous-jacent à l'*histoire anglaise*. Lors de l'analyse des préfaces, nous avons en effet observé que la fictionnalité des ouvrages en jeu est graduellement assumée au fil du temps, les fictions s'émancipant progressivement de la supercherie littéraire. Corollairement, la première étape de cette étude consistera à examiner la perception des différentes stratégies de légitimation adoptées, ainsi qu'à développer, de ce fait, une vue plus claire sur le positionnement des romans en jeu dans le domaine des fictions romanesques. Dans un second temps, sera abordée la question de l'anglicité des *histoires anglaises* – pourtant guère thématisée dans les préfaces – dans une perspective intertextuelle et interculturelle plus prononcée. A cet effet, l'on prendra également en considération les préfaces aux romans traduits de l'anglais, vu que c'est dans les préfaces aux traductions de romans anglais que le contact avec la culture (et la littérature) anglaise(s) se voit discuté – et négocié – de façon plus directe : à travers une confrontation entre les textes sources anglais, d'une part, et les traductions d'autre part. Dans un dernier moment analytique, nous poserons la question de la valeur esthétique et/ou commerciale des *histoires anglaises*.

De la feintise à la fiction

Au premier regard, les *histoires anglaises* de la seconde moitié du siècle sont d'ordinaire qualifiées de fictionnelles. Dans les commentaires littéraires, la fictionnalité des ouvrages n'est pourtant pas affirmée en termes explicites, mais présentée en filigrane, ce qui est encore attesté par l'attention particulière pour la figure de l'auteur. Dans les cas où les fictions ne sont pas signées, il arrive même que le critique s'attribue la tâche de mettre le lecteur au fait de son identité. Citons à titre illustratif le compte rendu de *Sidnei et Silii* dans la *Correspondance Littéraire* de 1766, où l'indication « par l'auteur de *Fanny* » est tournée en dérision parce qu'elle évoquerait un anonymat déplacé et inutile :

Mais mon cher auteur de Fanny, qui que tu sois ; dis-nous ton nom illustre plutôt que de nous renvoyer à *Fanny*, que personne ne connaît. Je ne sais cependant si ce n'est pas M. Baculard d'Arnaud qui passa pour le père de cette *Fanny*. En tout cas, *Sidnei et Silii* ne nous ennuieront pas longtemps. C'est une affaire de quatre-vingt-dix pages[133].

Les termes adoptés dans ce commentaire de Grimm font ressortir le statut fictionnel du texte, puisque l'auteur est jugé sur sa prise en charge du texte. En règle générale, les comptes rendus d'*histoires anglaises* sont du reste lardés de notions comme *modèle, original, copie, auteur, fiction(s)*, connotant par là un ouvrage qui serait le résultat du *travail*, tantôt créatif tantôt imitatif, d'un auteur.

C'est encore le processus créatif, la condition même de toute œuvre d'invention, que semble avoir en tête un des critiques de l'*Année littéraire* dans son compte rendu des *Mémoires de Clarence Welldone, ou le pouvoir de la vertu, Histoire angloise* de 1781. Sur le mode ironique, il reproche à Mme Bournon-Malarme sa *fécondité*, qui aurait un effet néfaste sur la qualité de ses ouvrages. En cela, elle le céderait aux « bons auteurs », dont les ouvrages se montrent « nourris, travaillés, le fruit d'une longue étude, d'une scrupuleuse attention à chercher les conseils et à fuir les dangers de la flatterie »[134]. Quant à Mme Bournon-Malarme, « [i]l paraît qu'[elle] n'a point eu recours aux avis ; son penchant seul lui a servi de guide. A la juger d'après son roman, on voit qu'elle a voulu tout bonnement faire un livre, sans se soucier des reproches qui l'attendaient au bout de son entreprise »[135]. Rappelons à ce sujet que Mme Bournon-Malarme assume quasi d'emblée son auctorialité dans les préfaces de ses romans, même si l'apparat paratextuel pris en général sème le doute sur le statut du texte. Même dans les cas où une telle référence explicite à l'auctorialité fait défaut, l'on constate que presque toutes les *histoires anglaises* sont lues comme des ouvrages fictionnels *et* français.

En guise d'illustration, nous citons l'exemple des *Bizarreries du destin, ou Mémoires de Milady Kilmare*, publié en 1769 par Antoine Sabatier de Castres. Dans le compte rendu du *Journal Encyclopédique*, la feintise ontologique affichée dans le péritexte est d'emblée démasquée par le critique. En effet, dans sa préface, l'auteur-éditeur avait présenté son ouvrage comme des « mémoires » privés, « composés pour la seule amitié » et dès lors « pas

---

133   C.L., Février 1766, éd. Garnier Frères 1878, T. VI, p. 483.
134   A.L., « Mémoires de Clarence Welldone ou le pouvoir de la vertu, histoire angloise », 1781, T. IV, p. 64.
135   A.L., *ibid.*, p. 64-65.

destinés au grand jour ». Le critique, quant à lui, rend compte des assertions de Sabatier de Castres, tout en dévoilant d'emblée le contrat de lecture proposé, juxtaposant le terme d' « Auteur » – issu du paradigme fictionnel – et celui de « mémoires » – évoquant le paradigme de la feintise :

> C'est une jeune personne qui écrit elle-même ses mémoires, ou du moins c'est ce que l'Auteur suppose dans sa préface[136].

Dans ce compte rendu de 1769, il s'avère une fois de plus comment le déni de fiction est perçu comme une convention formelle, à laquelle est ajoutée peu de foi. A peine prononcée par le critique, la suggestion d'authenticité est écartée dans un discours qui met l'auteur sur l'avant-plan. Par la suite, les *Mémoires* sont présentés comme le résultat des aménagements conséquents d'un romancier. Son autorité est corroborée davantage à la fin du compte rendu, lorsque s'ajoute au compte rendu une notice bibliographique qui enlève toute ambiguïté : « M. Sabatier est Auteur d'un autre roman, où l'amour du bien se fait également sentir [...][137]. »

Quant aux incongruités culturelles entre *fond* anglais et *forme* française, celles-ci ne sont guère mentionnées par les critiques. Toutes les *histoires anglaises* soumises à l'œil critique sont présentées comme des productions d'invention française sans que le transfert culturel, sous-jacent à la fiction à l'anglaise, soit de quelque façon pris en compte ou remis en cause. En tant que tel, ce silence semble suggérer l'engagement mutuel entre auteur et lecteur de prendre part au jeu du *make-believe*, suivant lequel l'empreinte nationale était reconnue comme le fruit de l'imagination d'un auteur français.

En revanche, dans un des rares passages qui thématisent l'ambiguïté culturelle de la fiction à l'anglaise, Grimm semble néanmoins vouloir mettre en garde les lecteurs – et les auteurs – contre les implications de la double perspective qui sous-tend toute fiction étrangère. Le compte rendu porte sur *Les Heureux Orphelins* de Crébillon fils de 1754, publié dans une période où la fiction *à l'anglaise* s'habille encore de l'étiquette de la traduction. Qui plus est, il s'agit d'un roman *franco-anglais* dont les contours imprécis reflètent l'ambivalence générale de la production romanesque au XVIIIe siècle. Présentée sous le dénominateur vague de l'imitation (de l'anglais), cette fiction se présente de prime abord comme une adaptation des *Fortunate Foundlings* (1744) d'Eliza Haywood, avant de s'émanciper définitivement de l'original anglais après les trente premières pages. Or, en dépit de ce rapport (initial) avec le texte-source,

---

136 *J.En.*, « Betsi, ou les Bizarreries du destin », août 1769, p. 67.
137 *J.En., op. cit.*, p. 69.

Les Heureux Orphelins se lisent d'ordinaire comme une fiction de signature française, comme atteste ce passage de la *Correspondance littéraire* de Grimm[138] sur le « choix des sujets » dans le roman :

> Pourquoi les chercher chez les étrangers ? Outre qu'un écrivain doit à sa nation cet honneur de traiter de préférence les sujets domestiques qui la regardent de plus près, il arrive que, à moins d'avoir vécu longtemps chez le peuple et dans le pays où l'on place la scène, on commet beaucoup de fautes contre le costume, contre les mœurs et les usages qui nous sont inconnus, et l'on fait parler français des gens qui ne l'ont jamais su. Si M. de Crébillon eût placé sa scène en France, il se serait épargné plusieurs petites remarques mauvaises et triviales à qui on croit un air anglais [...][139].

Ce plaidoyer pour une inscription thématique de la fiction romanesque dans la culture nationale de l'écrivain renvoie à la conscience d'une culture et d'une littérature nationales ou « domestiques ». Plus spécifiquement, il serait possible d'envisager une littérature nationale, qui se distingue non seulement par sa langue ou son style particulier[140], mais également par l'orientation thématique des « sujets ». Même si reconnu comme tel, cet « air » national ne se laisse pourtant pas circonscrire en termes définitifs. Dans le passage précité, Grimm tend pour sa part à situer l'identité nationale d'un ouvrage d'abord dans le choix des « sujets », sans pour autant spécifier aussitôt son propos : s'agirait-il de caractères, de scènes ou de motifs ? Par contre, dans la suite, il semble associer cet air anglais à l'inscription socioculturelle de l'histoire, telle qu'elle prend forme dans les coutumes et les moeurs d'un peuple.

L'intérêt de ce passage réside néanmoins dans le fait qu'il signale, en filigrane, l'adhésion des lecteurs français « à l'air anglais » de ces fictions. Si le manque d'*authenticité* culturelle des histoires ne fait pas de doute aux yeux du critique, le verbe « croire » fait entendre qu'au moins une partie du public

---

138   La disparité entre la première partie du roman – plutôt proche du texte de Haywood – et la signature clairement crébillonnienne de la suite a pourtant engendré une véritable polémique littéraire quant à l'origine des *Heureux Orphelins*. Pour de plus amples informations, voir notre article « Comment le 'tout' peut réinvestir la 'partie' : à propos du triptyque romanesque des « Heureux Orphelins », In : *La partie et le tout*, Jean-Paul Sermain, Marc Escola, Jan Herman, Paul Pelckmans et Lucia Olmacini (éds), La République des Lettres 46, Leuven, Peeters, 2011.

139   *C.L.*, 1ᵉʳ Juillet 1754, p. 172.

140   Pensons à la clarté de la langue française, amplement discutée par Rivarol.

ajoute foi à la *représentativité* de l'anglicité mise en scène. Du moins, le risque d'adhésion de la part du lecteur semble suffisamment réel pour que Grimm accentue les inconvénients d'une fiction « non domestique », qui serait infidèle aux sujets de la littérature « nationale ».

A cela s'ajoute que le compte rendu des *Heureux orphelins* met en cause, ne fût-ce que brièvement, la question de la discordance entre *fond* et *forme*, quand Grimm pose, non sans ironie, que dans une fiction à l'anglaise « l'on fait parler français des gens qui ne l'ont jamais su »[141]. L'invraisemblance de la fiction ne serait donc pas seulement l'effet de la *mise en scène* anglaise, mais concernerait aussi le niveau *énonciatif* d'une histoire *anglaise* rédigée en français. Ce passage – certes, isolé – pourrait enfin suggérer qu'au milieu du siècle (1754), l'invraisemblance énonciative des *histoires anglaises* n'est pas encore intériorisée de manière à devenir l'évidence même dans les cercles littéraires. Ce qui est certain, c'est que nous n'avons pu retracer d'autres textes posant les mêmes questions au sujet des romans de notre corpus.

Face à ce silence presque total, il est d'autant plus pertinent de considérer la réception de cet autre dispositif, à savoir la pseudo-traduction de l'anglais. Citons, à titre comparatif, les *Lettres de Mistriss Fanni Butlerd à Milord Charles Alfred de Caitombridge*, premier roman de Mme Riccoboni de 1757 et le seul à porter le sceau de la « traduction », du moins lors des premières éditions. En effet, deux ans plus tard, les *Lettres de Milady Juliette Catesby* sont publiées sans la mention « traduit de l'anglais ». Une lecture comparative de quelques comptes rendus de *Fanni Butlerd* fait ressortir que la feintise sous-jacente – soit culturelle, soit ontologique – y est pour le moins thématisée, ce qui n'était pas le cas des *histoires anglaises*. Dans le *Journal Encyclopédique*, la tonalité du critique est aussitôt marquée d'un certain doute quant au statut du roman. Ainsi, au début de son compte rendu, il semble vouloir communiquer au lecteur son adhésion à l'histoire, quand il pose que :

> quoique les Lettres des Amants soient aussi ennuyeuses pour un tiers, qu'elles sont intéressantes pour eux ; quoique le Public soit encore plus difficile qu'un tiers, nous pensons que celles-ci trouveront des Lecteurs[142].

Qui plus est, dans une note explicative le critique semble même attester l'authenticité de l'histoire, précisant que « la scène s'est passée à Londres il y a vingt-deux ans »[143]. A sa façon, la suggestion d'un écart temporel entre le

---

141   *C.L.*, 1ier Juillet 1754, p. 173.
142   *J.En.*, « Lettres de Mistriss Fanni Butlerd », Tome V, Partie 2, 1757, p. 98.
143   *J.En., ibid.*, p. 99.

temps de la rédaction des lettres et celui de leur publication corrobore l'effet d'authenticité : « Nous ne présenterons point ici les vives peintures de la tendresse de *Fanni*. Elles pourraient ennuyer, car aujourd'hui qui est-ce qui aime ainsi[144] ? » En insistant sur cet écart, le critique semble situer la correspondance dans un univers réel, qui serait soumis aux lois du temps. De même, le critique prend soin de préciser le rôle d'un personnage secondaire dans une note en bas de page, comme s'il s'agissait d'une personne ayant réellement existé[145]. En revanche, vers la fin du compte rendu, l'idée d'une écriture spontanée est remise en question par l'évocation subtile d'une main (d'auteur) externe. L'histoire s'avère ainsi être « peinte avec les couleurs les plus délicates », en plein contraste avec l'ombre des derniers passages qui « finissent le tableau »[146]. La métaphore de la peinture évoque les idées de maîtrise et de facticité, à l'encontre de l'impression initiale de spontanéité et d'authenticité. Cette idée est ouvertement remise en cause dans le tout dernier paragraphe, où le critique fait part de ses hésitations à l'égard du statut du texte, sans pour autant se montrer trop affirmatif :

> Nous n'osons pas assurer que cet Ouvrage soit une traduction, comme le titre le porte ; ni que l'original, s'il y en a, ne soit pas un Roman. Le Stile Anglois n'est pas ordinairement, ni si vif, ni si léger ; une traduction n'est jamais si facile ni si coulante. Quoiqu'il en soit, si le fond est historique, il en est plus intéressant. Si c'est un roman, on peut le placer entre les *Lettres de la Marquise* par Mr. Crébillon fils, & celles de *Ninon l'Enclos*, par Mr. D'Amour[147].

Il s'agit d'ailleurs d'un des rares passages où tant la feintise culturelle qu'ontologique se trouvent contestées. Alors que le critique se réfère à l'étiquette titrologique (traduit de l'anglais), il la rejette aussitôt, à ce qu'il paraît en raison des qualités stylistiques de *Fanni Butlerd*. Ainsi, le style du roman serait trop coulant pour être le résultat d'un transfert culturel. Le critique semble toucher ici à l'idée selon laquelle une traduction, qui est censée tenir compte du texte de départ, finit toujours par perdre son air naturel, en ce qu'il fait transparaître d'une certaine façon son statut d'« intermédiaire ». En d'autres termes,

---

144 *J.En. ibid.*, p. 105.
145 *J.En., ibid.*, p. 106 : « C'étoit l'ami intime du Duc *Charles Alfred* & l'Amant de *Betzi,* amie de *Fanni.* Le Lord *Thomas* avoit le cœur excellent, mais il n'eut jamais l'art de se faire aimer, ni le courage de quitter une Maîtresse ingrate. »
146 *J.En., ibid.*, pp. 109-110.
147 *J.En, ibid.*, p. 110.

Fanni Butlerd serait trop naturel et, qui plus est, trop peu « anglais », pour être vraisemblable comme traduction de l'anglais. Dans ce compte rendu également, l'existence d'un style anglais distinctif est affirmée, en ce qu'il s'oppose à la vivacité et à la légèreté des romans domestiques.

Dans son compte rendu de *Fanni Butlerd*, Grimm est tout aussi décisif dans son refus de la feintise culturelle : « Ce sont des lettres d'une femme à son amant, qui n'ont jamais existé en anglais[148]. » Pourtant, Grimm croit bien y reconnaître des lettres authentiques : « [Les lettres] ont été écrites réellement, non pour le public, mais pour un amant chéri, et on le voit bien par la chaleur, le désordre, la folie, le naturel, le tour original, qui y règnent[149]. » Faisant référence aux paramètres de la feintise, tels que le topos du « désordre » ou celui du statut privé des lettres, c'est Grimm qui, *a posteriori* et en dépit de tout paratexte explicatif, pourvoit le texte d'un dispositif authentifiant. Il semble ainsi confirmer que, dans le cas d'une pseudo-traduction, le déni de la fiction prête plus souvent à discussion. Quant à la feintise d'un transfert culturel, qui devrait être l'essence même d'une pseudo-traduction, celle-ci s'avère plus facile à écarter, surtout dans le cas d'un texte comme *Fanni Butlerd*, où la portée anglaise de l'intrigue est en réalité minimale. Puis le compte rendu de l'*Année Littéraire* rejette d'emblée et de façon catégorique la feintise culturelle, en posant que « l'auteur de ces *Lettres* n'est point une Angloise »[150]. Non seulement, l'origine anglaise du roman est tout de suite réfutée, mais encore la structure de *double entente* semble être percée et critiquée dans la conclusion du compte rendu : « Vous ne sçavez d'ailleurs si ce sont les mœurs angloises ou les manières françoises qu'on a voulu y représenter[151]. » Si la signature de l'ouvrage n'est pas jugée anglaise, c'est que la coloration culturelle de l'intrigue ne serait pas suffisamment distincte ni représentative pour être crue « anglaise ». Pour sa part, l'authenticité de l'œuvre est également réfutée par le critique, qui se réfère en effet à « l'auteur » de *Fanny Butlerd* : celui-ci se serait proposé *Les lettres de la marquise* de Crébillon-fils pour « modèle », mais « la manière d'écrire, toute originale qu'elle est, ne le tire pas de la classe subalterne des copistes »[152]. Sous ce rapport, deux observations s'imposent : *primo*, l'aisance avec laquelle le critique parle de l'« originalité » du roman, de son « auteur » et de ses éventuels « modèles » fait ressortir que la fictionnalité des pseudo-traductions est à ses yeux d'une évidence qui ne demande pas de

---

148 *C.L.*, 1ier Avril 1757, p. 117.
149 *C.L., ibid.*
150 *A.L.*, « Lettres de Miss Fanni Butlerd », Tome VI, 1757, p. 52.
151 *A.L., ibid.*, p. 59.
152 *A.L., id.*

preuve ultérieure. Le compte rendu de *L'Année Littéraire* s'oppose de ce fait à l'hésitation d'autres critiques devant les stratégies d'authentification adoptées dans *Fanni Butlerd*. *Secundo*, il est intéressant de constater que, tout comme dans le compte rendu du *Journal Encyclopédique*, l'ouvrage se voit inscrit dans la lignée des *Lettres de la marquise* de Crébillon-fils. En dépit du vernis anglais des lettres, il s'avère que sur les plans du style et de la composition romanesques, *Fanni Butlerd* répond plus naturellement au goût français.

Or, le scepticisme qui transparaît dans les comptes rendus de *Fanni Butlerd* semble confirmer l'idée selon laquelle la mention « traduit de l'anglais » prête davantage à discussion parmi les critiques contemporains[153]. Il semble ainsi que le dispositif de la pseudo-traduction – et la réclamation d'authenticité (culturelle et/ou ontologique) impliquée – suscitent auprès des critiques un réflexe d'interprétation et d'éclaircissement en fonction du lectorat, potentiellement dupe. Les fictions à l'anglaise, en revanche, sont communément admises comme telles, sans que la *double entente*, sous-jacente à leur mise en discours, ne soit sujette à discussion. A l'aube de la grande vogue des *histoires anglaises*, seul Grimm se hasarde à mettre en garde le public contre les implications des romans concernés.

Cette hypothèse se voit confirmée – et affinée – lorsque sont pris en compte les critiques d'un autre roman de Mme Riccoboni, *Lettres de Miladi Juliette Catesby*, où l'indication « traduit de l'anglais » fait défaut. Alors que ce deuxième roman ne paraît que deux ans plus tard, il est, contrairement à *Fanni Butlerd,* reconnu tant dans sa fictionnalité que dans sa francité. Cette perception différente des deux romans pourrait s'expliquer par la reconnaissance de l'auctorialité de Mme Riccoboni, qui serait entre-temps sortie de l'anonymat en raison de l'accueil bienveillant du public. Ecoutons à ce sujet encore Grimm, lorsqu'il affirme en termes explicites que « [c]e nouveau roman est

---

153   Citons aussi quelques commentaires sur la première pseudo-traduction de l'abbé Prévost, *Le Philosophe anglois, ou Histoire de Monsieur Cleveland* (1731). Outre la lecture d'Anfossi en 1733 (« Prévost l'a donné comme une traduction de l'anglais. Il y a apparence que c'est une fiction mais on peut dire qu'il est bien entré dans le caractère sombre de cette nation. » (p. 297)), Beaumarchais et Desfontaines ont critiqué l'invraisemblance de l'anglicité configurée dans ce roman. Ainsi Beaumarchais : « L'auteur représente ensuite le fameux Cromwell [...]. Il le fait agir en tout d'une manière bizarre, entièrement contraire aux mœurs des Anglais [...]. » (1732 ; les deux passages sont cités dans *Cleveland. L'épopée du siècle*, Jean-Paul Sermain (éd.), Paris, Desjonquères, 2006, p. 296) Pour sa part, Desfontaines prend également soin de rejeter l'imposture de traduction : « Ce n'est point ici une traduction & on en doit moins croire le titre que la Préface de l'éditeur, que l'on peut sans inconvénient confondre avec l'Auteur lui-même. » (Sermain, *ibid.*, p. 295).

de Mme Riccoboni, actrice de la Comédie-Italienne, à qui nous devons depuis deux ans deux petits ouvrages qui ont eu du succès, [...]. Les *Lettres de Milady Catesby* ont, ce me semble, encore plus de succès dans le public que les deux autres »[154].

Dans son commentaire, Grimm nous informe de l'importance du public en tant qu'agent décisif dans le processus de légitimation d'un auteur individuel. Or, si tel semble être le cas de la carrière de Mme Riccoboni, il importe toutefois de considérer que d'autres facteurs ont joué un rôle, au-delà de la question de l'auctorialité. L'interprétation différente de *Juliette Catesby* ne s'expliquerait pas uniquement par la reconnaissance de la main de Mme Riccoboni, qui n'est pas signalée dans le compte rendu du *Journal Encyclopédique*. Si la fictionnalité française de l'ouvrage y est pourtant reconnue, le critique se limite en effet à suggérer que « l'Auteur de ces lettres est une femme ». Du reste, faute de nom d'auteur, l'absence d'un sous-titre justificateur semble suffire, dans plusieurs cas, à dévoiler le statut romanesque et français des *Lettres de Juliette Catesby*. En d'autres termes, alors que la mention « traduit de l'anglois » semblait, sinon induire en erreur le lecteur[155], du moins l'amener à discuter les présuppositions de la feintise, l'absence d'un tel indice paraît d'ordinaire enlever toute possibilité de doute. Citons à ce sujet un commentaire dans le *Journal de littérature, de sciences et des arts*[156] consacré à deux *histoires anglaises* de Mme Bournon-Malarme (*Milady Lindsey* et *Clarence Welldone*), dont nous avons déjà décrit le profil d'auteur. Outre des commentaires sur les défauts stylistiques des deux romans, le texte contient un appel à la romancière de respecter davantage une certaine forme de vraisemblance culturelle. Quoique la fictionnalité de ses deux romans soit pleinement reconnue, Mme Bournon-Malarme est invitée à « être plus fidèle dans les tableaux qu'elle fait des étrangers, & de ne pas les calquer sur ceux des François de nos jours »[157].

---

154   *C.L.*, 1ier avril 1759, p. 308.
155   Que la formule titrologique « traduit de l'anglois » continue à mystifier les critiques est illustré – *a contrario* – lorsqu'en 1788, *Miss Lucinde Osburn, traduction de l'anglois* est démasqué comme « une production françoise déguisée » dont le critique soupçonne « que la traductrice & l'auteur ne font qu'un ». (*J.En*, « Miss Lucinde Osburn », juillet 1788, p. 281) Le roman en question serait en réalité une véritable traduction de l'anglais, dont l'original aurait été publié un an plus tôt (Harold Streeter, *The Eighteenth Century English Novel in French translation*, NY, 1936, p. 180). La mention « traduit de » semble ainsi maintenir, même tard dans le XVIIIe siècle, sa fonction signalisatrice, incitant les critiques à se poser des questions à l'égard du statut du texte.
156   Cité dans *L'esprit des Journaux*, septembre 1780, pp. 127-140.
157   *Ibid.*, p. 131.

La formule de l'*histoire anglaise* semble donc partager avec celle de la traduction supposée l'impératif de la probabilité culturelle ; dans le premier cas, celle-ci semble pourtant considérée comme inhérente aux lois de la fiction, la question préliminaire du statut du texte ayant perdu sa pertinence.

Une anglicité traduite
En règle générale, le statut fictionnel des romans de notre corpus n'est guère contesté par les critiques littéraires. Toujours est-il que les marqueurs d'anglicité qui devraient assurer l'adhésion du public anglomane ne passent pas inaperçus.

Dans un souci de contextualisation, ce chapitre tente de cerner – dans une première démarche – les *a priori* et les points de référence qui orientent la réception française de la littérature anglaise. A cet effet, nous mettrons à profit une lecture attentive de quelques sources secondaires en matière de la traduction – et de la réception – de la fiction anglaise au XVIIIe siècle. Pour des raisons de représentativité, celle-ci se référera tant à un recueil de préfaces de traducteurs de romans anglais[158] qu'à plusieurs comptes rendus critiques d'œuvres anglaises, provenant de notre corpus de journaux littéraires.

Primo, il s'avère que nombre des comptes rendus critiques de l'original anglais cachent à peine une orientation cibliste. Alors que les traductions des romans anglais corroborent *in se* l'intérêt français pour la littérature anglaise, il arrive souvent que les déficiences – plutôt que les qualités – esthétiques et morales de l'original soient mises en relief. Cela est notamment le cas de la traduction de *Gulliver's travels*, où Desfontaines inscrit sa version dans le registre de l'adaptation plutôt que dans celle de la traduction, croyant les « réflexions triviales, pensées basses, redites ennuyeuses, polissonneries grossières [et] plaisanteries fades » peu aptes à plaire « au goût de la France »[159]. Or, Desfontaines n'est évidemment pas une voix isolée dans un paysage littéraire où les critiques de la trivialité, voire de la grossièreté de la « manière anglaise », qui ne serait pas « tout à fait aussi châtiée que la française »[160] résonnent partout. La bassesse des romans anglais n'affecterait d'ailleurs pas seulement le choix des mots, mais également la réalité sociale mise en scène, qui serait souvent peinte de couleurs trop banales et explicites aux yeux délicats du lecteur-traducteur

---

158 Cf. *Recueil de préfaces de traducteurs de romans anglais : 1721-1828, op.cit.*

159 Préface à la traduction de *Gulliver's Travels* par Desfontaines en 1728 (« Voyages de Gulliver »), *Recueil de préfaces, ibid.*, p. 43.

160 Préface à la traduction de *Pamela, or virtue rewarded* de 1744 (« Paméla, ou la vertu récompensée »), *Recueil de préfaces, ibid.*, p. 65.

français. Citons à cet égard l'abbé Prévost dans sa préface aux *Nouvelles lettres anglaises ou histoire du Chevalier Grandisson* :

> J'ai supprimé ou réduit aux usages communs de l'Europe ce que ceux de l'Angleterre peuvent avoir de *choquant* pour les autres nations. Il me semble que ces restes de l'ancienne *grossièreté britannique* [...] déshonoreraient un livre où la *politesse* doit aller de pair avec la noblesse et la vertu[161].

En tant que tel, le passage précité fait écho à quelques tendances – jusqu'à un certain point contradictoires – qui définissent la réception de romans anglais en France. *Primo,* il souligne l'adhésion des auteurs – et critiques – à la littérature et au *goût* français, l'original étant jugé inférieur à la version française. Partant, même si l'intérêt pour les romans anglais va croissant, les textes littéraires susceptibles d'attester cet intérêt sont toujours – jusqu'à un certain point – francisés[162].

A l'encontre de cette tendance à l'adaptation, se lève pourtant un contre-courant de traducteurs qui n'hésitent pas à décrier la francisation des romans anglais. Ainsi, la version française d'*Amelia* de Fielding, par Mme Riccoboni, se voit critiquée un an plus tard par Philippe de Puisieux qui lui reproche d'avoir « fait d'*Amélie* un joli roman français, à juger du tout par la première partie. Mais plus elle a travaillé la portion qu'elle en a conservée, moins on y reconnaîtra le génie anglais »[163]. A cette « Amélie française », de Puisieux aurait préféré une Amelia qui serait toujours « dans le goût anglais ». La fidélité de cette version résiderait avant tout dans la reprise « des mœurs et des caractères » anglais, qu'il considère comme « la seule utilité qu'on peut tirer de la lecture d'un roman ». Tandis qu'un Prévost réclamait déjà qu'il avait gardé la « teinture nationale » de *Clarisse Harlove* (1751), il s'avère qu'au niveau de l'anglicité – littéraire et culturelle – les (premières) traductions de l'anglais auraient été peu fidèles. C'est ce qu'atteste également le préambule à *L'homme sensible*,

---

161 « Nouvelles lettres anglaises, ou histoire du Chevalier Grandisson » (réédition de 1770), *Recueil de préfaces, ibid.,* p. 71. C'est nous qui soulignons.

162 Même vers la fin du XVIIIe siècle, « l'habillement » à la française est encore très souvent de mise. Citons à cet égard un passage de la préface à *Oronoko, ou le Prince nègre* d'Aphra Behn, reprise dans la *Collection de romans et contes, imités de l'anglais, corrigés et revus de nouveaux* (1788) par Pierre-Antoine de la Place. Le traducteur y insiste encore sur l'identité nationale des ouvrages : « *Oronoko* a plu à Londres, habillé à l'anglaise. Pour plaire à Paris, j'ai cru qu'il lui fallait un habit français. » (*Ibid.,* p. 141)

163 *Ibid.,* p. 63.

dont l'original était de la main de H. Mackenzie. Ayant « tâché de rendre avec fidélité les moindres nuances des couleurs locales », le traducteur français prétend rompre avec ses prédécesseurs « [qui] sont presque toujours dans l'usage de falsifier leur auteur, sous prétexte de le *franciser*. Sous leur plume, tous les écrivains ont le même style »[164].

Par ailleurs, l'orientation franco-centrique des préfaces n'investit pas seulement le niveau poétique, car celles-ci se font aussi l'écho des stéréotypes socio-culturels qui marquent les rapports franco-anglais de l'époque. Alors que la traduction à grande échelle servirait prétendument le désir d'introduire de nouveaux modèles littéraires dignes d'imitation, le discours socio-culturel qui y est associé trahit une attitude manifestement défensive. Même les préfaces aux traductions sourcières insistent sur l'*altérité* radicale de la culture anglaise. Jusqu'à un certain point inhérente au discours traductionnel, cette mise en évidence de l'altérité se construit plus d'une fois d'images récursives qui ne manquent pas de mettre en perspective l'ambition novatrice. A plusieurs reprises, les traducteurs recourent à des stéréotypes culturels rabâchés – et négativement connotés – pour définir la « façon anglaise ». Evoquons à cet égard l'idée de la *grossièreté* anglaise, que Prévost fait contraster avec la *politesse* française dans le passage précité. Sur une tonalité plus positive, cette rudesse anglaise – souvent présentée comme la résultante du réalisme social des romans – est parfois aussi conçue en termes de « naïveté, simplicité et pureté dans les sentiments »[165]. De même, la prédisposition au *spleen* trouverait son écho dans les romans *sombres* des Anglais. Plusieurs traducteurs y touchent dans leurs préfaces, mais dans l'avant-propos de *La visite d'été, ou portraits modernes* l'humeur sombre et réflexive des Anglais prend tout à coup une tournure positive, en ce qu'elle serait la *conditio sine qua non* de leur aptitude à écrire des romans :

> Il semble en effet qu'une nation qui a produit le chef-d'œuvre immortel de Clarisse, ait un droit exclusif aux ouvrages de ce genre. […] La joie même de ce peuple a quelque chose de triste et d'austère. […] Alors, dans le silence de la réflexion, on porte un œil attentif sur les tableaux et les caractères que la société nous a offerts. […] On peut alors revêtir des êtres chimériques de couleurs puisées dans la vérité ; et plaçant ces personnages imaginaires sur la roue des événements, un habile romancier

---

164 Préface à la traduction de *Man of Feeling* par Ange-François de Saint-Ange de 1775 (« L'Homme sensible »), *Recueil de préfaces, ibid.*, p. 110.

165 Préface à la traduction de *The Man of Feeling* par J.F. Peyron (1775) (« L'homme et la femme sensibles »), *Recueil de préfaces, ibid.*, p. 109.

trouve le secret de montrer l'homme sous toutes les faces possibles. Voilà ce que les auteurs anglais entendent mieux que ceux des autres nations[166].

Ce passage évoque en même temps la croyance, partagée par plusieurs traducteurs, en l'*identité nationale* d'une littérature, voire d'une œuvre spécifique. Dans plusieurs préfaces se manifeste en effet l'idée d'une « littérature nationale », reconnaissable à l'aide de certains traits culturels et littéraires[167]. De plus, l'extrait est illustratif d'un autre réflexe (argumentatif) en matière de stéréotypie culturelle, à savoir celui de récupérer l'esthétique d'un auteur célèbre – toute particulière soit-elle – dans un discours « national » qui le dépasse. Nous avons donc manifestement affaire à une critique littéraire qui n'hésite pas à aborder le champ poétique en termes purement culturels. Cette idée est creusée dans un compte rendu de la *Correspondance littéraire* au sujet de *William Pickle* de Smollett, où Grimm évoque le concept de « roman domestique », propice à refléter les mœurs et le caractère particulier d'un peuple. Cette définition évoque d'emblée une distinction très nette entre les deux littératures rivales de l'époque, celle anglaise et celle française. Suivant l'analyse de Grimm, les romanciers anglais excellent dans le genre domestique, dont les romans de Fielding seraient les prototypes par excellence. Il commence par poser que le roman domestique, qu'il admire tant chez ses voisins, occupe une place dérisoire dans le contexte français. Ce manque s'expliquerait – encore – par un motif culturel, plutôt que littéraire :

Quand on réfléchit un peu, on trouve que s'ils n'ont point de tableaux dans ce genre, ce n'est pas faute de peintre, c'est faute d'originaux[168].

Ici encore, le discours sur l'identité nationale d'une littérature se fonde dans un raisonnement culturel stéréotypé. En effet, si le succès des romans domestiques anglais s'explique, selon Grimm, par l'esprit de liberté qui règne dans ce pays, l'absence de mœurs typiquement françaises reflète un manque de caractère :

---

166   L'original est attribué à Elisabeth Blower. Cf. *Recueil de préfaces, ibid.*, p. 143.
167   Voir également le passage suivant, qui provient de la préface au « Vieux baron anglais, ou les revenants anglois, histoire gothique », imitation du « Old English Baron » de Clara Reeve : « Un livre qui doit être intéressant suivant moi, est celui qui peut nous faire connaître une nation dont le génie, les usages, la littérature, tout enfin est remarquable par les traits originaux et de grands caractères. » (*Recueil de préfaces, ibid.* p. 152)
168   *C.L.*, 1^{ier} août 1753, T.1, p. 39.

« Tout le monde se ressemble, c'est-à-dire que nous ne ressemblons proprement à rien : voilà pourquoi nous n'aurons jamais de romans domestiques »[169].

En d'autres termes, même dans les textes critiques, la véridicité des stéréotypes nationaux n'est point mise en question ; bien au contraire, les stéréotypes sont intégrés tels quels dans un discours qui se veut critique sur le plan littéraire. Pour donner un autre exemple encore, dans le même commentaire de Grimm référence est faite à l'air « domestique » de la figure du « petit-maître ». Ainsi, sa critique de la matière romanesque française fait-elle revivre le stéréotype de la légèreté, clairement enraciné dans la culture française :

> Quand on peint nos petits-maîtres et nos petites-maîtresses, on a à peu près épuisé la matière et mis tout le national qu'il est possible de mettre dans un roman français. Tels sont les ouvrages de M. Crébillon-fils qu'on pourroit proprement appeler les romans domestiques de la nation[170].

Or, si le discours critique se nourrit des stéréotypes culturels les plus rabâchés, le choix des modèles littéraires s'avère tout aussi prévisible, avec l'œuvre de Samuel Richardson comme pierre de touche évidente. Le roman est examiné en long et en large dans maints comptes rendus de revues littéraires[171]. Dans un bilan tardif de 1761, qui compare *Clarissa* à *La nouvelle Héloïse*, le *Journal Étranger* décrit Richardson comme « le Moraliste Anglois » qui « met son héroïne à l'épreuve de toutes les attaques de la tentation, & par-là présente à toutes les femmes un modèle de perfection à imiter »[172]. Dans *l'Eloge de Richardson*, cette mise en scène touchante d'une vertu exemplaire est attribuée à la plume subtile de l'auteur, qui parvient à « [semer] dans les cœurs des germes de vertu qui y restent d'abord oisifs & tranquilles : ils y sont secrettement jusqu'à ce qu'il se présente une occasion qui les remue & les fasse éclore.

---

169 C.L., *ibid.*, p. 40.

170 C.L., *ibid.*, p. 39.

171 Certes, toute analyse de la réception critique de Richardson doit prendre en considération les variantes textuelles discutées dans les comptes rendus en question, d'autant plus que la traduction « élégante » de Prévost est peu fidèle à l'original anglais. Cela vaut surtout pour l'*Eloge de Richardson* de Diderot, que plusieurs critiques ont identifié comme une lecture tardive de l'original anglais. Dans un article de 2010, Shelly Charles montre pourtant que la traduction de Prévost se trouve bien à la base de ce compte rendu célèbre, qui pourtant s'inspire également de la traduction plus littérale de *Sir Charles Grandison* par Monod. (Shelly Charles, « Les mystères d'une lecture : quand et comment Diderot a-t-il lu Richardson ? », *Recherches sur Diderot et sur l'Encyclopédie* 45 (2010), pp. 23-39)

172 *Journal étranger*, « Parallèle entre la Clarice de Richardson & la nouvelle Eloïse de M. Rousseau », déc. 1761, p. 188.

Alors ils se développent ; on se sent porter au bien avec une impétuosité qu'on ne se connoissoit pas »[173].

Si plusieurs critiques semblent s'accorder sur cet effet de lecture, qu'ils disent intensifié par la recherche d'une touche réaliste (« Le monde où nous vivons est le lieu de sa scène ; [...] ses caractères sont pris du milieu de la société »[174]), les contours exacts de cette société imaginaire prêtent davantage à discussion. Alors qu'on lit dans l'*Eloge* que « ses incidents sont dans les mœurs de toutes les nations policées »[175], la portée universelle est nuancée dans le *Journal Encyclopédique* :

> Tout Lecteur honnête et sensible sera touché des beautés tendres & sublimes qui enrichissent *Clarisse* ; mais il y auroit peu d'équité dans celui qui exigeroit qu'un François goûtât des allusions qui portent sur des caractères & des mœurs qui lui sont étrangers[176].

Si les qualités esthétiques du roman se portent garantes d'une lecture émouvante, certains aspects du roman sont pourtant jugés trop empreints de la culture anglaise pour être transférables tels quels à un autre contexte littéraire. Il est alors intéressant de noter l'attention particulière portée à la caractérisation des personnages. Dans « l'immense variété de nuances »[177] que Diderot y trouve, c'est bien Lovelace, plutôt que Clarisse, qui interpelle les critiques littéraires par sa psychologie complexe. C'est encore Diderot qui touche à l'essence même de cette fascination, lorsqu'il s'étonne du caractère oscillant, voire contradictoire du personnage. Il se déclare en effet affecté par le « génie » de Richardson, qui se porte garant d'une caractérisation qui combine « les qualités les plus rares & les vices les plus odieux, la bassesse avec la générosité, la profondeur & la frivolité, la violence & le sang-froid, le bon sens et la folie »[178].

Alors que dans l'*Eloge* les traits du libertin Lovelace ne sont pas mis en rapport avec l'identité nationale de l'auteur, cette idée se manifeste dans les autres comptes rendus. Dans un article tendancieux, le *Journal encyclopédique* vise à mettre *Clarice* en regard de cet autre modèle de la littérature sentimentale,

---

173   *J.E.*, « Éloge », janvier 1762, p. 10.
174   *J.E.*, « Éloge », *ibid.*, p. 9.
175   *J.E.*, « Éloge », *ibid.*, p. 9.
176   *J.En.*, « Observations sur Clarisse », Mars 1763, p. 65. Un peu plus loin, le critique pose le problème de façon encore plus explicite : « *Clarissa*, dans sa version anglaise, n'est pas conforme au goût français. » (*J.En., ibid.*)
177   *J.E.*, « Eloge », *ibid.*, pp. 23-24.
178   *J.E.*, « Eloge », *ibid.*, pp. 26-27.

La nouvelle Héloïse. Or, le talent de Rousseau étant jugé supérieur à tous égards, la caractérisation de Lovelace est aussitôt récusée pour cause d'invraisemblance. Qui plus est, l'invention d'un antihéros aussi odieux que Lovelace est mise en rapport direct avec le caractère de son créateur, auquel sont attribués quelques-uns des stéréotypes les plus enracinés de la culture anglaise :

> Représenter un homme qui plaisante avec le remord, qui joue avec l'outrage, qui aiguise en souriant son poignard sous les yeux de sa victime, & qui le plonge avec le sang froid de la satisfaction dans le sein de l'innocence, c'est le chef-d'œuvre *d'une mélancolie âpre, d'une humeur sombre, & d'un mépris flétrissant pour l'humanité*[179].

Dans le cas du *Journal Encyclopédique,* le bilan comparatif semble servir la défense du propre, *i.c.* un roman-clé de la littérature française, contre l'inondation d'œuvres anglaises. Mais l'idée d'une inscription nationale du roman se trouve aussi dans le *Journal Étranger*, où il est suggéré que la duplicité de Lovelace est pour ainsi dire enracinée dans la culture qui l'a produite. A bien lire l'extrait, Rousseau n'aurait donc pas été susceptible de créer un tel personnage, faute d'exemple. Le même constat s'imposerait pour le rôle que joue Wolmar, « athée vertueux », dans la *Nouvelle Héloïse* : « ce caractère peut être naturel dans le pays où l'on le place, quelque outré qu'il paroisse à un Anglois »[180].

Or, la fascination du public français pour le roman de Richardson – et pour la figure de Lovelace plus en particulier – se manifeste non seulement à travers la réception immédiate de l'ouvrage, mais se fait tout aussi bien sentir dans les romans français qui se veulent « anglais ».

Anglicité et intertexte

Certes, la réception critique des fictions *à l'anglaise* ne confirme pas, de prime abord, en termes explicites le transfert de certains traits distinctifs esthétiques dits « anglais » dans la littérature française. Dans la majorité des comptes rendus, ces fictions sont considérées comme des romans français, l'anglicité littéraire et culturelle des histoires n'étant guère reconnue. Qui plus est, si les commentaires discutent rarement le phénomène général de l'Anglomanie littéraire en France, dans les quelques passages consacrés au sujet la vogue des mauvais imitateurs de l'anglais n'est manifestement pas regardée sous un jour

---

179   *J.En.*, *ibid.*, p. 67. C'est nous qui soulignons.
180   *J.E.*, « Parallèle », *ibid.*, pp. 192-193.

favorable. Cette idée ressort entre autres d'un passage plutôt tardif du *Journal encyclopédique*, qui porte sur *Miss Lucinde Osburn* de 1788 :

> Nous n'avons rien retrouvé d'étranger dans le roman d'Osburn que les noms des personnages. D'où vient cette mode de vouloir tout tirer de l'anglois ? Ne sommes-nous pas assez riches de notre propre fonds, & n'est-il pas plus beau de créer soi-même que de se borner au simple rôle d'imitateur[181] ?

A part sa tonalité méprisante – qui s'explique, comme on verra, par la qualité souvent jugée inférieure des histoires – ce passage est peu révélateur des modalités concrètes d'une fiction à l'anglaise. Or, si dans cet extrait l'anglicité est exclusivement liée à l'introduction de noms propres, ce constat semble, sous sa forme minimale, illustrer une stratégie récurrente, dans ce corpus de textes, de mettre en évidence une anglicité « caractérielle » visant un effet de reconnaissance immédiat auprès du public anglomane.

A ce sujet, l'analyse péritextuelle a déjà révélé que le renvoi aux romans-modèles anglais est souvent « mis en scène » sur la couverture des ouvrages. L'anglicité des romans en question s'y voit (pré-) figurée dans la reprise d'une des héroïnes célèbres de Richardson, stratégie dont l'enjeu commercial est indéniable. Ainsi, lorsque Baculard d'Arnaud rebaptise son *Fanni ou l'heureux repentir, histoire angloise* de 1765 en *Fanni ou la nouvelle Pamela* deux ans après sa parution, il ne fait que rendre plus explicite une stratégie d'intertextualité consciente, qu'il répète la même année dans un de ses autres romans, *Clary ou le retour à la vertu, histoire angloise* (1767). Tout comme *Fanni* était la nouvelle Pamela, *Clary* est le résultat d'une réécriture morale[182] de *Clarissa*, puisque l'héroïne réussit à retrouver le bonheur familial au lieu de succomber à son malheur[183]. Dans le cas de *Fanni*, l'*Année littéraire,* qui par ailleurs

---

181   *J.En.*, « Miss Lucinde Osburn », juillet 1788, p. 279.

182   Comme mentionné dans l'étude de Robert L. Dawson, Baculard d'Arnaud met la fiction explicitement au service de la morale : « Baculard d'Arnaud himself, through sentiment and sensibility, intended to make a genre, previously attacked as immoral and abusive, not to mention outrighlty subversive, compatible with morality. » (*Baculard d'Arnaud : Life and Prose Fiction*, Studies on Voltaire and the Eighteenth century 141-142, Oxford, Voltaire Foundation, 1976, p. 300)

183   Pour une analyse détaillée de l'intertexte richardsonien dans l'œuvre de Baculard d'Arnaud, voir aussi Robert L. Dawson, *ibid.*, pp. 266 *et seq.* Citons aussi l'observation de Baculard d'Arnaud dans la *Préface* aux *Nouvelles historiques*, où il explique la fin de *Clarice* comme suit : « Richardson a voulu nous prouver combien la vertu étoit aimable, puisqu'il n'y a personne, après avoir lu son ouvrage, qui n'aimât mieux être Clarisse entraînée sous

ne thématise point l'intertexte anglais, acquiesce pleinement au changement de titre : « La nouvelle édition que je vous annonce porte aussi le nom de 'Fanni', mais on y a joint celle de 'Nouvelle Paméla' & qui lui convient mieux en effet[184]. »

Or, une fois tournée la page de titre, l'introduction (trop) enthousiaste de quelque personnage-type anglais est traitée avec moins d'indulgence. Il en va ainsi de la *Nouvelle Clarice* (1767) de Mme Leprince de Beaumont, où l'équivalence entre original et copie est crue insuffisante à justifier l'analogie affichée dans le titre :

> On l'a intitulée la *Nouvelle Clarice* parce que l'héroïne se trouve aussi forcée de fuir la maison paternelle ; mais que cette Clarice est inférieure à celle de Richardson ! Il n'y a rien de ressemblant que le titre, et le titre même nuit beaucoup à ce dernier ouvrage, parce qu'il rappelle sans cesse l'ancienne, où l'on voit la chaleur, l'imagination, le génie se déployer [...] ; sans cela la *Nouvelle Clarice* auroit pu être confondu dans la foule de plusieurs romans peu vraisemblables, mais amusans [...]. On disserte trop, et trop longtemps ; on s'efforce de présenter l'ancienne Clarice comme une bégueule ; mais la nouvelle est bien moins aimable ; elle n'a point de défauts ; l'imprudence de la première la rend mille fois plus intéressante[185].

Dans ce passage, l'intertexte anglais est mis à nu comme une stratégie auctoriale pernicieuse aux deux romans en question. Si, d'une part, l'ouvrage de Mme Leprince de Beaumont ne peut aucunement faire honneur à la « chaleur » d'un original aussi brillant, d'autre part, la référence explicite au roman de Richardson ne ferait que mettre à l'avant-plan l'écart qualitatif considérable entre le modèle et son avatar. Le recours aux intertextes anglais dans *La nouvelle Clarice* est ainsi dévoilé – et critiqué – par l'*Année Littéraire* comme une stratégie discursive doublement inefficace. Alors que l'affichage de l'anglicité par le biais d'intertextes explicites répond à l'Anglomanie de la grande masse des lecteurs, ce passage atteste en effet son échec aux yeux de la critique littéraire. Il en va de même pour les *Mémoires de Clarence Welldone* (1780) de Mme Bournon-Malarme, dont le titre semble plutôt faire appel à *Clarissa*, mais que le *Journal de littérature, des sciences et des arts* inscrit à juste titre dans le sillage de *Pamela* :

---

le poids de l'infortune, que Lovelace, fût-il au comble de son bonheur. » (*Nouvelles historiques*, à Paris, chez Delalain, 1774, p. xi)

184 A. L., « Fanni ou la nouvelle Pamela ; histoire angloise par M. d'Arnaud », 1767, t. II, p. 214.
185 A.L. « La nouvelle Clarice », 1767, t. VI, pp. 38-39.

> Au reste, le but de ce roman est de faire triompher la vertu, & ce but est bien rempli ; il paraît que notre auteur s'est plu à imiter quelques situations du roman de *Pamela* ; mais nous n'avons pas trouvé dans ces scènes cette simplicité naïve qui rend la vertu aussi touchante dans *Pamela*[186].

Cette lecture comparative se base principalement sur quelques échos *scéniques* – dont la scène de séduction (voir *infra*) – ayant sans doute reçu le statut de scènes référentielles dans l'imaginaire du public français, imprégné par les modèles richardsoniens. Outre la reprise de ces scènes-clés, c'est avant tout la caractérisation des personnages qui marque les fictions à l'anglaise d'une empreinte richardsonienne. En effet, que penser de la figure du libertin, personnage certes tout aussi récurrent dans les romans à l'intrigue française, mais qui peuple grand nombre des fictions à l'anglaise sous des apparences différentes ? Suivant (entre autres) l'exemple de *Pamela* et *Clarissa*, le schéma narratif par excellence dans les fictions de notre corpus repose en effet sur la trame de la *damsel in distress* qui fait tout pour défendre sa vertu contre les assauts d'un libertin vicieux. Plusieurs comptes rendus de fictions à l'anglaise font à leur tour preuve d'une fascination pour ce personnage débauché et pour son identité culturelle. Fascination qui pourrait s'expliquer, au moins en partie, par l'inscription de cette figure dans les deux champs littéraires et culturels concernés. Alors que le libertinage est actuellement mis en relation avec la culture française sous l'Ancien Régime[187], le libertin était en réalité un *stock character* des deux côtés de la Manche, le « libertin » français[188] trouvant son

---

186 « Mémoires de Clarence Welldone », *L'esprit des Journaux,* septembre 1780, p. 132.
187 Citons à titre d'exemple Michel Delon dans son article « Débauche, libertinage, libertin » (in *Handbuch politisch-sozialer Grundbegriffe in Frankreich 1680-1820*, Oldenbourg, Heft 13, 1992, pp. 7-45 [p. 41]) : « Im 18. Jahrhundert ist die Identifikation der Franzosen mit dem *petit-maître* durchgängig [...]. Mme de Staël erhält, ohne ihn ebenso stark zu betonen, diesen Kontrast zwischen dem ‚tugendhaften Deutschland' und dem ‚libertinistischen Frankreich' aufrecht. »
188 Les critiques français étaient du reste clairement conscients du caractère stéréotypé du « petit-maître », dont la nature usée contribuait à la médiocrité de plusieurs romans « secondaires ». Voir également le passage suivant, provenant d'une critique dans *L'Année Littéraire* à l'égard d'un caractère libertin qui est mis en scène dans le roman « Mémoires de Milady B » de 1760 : « Il se trouve chez elle un cousin qui n'est qu'un fat ; l'auteur a manqué ce portrait ; il n'est revêtu que de couleurs monotones que l'on trouve dans tous les romans. Quand les écrivains en ce genre ont fait dire, *vous m'excédez, vous m'ennuyez à périr*, etc. ils croient avoir crayonné cet être qu'on appelait autrefois *Petit-maître*, & qu'on nomme aujourd'hui un important. Il en est de ces fats de roman, comme de nos marquis de comédie ; rien de plus usé et de plus commun. » (*A.L.,* « Mémories de Milady B », p. 330)

pendant anglais dans la figure du « *rake* »[189]. Véhiculant les mêmes idées de séduction et d'infidélité, ces deux caractères semblent pourtant porteurs d'une identité culturelle spécifique. Cette idée ressort également d'un passage du *Journal Étranger* sur la traduction du *Accomplished Rake, or the modern Fine Gentleman* (1727) de Mary Davis. Est mis en évidence le caractère particulier du *Rake*, dont l'équivalent français de *libertin* ne serait aux yeux du critique qu'une traduction approximative :

> L'expression Angloise *Rake* n'a point d'équivalent en François, & n'est rendue que très-imparfaitement par le mot *Libertin*. Les Anglois entendent par *Rake* un caractère plus digne de notre pitié que de notre colère. C'est un homme dont la vie n'est qu'une succession rapide & continuelle de fautes & de remords ; Il persévère dans le vice qu'il désapprouve, & n'a point de plaisir que le repentir n'empoisonne[190].

L'inscription culturelle du stéréotype narratif prend dans ce passage manifestement la forme d'une valorisation, en ce sens que le libertinage du *Rake* – pourrait-on dire plus 'sérieux' ? – s'investit davantage de sentiments négatifs ('fautes', 'remords', 'repentir') que le libertin français, moins abattu par les effets de ses vices.

Que le lecteur critique fût conscient de l'implémentation culturelle du caractère ressort encore d'un compte rendu concernant le troisième roman de Richardson, *Sir Charles Grandison*, traduit en français par l'Abbé Prévost. Dans un résumé critique du roman traduit, l'*Année Littéraire* insiste sur la « foule d'adorateurs » de l'Héroïne de l'intrigue, parmi lesquels se trouve un « petit-maître »[191] hardi : « Le plus empressé, le plus ardent, le plus opiniâtre

---

189   Dans son livre *Rakes, Highwaymen, and Pirates. The making of the modern Gentleman in the Eighteenth Century* (Baltimore : Johns Hopkins University Press, 2009), Erin Mackie analyse l'évolution des figurations du *rake* dans une étude socio-historique et littéraire. Elle argumente que le *rake* (tout comme *highwaymen* et *pirates*) informe le développement même du *gentleman*, partageant avec lui l'idée d'une masculinité qui est toujours – dans quelque mesure – offensive. Nous nous référons à cette étude dans la partie analytique.

190   *J. Et.*, « The accomplished Rake, or the Modern Fine Gentleman. Le libertine achevé, ou l'homme à la mode », octobre 1756, p. 112. L'extrait fait écho à un passage dans le journal *The Tatler* de Richard Steele : « A Rake is a man always to be pitied ; and if he lives, is one day certainly reclaimed ; for his faults do not proceed from choice or inclination, but from strong passions and appetites, which are in youth too violent for the curb of reason, good sense, good manners, and good nature. » (*The Tatler* 27, June 1709)

191   A la différence du terme « libertin », le terme de « petit-maître » connote davantage l'idée d'affectation. Les deux termes semblent correspondre à ceux de *rake* et de *fop*

est sir Halgrave Pollixfen. C'est une espèce de petit-maître à la façon anglaise, qui veut être l'amant et l'époux d'Henriette malgré elle[192]. » Même s'il ne se dégage pas clairement de ce passage à partir de quels critères le personnage est qualifié d'« Anglais », la phrase intéresse par le fait qu'y transparaissent à la fois les idées de *différence* et de *ressemblance* qui donnent au caractère libertin toute sa pertinence dans le cadre de notre étude. Le critique prend en effet conscience du fait que le terme (et le personnage) de « petit-maître » font partie d'un système de pensée aussi culturellement connoté qu'il nécessite quelque ajustement (« à la façon anglaise ») avant d'être applicable à un autre système culturel[193]. En même temps, la caractérisation de Sir Pollixfen amène le critique à évoquer la figure du « petit-maître », tel qu'il le connaît en France.

Lorsqu'au milieu du XVIIIe siècle naît du génie de Samuel Richardson un caractère libertin dont la complexité surpasse le niveau stéréotypé du *rake* et du libertin, la critique française semble l'ériger en nouveau prototype du libertin anglais. Dans sa lignée, les fictions *à l'anglaise* mettent en scène des caractères libertins qui, à bien juger les commentaires, s'avèrent moins représentatifs de la légèreté dite française, qu'ils ne sont imitatifs de certains aspects de l'esprit anglais, tels que la fureur[194] et la folie[195]. En outre, en insistant sur les germes de sincérité qui transparaissent à travers le vice indéniable, les auteurs semblent vouloir évoquer une complexité psychologique qui se veut tributaire de la caractérisation subtile de Lovelace, même si le modèle n'est pas explicitement identifié comme tel dans le (péri-)texte. Comme illustrent aussi les commentaires critiques, les avatars ne se révèlent pourtant guère à la hauteur de leur illustre modèle. Renvoyons par exemple au personnage de

---

respectivement (« the fop, on the one hand, records a precious, narcisisstic, affectedly refined sort of bad masculinity, or 'queerness' ; those of the rake, on the other hand, portray a ruthless, sometimes violent, predatory, dangerously antisocial sort. » Mackie, *ibid.*, p. 44) Dans plusieurs sources du XVIIIe siècle, les termes « petit-maître » et « libertin » s'avèrent pourtant interchangeables. Nous y reviendrons par la suite.

192   A.L., 1755 VIII, p. 142.

193   Rappelons encore le commentaire de Grimm à l'égard du « roman domestique », où c'était notamment le roman libertin de Crébillon-fils qui était qualifié de roman domestique français potentiel.

194   Nous nous référons à Milfort, héros du roman *Fanéli et Milfort*, écrit en 1776 par B. Imbert ou à D'Orblac dans les *Mémoires de Fanni Spingler, histoire angloise* de Mme Beccary (1781).

195   Pensons à Henri, un des protagonistes des *Deux orphelines, histoire angloise* de 1769, de la main de Teuton.

Milfort dans *Les égaremens de l'amour* de Barthélémy Imbert (1776), dont la fureur aveuglante[196] et la folie, causées par son infidélité et son déchirement entre l'amour et la haine, rappellent l'esprit tourmenté de Lovelace. C'est cette même complexité, ce tourbillon d'émotions qui est jugé « invraisemblable » dans le *Journal Encyclopédique* : « On est fâché que Mylford ne mêle pas à ces procédés cruels envers Faneli non des retours de tendresse, mais des mouvements d'honnête homme, étouffés par une passion insurmontable[197]. » Du reste, l'intertexte richardsonien, qui reste implicite dans le passage précité, se voit confirmé dans une autre critique, où *Fanéli et Milfort* est d'emblée inscrit dans la foule de romans sentimentaux qui, dans la lignée de Richardson et Rousseau, submergent le domaine littéraire : « Il [Milfort] n'ignore pas qu'à moins de ressusciter *Héloïse* ou *Clarice*, un roman ne peut procurer à son auteur une gloire solide[198]. » Ensuite, de façon bien plus affirmative, le compte rendu des *Mémoires de Fanni Spingler* (1780) de Mme Beccary fait également référence à Lovelace comme pierre de touche inégalable. Alors que l'analogie avec Lovelace semble suffisamment prononcée pour être repérée par le critique, le libertin Dorblac de *Fanni Spingler* est à ses yeux dépourvu de la complexité qui faisait tout l'attrait d'un Lovelace. Pourtant héritier de la violence et de l'atrocité de son modèle, Dorblac ne dispose pas de « [c]es qualités rares » qui avaient pourvu le héros de *Clarice* d'une richesse et d'une profondeur presqu'inimitables. En raison de ce manque, Dorblac ne serait qu'« un homme qui a tous les vices de *Lovelace*, sans avoir rien de ses grâces, sans avoir une étincelle de son esprit »[199]. Ainsi, son retour final à la vertu est jugé invraisemblable : « C'est Dorblac repentant, amoureux, discret, & tout-à-fait honnête-homme, comme si la chose était possible avec le caractère que vous lui connaissez[200]. » Aux yeux du critique, le manque de finesse et d'équilibre dans la mise en scène des personnages suscite une impression de médiocrité qui distingue les « mauvaises copies » de *Lovelace*. En même temps, par ce renvoi précis, le critique semble au moins reconnaître l'influence du modèle de Richardson sur cette fiction à l'anglaise.

Plusieurs observations s'imposent à ce sujet. D'abord, dans la (réception de la) fiction à l'anglaise, l'on est – à ce qu'il paraît – confronté à une reconfiguration de la figure libertine, qui se rapproche davantage du modèle anglais que

---

196 « Mylord est un des caractères chez qui toutes les passions sont des fureurs », *J.En*, « Les égaremens de l'amour », octobre 1776, p. 290.
197 *J.En., ibid.*, p. 296.
198 A.L., « Les égarements de l'amour », 1769, p. 74.
199 A.L., « Mémoires de Fanni Spingler, histoire angloise », 1781, p. 54.
200 A.L., *ibid.*, p. 60.

de la tradition française du libertin, passée sous silence dans l'extrait. En dépit de la complexité rarissime de *Lovelace* transparaissent en effet certains traits, tels que la violence, la fureur, voire la folie qui, tout en faisant partie intégrante de la psychologie du personnage, font appel à quelques traits distinctifs déjà figés dans l'imaginaire français. *Fanni Spingler* n'est du reste pas le seul ouvrage de Mme Beccary qui soit explicitement inséré dans la lignée richardsonienne. En 1778, Grimm désigne ainsi sa première *histoire anglaise*, *Milord D'ambi,* comme une « miniature dont le sujet paraît emprunté aux grands tableaux de Richardson »[201].

Du reste, quelques décennies plus tôt déjà, ce même critique discerne, peut-être pour la première fois, des échos du roman de Richardson dans un roman français *à l'anglaise*, à savoir *Les Heureux Orphelins* de Crébillon-fils (1754), à un moment où le public français vient de faire sa connaissance par la traduction de l'abbé Prévost (1751). S'il n'est guère étonnant que ce soit encore le personnage de *Lovelace* qui sert de comparant à l'analyse du libertin Chester, l'analogie esquissée par Grimm intéresse parce qu'elle se distingue à plusieurs points de celle avancée dans *L'Année Littéraire* trente ans plus tard :

> Vous voyez que le tableau n'a rien de neuf ni d'intéressant. Les fréquentes digressions que notre petit-maître fait sur la fatuité, et ses principes sur les femmes et sur d'autres manières de sa compétence, sont des lieux communs que notre fat anglais a recueillis de la lecture des romans de M. de Crébillon, et qui lui donnent un air de pédanterie insupportable. C'est d'ailleurs une maladresse que de faire raisonner un petit-maître ; premièrement, parce que ces êtres ne raisonnent point ; en second lieu, parce qu'il n'y a rien de si fastidieux que d'entendre déraisonner des gens qu'on n'estime point. Je me trompe fort, ou c'est Lovelace qui a donné à M. de Crébillon l'idée de son lord Chester ; mais pour oser traiter de pareils caractères et pour le faire avec succès, il faut avoir le génie et la tête de l'auteur de *Clarisse* ; l'esprit, quelque brillant, quelque léger qu'il puisse être, ne suffit pas. Lovelace n'est pas seulement petit-maître, ou bien il l'est trop singulièrement pour ne point fixer votre attention. C'est un scélérat de la plus singulière espèce[202].

Au premier abord, sautent aux yeux les analogies avec le compte rendu de *Fanny Spingler* : le jugement de Grimm s'exprime également en faveur du modèle anglais, l'intertexte de Lovelace étant invoqué, ici encore, pour

---

201 *C.L.*, avril 1778, T. X, p. 21.
202 *C.L.*, 15 août, 1754, éd. Frères Garnier, 1878, T. II, p. 391.

souligner la médiocrité de son avatar français. Une fois de plus, le « génie » de Richardson s'avère un facteur déterminant pour la qualité littéraire d'une œuvre. A bien interpréter le raisonnement de Grimm, il semble que l'analyse du comparant – tout comme celle du comparé – présupposent une autre vue sur la figure du libertin. Le personnage de Chester se laisse comparer à un double point de référence : avant de suggérer l'influence anglaise à travers la figure de Lovelace, Grimm fait référence au contexte français de l'œuvre crébillonienne. En d'autres termes, le premier comparant n'est pas celui du libertin Lovelace, mais bien celui d'un petit-maître, qui joue un rôle charnière dans l'œuvre de l'auteur français[203]. Dans un premier temps – et malgré leur étiquette anglaise – les *Heureux Orphelins* sont ainsi insérés dans un contexte littéraire et culturel explicitement français, qui évoque l'idée de légèreté et de fatuité. Notons d'ailleurs que le terme pourtant bien spécifique de « petit-maître » désigne ici encore un libertinage français au sens plus général, à la différence d'un libertinage anglais. Ensuite, dans ce cas particulier, la figure de Chester est mise en relation avec le libertin crébillonien par excellence, Versac dans *Les Egarements du Cœur et de l'Esprit*. De ce fait, la prétendue anglicité de l'ouvrage, emblématisée dans le personnage de Lord Chester, est dans un premier temps indirectement remise en question par Grimm, pour être reprise aussitôt dans un renvoi à la figure de Lovelace. S'il n'est pas entièrement clair sur quels traits distinctifs l'invocation de cet intertexte anglais se base – sans doute Lovelace est-il à ce moment le référent par défaut de toute fiction libertine ? – force est de constater qu'elle trahit de même un réflexe de récupération terminologique. Malgré sa « singularité » reconnue, Lovelace est tout de même défini comme un « petit-maître », terme manifestement français.

De deux choses l'une donc. Soit, dans un premier temps, la critique française ne s'est pas encore suffisamment habituée à cet intertexte anglais pour être à même de se défaire de son regard « endogène ». Soit le cadre de référence franco-anglais évoqué dans le métatexte se justifie par l'ambiguïté de l'inscription culturelle de « Lord Chester », personnage à double identité. Quoiqu'il en soit, la référence au petit-maître paraît suggérer que, sur le plan interprétatif tout comme sur le plan conceptuel, la fiction à l'anglaise dévoile, en dépit de l'étiquette affichée, sa signature française. Pareillement, bon nombre de critiques mettent à nu comment d'autres fictions *à l'anglaise* recherchent un effet

---

203 Voir le passage suivant, où il est souligné que, par la figure du petit-maître, Crébillon rejoint un des fils rouges de son œuvre : « Pour ne point exposer ses orphelins, il a envoyé à la découverte un petit-maître, race dont il est sûr, et à laquelle il doit principalement sa réputation, par le talent qu'il a eu de la représenter sous des faces nouvelles et piquantes. » (C.L., *ibid.*, p. 390)

de reconnaissance immédiat, fondé sur l'insertion de quelques indices d'anglicité, plutôt qu'un acte de transfert de modèles littéraires anglais[204]. Ainsi, à la publication de son récit *Julie ou l'Heureux Repentir,* Baculard d'Arnaud est encore accusé de ne pas parvenir à surpasser le niveau superficiel du *windowdressing* dans ses *histoires anglaises* :

> Ma foi, j'en avais assez de Fanny, qui m'a entre autres prouvé la parfaite ressemblance de M. d'Arnaud avec M. de Beaumarchais, en ce qu'ils ont tous les deux la manie de placer leur scène en Angleterre sans avoir la connaissance la plus légère des mœurs anglaises[205].

Sur le mode ironique, Grimm fait le procès du polygraphe Baculard d'Arnaud, auquel il reproche d'avoir réduit l'imitation de la littérature anglaise à une sorte de « façon », une « darnaud-erie »[206] à la fois superficielle et susceptible de variations infinies. Est reprise également l'idée de « manie », qui reflèterait la manière presque mécanique dont les auteurs mettent en scène un univers anglais factice, car uniquement puisé dans un fonds d'idées reçues à l'empreinte française.

Il est du reste à observer que, dans la réception critique des *histoires anglaises*, la question de l'anglicité concerne presqu'exclusivement le niveau littéraire, et rarement celui du cadre (politique ou social) anglais. A cela s'ajoute que les grandes périodes de conflits politiques entre la France et l'Angleterre ne semblent aucunement influer sur le jugement et l'interprétation des récits, ou du moins pas de façon explicite[207]. Ainsi, en règle générale, même dans les

---

204   Par ce, nous souscrivons à la lecture de Dawson, qui met à nu l'anglicité vague dans les fictions de Baculard d'Arnaud: « Little matter that the Engeland of Baculard's novelle is a vague place, a shadowy sentimental realm more representative of the French nation than her neighbour. He was not interested in a sociological or psychological study of the country, but merely capitalized on the vogue in question, using it to his own sentimental purpose. » (*ibid.*, p. 288)

205   *C.L.*, Mai 1767, éd. Garnier Frères, 1879, p. 323.

206   *Ibid.*

207   Voir la *Correspondance littéraire* pour une des rares références au contexte politique dans lequel la fiction concernée voit le jour. Alors qu'il s'agit d'une comédie, l'incise de Grimm montre que la connotation négative dans la représentation du personnage anglais est, certes, explicitement attribuée au contexte politique (« c'est là, comme le dit l'auteur, une petite hostilité qu'on a cru pouvoir se permettre contre l'Angleterre dans les circonstances actuelles »), mais n'est point approuvée par le critique, qui reproche à l'auteur un manque de vraisemblance : « il faut convenir qu'elle n'est pas plus heureuse que beaucoup d'autres. » (*C.L.*, Janvier 1780, T. X, p. 242)

périodes de grand conflit franco-anglais – comme pendant la Guerre de Sept Ans – les critiques ne prennent guère en compte le contexte politique dans leurs discours évaluatifs[208]. Ce silence semble confirmer l'impression que l'inspiration anglaise des fictions à l'anglaise n'est souvent pas jugée déterminante.

Ainsi, les fictions à l'anglaise ne sont que très rarement valorisées en tant que véhicules fictionnels – stéréotypés ou non – des rapports socioculturels entre les deux cultures impliquées, la France et l'Angleterre. Elles semblent par contre jugées – et attaquées – sur les plans esthétique et littéraire, plutôt que pour des raisons d'ordre culturel. Si *anglicité* il y a, celle-ci semble reposer sur une imitation – aussi superficielle soit-elle – des modèles établis de la fiction anglaise.

Valeur esthétique et intérêt commercial[209]

Dans les deux premiers volets de cette étude de la réception, les *histoires anglaises* se sont profilées pour la plupart comme des fictions « secondaires », au double sens de « mineures » et de « dérivées », tirant parti de la réception favorable de la littérature anglaise. Dans un dernier moment d'analyse, il importe d'examiner comment le statut littéraire est valorisé par le public (critique) de l'époque.

S'il importe en effet de savoir dans quelle mesure les fictions à l'anglaise étaient *crues* en tant que véhicules d'anglicité, s'impose de même la question de savoir quels étaient les paramètres de valorisation adoptés par la critique. A ce sujet, il ne saurait étonner que les commentaires (dépréciatifs) sur la valeur esthétique des fictions *à l'anglaise* n'excluent point la valorisation de leur intérêt commercial. En outre, il semble qu'en règle générale les commentaires

---

208 Van Tieghem a remarqué une répugnance explicite chez Fréron à l'égard de la littérature anglaise aux moments-clés de l'histoire politique franco-anglaise : « Remarquons ce que Fréron dit au début de la guerre de Sept ans : 'Leur littérature n'est pas plus sûre que leur politique.' (1756, VI, 241) On trouverait quelques impressions analogues dans les derniers volumes de la collection, qui sont contemporains de la guerre d'Amérique : dans les deux cas, l'état de guerre avec l'Angleterre a influé sur l'opinion et a pu donner plus de poids aux réserves du journal sur la littérature anglaise. » (*op. cit.*, p. 32)

209 Le terme esthétique ne fait son entrée en littérature française que dans la deuxième moitié du XVIIIe siècle : « Il apparaît pour la première fois sous la plume du philosophe allemand Baumgarten, dans les *Méditations philosophiques sur l'essence du poème* (1735). Il est introduit en France en 1776 dans le *Supplément de l'Encyclopédie*. Si le mot est nouveau, la discipline lui préexiste déjà depuis l'antiquité, en tant que 'philosophie de l'art'. » (Jan Herman, Nathalie Kremer, Beatrijs Vanacker, *Les lumières en toutes lettres*, Acco, Leuven, 2009, p. 66)

s'articulent sur une évaluation du *style* d'une part et sur celle des arguments (d'ordre, social, moral, culturel) véhiculés de l'autre.

Avant toute chose, il convient d'observer l'hétérogénéité des commentaires, qui reflète manifestement un domaine critique non-établi, gouverné par la subjectivité du regard critique. Il arrive ainsi que certains aspects d'une même fiction – qu'ils soient liés au style ou plutôt à l'aménagement de l'intrigue – soient tantôt appréciés, tantôt démolis de fond en comble. Quoique les mêmes critères d'évaluation soient repris, le jugement critique qui en découle peut différer sensiblement. Citons sous ce rapport encore l'exemple – à vrai dire très particulier – de Baculard d'Arnaud[210], qui est porté aux nues dans les comptes rendus de l'*Année Littéraire*. Plus spécifiquement, se voit louée la sensibilité de ses ouvrages, qui prend la forme de grandes passions aux couleurs extrêmes : tantôt ce sont les « tableaux des malheurs de l'humanité » qui « affectent puissamment [l'] âme », tantôt il s'agit « d'un des morceaux les plus attendrissants, les plus pathétiques » que « nous ayons dans notre langue »[211]. Dans l'*Année Littéraire*, l'expérience de lecture engendrée par les fictions de Baculard lui fait même pardonner les nombreuses invraisemblances sur le plan de l'*inventio* romanesque :

> Peu d'ouvrages, Monsieur, m'ont fait une aussi bonne impression que celui-ci. Je pardonne à l'auteur d'avoir exagéré la dureté des hommes, et répandu des teintes trop noires sur les malheurs de Silii, en faveur du parti qu'il a su tirer de la fiction. Cette histoire inspire l'intérêt le plus tendre et le plus vif. Le cœur se déchire en la lisant[212].

En revanche, c'est notamment le manque de « vérité » et de naturel dans le style pathétique « à fleur de peau » de Baculard qui suscite la critique de Grimm dans la *Correspondance Littéraire*. Ne pouvant ajouter foi à la sensibilité étalée dans les fictions, il ne s'en montre point touché. A deux reprises, il reproche à Baculard d'Arnaud d'adopter une écriture « fausse » et « emphatique » qui n'est point crédible, puisqu'elle se fonde sur une « platitude » essentielle, mais qui réussit quand même à corrompre les jeunes lecteurs, « peu difficile[s] sur les

---

210 Pour une analyse circonstanciée de la position et de la réception de son oeuvre, nous renvoyons le lecteur intéressé à l'essai sociologique de Gilbert van de Louw (*Baculard d'Arnaud, romancier ou vulgarisateur (essai de sociologie littéraire)*, Université de Nancy, thèse de doctorat, 1972).
211 A.L., « Fanni ou la nouvelle Paméla », II, p. 215.
212 A.L., « Sidnei et Silii, ou la bienfaisance et la reconnaissance. Histoire angloise », II, lettre X, p. 207.

sujets et les tableaux de tendresse et d'amour »[213]. Ce reproche de « platitude » se rapporte manifestement au style tout comme à l'*inventio* [les tableaux] de la fiction concernée.

Avec la montée du « goût » comme nouvel organe critique, il n'est pas étonnant que les fictions à l'anglaise aussi, même si elles sont qualifiées de « secondaires », soient soumises à une multitude de regards, qui jugent tous d'après un ensemble de critères et de valeurs esthétiques bien particuliers. En même temps, la subjectivité remarquable dans les différents jugements met à nu – à ce qu'il paraît – la portée sociologique de la critique littéraire, en ce que les critiques, tout comme les auteurs évalués, s'avèrent des *actants* dans une dynamique de consécration qui se montre plus d'une fois influencée par des mobiles personnels ainsi qu'institutionnels[214]. L'orientation des comptes rendus est ainsi intimement liée au programme évaluatif de la revue concernée. Dans la *Correspondance Littéraire* surtout, les auteurs des fictions concernées se voient plus d'une fois personnellement visés par le critique, ne fût-ce que par le fait qu'ils sont apostrophés dans le compte rendu. Ainsi, le polygraphe Baculard d'Arnaud se voit attaqué plusieurs fois, et souvent sur le mode ironique :

> Ce redoutable écrivain vient de faire la clôture de ses travaux littéraires, pour cette année, par un sixième roman [...]. Cela n'a pas l'ombre de naturel ni de sens commun. Nous sommes menacées pour l'année prochaine de six autres romans semblables. Dieu fasse miséricorde à M. d'Arnaud, et accorde patience et courage à ses lecteurs[215] !

Mais d'autres auteurs encore, et pas des moindres, se voient explicitement mis en scène, comme pour souligner le statut médiocre de l'œuvre commentée.

---

213 *C.L.*, mai 1767, dans *Correspondance littéraire, philosophique et critique* par Grimm, Diderot, Raynal, Meister, etc. revue sur les textes originaux, comprenant, outre ce qui a été publié à diverses époques, fragments supprimés en 1813 par la censure, les parties inédites conservées à la Bibliothèque Ducale de Gotha et à l'Arsenal à Paris, notices, notes, table générale par M. Tourneux, T. VII, 1879, p. 323.

214 Au sujet de l'appui remarquable de la part de l'*Année littéraire*, Gilbert van de Louw nous apprend que : « on peut, en effet, se demander dans quelle mesure Baculard aurait eu le succès que l'on sait sans l'appui de ce journal 'bien pensant'. [...] Ce journal pouvait se permettre de dresser face au clan des Encyclopedistes, un protagoniste de la sensibilité aux tendances très humanitaires, mais sans envergure du point de vue littéraire. » (*ibid.*, p. 204)

215 *C.L.*, « Nancy, ou les malheurs de l'impudence et de la jalousie », novembre, éd. Garnier frères, 1766.

C'est le cas de Crébillon-fils, ou encore de Mme Leprince de Beaumont, « loueuse de magasins pour les jeunes personnes du sexe et sans contredit une des plus insipides créatures qui existent »[216]. Dans une moindre mesure, cette approche personnelle est également adoptée dans *L'année littéraire,* où sautent aux yeux, d'une part, les louanges fréquentes vis-à-vis d'un auteur comme Baculard, « auteur fécond autant qu'estimable »[217] et d'autre part, les critiques ironiques portant sur la fécondité d'autres romanciers comme Mme Bournon-Malarme[218].

Dans le *Journal Encyclopédique* par contre, les attaques personnelles sont presqu'inexistantes, les auteurs des fictions n'étant que peu souvent mentionnés par les critiques. Ceci pourrait d'ailleurs cadrer dans l'approche générale du journal, qui semble – du moins pour ce qui est des fictions à l'anglaise – plutôt descriptive que normative. Ainsi, alors que dans la *Correspondance Littéraire,* l'impression était créée que les fictions de Baculard d'Arnaud, collaborateur de *L'Année Littéraire,* étaient pour ainsi dire visées par Grimm, dans la revue de Rousseau, ces mêmes ouvrages se distinguent par l'attention souvent constructive qu'ils reçoivent. Sans exception aucune, les romans de Baculard d'Arnaud s'y voient appréciés pour leur apport moral, leur « délicatesse de sentiment », voire leurs « grâces de stile »[219]. Qui plus est, si la tonalité pathétique et la fécondité qui caractérisent Baculard d'Arnaud sont également remarquées par le critique du *Journal Encyclopédique,* elles ne sont à aucun moment jugées gênantes. Ainsi, même la toute dernière « anecdote anglaise » est jugée « aussi intéressante que tout ce qu'a déjà produit la féconde plume de M. d'Arnaud »[220]. En même temps, cette divergence d'opinions semble signaler à son tour l'hétérogénéité inhérente au corpus d'*histoires anglaises*. Il s'ensuit que l'étiquette d'*histoire anglaise*, quoique clairement stratégique, couvre un panorama de pratiques littéraires dont il importe de rendre compte.

En dépit de cette hétérogénéité, il est sans doute plus pertinent encore de signaler que bon nombre des commentaies partagent une sorte de dualité argumentative. Ainsi, sous le jugement du critique – qu'il soit acerbe ou élogieux – se cache souvent la conscience d'une tension plus fondamentale entre, d'une part, la consécration (parfois difficile) de la part du cercle restreint des

---

216   *C.L.*, octobre 1767, éd. Garnier frères, p. 461.
217   *A.L.*, « Le comte de Strafford, nouvelle historique », Tome VI, lettre III, 1781, p. 49. Voir aussi l'analyse de Van de Louw, citée *supra*.
218   Voir *supra*.
219   *J.En*, « Adelson et Salvini. Anecdote angloise », août 1772, p. 420.
220   *J.En.*, « Makin, quatrième anecdote du tome des Epreuves du sentiment », Novembre 1777, p. 103.

critiques, et d'autre part, l'intérêt commercial des fictions aux yeux du grand public. Qu'il nous soit permis de citer sous ce rapport *Les règles de l'art* de Pierre Bourdieu, selon lequel l'autonomisation du champ littéraire va de pair avec une scission en deux « logiques » : d'un côté, « la hiérarchie des genres (et des auteurs) selon les critères spécifiques du jugement des pairs » et, d'un autre côté, « la hiérarchie selon le succès commercial »[221]. Les deux logiques obéissant à des demandes opposées, Bourdieu les présente en outre comme étant inversément proportionnées. Or, si Bourdieu situe l'émergence de cette dualité plutôt vers la fin du XIXe siècle, ce corpus de commentaires littéraires semble suggérer que la dialectique entre « consécration » d'une part, et « succès », de l'autre, accompagne déjà la réception du genre romanesque emergent[222]. Dans le cas de la fiction *à l'anglaise*, cette double dynamique se pose toutefois de façon plus aigue encore. Alors que les romans s'inscrivent dans le contexte de l'*Anglomanie*, mouvement d'imitation à forte valeur marchande, certains auteurs semblent avoir établi une réputation artistique qui s'est vue, du moins au moment-même, consacrée par plusieurs membres de l'*establishment* littéraire. Qui plus est, cet entremêlment de *réception critique* et *réception populaire* est prise en considération par les critiques, qui n'hésitent pas à inclure des références au succès commercial, le cas échéant.

Il en va ainsi du compte rendu des *Heureux Orphelins*, où Grimm fait référence explicite à la littérarité de l'oeuve crébillonnienne, en dépit des défauts stylistiques du roman en question (« je remarque dans ce roman […] une terrible monotonie »[223]) :

> Cet auteur, qui jouit ici d'une réputation si brillante, a été souvent (je crois avec raison) cité parmi le petit nombre de ceux qui savent écrire et dont les productions portent un caractère original et l'empreinte d'un génie facile et agréable, plein de grâces, sel et finesse. Je crois même que M. de Crébillon a droit de prétendre à la gloire d'avoir en quelque façon créé […] le genre dans lequel il a excellé[224].

Comme semble suggérer ce passage, la qualité esthétique serait, au beau milieu du XVIIIe siècle, déjà mise en relation avec la recherche d'originalité

---

221   Pierre Bourdieu, « L'émergence d'une structure dualiste », in : *Les règles de l'art : genèse et structure du champ littéraire*, Paris, Seuil, pp. 165-166.

222   Nous renvoyons encore à l'ouvrage de référence de Georges May, *Le dilemme du roman*, et l'ouvrage de Jan Herman *et al.*, *Le roman véritable*.

223   C.L., 1er juillet 1754, *ibid*.

224   C.L., *id*.

et le génie de l'auteur en question, qui se distingue par là de la grande masse des « imitateurs insipides ». Dans le cas particulier de Crébillon-fils, Grimm lui concède même volontiers le don de l'invention romanesque tout comme le génie stylistique. Or, tout en reconnaissant le brio de l'auteur, il souligne que ses choix littéraires sont jusqu'à un certain point stratégiques, car axés sur les goûts du public. Il note par exemple que, certains personnages mis en scène dans les premiers tomes n'ayant pas trouvé un bon accueil, « il [Crébillon] ne les fera reparaître, sans doute, que lorsqu'il sera bien assuré de leur succès »[225]. La critique de Grimm à l'égard de l'importance croissante du lectorat s'explicite quelques années plus tard, dans un compte rendu de 1759 : « La nécessité d'écrire pour le public, c'est-à-dire pour toute sorte de lecteurs, rend nos ouvrages vagues et insipides, en nous jetant dans les généralités, dans les dissertations, dans les lieux communs »[226]. Ou encore, en termes bourdieusiens, la dispersion des romans dans un public plus large, composé de « toutes sortes de lecteurs », se traduit aussitôt en une sorte de dévaluation symbolique[227]. Celle-ci est, toujours selon Grimm, à mettre en relation avec les progrès dans le domaine de l'imprimerie, ayant entraîné une « multiplicité des livres et des mauvaises productions de toute espèce » :

> Chez nous, la carrière des lettres est devenue celle de tous les gens inutiles. L'écrivain le plus méprisable peut voir son nom plus souvent imprimé que celui de Montesquieu et de Voltaire[228].

Est lancée ici l'idée qui fera également l'essence des attaques de Grimm contre mainte fiction à l'anglaise, à savoir celle de la *fécondité* de leurs auteurs et, intimement liée, la qualité plutôt médiocre et topique de leurs écrits. Si cet argument réapparaît dans bon nombre des comptes rendus, c'est encore dans les critiques portant sur Baculard d'Arnaud qu'il est évoqué le plus souvent. Toujours d'après Grimm, ses fictions corrompraient le goût du lectorat, tout en répondant aux exigences commerciales du « grand public », qui les dévore même dans de multiples rééditions[229]. En témoigne encore le commentaire suivant, au sujet de *Nancy, histoire angloise* de Baculard d'Arnaud :

---

[225] C.L., *ibid.*
[226] C.L., 15 novembre 1759, T. II, p. 366.
[227] Cf. Bourdieu, *op. cit.*, p. 168.
[228] C.L., 15 novembre 1759, *ibid.*
[229] Voir aussi Dawson à ce sujet : « But if Grimm, with his 'esprit géométrique', was unable to appreciate Baculard d'Arnaud, the public certainly did, if we are to believe the evidence

> M. d'Arnaud devient d'une fécondité très redoutable. Je vois que son projet est de vivre à nos dépens, moyennant de petits romans de cinquante à soixante pages, [...]. Je suis persuadé que toutes les jeunes filles de boutique [...] trouvent les romans de M. d'Arnaud fort beaux, et que sa plume pathétique leur fait verser bien des larmes. En province, cela doit paraître fort touchant aussi[230].

Le succès commercial remporté par les fictions à l'anglaise n'est pourtant pas dans tous les cas décrié par le critique. Ainsi, reconnaissant le succès de vente des fictions *à l'anglaise* de Mme Riccoboni, Grimm loue la plume élégante[231] de l'auteur dont il juge les romans « écrit[s] bien agréablement, bien légèrement, avec beaucoup de grâce et de sentiment »[232]. À l'encontre des commentaires précédents, la « légèreté » se voit érigée ici en qualité stylistique, propice à procurer une lecture agréable.

L'on observe alors dans les critères d'évaluation adoptés par Grimm un certain manque de précision et d'objectivité. En effet, tout en affirmant que les romans de Madame Riccoboni ne sont que des « productions légères » et « très romanesques », il leur attribue une « justesse » et « une touche spirituelle » qu'il ne définit pas davantage. Et quand il insiste sur la « manière distinguée » de l'œuvre riccobonienne, il se limite à de vagues assertions : « Tout écrivain, tout artiste qui a une manière à lui n'est pas un homme vulgaire : celle de Mme Riccoboni est très distinguée[233]. » En dépit de la *matière* topique, toutes les fictions *à l'anglaise* ne sont donc pas nécessairement dépourvues de qualités esthétiques, qui semblent pourtant avant tout concerner la *manière* d'un auteur spécifique.

Par ailleurs, l'inconséquence des commentaires esthétiques se fait remarquer également lors d'une comparaison avec d'autres revues littéraires. Rappelons encore que, tandis que Grimm fait le procès de Baculard d'Arnaud en raison de sa « fécondité », celle-ci n'empêche pas les louanges multiples dans *l'Année Littéraire* et le *Journal Étranger*. Dans le journal de Fréron, par contre, ce sont Mme Bournon-Malarme, Mme Leprince de Beaumont et, dans un premier temps, Mme Riccoboni qui sont en butte au mépris des critiques littéraires. En effet, alors que son style se voit loué dans des comptes rendus

---

of successive separate editions before *Fanny* found itself at the head of the *Epreuves du sentiment* and, as such, was again often republished. » (*ibid.*, p. 285)
230   *C.L.*, « Nancy, ou les malheurs de l'impudence et de la jalousie », 1766.
231   *C.L.*, Avril 1772, T. VII, p.456.
232   *C.L.*, 1ier Mai 1759, T. II, p. 308.
233   *C.L.*, Avril 1773, *ibid.*

ultérieurs, le premier roman de Mme Riccoboni, *Fanni Butlerd*, est jugé peu réussi sur le plan stylistique :

> La manière d'écrire de l'auteur de ses lettres, toute originale qu'elle est, ne le tire pas de la classe subalterne des copistes. Son style est coupé, partout inégal, plein de froides et d'oisives épithètes, farci d'exclamations & de réticences[234].

Le *Journal Encyclopédique* n'hésite pourtant pas longtemps avant de concéder à son tour une place de prédilection à Mme Riccoboni. Qui plus est, dans le compte rendu de *Histoire de Miss Jenny*, elle est tout de suite érigée en modèle « transnational », dépassant de ce fait la logique souvent imitative de l'Anglomanie littéraire :

> Madame Riccoboni est si avantageusement connue dans la République des lettres [...] que les éloges que nous pourrions lui donner, ne seroient qu'une répétition de ceux qu'elle à reçus à Paris et à Londres. Elle a mérité & obtenu des Anglois les mêmes suffrages & les mêmes honneurs que la France à prodigués à leur Fielding[235].

En effet, alors que *Miss Jenny* – tout comme d'autres fictions de la même romancière – répond, par sa mise en scène, manifestement à une demande du public français, cela n'empêche la consécration de Mme Riccoboni dans *La République des Lettres*, ni sa renommée internationale. Dans le discours critique consacré à l'œuvre de Mme Riccoboni, la mise en valeur du style *personnel* de l'auteur est une véritable constante. C'est également la raison pour laquelle, de son vivant ainsi que de nos jours, Mme Riccoboni est à son tour citée comme un modèle, source d'inspiration de multiples épigones moins doués, dont entre autres Mme Beccary[236].

---

234   A.L., « Lettres de Miss Fanni Butlerd », Tome VI, lettre III, 1757, p. 59.
235   *J.En.*, « Histoire de Miss Jenny », septembre 1764, p. 84.
236   Voir la notice d'Aurora Wolfgang à l'égard de Mme Beccary dans le *Feminist Encyclopedia of French Literature*, (ed. by Eva Martin Sartori *et al.*, Greenwood Press, Westport Connecticut – London, 1999, p. 35), qui insiste sur ce que les romans de Mme Beccary ne sont qu'une imitation des romans de Mme Riccoboni : « She anglicized her name to Beccary and published four works presented as translations of English novels, imitating the popular novels of Mme Riccoboni, and capitalizing on the anglomania of the second half of the eighteenth century. Beccary's novels are highly moralistic tales. She exults in the sentimentality of her staunchly virtuous heroines without questioning or decrying the sexual double standards of her day as did Mme Riccoboni. »

Peu d'autres auteurs de fictions à l'anglaise se voient ainsi valorisés en raison de leurs qualités littéraires (stylistiques). Qui plus est, l'image générale qui se dégage de l'ensemble des critiques atteste clairement un manque d'originalité. *D'abord*, en raison de leur portée intertextuelle, plusieurs fictions s'inscrivent dans une logique d'imitation – et, à en croire plusieurs critiques, d'infériorité – par rapport aux grands modèles anglais de leur temps. *Ensuite*, s'il est vrai que le plan culturel est très peu thématisé dans les critiques littéraires, les quelques références semblent également suggérer une mise en scène culturelle peu nuancée, pour ne pas dire stéréotypée. Sur le plan esthétique, finalement, l'on constate que dans bon nombre des fictions à l'anglaise, l'intrigue n'est souvent qu'un enchaînement de lieux communs qui se conforment pleinement à l'horizon d'attente du lecteur contemporain. En témoigne encore le compte rendu de *Miledi B* dans l'*Année littéraire*, où sont critiqués non seulement les « réflexions triviales », mais également la structure narrative, qui se compose d'un enchaînement d'événements peu vraisemblable, mais tout à fait prévisible :

> Voilà *le lieu commun* du roman. Un jeune homme, *vous devez vous y attendre*, charmant, beau, comme l'amour, paraît dans ces déserts, & voilà Miledi B qui trouve *tout à coup* l'objet qu'elle désiroit ; vous devez croire encore, pour l'honneur du roman et de miledi B., que cet amant étoit un homme de condition[237].

Corollairement, il devient concevable de distinguer une espèce de stéréotypie stratifiée : sous-jacente aux stéréotypes culturels se trouverait alors une autre forme de stéréotypage romanesque. De fait, à bien lire les commentaires, la plupart des fictions à l'anglaise seraient comme des variations sur le même thème – celui du vice opposé à la vertu – écrites à la demande du cercle *public* de lecteurs français. Cette *topique thématico-narrative*[238] est illustrée dans une critique à l'égard de *Sophie de Valières* de Mme Riccoboni :

> Depuis ceux que l'abbé Prévost a composés lui-même ou qu'il a traduits de l'anglois, il en a paru bien peu qui soient dignes d'être tirés de la foule de ces insipides aventures éternellement copiées les unes d'après les autres [...] Aujourd'hui ce sont des fuites de la maison paternelle,

---

237   A.L., « Mémoires de Miledi B ». C'est nous qui soulignons.
238   Nous empruntons la formule à l'ouvrage de Jean-Louis Dufays, *Stéréotype et lecture* (1994).

des mésalliances philosophiques, des mariages simulés pour abuser de jeunes personnes[239].

La reprise de topoï et de scènes narratives suscite d'emblée un effet de médiocrité esthétique. Si originalité il y a dans ce genre de fictions, elle réside, plutôt que dans l'invention, dans *l'elocutio*, à savoir dans *le style* noble de l'auteur en question. En témoigne le compte rendu de *Miss Jenny,* qui est dit « offr[ir] des tableaux qui ne sont pas neufs », mais dont les couleurs sont néanmoins « vives et touchantes »[240].

Cela n'empêche qu'à travers la mise en commun des jugements esthétiques transparaît l'image d'une littérature « secondaire », dans les deux sens du terme : à la fois « médiocre » et « imitative », voire « parasitaire » à certains égards. Une littérature qui témoigne des lois changeantes du champ littéraire, où l'argent joue un rôle toujours plus important. Cette image se voit confortée par quelques témoignages de romancières concernées, d'où il ressort que l'écriture journalière de leurs fictions (à l'anglaise) signifiait au final un moyen de survie, plutôt qu'une vocation. Citons sous ce rapport une lettre de Mme Bournon-Malarme, où elle se plaint à son tour du caractère « économique » qu'ont pris ses activités d'écrivaine en raison d'embarras financiers :

> Une femme auteur, Monsieur, et de plus très malheureuse, semble avoir quelques droits à l'indulgence de l'homme délicat et sensible ; je les réclame vis-à-vis de vous pour la lecture de mon Theobald Leymour, ouvrage en trois volumes imprimé depuis peu ; il est le fruit de mes veilles et doit être le soutien de mon infortuné [sic] famille. La perte de toute ma fortune ne me laisse pour unique ressource que ma plume. Dans des temps moins difficiles je n'écrivois que pour la gloire, alors mon travail étoit un plaisir ; aujourd'hui, il devient une tâche pénible que je remplis en soupirant. Veuillez être assez bon, Monsieur, pour mêttre [sic] un prix à ma dernière parution[241].

Au mobile de la « gloire » – qui s'allie à la recherche de quelque valeur esthétique – s'ajoute, voire se substitue celui de l'argent (du « prix ») qui, loin de stimuler la créativité artistique, semble plutôt l'entraver. Même une romancière comme Mme Riccoboni, dont les qualités esthétiques sont fêtées par maint lecteur critique, témoigne d'une forte conscience économique. Ses

---

239 A.L., « Sophie de Valières », 1771, p. 290.
240 A.L., « Histoire de Miss Jenni », tome V, 1764, p. 121.
241 Lettre manuscrite de Mme Bournon-Malarme, l'An VIII, destinataire inconnu.

correspondances privées se voient en effet lardées de contradictions apparentes à l'égard de son propre positionnement dans le champ littéraire, mettant à nu les stratégies d'une romancière en butte à des exigences parfois irréconciliables. D'une part, transparaît dans ses lettres une conscience – et même une certaine fierté – de ses propres qualités de romancière, qu'elle oppose volontiers aux « plates productions »[242], voire au manque de « nouveautés » à Paris : « On n'y invente plus que de méchants romans, ou de pitoyables drames qu'on ne lit point[243]. » Elle critique même ouvertement la « fureur de sensibilité », dans laquelle sombre la littérature française dans les dernières décennies du siècle. Au premier regard, cette auto-affirmation semble accompagnée d'une attitude de détachement quant à la réception de ses romans, comme elle argumente dans une lettre à Robert Liston : « Si j'avais le bonheur d'être vaine la considération qu'il m'attire me flatteroit sans doute mais [...] l'admiration d'un public, qui se trompe souvent, ne me fera jamais trop présumer de mes talens[244]. » D'autre part, une lecture plus attentive de ses lettres révèle également des motifs purement financiers. A la réclamation d'une voix poétique reconnue se superpose donc la réalité – prosaïque et insistante – des enjeux économiques qui déterminent la (sur)vie de tous les jours. Ecoutons une dernière fois la voix de Mme Riccoboni, dont l'ironie réaliste est tout à fait révélatrice :

> Autre folie ; [Mr Beckett] me parle des exemplaires françois qu'il a tiré de Paris, comme s'il les vendoit pour mon compte. Il me propose de tirer sur lui un billet de dix livres sterling. *Je payerai le reste quand tout sera vendu,* dit-il. Cela n'est ni juste, ni honnête. Mais je ne suis pas pressée de cette bagatelle et veux bien lui donner trois ou quatre mois pour s'acquitter. Auteur, et Françoise, faire crédit à un riche libraire de Londres, cela me donne à mes yeux un air très considérable et je vais me croire une financière[245].

---

242 Nicholls, *Lettre à Mr Robert Liston,* lundi 11 janvier 1773, *op. cit.*, p. 288.
243 Nicholls, *Lettre à David Garrick,* mardi 11 février 1777, *ibid.*, p. 400.
244 A l'égard de la publication de *Sophie de Valières,* voir Nicholls, *Lettre à Robert Liston,* dimanche ou lundi 15 ou 16 décembre 1771, *ibid.*
245 Nicholls, *ibid.*, Lettre à David Hume, samedi 2 février 1765, p. 43.

CHAPITRE 3

Méthodes de lecture

Préliminaires

Topos et stéréotypie

Aux yeux de la presse contemporaine, la « fécondité » tant maudite de maint romancier de fictions à l'anglaise s'associe de façon (trop) évidente à une poétique de la *répétition* et de l'*imitation*, l'originalité de l'invention – l'esthétique de l'écart comme dirait Jauss – faisant souvent défaut. Inspirée de ces témoignages critiques, notre lecture des romans en question – à laquelle ce chapitre se veut un prélude méthodologique – tente avant tout de cerner les différentes modalités discursives de cette littérature *topique*, qui se nourrit de thèmes empruntés aux grands modèles littéraires de l'époque, en fonction des goûts du public français. En d'autres termes, c'est cette même nature topique qui détermine l'arrière-fond argumentatif de l'analyse discursive.

Dans le cadre de cette étude, les termes de « topos » et de « topique » seront mis en œuvre au double sens narratif et culturel. En tant que tel, le « topos » remonte à la rhétorique aristotélicienne, où il désigne « une réserve d'arguments types, de procédés d'amplification, et de développements tout faits »[1]. Dans son acception narrative, le terme évoque plutôt l'idée d'un « lieu narratif », ou encore d'une « configuration narrative récurrente d'éléments pertinents, thématiques ou formels »[2]. Pour parler de « topos », il faut que le lieu narratif soit suffisamment *récurrent* pour être *reconnu* par les lecteurs. Or, dans le cas des *histoires anglaises*, la topique *narrative* s'associe d'ordinaire à un discours *culturel* stéréotypé. S'il nous a paru donc opportun d'étendre le sens du terme « topos » au domaine culturel, nous nous servirons à cet effet également du concept de « stéréotype ». Certes, au sens de « schème culturel préexistant »,

---

[1] Ruth Amossy – Anne Herschberg-Pierrot, *Stéréotypes et clichés : langue, discours, société*, Paris, Armand Colin, 2007, p. 15.
[2] Nous retirons cette définition du site de la Société d'analyse de la topique romanesque (Sator), qui se consacre à l'étude du topos narratif dans le roman au XVIIIe siècle. Voir sur cette question également l'Avant-Propos à *L'épreuve du lecteur : livres et lectures dans le roman d'Ancien-Régime* (éd. par Jan Herman et Paul Pelckmans), où Jan Herman insiste, dans ce qu'il appelle une « définition taxinomique », sur les multiples ramifications, tant rhétoriques que pragmatiques, qu'a prises le « topos » au fil du temps. (Coll. Bibliothèque de l'Information grammaticale 31, Leuven-Paris, Peeters, 1995, p. 10)

le terme n'apparaît qu'au début du XXe siècle, comme l'a noté Ruth Amossy[3]. Qui plus est, toujours d'après Amossy, il faut attendre jusqu'au XIXe siècle pour voir émerger « la conscience du stéréotype, qui sous-tend l'invention du terme ». Celle-ci ne paraît « qu'à partir du moment où l'on devient sensible au caractère réducteur et souvent nocif des schèmes collectifs figés »[4]. Avant, les termes relatés, soit n'étaient pas encore conçus, soit n'étaient pas encore dotés d'un sens péjoratif stable. En revanche, vu la nature manifestement stéréotypée de notre corpus de textes, nous sommes davantage de l'avis de François Rosset, quand il pose dans son article « L'usage ambigu des stéréotypes nationaux » : « Si le mot n'existait pas au temps de Hume, la chose était depuis l'antiquité objet de réflexions philosophiques, rhétoriques et anthropologiques fort riches »[5]. Inversement, si le terme de stéréotype évoque en règle générale une réalité culturelle, dans ce qui suit, il sera adopté également au sens narratif. Cet usage transversal – et l'interchangeabilité des termes topos et stéréotype – s'appuie à son tour sur la définition proposée par Jean-Louis Dufays dans son ouvrage *Stéréotype et lecture* (1994) : « Le stéréotype [est] un phénomène susceptible d'affecter tous les niveaux du discours (idées, thèmes, expressions, actions) et tous les domaines de l'expression et de la pensée (art, littérature, conversation)[6]. »

Un acte de lecture

L'étude de Dufays fournit le fil conducteur conceptuel et méthodologique de notre étude discursive. Dans son livre, il se propose en effet de définir les fondements de tout acte de lecture, qui se situerait entre la « créativité débridée » du lecteur et son « exécution d'un programme préétabli »[7]. Dans sa définition, qui établit un rapport entre stéréotypie et lecture, celle-ci « consist[e] *à la fois* à reconnaître dans un texte les stéréotypes qui en établissent les significations virtuelles au sein du contexte de réception et à actualiser ces stéréotypes d'une manière plus ou moins personnelle »[8].

---

3   Amossy – Herschberg-Pierrot, *ibid.*, p. 26.
4   Ruth Amossy (éd.), *Les idées reçues, sémiologie du stéréotype*, Nathan, 1991, p. 10.
5   François Rosset, « L'usage ambigu des stéréotypes nationaux », in : *Ecrire à Coppet : nous, moi et le monde*, Genève, Slatkine, 2002, p. 84.
6   Dufays, *op. cit.*, p. 57.
7   Dufays, *ibid.*, p. 37. Notons que par cette vision sur la lecture, qu'il appelle « dialectique », Dufays s'inscrit dans la lignée de penseurs comme Umberto Eco dans *Lector in Fabula ou la coopération interprétative dans les textes narratifs* (1985).
8   Dufays, *ibid.*

La présente analyse des *histoires anglaises* ayant été conçue comme une lecture interprétative, propice à faire ressortir les « significations virtuelles » de leur toile de fond topique, elle ne prétend aucunement reconstruire *la* lecture réelle du public de l'époque. L'objectif est dès lors d'analyser ce que *pourraient* signifier les romans, et non pas ce qu'ils auraient réellement signifié aux yeux des lecteurs du XVIIIe siècle. A cet effet, Dufays fournit d'ailleurs un modèle de lecture, basé sur différents niveaux de « code » que nous adopterons comme points de référence dans nos lectures. Ensuite, tant la lecture des sources non-fictionnelles que l'histoire de la genèse des *histoires anglaises* ont révélé qu'une étude de la stéréotypie dans ce corpus ne peut se passer de la question omniprésente de la *perspective énonciative*. Ainsi, rappelons que toute *histoire anglaise* – à la différence de la pseudo-traduction – présuppose une mise à nu du *point de vue* : le regard français de l'auteur qui signe l'histoire, se reflétant sur le plan de l'énonciation, contredit manifestement le regard anglais de ses personnages, mis en scène dans la fiction. Par ces doubles prémisses, la question de la *perspective* est chargée d'une portée argumentative supplémentaire, qui est celle de l'identité nationale. La question du *point de vue* investit en même temps l'architecture diégétique de la plupart des fictions à l'anglaise, de par la forme épistolaire qu'elles assument. La voix du narrateur se trouve de ce fait éclatée dans une multitude de voix – et de regards – différents, chaque personnage véhiculant une perspective bien particulière. Prenant en considération cette diversité de voix narratives, notre étude des *histoires anglaises* bénéficiera également des acquis de l'*Imagologie,* qui fournit une excellente base conceptuelle à toute étude axée sur la stéréotypie en littérature. Corollairement, l'étude des fictions à l'anglaise consistera pour ainsi dire en un double mouvement : *synthétique* l'un, par la mise en contexte des images culturelles dans une topique romanesque plus générale ; *analytique* l'autre, par la prise en considération de l'agencement discursif des romans pris en particulier[9].

---

9 Cette idée est également évoquée dans les articles de Daniel-Henri Pageaux, lorsqu'il traite de la nature programmée du texte imagologique : « Ce programme en partie obligé vient se heurter à l'idée de création poétique, donc de liberté créatrice, plus ou moins totale. Penser le littéraire […] c'est prioritairement inscrire ce qui n'est qu'un paradoxe apparent et surmontable : l'opposition dépassable, donc dialectique, entre le nécessaire, le sériable et l'équation personnelle de l'écrivain. » (Pageaux, « De l'Imagologie à la théorie en littérature comparée », in : *Europa Provincia Mundi : essays offered to Hugo Dyserinck*, Joep Leerssen – Karl Syndram (éds), p. 304)

Pour une lecture topique

Esquissons, dans un premier temps, les lignes de force de l'approche développée par Jean-Louis Dufays dans *Stéréotype et lecture* (1994). S'inscrivant en faux contre les études judicatives sur la stéréotypie – qui font ressortir avant tout son caractère simpliste et répétitif – cet ouvrage vise à étudier le fonctionnement du stéréotype en discours, qui est érigé en « révélateur et support privilégié d'un certain nombre d'opérations essentielles »[10] de l'acte de lecture. Dufays conçoit ainsi la lecture d'un texte littéraire comme un processus de compréhension et d'interprétation de *codes*, qui sont impliqués dans le discours d'un récit et qui consistent en grande partie en stéréotypes[11]. Plus spécifiquement, Dufays distingue trois types de codes qui peuvent orienter le lecteur. D'abord, il traite les « codes de l'*elocutio* » qui concernent « les connaissances formelles, linguistiques et rhétoriques qui permettent de construire le sens d'une *phrase* »[12]. Ensuite – et c'est ce qui nous intéresse davantage – il fait référence aux codes qui portent sur la structure narrative et argumentative des discours, au-delà du niveau phrastique :

> Les codes de *dispositio* comprennent les diverses structures formelles et sémantiques qui permettent d'identifier un texte en termes de « genre » ou de scénario type [...]. Les codes d'*inventio* consistent dans les divers systèmes axiologiques et idéologiques dont peut disposer le lecteur pour dégager les valeurs véhiculées par le texte[13].

Pour ce qui est de la catégorie de *dispositio*, Dufays distingue entre deux types de « figures complexes » : d'abord, il souligne l'importance des « séquences » et des « scénarios », qui relèvent de la structure narrative des discours et consistent en des combinaisons de fonctions, ou d'actions[14]. Sous ce rapport, il fait référence à Umberto Eco, qui avait eu recours au concept de *frames*. Parmi ces derniers, ce sont les *frames* intertextuels, à savoir les « scénarios qui ont été appris par la lecture d'autres textes »[15], qui se montrent les plus révélateurs pour

---

10   Dufays, *ibid.*, p. 349.
11   La même idée se retrouve dans un texte de Joep Leerssen, qui pourtant se concentre avant tout sur la stéréotypie culturelle en fiction : « the story structure of every narrative is determined by two opposite principles : the principle of stereotype and repetition ('narrative norm') and the principle of variation and innovation (narrative act) ». (« Mimesis and stereotype », *Yearbook of European Studies* 4, p. 170)
12   Dufays, *ibid.*, p. 78.
13   *Ibid.*
14   *Ibid.*, p. 88.
15   *Ibid.*, p. 89.

notre étude. Dufays cite notamment l'exemple du scénario de « la jeune fille persécutée », qui s'avérera un des scénarios caractéristiques de notre corpus de fictions. Ensuite, à part l'effet topique qui se dégage de la *structure* narrative des discours, l'auteur fait mention d'un second type de stéréotypes de *dispositio,* à savoir ceux qui concernent les unités « thématiques ». Sous ce rapport, Dufays prend soin de distinguer entre thème ou topos d'une part et « motif » de l'autre, concepts relatés, mais distincts par leur degré d'abstraction :

> Par opposition au *thème* qui est une unité sémantique très générale et abstraite (« l'amour », « la mort », « l'aventure » …), le motif est un signe doté d'un référent concret (« le baiser », « le poignard », « le cheval », …)[16].

Comme le pose Dufays, à la suite de Todorov, le terme de topos est réservé à toute « configuration stable de plusieurs motifs qui revient souvent dans la littérature »[17]. Parmi ceux-ci seraient à classer non seulement des concepts, mais aussi des personnages ou des décors. Ainsi, dans les *histoires anglaises* la toile topique se compose entre autres du topos du *mariage*, de la figure du *libertin* et de la dichotomie thématique entre la ville et la campagne. Du reste, la mise en œuvre du concept de *mariage* nous révélera d'emblée la flexibilité de fait dans la classification de stéréotypes thématico-narratifs[18] précitée. Alors qu'il concerne de toute évidence un des thèmes récurrents de notre corpus – et de la littérature sentimentale au XVIIIe siècle en général – sur le plan structurel, il se profile en même temps comme une séquence-clé, voire comme la péripétie dans la plupart des fictions concernées.

Quant au troisième niveau de stéréotypie discursive, celui de l'*inventio*, Dufays le définit comme l'ensemble des systèmes de *valeurs*, pour ainsi dire sous-jacents aux structures narratives et thématiques du discours. Les stéréotypes qui ressortissent au code de l'*inventio* intéressent particulièrement parce qu'ils se présentent comme l'expression d'une *doxa* qui se redéfinit d'une culture à l'autre et d'une époque à l'autre[19]. Cette définition nous permet de

---

16 *Ibid.*, p. 90.

17 *Ibid.*, p. 91. Il est intéressant de noter ici que, dans ses définitions, Dufays se réfère explicitement à la terminologie de Todorov, ajoutant qu'elle « ne fait pas l'unanimité » (*ibid.*, p. 101). Il donne l'exemple de Raymond Trousson (*Thèmes et mythes : questions de méthode*, Bruxelles, éditions de l'université, 1981), pour qui le « motif » et le « thème » ont à peu près la signification inverse. Pour des raisons d'homogénéité, nous avons préféré reprendre la terminologie proposée par Dufays.

18 S'il est vrai que dans *Stéréotype et lecture*, Dufays ne développe guère l'idée des stéréotypes nationaux – tout comme il n'approfondit point le « code de l'inventio » en tant que tel – il l'a élaboré lors d'un exposé à l'Université de Leuven en 2007.

19 Dufays, *op. cit.*, p. 98.

rapprocher du code de l'*inventio* les représentations culturelles du Même et de l'Autre, puisque celles-ci participent effectivement de la construction d'identité d'une culture à un moment spécifique de son histoire[20].

Mais qu'en est-il de l'agencement de ces différents codes de stéréotypie au regard du discours romanesque ? A ce sujet, Dufays précise seulement que « de nombreux liens peuvent exister entre des stéréotypes de niveaux différents »[21]. Il ne va pourtant pas jusqu'à spécifier les modalités selon lesquelles ces corrélations peuvent prendre forme. Dans la mesure où la toile de fond topique de mainte *histoire anglaise* s'investit à la fois de stéréotypes culturels et thématico-narratifs, cette étude prend précisément pour objet de mettre en évidence l'aménagement stratifié des différents niveaux de stéréotypie. Outre leur rôle pivotal dans la constellation narrative du récit, maints topoï romanesques se profilent en effet comme catalyseurs d'un imaginaire *à l'anglaise*.

A cela s'ajoute que tout effort d'interprétation de la topique fictionnelle demande une lecture intégrée des topoï, lesquels ne reçoivent leur sens définitif que face au co-texte immédiat. Selon les modes énonciatifs adoptés, ils se présentent de façon neutre (ou encore *dénotative*), de façon axiologique (ou encore *connotative*), voire sous forme *parodique*. Dans l'énonciation dénotative, le stéréotype est présenté comme un simple marqueur de répétition, sans qu'aucune valeur – appréciative ou dépréciative – n'y soit associée, ce qui est bien le cas de l'usage connotatif de la stéréotypie. Quant à la mise en œuvre parodique du stéréotype par l'auteur, celle-ci « apparaît comme une dénonciation de [son] caractère relatif »[22]. Notons toutefois, toujours d'après Dufays, que l'auteur ne se montre pas nécessairement explicite ni conséquent quant à l'usage des stéréotypes, ayant par exemple recours à de différentes valeurs connotatives dans un seul et même texte, sans pour autant prendre position en tant qu'instance narrative.

Dans notre lecture des fictions à l'anglaise, l'acte interprétatif ressortit presqu'exclusivement à la stéréotypie culturelle. En effet, il paraît que les stéréotypes thématico-narratifs se présentent d'ordinaire comme des facteurs de reconnaissance qui orientent les attentes du lecteur, « sans être accompagnés d'aucun signe attestant une intention critique »[23]. Lorsque des stéréotypes culturels s'y superposent, le fonctionnement de ces derniers varie sensiblement, parfois même à l'intérieur d'un seul roman. Cela est d'autant plus vrai

---

20   Nous nous référons à l'exposé tenu en 2007 à l'Université de Leuven.
21   Dufays, *ibid.*
22   *Ibid.*, p. 230.
23   *Ibid.*, p. 235.

que la majorité des fictions à l'anglaise prennent la forme polyphonique, la topique culturelle étant de ce fait attribuée aux discours des personnages. A bien lire *Stéréotype et lecture,* la fiction polyphonique aboutirait plus souvent à un agencement stratifié de stéréotypie :

> La polyphonie, quant à elle – ou le dialogisme (cf. Bakhtine) – est une désertion du narrateur : les jugements relatifs à l'univers du texte sont distribués entre différents protagonistes, différentes « voix » présentes dans le texte, sans que celles-ci soient subsumées ni hiérarchisées par une instance supérieure. L'usage polyphonique du stéréotype consiste par exemple à mettre face à face de manière insoluble deux personnages, l'un qui assume tels clichés, l'autre qui les dénonce[24].

Dans la mesure où la polyphonie implique une « désertion du narrateur », l'effet de lecture des fictions à l'anglaise n'en peut pas moins varier sensiblement. Ainsi, dans le contexte de la prose sentimentale au XVIIIe siècle, le recours aux stéréotypes culturels ne nous semble pas nécessairement servir un enjeu critique. Comme l'on a suggéré ci-dessus, les fictions à l'anglaise se profilent en effet avant tout comme une littérature qui répond aux – et qui s'écrit même en fonction des – attentes du public. Même assumés par les caractères fictionnels, les stéréotypes culturels servent dans plusieurs cas de figure uniquement une fonction de *reconnaissance*, conformément aux topoï thématico-narratifs. Dans d'autres *histoires anglaises*, par contre, la polyphonie romanesque semble effectivement mise au service d'un affrontement de valeurs – et de prises de position – culturelles qui concourent à un effet de relativisme culturel.

Or, cette méthode de lecture laisse ouverte, au final, la question de l'interprétation effective de la part du public contemporain. Ainsi, Dufays reconnaît-il : « le mode d'actualisation d'une unité transtextuelle, quelque 'évident' qu'il soit en apparence, peut très bien ne pas être reconnu »[25]. L'enjeu de notre étude n'étant toutefois pas de reconstruire les lectures effectives par les lecteurs friands de fictions *à l'anglaise* dans la deuxième moitié du siècle, il s'agira plutôt d'examiner, en tant que lecteur moderne, comment les fictions à l'anglaise peuvent signifier l'anglicité – littéraire et/ou culturelle – à laquelle ils prétendent sur leurs couvertures.

---

24   *Ibid.*, p. 272.
25   *Ibid.*, p. 234.

Pour une lecture imagologique

La méthode esquissée ci-dessus nous amène à distinguer entre stéréotypes thématico-narratifs et stéréotypes culturels. Insistant à son tour sur la diversité de valeurs et interprétations – d'un texte à l'autre, mais aussi d'une lecture à l'autre –, Dufays semble en même temps présenter les germes d'une analyse discursive, axée sur la manière dont les images culturelles s'implémentent dans leur co-texte discursif. Toutefois, pour comprendre à fond l'ancrage discursif des stéréotypes culturels, il s'agit également de prendre en compte les présupposés et les dynamismes culturels sur lesquels reposent ces images nationales. Celles-ci sont essentiellement *dialectiques*, reflétant le regard d'une culture donnée sur l'autre et, par là, traduisant les rapports – et tensions – entre la culture regardante et la culture regardée. Sous ce rapport, la fiction se manifeste comme un dispositif privilégié, particulièrement propice à mettre en scène ce jeu sur les perspectives. Joep Leerssen évoque la même idée dans son article programmatique « The Rhetoric of National Character » :

> [A] study of authors who have been active in both fictional writing and cultural criticism indicates that national stereotyping is engaged in more freely under what Mann (1990) called the « schützende Unverbindlichkeit der Kunst »[26], under the cloak of fictive conventions and in the context of narrative characterization rather than in nonfictional, referential prose. To put things bluntly : national stereotyping is easier in a context that requires the reader's willing suspension of disbelief[27].

Notons que dans le contexte spécifique du XVIIIe siècle surtout – où il est toujours difficile pour l'individu de s'exprimer sur la scène publique – la fiction est souvent érigée en véhicule d'un débat social. En outre, Leerssen observe, à juste titre, que les images du Même et de l'Autre sont au fond le résultat d'une *construction*, et non pas les reflets d'une réalité existante. Les stéréotypes culturels semblent de ce fait avant tout exister dans le(s) discours culturel(s) créés par un peuple spécifique à un moment donné de l'histoire, plutôt que d'avoir quelque valeur référentielle. L'histoire de la stéréotypie culturelle est ainsi dominée par le besoin de *dire*, de *définir* l'Autre, de le capter dans un discours qui le rend pour ainsi dire compréhensible, et dès lors moins angoissant pour le Même.

---

26 Leerssen fait référence à Thomas Mann, *Doktor Faustus*, 1990 [1947].
27 Leerssen, *ibid.*, p. 282.

Sous ce rapport, il ne peut étonner que la fiction se prête – par sa nature même – à l'élaboration d'un discours sur la stéréotypie nationale. Afin de forger une image convaincante de l'Autre (et du Même) il faut en effet la motiver, en l'étayant à l'aide de descriptions circonstanciées[28]. En raison de ses préoccupations en matière de « motivation » et de « vraisemblance »[29], la littérature narrative se fait remarquer comme un excellent véhicule de stéréotypes nationaux. Cela semble d'autant plus le cas des fictions à l'anglaise, étant donné les prémisses sur lesquelles elles se fondent[30]. En effet, dans la mesure où la stéréotypie nationale consiste en la construction d'images, ou de perspectives projetées sur l'Autre en fonction d'une représentation du Même, cette logique d'interdépendance – voire d'échange – d'images est constitutive des *histoires anglaises*. Or, afin de pouvoir estimer à sa juste valeur ce jeu d'échange – et de superposition – d'images culturelles, il est indiqué de passer en revue quelques idées-clés de l'*Imagologie*, qui constitue notre cadre de référence en cette matière.

Imagologie : image et logique dialectique

Dans son article « The Rhetoric of National character », Joep Leerssen résume les lignes de force de l'*Imagologie* comme suit : « imagology or image studies deals with the discursive and literary articulation of cultural difference and of national identity »[31]. S'y retrouvent à première vue tous les points forts de la théorie de Dufays, qui prend également pour objet l'étude de la réalisation discursive de stéréotypes en littérature. Par l'introduction de la notion d'*image*, par contre, l'*Imagologie* rend davantage compte des dynamismes sous-jacents à ces représentations discursives. A regarder de plus près les théoriciens en jeu, parmi lesquels nous comptons également Hans-Jürgen Lüsebrink, Daniel-Henri Pageaux, Jean-Marc Moura et Ruth Florack, le concept d'image – et son fonctionnement dans le discours littéraire – s'inscrit dans une logique dialectique.

---

28   « In many cases, therefore, national stereotyping is not merely a matter of affixing certain psychological traits to a given nation or ethnic group but also the attribution of certain actorial roles to a certain nationality within a narrative configuration ». (Leerssen, *ibid.*)

29   Voir l'article de Gérard Genette, « Vraisemblance et motivation », in : *Figures II : Essais*, pp. 71-100. Joep Leerssen pose cette idée comme suit : « Since [...] national characterization usually involves the idea of the motivation of behaviour, descriptions of national peculiarities will often gravitate the register of narrativity. » (*op. cit.*, p. 281)

30   Voir *supra*, introduction.

31   Leerssen, *ibid.*, pp. 268-269.

La dichotomie fondamentale concerne l'opposition – ou plutôt la confrontation – entre auto-image et hétéro-image. Auto-image désigne alors la représentation qu'une culture fait d'elle-même, alors que hétéro-image concerne les représentations qu'une culture donnée se construit à l'égard d'une autre culture. Bien que la distinction s'impose pour des raisons méthodologiques, les deux images sont étroitement liées dans la réalité discursive. L'interrelation entre auto-image et hétéro-image transparaît entre autres dans le fait que les images de l'Autre sont d'ordinaire investies de caractéristiques opposées à celles que l'énonciateur (le « Même ») s'attribue. A titre d'exemple, citons encore l'opposition bien connue entre l'homme sauvage et l'Européen raffiné, qui illustre en même temps le caractère fluctuant de l'imagerie culturelle. Comme le remarque à juste titre Joep Leerssen dans son article « Image »[32], la représentation du sauvage fait l'objet d'une revalorisation graduelle au cours du XVIIIe siècle. Alors qu'elle continue à véhiculer l'idée d'une existence primaire et farouche, l'image du sauvage se charge au fur et à mesure d'une connotation plus positive, qui met l'accent sur l'authenticité et l'intuition du *bon sauvage*.

En revanche, toujours selon Leerssen, la logique variationnelle ne concerne pas seulement la valorisation des images, mais aussi la coexistence (diachronique, mais aussi synchronique), de plusieurs hétéro- ou auto-images, qui semblent à première vue mutuellement exclusives. A l'Anglais cholérique s'oppose ainsi l'image d'un *dandy* flegmatique, qui sera cultivée au XIXe siècle. Ou encore, à l'image de l'Anglais réservé et sérieux s'oppose – et se superpose parfois – celle de l'Anglais ardent, farouche et immodéré. Dans une perspective diachronique, ces transferts s'expliquent par des mutations majeures dans le système de pensée ou dans le contexte socio-politique. En réalité, toutefois, force est de constater que ces images semblent toutes remonter à une espèce de proto-image, appelée *imagème*, qui est *in se* contradictoire et bipolaire :

> In practice, these successive counter-images do not abolish each other but accumulate. As a result, in most cases, the image of a given nation will include a compound layering of different, contradictory counter-images, with (in any given textual expression) some aspects activated and dominant, but the remaining counterparts all latently, tacitly, subliminally present[33].

---

32   Leerssen – Beller, *op. cit.* p. 343.
33   *Ibid.*, pp. 343-344.

L'imagème se définirait alors comme « a 'blueprint' underlying the various concrete, specific actualizations that can be textually encountered »[34]. A la dichotomie *externe*, qui oppose l'auto-image à l'hétéro-image, s'ajoute la dichotomie *interne*, qui est comme inhérente à l'image telle quelle. Cette hétérogénéité imaginaire s'associe naturellement à l'architecture romanesque (polyphonique). En témoigne, dans le cas des fictions *à l'anglaise*, la mise en scène simultanée de l'Anglais philosophe et de l'Anglais libertin, débauché et passionnel, qui assument manifestement des rôles tout à fait opposés (héros versus opposant) dans la constellation actantielle des fictions en question.

A ce sujet, plusieurs Imagologues argumentent que la nature – variable – des relations binaires entre auto-image et hétéro-image est, du moins en partie, déterminée par la position respective des deux cultures impliquées. Que l'image projetée sur une culture soit laudative ou non, dépendrait alors du « pouvoir » politique et/ou symbolique de la culture en question. Plus en particulier, Leerssen distingue trois paramètres qui pourraient influer sur les rapports entre auto-image et hétéro-image. Le premier concerne la dichotomie – devenue classique depuis l'*Esprit des Lois* de Montesquieu – entre les peuples du Nord et les peuples du Sud. Habituellement, sont attribuées à la culture la plus « nordique » des caractéristiques qui font ressortir sa nature froide et rationnelle, mais aussi ses mœurs plutôt incultivées ; la culture méridionale est caractérisée par la sensualité (la « chaleur ») et la politesse, tout en étant dépourvue de la fiabilité des peuples du Nord. Dans le cas concret des fictions à l'anglaise, cette dichotomie expliquerait pourquoi les Anglais – le peuple le plus « nordique » – seraient considérés comme étant à la fois plus sérieux et plus rudes que leurs voisins français, dont la politesse, mais aussi la légèreté, les définit d'ordinaire comme culture « du Sud ».

Outre ce paramètre géographique, les rapports entre auto- et hétéro-images seraient également orientés par le pouvoir (politique/culturel/littéraire…) que détient la culture sur laquelle l'hétéro-image est projetée. En cas de domination, celle-ci serait plus souvent présentée sous un regard critique. A son tour, la bienveillance envers une nation dominée pourrait se concrétiser de deux manières différentes : « weak nations can count either on the sympathy felt for the underdog or on that mode of benevolent exoticism that bespeaks condescension »[35]. C'est encore cet exotisme condescendant qui se voit reflété dans la mise en scène du « sauvage » dans certains récits de voyage des

---

34 Leerssen, *op. cit.*, p. 279.
35 Leerssen, *op. cit.*, p. 277.

premières décennies du XVIIIe siècle[36]. Pour la mise en discours de la thématique franco-anglaise, par contre, il semble plus difficile de définir la relation de pouvoir qui se trouverait à la base des auto- et hétéro-images respectives. En effet, l'hégémonie politique en Europe est toujours disputée dans de multiples guerres et conflits au moment où la vogue de la fiction anglaise atteint son apogée. A bien y regarder, l'Anglomanie française n'entraîne d'ailleurs pas – ou du moins pas de façon évidente – de changement du pouvoir culturel dans le paysage européen[37].

Une même logique se retrouve dans le dernier binôme, qui présente le rapport entre auto- et hétéro-image en termes systémiques : « Centrality carries with it the connotation of historical dynamism and development, whereas peripheries are stereotypically 'timeless', 'backward', or 'traditional' »[38]. Dans ses modalités strictement politiques, ce binôme rejoint la paire force-faiblesse[39] discutée ci-dessus. Pris au sens figuré – et investi d'un sens axiologique – il s'associe undubitablement au contraste thématique entre *ville* et *campagne*, topos certes universel, mais qui est abordé intensément dans la littérature sentimentale, de signature française ét anglaise, dans la seconde moitié du XVIIIe siècle[40].

Or, il est opportun d'introduire ici un troisième type d'image culturelle, que Leerssen n'a développé que plus récemment[41], à savoir la *méta*-image. Tout comme l'hétéro-image, il s'agit d'une image qui est essentiellement *exogène*, car *projetée* par le Même sur l'Autre, mais qui, de façon plus prononcée que l'hétéro-image, présuppose un repli sur le Même (« a reflected auto-image »). Par ce biais, la culture regardante (*i.c.* la France) indique les images que la culture regardée (*i.c.* l'Angleterre) aurait *prétendument* – c'est-à-dire aux yeux des Français – de la culture regardante. Dans le cas spécifique des *histoires anglaises*, il s'agit des passages (récurrents) où les personnages anglais mis en scène s'expriment au sujet de la culture française.

---

36   Renvoyons à l'exemple de Bougainville, déjà cité, et à la représentation des « sauvages » dans le *Cleveland* de l'Abbé Prévost.

37   Voir *supra*.

38   Leerssen, *op. cit.*, p. 277.

39   Citons l'exemple parlant de l'Europe, centre de la civilisation et du progrès, par opposition avec (la représentation) des tribus en Amérique du Nord.

40   Cf. entre autres Texte, *op. cit.* et Dawson, *op. cit.*, pp. 334 *et seq.*

41   N'ayant pas retrouvé le terme dans ses articles, nous nous référons à l'exposé, intitulé « Irony », qu'il a présenté à l'occasion du congrès « El juego con los estereotipes », à Louvain le 29 octobre 2009.

Manie, philie et phobie

L'idée d'une logique dialectique qui gouverne les rapports entre le Même et l'Autre est consolidée dans les écrits de deux autres imagologues, à savoir Daniel-Henri Pageaux et Hans-Jürgen Lüsebrink. Ainsi, Pageaux – tout comme Leerssen – insiste sur le fait que l'hétéro-image est souvent plus révélatrice de la culture regardante que de la culture (regardée) qu'elle désigne prétendument.

> Je « regarde » l'Autre, mais l'image de l'autre véhicule aussi une certaine image de moi-même. [...] d'une certaine manière je dis aussi le monde qui m'entoure, je dis le lieu d'où sont partis le regard, le jugement sur l'Autre[42].

C'est en effet souvent par opposition à un Autre, qui est externe à la propre culture, que le Même, le Je s'auto-définit le plus clairement et qu'il se montre le plus déterminé par le système de valeurs sous-jacent à son propre contexte d'énonciation.

Tout comme Leerssen, Pageaux conçoit la relation entre le Même et l'Autre – entre l'auto-image, l'hétéro-image et la méta-image – suivant la logique d'un « rapport de force »[43]. Qui plus est, la nature dialectique et hiérarchique du texte définit – au-delà des personnages – le texte « imagotypique en tant que tel ». Adoptant une methode apparemment plus immédiatement « textuelle » que Leerssen, Pageaux insiste en premier lieu sur l'importance « d'identifier les grandes oppositions qui structurent le texte imagotypique »[44] et qui concernent à la fois les paramètres spatio-temporels et le « système des personnages ». Dans le premier cas, il s'agit d'examiner l'organisation de l'espace étranger qui est mis en scène, et plus spécifiquement les couples oppositionnels qui structurent cet espace fictionnel : haut *versus* bas, Nord *versus* Midi, ville *versus* campagne, exotique *versus* familier, et ainsi de suite. Toutefois, pour Pageaux il importerait, dans un deuxième temps, de mettre en relation l'analyse de l'espace avec celle des personnages. Aussi, prête-t-il attention à la *valorisation* de l'espace par les personnages : non seulement, le chercheur devrait être « attentif aux relations qui s'instaurent entre l'espace et le corps des personnages, à l'inscription du personnage dans l'espace »[45], mais

---

42 Pageaux, « Images, Imaginaire », in : *Europa und das nationale Selbstverständnis. Imagologische Probleme in Literatur, Kunst und Kultur des 19. Und 20. Jahrhundert*, éd. par Dyserinck et Syndram, Bonn, 1988, p. 368.
43 Pageaux, « Images », *La littérature générale et comparée*, Armand Colin, 1994, p. 67.
44 Pageaux, *ibid.*
45 *Ibid.*

encore il devrait s'attacher à étudier la valeur que ces personnages attribuent expressément aux différents espaces de l'imaginaire représenté.

Ensuite, conformément à la méthode proposée par Dufays, la lecture imagologique de Pageaux ne se borne pas au repérage de structures et relations hiérarchisées ; elle est par contre censée aboutir à un moment de lecture inclusive, à travers la prise en compte du co-texte et du contexte. Pageaux souligne en effet l'importance d'une interprétation contextualisante, par un renvoi final aux idées socio-culturelles en vigueur au moment de la publication de l'œuvre. Sous ce rapport, il nous rappelle que les textes incluant des images de l'Autre sont toujours, au moins partiellement, « programmés » et conventionnels, par le fait qu'ils feraient écho au code social et culturel de l'époque : « A un moment historique donné et dans une culture donnée, il n'est pas possible de dire, d'écrire n'importe quoi sur l'Autre[46]. »

Alors que, dans ce texte de 1988, Pageaux établit un lien direct et univoque entre l'imaginaire social et les images culturelles d'un texte imagotypique, dans son article « Images », qui date de 1994, sa conception de la relation texte-contexte est devenue moins contraignante. S'il le juge toujours d'une grande importance de considérer « les lignes de force qui régissent une culture à un moment donné », il reconnaît que le texte même n'est pas forcément orienté par le code socio-culturel de son temps. Désormais, il s'agit plutôt de « voir *si* le texte est en conformité ou non avec une certaine situation sociale et culturelle, [de voir] quel imaginaire il exploite et à quel imaginaire il s'adresse »[47].

En tant que telle, l'idée selon laquelle l'imaginaire du texte doit être implémenté, ou encore « mis en contexte » dans un imaginaire social plus large est partagée par maint chercheur – dont Leerssen et Moura – et semble corroborer la thèse que toute étude de stéréotypie se situe à mi-chemin entre le littéraire et le social. Tel a été d'ailleurs le point de départ de l'étude des récits de voyage dans le premier chapitre de cet ouvrage. Ces textes factuels – et les images qu'ils contiennent – nous semblent constituer le mode d'accès le plus immédiat à l'imaginaire social de l'époque concernée.

A part l'implémentation des images dans un contexte plus large, il semble tout aussi important de dépasser, sur le plan textuel également, la binarité inhérente aux images culturelles afin de les insérer dans l'entité plus vaste du récit. En effet, la représentation de l'Autre (et du Même) est principalement l'effet de la mise en récit, considérée comme une entité signifiante, plutôt que de structures binaires isolées. Notons qu'à cet égard, l'approche imagologique rejoint celle proposée par Dufays, qui souligne également l'importance des séquences

---

46   Pageaux, « Image, imaginaire », *op. cit.*, p. 369.
47   Pageaux, « Images », *op. cit.*, p. 69.

et scénarios narratifs dans l'interprétation plus globale des représentations fictionnelles de l'Autre[48]. Dans son article « Images », Pageaux donne l'exemple de la mise en scène de l'imaginaire espagnol :

> Donc, pour nombre de voyageurs, d'essayistes, voire de romanciers, « dire » l'Espagne, commencer à écrire sur l'Espagne, ce fut assez souvent aligner de façon obligatoire, programmatique, des séquences sur la méchante auberge, la mauvaise cuisine, la rencontre avec des bandits de grands chemins, etc[49].

A travers la reprise de quelques séquences-clés se développe alors un modèle, pour reprendre les termes de Pageaux. L'usage du terme n'est pas anodin, puisqu'il suggère en même temps l'intertextualité sous-jacente aux scénarios adoptés. Toujours selon Pageaux, dans bon nombre de textes « l'image va s'écrire à partir de références textuelles, de modèles empruntés à la culture regardée, à la littérature-source »[50]. L'image de l'Autre se dessine donc par le biais de scénarios qui sont non seulement représentatifs au sens culturel, mais qui constituent en même temps des références littéraires. Pareillement, toute étude discursive des *histoires anglaises* devrait rendre compte de la reprise – fût-elle superficielle – de certains topoï et figures-clés des grands romans anglais (sentimentaux) du XVIIIe siècle. La récurrence même des références intertextuelles signale d'ailleurs leur valeur stratégique :

> L'écrivain qui les choisit obéit à des réflexes culturels, des orientations de lecture qui peuvent être partagées par le plus grand nombre dans la culture regardante[51].

Est-ce à dire que la récupération d'intertextes provenant de la culture regardée suscite un dialogue fructueux avec l'Autre ? Il n'en est rien. Dans ses articles,

---

48 Une approche semblable est développée par Hans-Jürgen Lüsebrink dans son article, « La perception de l'Autre. Jalons pour une critique littéraire culturelle » (*Tangence* 51 (1996), p. 51-66). Il distingue entre l'analyse sémiologique, sociocritique et interdiscursive. La première se concentre sur les modes de description et les configurations des personnages, ainsi que sur les types de récits, alors que la seconde sert à ancrer l'analyse sémiologique dans les grands débats de l'époque. Quant à la lecture interdiscursive, celle-ci intègre le texte dans des réseaux de discours plus larges. L'on y reconnaît, dans une terminologie différente, les différentes étapes distinguées par Pageaux.
49 Pageaux, *op. cit.*, p. 70.
50 *Ibid.*, p. 69.
51 *Ibid.*, p. 70.

Pageaux introduit à son tour ce qu'il appelle « un système symbolique » d'attitudes envers l'Autre, faisant la distinction entre la *manie*, la *philie* et la *phobie*. Cette tripartition est d'autant plus intéressante que notre corpus de textes fait partie intégrante d'un mouvement dit *anglomane* qui couvre tous les domaines de la société. Plus en particulier, les fictions *à l'anglaise* semblent être conçues dans le but de formuler une réponse au goût des lecteurs pour « toute chose anglaise ». En revanche, la définition de manie qui est formulée dans ces articles semble en quelque sorte déplacer le phénomène à un niveau d'abstraction dont il reste à examiner s'il correspond à la réalité sociétale et discursive. Pageaux lui-même cite l'Anglomanie des Français au XVIIIe siècle comme le prototype même de cette première catégorie, ce qui nous fait supposer que celle-ci réponde à l'ensemble des caractéristiques mentionnées. La définition de *manie* s'y lit comme suit:

> La réalité étrangère est tenue par l'écrivain ou le groupe comme *absolument* supérieure à la culture regardante, à la culture d'origine. La conséquence pour la culture d'origine est qu'elle sera tenue pour inférieure par l'écrivain ou le groupe. A la valorisation positive de l'étranger correspond une *vision négative, dépréciative* de la culture d'origine[52].

Ce passage pose problème pour deux raisons. D'abord, il semble en ressortir l'idée que la *manie* envers une culture particulière présuppose, de façon évidente et absolue, une représentation positive de cette culture. Une représentation, en plus, qui est davantage un « mirage » créé par des esprits enthousiastes qu'elle ne répond à la réalité. En revanche, dans les fictions *à l'anglaise*, qui constituent pourtant une réponse fictive à l'Anglomanie du peuple français, l'idée d'une valorisation univoque ne semble pas aller de soi. Déjà, le terme même d'Anglomanie est conçu – rappelons-le – par ses critiques, pour désigner l'adoration immodérée de leurs compatriotes pour la culture et la littérature anglaises. Dans la pratique textuelle, la fascination excessive de certains n'incite pourtant pas forcément les auteurs à représenter l'Autre anglais en termes exclusivement laudatifs. A cela s'ajoute que l'Anglomanie du XVIIIe siècle s'accompagne d'un contre-mouvement également puissant, l'Anglophobie, qui ne fait que corroborer l'attitude complexe des Français envers l'installation d'un nouveau pôle d'intérêt littéraire et culturel. La *phobie* – deuxième attitude fondamentale distinguée par Pageaux – est définie, dans une même tendance au simplisme terminologique, comme « l'inverse de la première » : alors que la culture regardée est tenue pour inférieure, l'accent

---

52   *Ibid.*, p. 71. C'est nous qui soulignons.

est mis sur la culture d'origine, qui est dotée (d'un mirage) de valeurs essentiellement supérieures.

A bien regarder les lois respectives qui gouvernent la *manie* et la *phobie* envers la culture anglaise au XVIIIe siècle, celles-ci s'avèrent en réalité des réactions différentes, mais complémentaires à la suprématie, plutôt qu'à l'infériorité de l'Autre. En effet, alors que la *manie* répond en général à la supériorité effective de la culture regardée, la *phobie* s'inspire, du moins dans ce contexte spécifique, d'un déni à toute épreuve de cette suprématie (surtout militaire ou politique) de l'Autre ; déni qui trouve son expression la plus manifeste dans une image positive et performante de la propre culture. Toujours selon Pageaux, s'oppose alors à la *manie* et à la *phobie*, qualifiées d'unilatérales, la *philie*, qui se distingue à la fois « de l'acculturation mécanique » de la *manie* et de « la mort symbolique de l'autre » que semble présupposer la *phobie*. « La philie vit de connaissances et de reconnaissances mutuelles, d'échanges critiques et de dialogues d'égal à égal », précise-t-il[53].

Face à cette catégorisation quelque peu réductrice, les concepts lancés par Hans-Jürgen Lüsebrink nous servent d'alternatives. Au premier abord, les trois « dispositifs » de « la perception de l'Autre » que propose ce dernier s'associent à la typologie de Pageaux. A l'idée de *manie* correspond celle de *fascination* ; le concept de *phobie* se retrouve dans les attitudes de *négation* et d'exclusion ; finalement, l'idée de *connaissance* de l'Autre‹ fait écho à celle de *philie* dans la théorie de Pageaux. En revanche, la conceptualisation de Lüsebrink semble davantage prendre en compte les parallélismes entre les différents dispositifs de relations interculturelles, plutôt que de les considérer comme des catégories définies et délimitées. Ainsi remarque-t-il à juste titre que la *fascination* et l'*exclusion* de l'Autre partageraient « de semblables stratégies d'évitement psychologiques (« Vermeidungs-strategieen ») détournées de toute tentative sérieuse de compréhension et de connaissance de l'Autre »[54]. Cela revient à dire que les deux attitudes, aussi bien l'idéalisation exotisante que le rejet de l'Autre, semblent davantage révélatrices du Même, qu'elles ne constituent une base de connaissance de l'Autre. Pareillement, la perception – qui est toujours aussi une construction – de l'Autre, présuppose comme par définition une logique différentielle, indépendamment du fait que cet Autre est exalté ou critiqué en raison de son altérité. Reste alors la possibilité d'une troisième attitude, que Lüsebrink conçoit comme le désir de *connaissance* et, semble-t-il, de rapprochement de l'Autre. Néanmoins, ici encore, Lüsebrink insiste sur la

---

53   *Ibid.*
54   Lüsebrink, *op. cit.*, p. 53.

double face qui se cache sous l'univocité apparente du terme. Suivant la thèse que tout savoir implique un pouvoir, il pose que :

> La *connaissance de l'Autre* est ancrée, dans toutes les sociétés, dans un désir à la fois de curiosité et d'information, mais aussi dans une volonté soit de maîtrise de situations interculturelles potentiellement conflictuelles, soit de domination[55].

Il nous semble donc que, si la typologie de Lüsebrink confirme en général la tripartition de Pageaux, elle y ajoute certains accents qui sont indéniablement d'importance dans une étude des rapports dialectiques entre le regard du Même et l'image de l'Autre en fiction. S'y reflète en outre l'idée que tout intérêt pour l'Autre – qu'il soit négatif ou positif, modéré ou excessif – trouve ses germes et son enjeu ultime dans la recherche d'identité du Même.

Bilan

Au terme de la première partie de cette étude, l'analyse des modalités de la stéréotypie dans les *histoires anglaises* s'impose comme une évidence. D'abord, elle est comme naturellement impliquée dans le phénomène socioculturel qui constitue l'arrière-fond de notre corpus de textes, à savoir l'Anglomanie. Contrairement à ce que semble suggérer Pageaux, ce terme connote avant tout la *critique* d'une fascination effrénée et superficielle de toute chose anglaise. L'Anglomanie étant longtemps considérée comme la preuve ultime d'une véritable prise de connaissance de la culture (et de la littérature) anglaise(s), notre lecture de textes factuels publiés sous ce signe met à nu des mécanismes de consécration et de réitération d'un imaginaire culturel manifestement topique. Ensuite, les textes critiques contemporains, pour autant qu'ils prêtent une attention particulière aux fictions *à l'anglaise*, convergent dans leur dénonciation de l'intrigue répétitive et imitative d'une partie considérable des romans. Plusieurs commentaires signalent en effet comment ces fictions s'inscrivent dans le sillage des grands romans de la littérature sentimentale au moyen d'une reprise bien méditée de quelques scènes et figures de référence.

Sous ce rapport, le dernier chapitre met en place les jalons conceptuels des analyses discursives insérées ci-après. Sans assurer une méthode de lecture *strictu senso*, ces concepts ne nous en aideront pas moins à désigner les différentes modalités d'apparition de la stéréotypie (codes de l'*inventio* et codes de

---

55   *Ibid.*, p. 54.

la *dispositio*) dans les *histoires anglaises*. Il s'agira en même temps de prendre en compte, au sein du contexte méthodologique ainsi mis en place, le jeu sur l'*énonciation*. A ce sujet, il est indiqué de distinguer deux *plans* sur lesquels ce jeu se déploie. Ainsi, sur le plan *paratextuel* (*i.c.* titrologique), déjà analysé, les *histoires anglaises* présupposent une accumulation entre énonciation réelle (française) et énonciation imaginaire (anglaise), tenue pour évidente par la réception contemporaine. Dans une deuxième démarche, il s'agira d'examiner les interférences *diégétiques* – c'est-à-dire internes à la fiction – entre la polyphonie épistolaire de mainte *histoire anglaise* d'une part et la mise en fiction d'images culturelles de l'autre.

Cette analyse prendra la forme d'un double aperçu, diachronique d'abord, topique ensuite. Vu la longévité de la formule d'*histoire anglaise*, il paraît en effet opportun de mesurer l'influence de la dynamique historique sur les modes d'emploi propres à cette formule. Ensuite, l'analyse thématique des images culturelles, qui s'articulera sur trois plans discursifs étroitement liés – la *séquence*, la *scène* et la *figure* – focalisera l'apogée du phénomène littéraire (1760-1790). En dernier lieu, la stéréotypie (culturelle aussi bien que narrative) *constitutive* de cette formule romanesque sera revisitée au prisme du projet poétique de trois auteur(e)s spécifiques : Crébillon-fils, Marie-Jeanne Riccoboni et Lefèvre de Beauvray.

CHAPITRE 4

Histoires anglaises : variantes diachroniques

Préliminaires

La première partie de cette étude s'étant articulée sur des questions *poétiques*, ayant trait au *statut* des romans concernés, il nous faut maintenant poser la question, complémentaire, d'une éventuelle variation dans le temps, ou encore de la périodisation du phénomène littéraire. Plus en particulier, il s'agira de mener une double enquête, qui concerne à la fois l'évolution des images culturelles fictionnelles et la dynamique intertextuelle du corpus considéré dans toute son étendue temporelle. Si les fictions à l'anglaise se définissent en effet sur le mode imitatif, il sera intéressant d'examiner si et comment elles récupèrent de nouveaux modèles littéraires.

S'émancipant de la mystification des pseudo-traductions au fil du temps, les fictions à l'anglaise se profilent graduellement comme une formule littéraire, qui continue à séduire maint auteur secondaire de la première moitié du XIXe siècle. S'impose alors la question de savoir si, dans ce corpus d'à peu près 80 fictions à l'anglaise[1], se dessinent certains schémas narratifs ou caractéristiques poétiques propices à « faire entrer un texte dans une généalogie qui s'appuie sur un texte prototypique »[2]. A ce qu'il paraît, la recherche d'un *architexte* se heurte pourtant aux profondes métamorphoses à la fois formelles et thématiques que les fictions à l'anglaise ont subies au fil du temps. Or, ce sont en même temps ces points de rupture qui permettent d'établir l'ébauche d'une périodisation.

Le mode historique

A certains égards, la périodisation des fictions à l'anglaise se lit à travers l'évolution terminologique de la notion centrale d'*histoire*. Dans la première moitié du XVIIIe siècle prédomine en effet une conception différente du terme, qui n'est pas sans influer sur l'économie narrative des romans concernés. Reprenons sous ce rapport la thèse de Vivienne Mylne, qui observe dans les

---

1   Voir en annexe la liste exhaustive de notre corpus d'étude. Notons que nous y avons seulement repris les romans que nous avons cités dans notre étude.
2   Schaeffer, cité dans Maingueneau, *Linguistique pour le littéraire, op. cit.*

dernières décennies du XVIIe siècle un rapprochement graduel de deux discours, historique d'une part et fictionnel de l'autre. Les romanciers concernés n'hésitent en effet pas à situer leurs ouvrages dans un cadre historique connu, même si pour la plupart révolu, afin de leur attribuer une touche d'historicité. Alors que les héros des narrations sont tous d'ascendance noble et font partie des annales de l'Histoire, l'intrigue qui est brodée autour des personnages découle de l'imagination de l'auteur. Ainsi, comme l'a déjà noté Josephine Grieder, la portée « historique » des ouvrages y prend souvent déjà la forme d'un « vernis » superficiel, l'intrigue sentimentale étant l'intérêt principal des auteurs concernés :

> [The authors] [m]ost simply dress up their plots with a few historical figures, an occasional relevant event, and a bit of geography. Nor do they make many attempts to differentiate between historical periods. Tests of virtue and fortitude being viewed as the same whether they occur in the fourteenth or seventeenth century[3].

Par leur mise en scène historicisante, les *histoires anglaises* en question se rapprochent des nouvelles historiques, genre littéraire en vogue à partir de la deuxième moitié du XVIIe siècle[4], mettant en scène des figures liées à la Cour d'Angleterre. Dans ce qui suit, nous analysons cinq des huit *histoires anglaises* parues dans cette période[5], parmi lesquelles deux romans sont de la main de Mme d'Aulnoy. En 1690 apparaît *Histoire d'Hypolite, comte de Douglas*, suivie de l'*Histoire du comte de Warwick* en 1703. Sous forme de romans à clé, ces deux œuvres fictionnalisent les aventures de figures historiques qui étaient de première importance dans l'histoire d'Angleterre[6]. Alors que dans le *Comte de Warwick*, il est fait référence au règne de Henri IV, dans l'*Histoire d'Hypolite*[7],

---

3 Grieder, *op. cit.*, p. 75.
4 Nous renvoyons à l'ouvrage de référence de Christian Zonza, *La nouvelle historique en France à l'âge classique : 1657-1703*, Paris, Champion, 2007.
5 Il s'agit plus spécifiquement de *Comte d'Essex, histoire angloise* de 1677, d'*Histoire d'Hypolite, comte de Douglas* (1690) de Mme d'Aulnoy, d'*Histoire du comte de Warwick* (1703) de Mme d'Aulnoy, d'*Arboflède, histoire angloise* de 1741 et finalement d'*Histoire angloise de Milord Feld arrivée à Fontainebleau* de 1763.
6 Voir aussi la dédicace de l'auteur : « L'on a trouvé que les événemens étoient trop récents & trop connus. Je vous avoue que cette objection m'a jetée dans un grand embarras. J'ay été obligée de chercher dans les siecles passez, une cour & des noms qui convinssent à ceux dont je parlois. » (Mme D'Aulnoy, *Histoire du comte de Warwick*, 1703, s.p.)
7 Notons que nous nous référons à l'édition de 1721, n'ayant pas trouvé l'édition originale de 1690.

qui se déroule sous le règne des rois Henry VII et Henry VIII, le contexte politique et religieux s'avère plusieurs fois le catalyseur de l'intrigue. L'histoire de la rupture d'Henri VIII d'avec le catholicisme papiste occupe ainsi une place charnière dans le récit, étant l'inspiration de nombreux obstacles dans l'histoire d'amour vécue par les deux protagonistes catholiques, Hypolite, comte de Douglas et Julie. Cela n'empêche que, en dépit de l'implémentation historique, dans ces *histoires anglaises* précoces, l'accent tombe déjà sur l'intrigue sentimentale. Sur le plan narratif, se dessine en outre une continuité apparente, qui préfigure la topique romanesque dans des *histoires anglaises* plus tardives. Ainsi, elles contiennent plusieurs topoï qui sont toujours inhérents aux romans sentimentaux d'après 1750, comme le thème de l'identité (culturelle) ou le Tour de l'Europe des personnages.

Histoire d'Angleterre (*Arboflède*)

Il en va de même pour *Arboflède, histoire angloise*, fiction anyonime de 1741, qui porte le lecteur au VIIIe siècle, époque mythique dans l'histoire d'Angleterre, où est située l'histoire d'amour entre Egbert, prince d'Angleterre[8] et Arboflède. Leur amour se voit pourtant contrecarré par les ambitions et la jalousie de la (belle-)mère d'Egbert, la reine Edouine. Sur cet arrière-fond sentimental, l'intérêt du roman réside surtout dans sa mise en œuvre du motif de l'*identité* (cachée, inconnue et enfin retrouvée). Ainsi, si Arboflède se voit obligée de changer d'identité pour échapper aux persécutions de la reine, c'est bien la naissance secrète de sa fille, Coranice, et le mystère reposant sur le sexe de cette fille, qui met la question de l'identité (cachée) sur l'avant-plan de la seconde partie de l'intrigue. Coranice, qui ignore toujours ses origines nobles, se voit obligée de cacher son identité féminine et adopte le nom de Wartimer, avant de découvrir qu'elle est en effet la fille légitime d'Arboflède et dès lors héritière légitime du trône de l'Angleterre.

Arboflède est ainsi une des premières *histoires anglaises* où le motif de l'identité (culturelle) est associé au topos de l'enfant trouvé. C'est également dans ce roman que la question de l'identité nationale est thématisée au-delà de la quête personnelle des personnages. La mise en scène anglaise forme ainsi le prétexte d'un discours fictionnalisé sur l'identité culturelle des personnages. A plusieurs reprises, les actions des personnages sont associées à des images culturelles. Citons en guise d'exemple le passage suivant, où la réaction violente du protagoniste anglais est considérée comme étant « naturelle », car dite « typiquement » anglaise.

---

8   Vu les indices historiques dans la fiction, il s'agit probablement d'Egbert II de Kent (765-780).

En disant ces mots, Egbert n'écoutant plus que son désespoir, & la férocité naturelle à sa nation, tire son épée, la plonge dans le sein de la Reine, puis dans un excès de rage, la retirant toute fumante, il se perce le cœur lui-même[9].

Dans ce passage est évoquée l'hétéro-image de l'Anglais féroce qui trouve son dernier ressort dans la mort. Plus spécifiquement, il s'agit de deux traits de caractère – la férocité et le goût du suicide – qui informent l'idée stéréotypée d'un peuple violent et passionnel. Or, si l'identité nationale est considérée comme un moteur des actions des personnages, elle n'est pas – ou du moins pas explicitement – valorisée par le narrateur. Ces traits étant attribués à un héros sentimental qui s'oppose aux stratagèmes maléfiques de ses opposants, ils semblent participer à la constellation manichéenne de l'intrigue, sans justification ultérieure[10]. A ce qu'il paraît, ce n'est que dans une phase ultérieure que l'identité anglaise est thématisée dans les fictions à l'anglaise, entrant en conflit avec l'auto-image que les auteurs (français) y opposent.

Roman-mémoires et imaginaire culturel (Nency Buthler)

Sur le plan formel, l'avènement des romans-mémoires marque un premier tournant décisif dans le corpus. Ainsi, tout en reprenant l'orientation historique des premières *histoires angloises*[11], l'*Orpheline angloise ou histoire de Nency Buthler, écrite par elle-même* de 1741 et, œuvre plus tardive mais tout aussi significative, l'*Histoire angloise de Milord Feld arrivée à Fontainebleau* de 1763 adoptent la mise en forme de la fiction mémorielle. Le modèle des nouvelles

---

9   *Ibid.*, T. 1, p. 114.
10 Remarquons d'ailleurs que dans *Arboflède* la grossièreté ne caractérise pas les personnages anglais, mais bien les Ecossais, qui sont qualifiés de paysans sauvages, mais de bon cœur. Ceci ne fait que confirmer la théorie de Leerssen, pour qui les oppositions inhérentes aux images nationales ne sont point fixes et peuvent en quelque sorte se déplacer : alors que les Anglais sont en général considérés comme étant plus grossiers que les Français, l'image de grossièreté se réfère dans plusieurs cas aussi au peuple écossais.
11 Notons qu'à la fin de l'*expositio*, le narrateur adopte tout à coup le statut de « traducteur », ce qui illustre encore dans quelle mesure le processus d'émancipation des fictions à l'angloise était graduel. L'insertion du roman dans notre corpus s'explique par l'étiquette d'*histoire angloise* affichée sur la couverture. Du reste, l'adresse du narrateur placée en tête de la deuxième partie adopte le registre fictionnel : « Il est juste que je reprenne ici *mes caractères*, & que j'emploie cette huitaine de congé pour *m'entretenir* des situations d'esprit dans lesquelles j'ai laissé Diane, la belle Anglaise & Milord mon ami. » (*Histoire angloise de Milord Feld arrivée à Fontainebleau*, La haye et Paris, chez Duchesne, 1763, T. II, p. 4)

historiques de Mme de Villedieu étant écarté dès le discours préfaciel[12], *Milord Feld* fait aussi preuve – quoique tardivement – d'une réorientation thématique, détournant l'intérêt de l'Histoire des grands hommes de l'Angleterre vers l'histoire d'Anglais nobles, mais anonymes et fictionnels. Ainsi, ayant pour cadre la cour de Fontainebleau, l'intrigue concerne essentiellement les passions des simples « mortels », comme le pose l'auteur. Ce transfert à la mise en scène d'une histoire particulière est du reste emblématisé dans le titre, où la référence à Fontainebleau n'éclipse point la mise en évidence du protagoniste, Milord Feld. Si le héros, Milord Feld, se laisse faire la cour par Diane de Poitiers, cette figure historique n'assume qu'un rôle purement fonctionnel dans l'histoire. Étonnée par la détresse de Milord Feld, c'est elle qui sollicite le narrateur-mémorialiste à raconter l'histoire de son amour pour Justine. La diégèse contient de ce fait l'histoire de sa propre genèse, en ce sens que la requête de Diane de Poitiers constitue à la fois le catalyseur de l'intrigue et le motif de sa mise en forme.

Dans l'*Orpheline angloise* de 1741, l'on retrouve une illustration à la fois plus précoce et plus implicite de cette réorientation de l'encadrement historique. Ainsi, dans l'exposition de l'intrigue il est précisé que la vie de l'héroïne Nency Buthler est enlacée avec celle de Jacques II d'Angleterre qui, suite à la *Glorious Revolution* et au coup d'état de Guillaume d'Orange, est obligé de se retirer à Saint-Germain-en-Laye. C'est de cet événement historique que dépend le cours de la vie personnelle de l'héroïne : ses parents, déterminés à suivre leur Roi, abandonnent leur fille avant de partir pour la France. Cette décision marque le début d'une vie mouvementée des deux côtés de la Manche, qui finit par porter l'héroïne à la Cour de Saint-Germain-en-Laye. Elle y retrouve, comme *par hasard*, le père qu'elle croyait décédé depuis longtemps.

Sur le plan de l'intrigue, il paraît que les multiples références aux personnages historiques servent ici plutôt à assurer la crédibilité de la mise en scène anglaise. De fait, la reconnaissance de fictions à l'anglaise n'étant plus étroitement liée à son inscription historique, elle réside désormais dans la mise en scène d'un cadre suffisamment « anglais » pour qu'il soit pris pour tel dans l'acte de lecture. Cela n'implique pas que les fictions à l'anglaise abondent en marqueurs d'anglicité. Comme l'a posé Josephine Grieder, la mise en scène

---

12 « Cette Historienne n'en vouloit qu'aux héros. Son œil toujours fixé entre le ciel et la terre pour ainsi dire, interdisoit à sa plume les événements des vertus ordinaires trop obscures pour elle dans leurs révolutions. [...] Je m'arrête sur la terre, j'y vois les mortels au sein de la volupté. Je partage leurs plaisirs. J'y vois la douleur empoisonner le charme de leurs délices. » (*ibid.*, préface, *s.p.*)

anglaise se constitue dans plusieurs cas d'un simple *window-dressing*, créé par quelques clichés culturels, tels que les références au thé anglais. Pourtant, l'on constate une attention plus prononcée pour la mise en œuvre d'un effet d'anglicité que ce n'était le cas des quelques *histoires anglaises* de la première période. *L'orpheline angloise* de 1741, contemporaine à *Arboflède*, en est une illustration précoce ; dans *Milord Feld* la tendance se voit confirmée. Outre les références au contexte historique et géographique, ces fictions attestent une mise en évidence plus prononcée de l'anglicité des caractères.

Si l'on observe que la formule des *histoires anglaises* est davantage mise au service d'un récit de vie particulier à partir des années 1740, l'anglicité fictionnelle s'y reflète à la fois dans l'autoportrait du/de la mémorialiste et dans le regard porté par celui/celle-ci sur sa propre culture (anglaise) et la France. Il s'ensuit une implémentation des images culturelles dans la structure narrative des romans. Il en va ainsi dans *Nency Buthler*, où la narration s'investit d'observations à l'égard de la culture française lors des pérégrinations de l'héroïne sur le Continent.

Dans toute sa simplicité, la constellation narrative de l'*Orpheline angloise* nous confronte ainsi déjà aux limites de la terminologie imagologique avancée par Leerssen et Pageaux. Certes, la distinction entre hétéro-images, auto-images et méta-images permet à certains égards de rendre compte de l'imaginaire culturel mis en œuvre. Pourtant, puisque les romans en question se construisent d'ordinaire sans médiation explicite de la part d'un auteur omniscient, il semble opportun de prendre davantage en considération le jeu sur la *perspective*, au sens du rapport spécifique entre la caractérisation (culturelle, mais aussi morale) de(s) énonciateur(s) en jeu et les images véhiculées. C'est alors la dialectique entre les différentes prises de position énonciatives qui, dans un deuxième moment de lecture, informe l'interprétation des images fictionnelles. En même temps, cette démarche permet une lecture qui intègre davantage la topique propre au schéma actantiel des romans en question. Dans la deuxième moitié du XVIIIe siècle surtout, les *histoires anglaises* se conformeront à un schéma narratif où les personnages aussi bien que les séquences narratives répondent à des modèles préexistants et hautement reconnaissables pour les lecteurs. Le protagoniste est ainsi souvent une jeune femme vertueuse et orpheline qui se voit confrontée à un certain nombre d'obstacles ou d'opposants, déterminés à causer sa ruine (morale). Sur le plan thématico-narratif également, *L'Orpheline angloise* présage manifestement les *histoires anglaises* à paraître, en ce sens que s'y dessinent déjà quelques thèmes et figures qui participeront de l'architecture topique des fictions ultérieures. Dès la page de titre, l'héroïne est à la fois désignée par son identité culturelle et sa condition d'orpheline.

Par cette référence à l'identité inconnue de l'héroïne, l'histoire s'inscrit ainsi dans une longue tradition de fictions, qui sont construites autour de la difficile recherche d'identité du protagoniste. Comme le remarque Jan Herman dans son ouvrage *Le récit génétique*, le topos de l'orphelin – qui est étroitement lié à celui de l'enfant trouvé – est né « avec la littérature même »[13]. Tout comme dans les premiers romans classiques, tels que *Les Ethiopiques* d'Héliodore ou *Daphnis et Chloé* de Longus[14], mainte œuvre romanesque du XVIIIe siècle se nourrit du topos de l'enfant trouvé (/abandonné/ orphelin)[15]. Qu'il suffise, sous ce rapport, de mentionner entre autres l'*Histoire d'une grecque moderne* et *Cleveland* de Prévost, ainsi que *La vie de Marianne* de Marivaux. Or, dans les *histoires anglaises*, le topos de l'enfant trouvé est également mis au service de l'argument culturel, qui constitue alors le dernier point de référence du protagoniste dans une vie sans repères. Ainsi, dans l'*Orpheline angloise*, Nency Buthler désigne sa solitude en termes explicitement culturels : « J'étois fort à plaindre de ne connoître aucun de mes parents dans le sein de ma patrie »[16]. Ces références sont récurrentes tout au long de l'intrigue, ne fût-ce que par le fait qu'elle insiste conséquemment sur l'identité nationale des personnages qu'elle rencontre en cours de route et cela suivant une logique manifestement *différentielle*. Même lors de son séjour en France, l'héroïne passe la plupart de son temps à Saint-Germain-en-Laye, enclave anglaise où se trouve la Cour du Roi Jacques :

> Une *Angloise de mes amies* vint me prier de vouloir bien l'accompagner à Saint-Germain-en-Laye [...]. Nous partîmes mon amie et moi, elle dans

---

13 Herman, *Le récit génétique au XVIIIe siècle, op. cit.*, p. 16. Dans cet ouvrage, Herman développe notamment le lien entre la recherche d'identité du personnage et celle, métaphorique, du texte littéraire, qui se déploie au XVIIIe siècle souvent sous l'enseigne du manuscrit trouvé. Dans les *histoires anglaises*, par contre, l'on est confronté à une fiction « assumée » qui, par là, rend superflu le recours à la formule du « manuscrit trouvé ».

14 *Ibid.*, pp. 24-27.

15 Il importe quand même d'observer ici que l'*Orpheline angloise, ou histoire de Nency Buthler* rappelle le titre d'une traduction de l'anglais, à savoir *L'Orpheline angloise, ou Histoire de Charlotte Summers*. Comme cette traduction date de 1751 seulement, toute possibilité d'influence doit pourtant être récusée. En général, le rôle des contacts franco-anglais ne saurait être sous-estimé, vu que des phénomènes littéraires parallèles font leur apparition des deux côtés de la Manche. Citons à cet égard l'exemple du *History of Tom Jones* de Fielding, traduit par La Place en 1750 sous le titre *Histoire de Tom Jones, ou l'Enfant trouvé*.

16 *L'orpheline angloise, op. cit.*, p. 17.

le dessein d'y vaquer à ses affaires & moi pour voir la *Cour d'Angleterre*. Elle me fit loger chez une veuve de *ma Nation*[17].

C'est encore à Saint-Germain-en-Laye qu'elle fait la rencontre de lord Buthler, qui la reconnaît pour sa fille, corroborant de ce fait son identité (culturelle).

Nency Buthler est également la première *histoire anglaise* où la question de l'identité culturelle est thématisée dans l'intrigue. D'abord, l'héroïne fait preuve d'un flegme, qui est dit « assez du caractère de [s]a Nation »[18], devant les multiples obstacles qu'elle rencontre. Ensuite, pour la première fois, l'anglicité ne concerne pas seulement la caractérisation des personnages, mais est également rendue fonctionnelle sur le plan discursif, où elle est mise au service d'une critique socio-culturelle. En effet, à travers la perspective anglaise de l'héroïne – qui se projette non seulement sur la culture française, mais aussi sur les événements désastreux (dont une scène de suicide) dans son pays natal – l'auteur réitère en réalité une *hétéro*-image stéréotypée – celle d'un peuple suicidaire et sensible au *spleen* – en vigueur dans l'imaginaire français[19]. Le fait que Nency est sauvée du suicide par un gentilhomme français, Mr. de Linières, est dans ce contexte hautement symbolique. L'héroïne décide alors de suivre son sauveur en France, sa terre natale lui étant devenue odieuse : « Les traverses que la fortune m'y avoit fait éprouver, m'en avait si fort dégoûtée, qu'il n'est point de climat au monde, quelque affreux qu'il m'eut paru, que je ne lui eusse préféré. »

Dans ce roman, la critique sur les mœurs anglaises est donc entièrement véhiculée à travers le regard prétendument anglais de l'héroïne ; un regard qui est pourtant construit de toutes pièces par l'auteur français. Il semble ainsi que l'hétéro-image d'une Anglaise prévenue contre sa propre culture soit ici mise à profit d'un discours qui fait tout simplement écho aux préjugés du public-cible français envers la culture anglaise. Il s'ensuit que, même dans un régime narratif monodique tel que le roman-mémoires, les doubles prémisses énonciatives impliquées dans la formule *histoire anglaise* font déjà ressortir l'efficacité des mécanismes de (re)mise en perspective propres au discours fictionnel. Or, au lieu de fonctionner comme un dispositif de prise de distance envers la propre culture par le biais d'un regard hétérogène, l'*histoire anglaise* ne ferait

---

17 *Ibid.*, p. 191. C'est nous qui soulignons.
18 *Ibid.*, p. 122.
19 Si la notion de *spleen*, la mélancolie dite anglaise, n'est pas mentionnée telle quelle, elle est au moins suggérée dans ce passage : « Mon amie commença la première à m'initier dans ses mystères *barbares* et *dénaturés* [de suicide] » (*ibid.*, p. 219).

ici qu'entériner les préjugés français, public-cible du roman, envers la culture anglaise, qu'elle prend pourtant pour source d'énonciation fictionnelle.

Récit-cadre et dialectique culturelle (Milord Feld)

> L'Anglois aime constamment et persévéramment : aussi l'Amour fait des enfans de ma Nation ses plus précieux esclaves. L'Anglois a-t-il raison ? Il le pense. Le François trouve son bonheur dans une conduite opposée : a-t-il tort ? Laissons la question indécise[20].

C'est dans ces termes que l'histoire de Milord Feld est d'emblée présentée sous l'enseigne d'un discours sur les nations. Outre l'insertion récurrente de tels passages, ce roman se distingue par l'attention particulière qui y est prêtée aux références historiques. Publié à un moment où les fictions à l'anglaise sont toujours plus fréquentes, la scène de Fontainebleau et la figure historique de Diane de Poitiers rappellent en effet les scénarios des premières *histoires anglaises*.

A première vue, le personnage de Diane ne semble pourtant qu'une figure de relais, qui invite le narrateur-témoin à faire le récit de la vie malheureuse de son ami, Milord Feld. Après avoir bénéficié d'une excellente éducation à l'université d'Oxford, ce jeune héros passe son temps à la maison de Milady Randon, où il tombe amoureux de la fille de cette dernière, Justine. L'amour est réciproque, mais jugé impossible par les parents de Milord Feld, qui est obligé d'entreprendre un Tour de l'Europe. Suite aux interventions stratégiques des parents, les jeunes amants se perdent de vue. *Par hasard*, Justine se trouve *incognito* à la cour de Fontainebleau au moment où l'histoire de Milord Feld est racontée. Etant convaincue de l'innocence de son amant du lectorat qu'elle avait soupçonné infidèle, elle dévoile sa véritable identité et les deux amants se réconcilient.

Mais avant même cette conclusion heureuse, la narration est à plusieurs moments interrompue en faveur d'un développement du récit-cadre, sous forme d'un dialogue entre la voix *française* de Diane de Poitiers et celle *anglaise* du narrateur-témoin. L'on assiste alors à une diversification *culturelle* des points de vue, procédé narratif propre à la formule épistolaire des fictions *à l'anglaise* plus tardives. En même temps, l'insertion de personnages français dans une fiction qui se dit *à l'anglaise* semble inscrire dans la fiction même le contrat de lecture sous-jacent. Le point de vue français, qui concerne en règle générale exclusivement le niveau auctorial, trouve ainsi une voix sur le

---

20 *Ibid.*, p. 6.

plan de la narration. Dans le cas spécifique de *Milord Feld*, le personnage de Diane de Poitiers n'assure donc pas seulement l'ancrage historique du récit, mais donne aussi corps à une perspective ouvertement française, en dépit de l'énonciation prétendument anglaise de l'histoire. Dans l'échange d'idées ainsi mis en place, les deux personnages se montrent à la fois défenseurs et critiques de leur propre culture, mais s'accordent manifestement sur l'image culturelle des deux nations concernées. Il en ressort en effet une conception essentiellement différentielle des Nations, suivant laquelle, une fois de plus, le sérieux de la nature anglaise est opposé à la légèreté du caractère français.

Si le narrateur anglais ne se montre pas tout à fait affirmatif dans son soutien du sérieux anglais (« Un François, Madame, eut-il fait de si sérieuses réflexions ? »[21]), le regard français de Diane de Poitiers est mis au service d'un discours élogieux sur les mœurs anglaises, exemplifiées par l'amour constant de Juliette et Milord Feld : « Je l'avoue, je ne me serois jamais persuadée que la constance en amour ne fût vraiment telle que dans les Romans. Il me faut un exemple comme le vôtre pour me le persuader. Pourquoi les Français sont-ils si volages & si inconstants, et pourtant leur jalousie si à redouter ? [...] Dans *notre* France, la jalousie qui naît au milieu même de l'inconstance, n'a pour source qu'un amour de libertinage[22]. »

Dans ce passage, l'argumentation différentielle sur les nations est fondée sur l'antithèse « nature *versus* culture » qui investit maint discours fictionnel de l'époque. Le caractère anglais s'y présente en effet comme une façon d'être naturelle et authentique, à laquelle les personnages français opposent, par leur maintien et leur discours, l'image stéréotypée d'une nation policée et cultivée. Si la dichotomie est en tant que telle assez constante et récurrente au cours de l'intrigue, la valorisation des différents traits distinctifs n'en est pas moins variable. Ainsi, la culture française est tantôt admirée tantôt critiquée pour son caractère « policé ». Au début de son témoignage, le narrateur anglais mentionne par exemple comment la finesse et la pureté de la culture (*i.c.* la langue) française sont enseignées aux universités anglaises dans un but de « polir la rudesse des mœurs de la Nation angloise »[23]. De même, dans une autre méta-image, il évoque l'admiration générale en Europe, selon laquelle « rien dans l'Univers ne pouvoit être comparé à la beauté des femmes [françaises], à la politesse du commerce, & à la décence des expressions »[24].

---

21   *Ibid.*, p. 83.
22   *Ibid.*, pp. 130-131.
23   *Ibid.*, p. 32.
24   *Ibid.* T. 2, p. 60.

L'image positive de la France cultivée s'y oppose à l'hétéro-image anglaise de « férocité » et de « rudesse »[25], où le stéréotype de la nature se voit redéfini en termes sociaux, plutôt que moraux. C'est avant tout dans le contexte plus strict de l'intrigue sentimentale que l'image de la légèreté française, pour sa part, connote les idées-clés péjoratives de superficialité et de paraître. Citons en guise d'illustration le passage suivant, où Diane de Poitiers exprime une fois de plus son admiration pour le caractère anglais :

> Vous Anglois, vous ne connoissez que le oui et le non : vous vous attachez sincèrement. Nous au contraire nous n'avons que les beaux dehors du oui & du non. Nous semblons nous attacher ; mais nous n'aimons que nous-mêmes[26].

En dépit de sa forme monodique, c'est à travers l'insertion d'un dialogue commentatif entre le narrateur et Diane de Poitiers, figure historique, que *Milord Feld* illustre déjà comment les premisses énonciatives de l'*histoire anglaise* peuvent être mises à profit d'un discours culturel à voix multiples, qui prend néanmoins toujours la forme d'une dialectique traditionnelle. Le roman semble de ce fait préfigurer l'implémentation plus prononcée de l'argument national dans les fictions à l'anglaise d'après 1760, où le dispositif de l'*histoire anglaise* se déploie couramment en fonction d'un discours (stéréotypé et différentiel) sur l'identité nationale. Qui plus est, dans *Milord Feld* la fictionnalisation d'images culturelles prend forme au moyen d'une *toile topique*, dont certaines scènes et figures présagent l'économie narrative de maintes fictions ultérieures. Nous retrouvons entre autres, et tout comme dans *Nency Buthler*, le thème du voyage en Europe, qui trouve une fois de plus sa motivation sur le plan des *passions*, dans la répugnance du héros à l'égard de sa terre natale. En outre, il importe de noter les références fréquentes à la *conscience linguistique* – ou encore, à la connaissance des langues – des protagonistes. Dans *Milord Feld*, plus en particulier, la conscience linguistique des personnages anglais semble avant tout servir à mettre en évidence, sous forme de méta-image, la « délicatesse » et « l'universalité » de la langue française. Le narrateur souligne en effet que l'apprentissage du français forme une des composantes centrales de l'éducation oxfordienne. En même temps, ce topos pourrait aussi signaler, à sa façon, une implosion discursive de l'*inconséquence* linguistique constitutive des *histoires anglaises*. Tandis que, sur le plan du péritexte, l'aveu de la fiction se substitue graduellement à la feintise de la pseudo-traduction,

---

25   *Ibid.*, T. 2, p. 113.
26   *Ibid.*, T. 2, pp. 132-133.

il nous semble que de telles scènes d'apprentissage font écho au transfert culturel sous-jacent aux fictions *à l'anglaise*. Ce transfert, tenu implicite dans l'encadrement de la fiction, remonte à la surface de maints romans parus entre 1760 et 1790, où l'on retrouve en effet plusieurs passages qui mettent en évidence le bilinguisme des protagonistes.

Apogée (1760-1790)

Dans ce qui précède, nous avons argumenté que toute tentative de périodisation stricte semble s'affronter à l'hétérogénéité du corpus. Toujours est-il qu'entre la parution de l'*Orpheline angloise* en 1741 et celle des *Lettres de Milady Juliette Catesby* en 1759 se situe un laps de temps considérable sans publication aucune de fictions *à l'anglaise*[27], ce qui semble suggérer au moins quelque rupture thématique et/ou formelle. En même temps, l'on constate à partir des années 1760 également une hausse remarquable dans le nombre de romans concernés : au total, à peu près quarante romans participent de l'apogée des fictions *à l'anglaise*.

Du point de vue formel, l'on ne saurait négliger la montée remarquable de la forme épistolaire, qui gagne en importance à partir des années 1760[28] sans pour autant effacer d'autres formules romanesques, telles que le roman-mémoires. En termes strictement quantitatifs, la publication des romans épistolaires *à l'anglaise* est à son apogée dans les années 1780, pour ne disparaître totalement qu'après 1790.

Dans ce qui suit, il s'agira d'examiner les interférences entre la mise en forme épistolaire d'une part et la mise en scène de la stéréotypie socio-culturelle de l'autre. Reste à voir évidemment dans quelle mesure la polyphonie discursive des romans épistolaires suscite également une parcellisation du discours sur l'identité culturelle.

Il va de soi que la vogue épistolaire – en France comme ailleurs – est avant tout tributaire des romans de Richardson. Suite à la traduction anonyme de *Pamela* et, peu après, l'introduction des *Lettres Angloises ou Histoire de Miss Clarisse Harlove* (1751), il semble que, du moins pour un certain temps, la fiction française ait souscrit au modèle du roman sentimental richardsonien.

---

27   Durant cette même période, la France connaît la publication de plusieurs pseudo-traductions (e.a. par Prévost et par De la Place), mais dans cette formule aussi, l'apogée n'est atteint qu'à partir des années 1760.
28   Plus en particulier, nous avons découvert vingt-six fictions à l'anglaise (dont huit portent l'étiquette d'*histoire angloise*) qui adoptent la formule épistolaire.

A partir des années 1760, la constellation polyphonique du roman *Clarissa* était également celle de plusieurs *histoires anglaises*. L'intertexte richardsonien se faisant explicite sur le plan paratextuel tout comme dans la diégèse (voir *infra*), il semble indiqué de parler en termes d'imitation. Dans son ouvrage, *Der englische Roman in Frankreich*, Wilhelm Graeber cite sous ce rapport un passage particulièrement éloquent d'un traducteur anonyme de 1770 :

> On ne jettoit plus que de loin à loin quelques brochures au public, & la source des romans étoit sur le point de tarir, lorsque l'Angleterre nous en découvroit une nouvelle où les Richardson & les Fielding ont puisé avec tant de succès. Nos Romanciers françois se turent alors. *L'imitation prit la place de l'invention*[29].

Qu'il nous soit pourtant permis de faire quelques observations sur l'état actuel des recherches consacrées à la réception de Richardson, avant de faire le point sur ces pratiques d'imitation[30]. En tant que telle, l'influence des romans richardsoniens – et surtout de *Pamela* et *Clarissa*[31] – sur la littérature française de la seconde moitié du XVIIIe siècle a évidemment fait l'objet de maintes études[32]. Jusqu'à présent les chercheurs ne se sont pourtant guère focalisés sur le corpus, pourtant récurrent, des fictions à l'anglaise. La plupart des travaux se sont orientés vers les réécritures critiques, comme celle de Henry Fielding (*Shamela*) ou, du côté français, vers les adaptations théâtrales par Boissy (*Paméla en France, ou la vertu mieux éprouvée*, 1743), Voltaire (*Nanine, ou le préjugé vaincu*) ou Goldoni (*Pamela nubile*, 1750), pour ne nommer que les plus connues. Quant à l'implémentation du modèle richardsonien dans la prose

---

29 « Sophie ou le Triomphe des grâces sur la beauté », Londres/Paris, 1770, p. ii. Cité dans : Graeber, *op. cit.*, p. 11.

30 Pour une analyse plus détaillée de la place occupée par *Pamela* dans l'ensemble des *histoires anglaises*, voir notre article « La fiction française à la remorque d'Angleterre : au sujet de quelques avatars romanesques de *Pamela* », *Canadian Review of Comparative Literature* 40.2 (2014), pp. 161-178.

31 Notons à cet égard que nous avons décidé de ne pas prendre en considération l'intertexte du *Chevalier Grandison* ; même si ce troisième roman de Richardson a également connu un succès considérable en France, l'absence de références explicites dans les fictions à l'anglaise nous a fait renoncer à l'intégrer dans notre analyse topique.

32 Dans son article « Richardson's influence on the concept of the novel in 18th century France » (*Comparative Literature Studies* 17 : 3 (1977), pp. 233-243), Lawrence Lynch rend compte du débat évoqué par l'étude de Texte, *Jean-Jacques Rousseau et les origines du cosmopolitisme littéraire* (*op. cit.*) parmi des critiques comme Green et Van Tieghem.

narrative, il se révèle que seuls les romans français plus connus[33] ont fait l'objet d'études élaborées[34]. Dans cette lignée, une place a été réservée plus récemment à Mme Riccoboni, dont les romans ont été négligés très longtemps[35]. En même temps, la référence à Mme Riccoboni est révélatrice puisqu'elle implique, jusqu'à un certain point, la prise en compte de la fiction *à l'anglaise*, dont elle était une des promotrices les plus applaudies.

Par ailleurs, les études faisant référence à la fiction à l'anglaise sont rares et ne traitent pour la plupart que très vaguement de ses affinités thématiques et formelles avec les romans de Richardson[36]. A témoin, le passage suivant qui provient d'un article de Lynn Festa, « Sentimental Bonds and Revolutionary Characters : Richardson's Pamela in England and France » :

> The degree of influence granted to Richardson in France depends upon which French novels are taken into consideration : if one includes less canonical writers like Riccoboni or Baculard d'Arnaud, who produced an abundance of *histoires anglaises* and borrowed many tropes from the sentimental novel, one gets a very different picture[37].

Pour leur part, les *histoires anglaises* de ces auteurs jugés moins canoniques ne couvrent pourtant aucunement l'hétérogénéité de notre corpus. Il est dès lors indiqué de prendre en compte un échantillon plus représentatif de fictions, certes répétitives et guère canoniques, qui ne passaient pourtant point inaperçues à l'époque.

Sous un même rapport, il peut étonner que dans *Anglomania in France*, dont un chapitre entier est consacré à la représentation des personnages anglais en fiction, les intertextes de *Pamela* et *Clarissa* ne font pas l'objet de quelque analyse approfondie. L'œuvre de Samuel Richardson n'est mentionnée qu'une

---

33   Citons sur cette question entre autres Texte, (*op. cit*) ou encore Christine Roulston, *Virtue, Gender and the authentic Self in 18th century fiction : Richardson, Rousseau, Laclos*, Gainesville, Florida, 1998.

34   Il est intéressant de noter que dans un ouvrage de référence tel que *Der englische Roman in Frankreich* (*op. cit.*), Graeber ne consacre que quelques pages à la réception de *Pamela* et *Clarissa* en France.

35   Voir à cet égard l'ouvrage d'Antoinette M. Sol, *Textual promiscuities : Eighteenth-century critical rewriting*, Bucknell UP, 2002.

36   Citons entre autres Laurent Versini, *Le roman épistolaire*, coll. S.U.P. (Littératures modernes 20, Paris, P.U.F., 1979) ou l'introduction de Michel Delon à son édition *Baculard d'Arnaud, Florian, Sade : histoires anglaises* (Paris, Zulma /Calmann-Lévy, 1994).

37   Voir *The literary Channel: the inter-national invention of the Novel*, Margaret Cohen – Carolyn Dever (éds), Princeton UP, 2002, p. 98.

seule fois, dans le but d'esquisser son influence esthétique en termes généraux. Grieder y fait mention de quelques traits caractéristiques qui semblent avoir défini la réception des romans anglais – et en l'occurrence ceux de Richardson – aux yeux des lecteurs français. Tout d'abord, elle renvoie au style simple et naturel, conférant aux romans anglais une authenticité absente des romans français. Authenticité qui se manifeste également dans une représentaton plus hétérogène des classes sociales, comme illustre une critique des *Observations sur la Littérature moderne* :

> On y peint l'homme, plutôt que le grand Seigneur; et il ne faut être ni Prince, ni Duc, ni Marquis, pour se reconnaître aux tableaux qu'on y fait de nos passions, de nos vertus et de nos vices[38].

Or, la page de titre des romans de notre corpus invite d'emblée à nuancer l'influence concrète de ce réalisme social sur les fictions *à l'anglaise*, où les titres de noblesse (Milord, Milady) jouent souvent un rôle signalétique. Les quelques romans qui mettent en scène des protagonistes bourgeois font manifestement exception ; même les nombreuses orphelines, dont l'origine incertaine forme un *leitmotiv* au cours de l'histoire, s'avèrent souvent d'une ascendance illustre au dénouement de l'intrigue. En dernier lieu, Grieder se réfère à l'enjeu moral que prend le roman anglais aux yeux du public français[39]. Sur ce plan, plusieurs fictions *à l'anglaise* marquent, dès la page de titre, une affinité stratégique avec les modèles de Samuel Richardson. Alors que Baculard d'Arnaud se montre le plus explicite dans les titres de ses romans (*Fanni ou l'heureux repentir* (1764)[40], *Clary ou le retour à la vertu récompensé* (1765)), l'on peut évoquer, parmi d'autres, l'*Histoire de Miss Honora ou le vice dupe de lui*-même (1766), *La nouvelle Clarice* (1767), et les *Mémoires de Clarence Welldone, ou le pouvoir de la vertu* (1780), dont le titre reflète clairement le projet moral des modèles richardsoniens.

---

38 *Observations sur la Littérature moderne*, II (1750), pp. 344-345, in: Grieder, *op. cit.*, p. 66.

39 Citons la *Préface de l'éditeur*, qui était également attachée à la traduction française de *Pamela*, où l'enjeu moral du roman est d'entrée de jeu rendu explicite : « peindre le Vice des couleurs les plus propres à en inspirer de l'horreur, & mettre la Vertu dans un si beau jour qu'on l'a rendu véritablement aimable » (*Pamela ou la vertu récompensée, traduit de l'anglois*, à Londres, 1743). Désormais, toutes les citations de *Pamela* renvoient à l'édition de 1743.

40 Plusieurs sources (dont *The new Cambridge Bibliography of English Literature 2*, 1971, p. 1969) mentionnent d'autres versions de la même histoire, dont le titre est aussi éloquent : *Nancy, ou la nouvelle Paméla* (1762) *Fanny ou la nouvelle Paméla* (1767).

En dépit de sa récurrence, cet intertexte n'est aucunement mentionné dans la littérature secondaire. Ainsi, à ce qu'il paraît, seul Laurent Versini touche brièvement aux parallèles rapportant le traitement de la « vertu » dans les fictions *à l'anglaise* aux romans de Samuel Richardson :

> Tous ces romans conservent de *Clarisse* l'histoire d'une vertu persécutée et finalement triomphante, dans un dénouement le plus souvent beaucoup plus souriant que celui de Richardson, la peinture d'émules de Lovelace qui en fait des romans de séduction et des ébauches moralisantes des *Liaisons*, la polyphonie enfin dans la plupart des cas[41].

Toujours est-il que, dans son étude, Versini cite seulement les cas de Mme Bournon-Malarme et Mme Beccary, dont l'œuvre n'est pourtant pas représentative du corpus nettement plus large d'*histoires anglaises*[42]. A bien lire les romans en question, il peut d'ailleurs étonner que Versini privilégie l'intertexte de *Clarissa*, alors que le premier roman de Richardson n'est pas mentionné. Cette lecture sélective s'explique sans doute par la présence de quelques ressemblances formelles manifestes, telles que la reprise des axes épistolaires – axe de l'amour l'un, axe de la confidence l'autre – constitutifs de *Clarissa*. Cela n'empêche pourtant que bon nombre des romans contiennent une référence explicite à *Pamela*, dont il importera de rendre compte dans l'analyse thématique. Il s'agira alors également de faire la part des modalités de parution de ce double intertexte, en rapport avec la topique romanesque inhérente à ces fictions.

Ruptures et continuités dans les fictions tardives

Comme attestent les bibliographies, l'avènement de la Révolution française ne signifie aucunement la disparition des fictions à l'anglaise. Dans la période 1800-1830 sont publiés une vingtaine de romans qui répondent toujours à

---

41   Laurent Versini, *op. cit.*, p. 103.
42   Cette argumentation reflète également l'observation de Graeber dans *Der englische Roman in Frankreich*, selon laquelle le traducteur français de *Pamela* aurait encore renforcé l'accent sur la vertu par rapport à l'original anglais : « Während sich Richardson vielfach mit Anspielungen begnügt hatte (die jedoch deutlich genug waren) wird sein französischer Übersetzer explizit. Es ist die grundsätzliche Tendenze in Übersetzungen des 18. Jahrhundert […] der moralischer Aspekt deutlicher hervorzuheben, als dies die englischen Autoren getan hatten. » (*op. cit.*, p. 61)

la formule d'une fiction française à mise en scène anglaise[43]. En soi, cette observation conteste l'analyse de Grieder, qui affirme que ce type de fiction ne survit pas aux événements de 1789, sans pour autant préciser davantage[44]. Or, indépendamment de l'idée discutable d'un désintérêt soudain inspiré par des motifs purement politiques, force est de constater que la formule narrative des fictions à l'anglaise est en effet sujette à modification.

Ainsi, la majorité des fictions à l'anglaise postérieures à 1790 écartent le modèle épistolaire en faveur d'une fiction où le narrateur omniscient reprend sa place d'instance narrative centrale. Celle-ci s'associe d'ordinaire au dispositif chapitré, qui reflète à son tour les évolutions générales dans la prose narrative française au début du XIXe siècle[45]. C'est ce que Ugo Dionne a appelé la *capitulation* du dispositif romanesque au tournant du siècle[46].

De prime abord, cette reconfiguration n'est évidemment pas sans incidences sur le plan énonciatif, vu que la polyphonie épistolaire[47] cède désormais la place à la voix dominante d'un narrateur à la troisième personne.

---

43 Dans l'ensemble des fictions à l'anglaise publiées dans cette période, nous nous reportons aux romans suivants: *Alfrède, ou le manoir de Warwick* (Cazenove d'Arlens, 1794), *Théobald Leymour, ou la maison murée* (Mme Bournon-Malarme, 1799), *Les orphelines de Flower-Garden* (Cazenove d'Arlens, 1798), *Stella, histoire angloise* (Aglaé de Fleurieu, 1800), *Miralba, chef de Brigands* (Mme Bournon-Malarme, 1800), *Malvina* (Sophie Cottin, 1800), *Les deux borgnes, ou Lady Justina Dunbar* (Mme Bournon-Malarme, 1809), *Qui ne s'y seroit trompé, ou Lady Armina* (Mme Bournon-Malarme, 1810), *Le château de Bothwell* (Cazenove d'Arlens, 1819), *Les pensionnaires de Tottenham-High Cross* (Mme Bournon-Malarme, 1818), *Château de la Volière, ou Miss Spencer et Henry Seymour, histoire angloise* (Librousky, 1824).

44 « Alas for its authors, the fiction would last not longer than the climate to which 1789 would put such a decisive end », Grieder, *op. cit.*, p. 116.

45 Ainsi se fait-il que les quelques romans épistolaires (ou de forme mixte) paraissent avant la fin du XVIIIe siècle : *Adèle de Senange, ou lettres de Lord Syndham* de Mme de Souza (1794) et *Miss Belhowe et le Lord Clarendon, ou les épreuves de l'amour et de la vertu* de Quatremère-Disjonval (1796), où la 3e personne est alternée par des lettres. Dans le roman *Nérine, histoire angloise* de Lafont (1798) l'histoire est toujours présentée comme un récit authentique, alors que la répartition par chapitre suggère une évolution formelle.

46 Ugo Dionne, *La voie aux chapitres*, Seuil, coll. Poétique, 2008, p. 361.

47 Citons sous ce rapport Sophie Cottin dans son « Avertissement » à *Malvina*, où elle préfère la forme chapitrée, réfutant l'épistolarité en raison de la complexité inhérente à la polyphonie : « Un roman à lettres, où chaque style doit être aussi distinct que le caractère de ceux qui écrivent, me paraît la plus grande difficulté de cet ouvrage [...]. Cependant, comme différents motifs, que je ne veux point énoncer ici, m'engageaient à écrire, j'ai essayé la forme par chapitres, comme la plus aisée. » Nous citons l'édition de 1836, *Œuvres Complètes de Mme Cottin*, T.1, Paris, Firmin Didot frères, p. 57.

Il nous faudra dès lors mesurer les modes d'interférence entre l'énonciatif et l'argumentatif, dans leurs rapports spécifiques à la mise en scène de l'imaginaire culturel.

Fictions (post-)révolutionnaires

La Révolution Française a longtemps été définie et étudiée comme une ligne de partage dont les effets sur la production littéraire n'étaient pourtant pas immédiatement visibles. Vu l'impression générale d'une filière a-politique très prononcée dans la littérature sentimentale, l'attention des chercheurs s'est avant tout orientée vers les textes (non-) fictionnels « engagés », faisant abstraction d'un corpus considérable de fictions sentimentales, dites « non-politiques »[48]. Signalons à ce sujet la réorientation remarquable proposée par Katherine Astbury dans son étude *Narrative responses to the trauma of the French Revolution* (2012), qui révèle comment des genres littéraires traditionnels, tels que le roman sentimental ou le conte moral, contiennent néanmoins des échos à la crise politique des années révolutionnaires. Optant délibérément pour une approche inclusive, Astbury avance que les écrivains dits « désengagés »[49] produirent en réalité des réponses fictionnelles à la césure politique de la Révolution française. Partant de la présence d'une « series of French novels based on sentimental plots[, which] far outnumber those literary works containing overtly political themes », elle propose d'examiner davantage « the seemingly escapist preference for the pastoral and for the sentimental merits »[50].

Dans cette perspective, les échos littéraires de la Révolution ne se limitent pas aux références politiques explicites[51] ni aux représentations immédiates de la réalité historique[52], mais se reflètent dans le silence même devant les traumatismes bouleversants de l'époque. Dans son étude, Katherine Astbury

---

48   Henri Coulet, « Existe-t-il un roman révolutionnaire ? », in : *La légende de la Révolution*, actes du colloque international de Clermont-Ferrand, éd. par Christian Chroisille et Jean Ehrard, Clermont Ferrand, centre de recherches révolutionnaires et romantiques, 1988, pp. 173-183; Huguette Krief, *Entre terreur et vertu : et la fiction se fit politique... (1789-1800)*, Paris, Champion, 2010.

49   Isabelle Brouard-Arends et Laurent Loty (dir.), *Littérature et engagement pendant la Révolution française*, Rennes, Presses Universitaires de Rennes, 2007.

50   Katherine Astbury, *Narrative Responses to the Trauma of the French Revolution*, Oxford, Legenda, 2012, p. 4. Qui plus est, « the apparently non-political is an engagement with or reaction to the Revolution and, therefore, implicitly political » (*ibid.*, p. 5).

51   *Ibid.*

52   *Ibid.*, p. 9.

se met entre autres à reconsiderer certains genres spécifiques, tel que le roman de l'émigration.

Or, si une analyse détaillée d'éventuels échos fictionnels des événements politiques dans les *histoires anglaises* (post-) révolutionnaires dépasse l'enjeu de cette étude, ce choix analytique s'inspire avant tout du constat initial d'une absence. En effet, bien que les fictions à l'anglaise tardives témoignent d'une fascination – sans doute plus prononcée – pour les errances et la quête d'identité des protagonistes (par exemple dans *Le château de Bothwell, Stella, Alfrède* ou *Château de la Volière*), celles-ci ne se traduisent que rarement en termes d'exil politique. S'ils récupèrent par moments en effet certains des motifs traités par Astbury – témoignant de ce qu'elle appellerait « a way of re-establishing safety by creating a fictional sanctuary »[53] – nous ne sommes pas tentée de les considérer sous l'angle privilégié d'un mouvement d'assimilation de l'expérience révolutionnaire. Il nous semble plutôt que s'y dessine – toujours sur le mode sentimental et conformément au rythme du roman familial – l'éclosion d'une sensibilité (pré-)romantique, au moyen d'une topique narrative qui, elle, se déploie toujours suivant les mêmes ingrédients de base, sans que l'actualité socio-politique s'y impose. Ainsi, la plupart des *histoires anglaises* continuent à mettre en scène une jeune orpheline qui passe sa vie en détresse avant de trouver sa récompense dans une issue heureuse. A ce sujet, il importe d'observer pourtant que le rôle de l'opposant est plus souvent attribué à des femmes manipulatrices qui envisagent la perte, sociale plutôt que morale, de l'héroïne. Partant, longtemps après la date symbolique de 1789, la séquence narrative de *l'enlèvement* constitue l'une des péripéties communes de mainte fiction, bien qu'elle s'y déploie de manières nouvelles. Il en va ainsi pour Henriette dans *Le château de la Volière* de Lisbrousky (1816) et pour *Stella* (1800), qui à la fin s'avèrent être les héritières légitimes des familles qui les ont adoptées. Dans *Stella, histoire anglaise* (1800), la disparition de l'héroïne est orchestrée par sa tante, Milady Wilfort qui, au lieu de s'attaquer à la vertu de Stella, cherche à cacher un mystère que Stella est sur le point de dévoiler. Dès lors, le topos de l'enlèvement ne sert plus l'articulation de la morale à toute épreuve de l'héroïne, mais est motivé par une nouvelle économie narrative, gouvernée par la loi du mystère. C'est parce qu'elle est devenue un obstacle au secret de Milady Wilfort, que Stella doit disparaître. Notons d'ailleurs que l'auteur de Stella, Mme de Fleurieu, anticipe les attentes du lecteur, qui est familiarisé avec la séquence de *l'enlèvement* libertin. Ainsi, elle met en scène un jeune fat anglais, Milord Gilmore qui, même aux yeux de Stella, est censé être coupable

---

53   *Ibid.*, p. 143.

de l'enlèvement : « Ses soupçons tombèrent sur Milord Gilmore : il lui paraissoit le seul homme qu'elle connût qui put violer à cet excès les lois de l'honneur et de l'humanité[54]. » Avec Stella, le lecteur est pris à contre-pied, jusqu'à ce que la vérité se révèle à la fin de l'intrigue. Dans *Le château de la Volière* (1816), Eléonore Percival conçoit à son tour des stratagèmes qui servent à écarter sa cousine Henriette du château de la Volière, dont elle est en réalité l'héritière légitime. Pourtant, cette fois-ci, le rôle de l'antagoniste n'est pas seulement assumé par la tante de l'héroïne; celle-ci est secondée dans ses plans par un libertin, Millemont, qui par son enlèvement vise effectivement la perte morale d'Henriette.

Notons à ce sujet qu'aussi tard qu'en 1816, la figure du libertin anglais se caractérise toujours par référence à son modèle anglais, Lovelace[55], nonobstant le fait que le nom du personnage remette à l'esprit des lecteurs cet autre libertin fameux, Valmont. Dans *Les orphelines de Flower-Garden* de Cazenove d'Arlens, les citations de l'œuvre richardsonienne se montrent encore plus explicites, l'auteur ayant recours à la scène topique de l'acte de lecture des personnages. Dans le passage concerné, il saute aux yeux que les romans de Richardson sont présentés comme étant « exemplaires », ou encore aptes à « intéresser [les orphelines] sans contrarier leur goût, et [à] les ramener aux idées de vertu et de devoir »[56]. Suite au décès de la mère des trois filles, un ami de la maison, Mr. Elliot, assume quelques-unes des habitudes maternelles, dont la lecture collective des romans de Richardson. Au moment de la lecture, c'est encore *Clarissa Harlowe*, et surtout le rôle de Lovelace dans le roman, qui fait l'objet d'une discussion :

> Les différences de leur caractère en mettaient beaucoup dans leur manière de sentir et de sujet, et souvent il s'élevait entre elles de vives discussions. Alméria ne pouvait pardonner à Clarisse de ne pas aimer assez Lovelace, pour être aveuglé sur ses défauts ; elle l'accusait des torts qu'il avait avec elle, et son imagination de feu peignait avec enthousiasme la puissance de l'amour. Cecile ne comprenait pas qu'une femme délicate

---

54   *Op. cit.*, p. 196.
55   Librouski, *op. cit.*, T. 1, p. 128: « [Millemont] méditait en même temps sa perte et son déshonneur, et pourtant il se croyait inspiré par l'amour. Il avait toujours en campagne son artillerie et ses troupes, c'est-à-dire de l'argent et des valets, dont le principal service était de préparer et faciliter ses machineries diaboliques. Ce *nouveau Lovelace* fut bientôt aux faits de tout ce qui regardait Miss Montague. » C'est nous qui soulignons.
56   Cazenove d'Arlens, *Orphelines de Flower-Garden*, T. 1, p. 53.

put aimer un libertin ; une mauvaise réputation, disait-elle, doit balancer et même détruire les charmes de l'esprit et de la figure[57].

Ainsi, il est intéressant d'observer qu'en dépit de la parution de nombreux autres ouvrages en littérature anglaise, ce roman *à l'anglaise* rend compte de la fascination continue des lecteurs pour la psychologie de Lovelace. L'intertexte est en outre opérationnel au sein même de l'intrigue, où les réactions divergentes des orphelines à la lecture de *Clarissa Harlowe* préfigurent la suite du roman. En effet, alors que Cécile, qui condamne l'amour de Clarisse pour un libertin, finit par se lier à Mr. Elliot dans un mariage heureux, Alméria tombe pour les charmes de Lord d'Alesford qui, lui, a toutes les apparences du libertin anglais, présage d'une liaison fatalement malheureuse.

Le château de Bothwell

Pour plusieurs raisons, *Le château de Bothwell ou l'héritier*, roman publié en 1819 par Constance de Cazenove d'Arlens[58] se fait remarquer dans cet ensemble de fictions. Il s'agit en effet d'une des rares fictions à l'anglaise où l'auteur renvoie brièvement à l'impact de l'époque révolutionnaire. Ainsi, le contexte révolutionnaire est tourné en obstacle dans l'histoire d'amour des protagonistes, en ce sens que les « troubles intérieurs de la France », qui ravivent à leur tour les tensions avec l'Angleterre, ajoutent une dimension politique à l'intrigue sentimentale. Curieusement, le rôle des événements politiques est évoqué moyennant une intervention métatextuelle dans l'intrigue même, insérée tout de suite après le passage en question, qui met en scène l'atmosphère pré-révolutionnaire en France. Revêtue du statut d'*éditeur*, la romancière y précise qu'elle a retranché de l'intrigue « plusieurs détails, concernant ces premiers

---

57   *Ibid.*, p. 97.
58   Auteur de plusieurs fictions à l'anglaise tardives, la vie de Constance Cazenove d'Arlens représente à son tour l'esprit transnational dont ses romans sont investis. En témoigne également l'introduction au *Journal de Mme de Cazenove d'Arlens*, qui la présente comme une auteure « d'origine suisse, mariée à un officier hollandais au service de la France », dont l'oeuvre fictionnelle, tout comme ses journaux, exhume une anglophilie à toute épreuve : « Quant à l'anglophilie qui transparaîtra à chaque page de ses notes, elle provient de son contact avec les constitutionnels émigrés en Suisse, dont quelques-uns, les Lameth par exemple, avaient vanté au début de la Révolution une imitation plus ou moins exacte de l'organisation politique anglaise. L'engouement pour tout ce touchait à l'Angleterre, qui avait été si vif à la fin de l'ancien régime, continuait encore dans certaines classes ou dans certaines coteries. » (« Introduction », *Deux mois à Paris et à Lyon sous le consulat : Journal de Mme Cazenove d'Arlens (février – avril 1803)*, publié pour la société d'histoire contemporaine par A. de Cazenove, Paris, Picard et fils, 1903, p. xv)

événemens de la révolution, qui ne pouvoient que retracer aux lecteurs les crimes et les malheurs qui en furent la suite ; il [ledit éditeur, BV] n'en a conservé que ceux qui sont liés aux événements et à l'intérêt de cet ouvrage »[59].

Ce passage intéresse particulièrement par la relation qu'il établit entre la *généralité* de l'argumentation socio-culturelle et politique d'une part, et la *particularité* de l'histoire sentimentale d'autre part. La romancière insiste sur le fait que, en dépit de sa position prépondérante dans l'intrigue, l'argument national est toujours mis au service de la particularité de l'histoire. (Nous y reviendrons.) Le message politique du roman explique sans doute aussi le recours à la posture d'éditeur, à un moment où le roman français s'est déjà largement libéré des stratégies authentifiantes. Ainsi, dans son commentaire, la romancière prend soin de distinguer le temps de la narration (qui est celui de la Restauration) du temps narré (de la Révolution), tout en se déclarant favorable au régime contemporain :

> Dans cet heureux moment, où l'âme de tout bon français s'ouvre à l'espérance et au bonheur que promet à la France la restauration de ses légitimes souverains, de tels souvenirs seraient amers à rappeler[60].

Or, le cas exceptionnel du *Château de Bothwell*, où les références à la Révolution sont enchevêtrées dans l'intrigue sentimentale, souligne, *a contrario*, l'absence générale des conflits franco-anglais dans les fictions *à l'anglaise*. D'ordinaire, les mutations dans le contexte politique sont en effet rarement incorporées dans la diégèse, qui semble se dérouler dans un univers atemporel et topique. De même, sur le plan de la stéréotypie culturelle, les hétéro- et auto-images des *histoires anglaises* tardives s'y conforment pour la plupart à celles qui étaient récurrentes dans les fictions publiées avant la Révolution. Le *Château de Bothwell* est le seul roman où se superpose à l'image de la France « gaie, fine et légère », celle d'un pays qui est sous l'emprise de l'esprit révolutionnaire. Ainsi, la *sociabilité* française est toujours évoquée, mais elle s'avère moins gratuite, car davantage investie du débat politique. On y lit par exemple : « Dans les premiers accès de la fièvre politique qui commençait à régner en France, on disputoit surtout les points de morale ; l'enthousiasme de la liberté électrisoit tous les esprits[61]. »

L'intrigue qui se déroule sur cet arrière-fond pré-révolutionnaire s'inscrit toujours dans la « matrice » de l'*histoire anglaise*, touchant aux thèmes du

---

59   Cazenove d'Arlens, *op. cit.*, p. 103.
60   *Ibid.*
61   Cazenove d'Arlens, *op. cit.*, p. 102.

voyage (voire de l'exil), de la quête d'identité et d'un amour à toute épreuve. La narration se focalise en premier temps sur le comte de Douglas, Ecossais francophobe, qui fait élever ses enfants au château de Bothwell. Lorsque son fils aîné, Sir William, exprime le désir d'explorer le monde – et la France en particulier – il obtient le consentement de son père à condition d'en retourner en homme libre. Obéissant aux lois de l'amour, Sir William épouse pourtant une Française, qui lui donne un fils, Adalbert. Née sous le mauvais augure des années révolutionnaires, l'intrigue sentimentale entre Sir William et Gabrielle ne peut connaître d'issue heureuse. Plutôt que d'être le symbole d'un rapprochement culturel, le mariage franco-anglais est déconseillé par tous les partis et cause finalement la ruine des jeunes mariés. D'une part, cet amour pourtant sincère, qui fleurit dans une période de grande inimitié et méfiance entre la France et l'Angleterre, est indirectement à la base de la mort du père de Gabrielle, M de F. Ce dernier, apôtre de la liberté de pensée et dès lors scrutiné par les autorités françaises dans les années prérévolutionnaires, devient en effet plus suspect en raison de ses rapports avec Sir William. A la mort du père, les amants se voient contraints de quitter la France, étant tous deux exilés de leur pays natal.

Cette trame narrative, qui raconte l'histoire de l'exil du père, résonne dans celle d'Adalbert, petit-fils du comte de Douglas et protagoniste du roman. Cette histoire se développe sous le signe du retour *incognito* du héros en Angleterre, à la recherche de ses origines et de la reconnaissance familiale. C'est dans cette deuxième partie que l'identité culturelle du personnage prend valeur d'argument narratif. Né d'une mère française, Adalbert est aussi le fils d'un Écossais d'ascendance noble, dont les choix de vie et la mort précoce privent le fils de toute légitimation auprès de sa famille écossaise. L'effet destructeur de cette affiliation est clairement pressenti par Sir William qui, sur son lit de mort, exprime ses craintes pour cet enfant sans « état » : « Rejeté de sa famille, quelle patrie serait celle de son fils ? Quelle serait son existence ? Où chercher désormais un asile ? Comment lui donner un état[62] ? »

Loin d'être ignorant de sa véritable identité – comme c'était le cas des nombreux orphelins peuplant les *histoires anglaises* antérieures – le héros est au fait de ses origines familiales et nationales, mais se sent obligé de les cacher jusqu'à ce que son grand-père se montre plus bienveillant et l'accueille au sein de la famille. Qui plus est, loin d'être effacé par l'intrigue sentimentale, l'argument national s'avère le catalyseur même du dénouement heureux. Si le comte finit en effet par légitimer son petit-fils, et l'instituer son héritier, il y est incité parce que ce dernier fait indéniablement preuve d'une âme écossaise. L'accueil

---

62   Cazenove d'Arlens, *Le château de Bothwell*, Paris-Genève, 1816, T.1, p. 140.

du petit-fils au sein familial – et culturel – se fonde en d'autres termes dans la reconnaissance ultime du Même, de l'*endogène*, par l'autorité paternelle.

Ainsi, dans une intrigue régie par la voix du narrateur, l'histoire sentimentale est tissée de références à l'identité culturelle des personnages. Adoptant des fois la focalisation interne comme pour souligner le point de vue décisif – et le caractère dominant – du comte de Douglas, Cazenove d'Arlens recourt en général à la narration omnisciente pour créer un discours différentiel sur les nations, dont les lignes de partage ne se conforment pourtant pas – ou pas essentiellement – aux contours géographiques des deux nations concernées (la France et l'Ecosse, en l'occurrence). Si la culture française est rejetée par le comte, l'auteure prend soin de cadrer ce rejet par le portrait manifestement francophobe de ce dernier, dont la « prévention contre la nation française [...] dégénéra bientôt en manie »[63]. En découle en même temps l'*hétéro-image* – répandue auprès du public français – péjorative d'un Ecossais[64] morose, rude et fier. L'attitude rigide et xénophobe du comte – attitude qui se reflète dans la vétusté du château et dans les vêtements traditionnels et démodés de ses habitants[65] – est contrecarrée par la francophilie de la comtesse qui se voit, en outre, valorisée positivement par la mise en évidence de sa douceur et de son ouverture d'esprit. Cette même caractéristique est aussi ce qui pousse son fils William à quitter l'Ecosse pour découvrir le monde, suivant l'exemple fort valorisé de Sir Halifax, un ami de la famille qui joue un rôle actif dans l'entente finale entre le comte et son petit-fils. Il ne peut en effet étonner que celui-ci

---

63   *Ibid.*, T. 1., p. 1.

64   Notons que tout au long de l'histoire l'identité écossaise se voit fort relatée à celle anglaise : non seulement, les traits distinctifs des deux cultures s'avèrent assez similaires, mais encore l'auteur insiste à plusieurs reprises que Sir William, le seul personnage à traverser la Manche, est pris pour un Anglais par les Français qu'il rencontre : « Il étoit d'autres moments, où il souffroit d'entendre, lorsqu'il se promenoit ou entroit dans quelque lieu public, retentir autour de lui ces mots : 'Que fait ici cet Anglais, pourquoi ne sert-il pas son pays ?' » (*ibid.*, p. 148).

65   « Il [le comte de Douglas] bannit de même les modes et les livres françois, affectant pour les moeurs et les usages de son pays une admiration et un enthousiasme extraordinaires. La jeune et belle comtesse Hamilton, en s'unissant à lui, fut obligée, pour se conformer aux goûts et aux travers de son époux, d'adopter le costume écossois, tel que les femmes de qualité le portaient dans les temps les plus reculés. » (*Ibid.*, p. 3) Dans un autre passage, le renfermement mental du comte est rendu explicite par l'image de la bibliothèque – comme espace de vénération d'un passé lointain – à l'opposition des charmes de la conversation animée : « Tandis que le comte de Bothwell, renfermé dans sa bibliothèque, s'occupoit à déchiffrer d'antiques traductions et de vieux parchemins, son aimable épouse goûtoit à son insu les charmes d'une conversation intéressante dans la société de Sir Richard Halifax. » (p. 7)

soit l'incarnation même de l'Ecossais – ou de l'Anglais[66] – francophile, comme le narrateur ne manque pas d'observer :

> Il étoit recherché des gens les plus distingués ; l'originalité de son esprit et son heureuse mémoire rendoient sa conversation intéressante : à son retour dans son pays, il avoit adopté quelques-uns des usages français qui, assimilés à ceux de son pays, offraient une variété piquante[67].

Si *Le château de Bothwell* se conforme donc manifestement aux modalités narratives d'une formule éprouvée, celles-ci se mettent au service d'une argumentation clairement orientée par la voix omniprésente du narrateur omniscient. Cazenove d'Arlens n'hésite en effet pas à valoriser les prises de position respectives des personnages dans le discours sur les nations. Prises de position dont la résonance particulière et la force argumentative sont adroitement affermies (ou infirmées, le cas échéant) par la mise en scène des hétéro-images.

S'il est vrai, par exemple, qu'à travers le regard sévère du comte de Douglas la nation française est en butte aux critiques les plus acerbes, la romancière ne laisse pas de remettre en question ce même regard par sa mise en scène défavorable du personnage[68]. A cela s'opposent les caractérisations des personnages dits « modérés », qui promeuvent une attitude francophile, sans pour autant négliger leur identité culturelle. Citons, à titre illustratif, une dernière observation de la comtesse de Douglas, adressée à son mari : « Sir Richard est aussi fier d'être Ecossais que vous pouvez l'être, et ses voyages, en lui faisant d'agréables souvenirs, n'ont point altéré son amour pour son pays[69]. »

Or, par son implémentation stratifiée de l'argument culturel, Cazenove d'Arlens fait plus que renouer, aussi tard qu'en 1816, avec l'antithèse stéréotypée

---

66 L'on pourrait argumenter que *Le château de Bothwell* est une histoire *écossaise*, plutôt qu'*anglaise*. Plusieurs raisons nous ont pourtant amenée à prendre en considération ce roman. La première concerne l'évolution générale des fictions *à l'anglaise* qui, sous un titre qui interpelle l'Anglomanie française, intègrent graduellement l'identité écossaise dans leurs intrigues suite à la celtomanie émergente au tournant du siècle. La deuxième raison est d'ordre diégétique, en ce sens que les personnages écossais eux-mêmes s'identifient couramment à la culture et l'identité anglaises.

67 *Ibid.*, p. 16.

68 A titre d'illustration, citons le passage suivant, où Cazenove d'Arlens rend compte de l'opinion publique qui explique la gallophobie du comte à son propre désavantage : « Ceux qui le connoissoient particulièrement comprenoient comment il n'avait pas réussi chez une nation que la grâce, l'esprit et l'aménité des manières distinguent de toutes les autres. » (*ibid.*, p. 2)

69 *Ibid.*, p. 12.

entre la culture française (« cette sociabilité, cet esprit fin, gai, léger auquel nul étranger ne peut atteindre »[70]) et celle écossaise (ou anglaise). Elle illustre en même temps la longévité, tout comme la malléabilité de la formule de l'*histoire anglaise*. Malléabilité qui se présente avant tout sous forme d'un déplacement géographique, où les *highlands* écossais relèguent à l'arrière-plan les tourbillons de la capitale[71]. Du reste, l'attention particulière portée au lieu emblématique du château de Bothwell, qui évoque quelques-uns des stéréotypes les plus entérinés de la culture anglaise (l'atmosphère mélancolique, l'état inculte des terres,...), marque en même temps le dynamisme littéraire de la prose narrative française au tournant du siècle, qui se voit manifestement réorientée par de nouveaux intertextes, tels que le roman gothique et l'héritage du cycle ossianique.

Celtomanie et veine gothique

Sous ce rapport, la topique culturelle des fictions à l'anglaise se montre donc moins sujette à l'influence des événements politiques, qu'elle ne paraît déterminée par des lois inhérentes au domaine littéraire. A plusieurs égards, les fictions à l'anglaise se réorientent en effet par l'imitation de nouveaux modèles littéraires, également importés d'outre-Manche. Tout comme les auteurs de fictions à l'anglaise avaient tenté de formuler une réponse (simplifiée) à la manie française engendrée par les romans de Richardson, l'on observe en effet dans plusieurs fictions tardives une tentative d'aller au devant des (nouvelles) attentes du public français. Pareillement, les intertextes n'investissent aucunement en profondeur la structure narrative de fictions manifestement sentimentales, mais se profilent comme lieux de reconnaissance pour le lectorat français au tournant du siècle des Lumières.

Premier constat : au lieu de se dérouler dans les environs de la métropole londonienne, la mise en scène des fictions se déplace souvent en Ecosse. Outre *Le château de Bothwell* (1819), ce nouveau cadre spatial se présente dans *Malvina* de Sophie Cottin (1801), dans *Les orphelines de Flower-Garden* (1798) de Cazenove d'Arlens, mais aussi dans *Les deux borgnes ou lady Justine Dunbar* (1803) de Mme Bournon-Malarme, où l'Ecosse forme la scène du dénouement

---

70   *Ibid.*

71   Sur la celtomanie en littérature française, voir entre autres Paul Van Tieghem, *Ossian en France*, Genève, Slatkine Reprints, 1767; Paul Pelckmans, « L'Écosse des romancières », in : *Locus in Fabula. La topique de l'espace dans les fictions françaises d'Ancien Régime. La République des Lettres* 19, s. dir. de Nathalie Ferrand, Louvain, Peeters, pp. 249-259; Jean-Yves Guiomar, « Le Nord et le Midi », *La Nation entre l'histoire et la Raison*, Paris, Editions la Découverte, 1990.

de l'intrigue. Alors que dans le roman de Mme Bournon-Malarme les références à la culture écossaise se limitent à l'idée d'un pays « barbare », l'on observe que, dans les autres romans, la description du paysage écossais instaure une atmosphère décidément mélancolique. Dans Les Orphelines de Flower-Garden, par exemple, la montagne écossaise forme la retraite d'une des héroïnes qui, après avoir perdu son amant, sombre petit à petit dans la folie. A cette occasion, le spectacle solitaire de la nature écossaise reflète la profonde solitude du personnage :

> Le ciel était brillant d'étoiles, et la douce clarté de la lune perçoit à travers les feuillages et réfléchissait dans la mer. Un vent frais agissait l'onde ; tout était calme autour de ces solitaires cabanes. [L'infortunée Almeria] était assise sur la pierre : [...] puis, d'une voix sonore, elle commença à chanter : l'air et les paroles étaient sans suite ; mais la pensée dominante qu'elle exprimait par ses mélancoliques accents, était une invocation qui semblait être adressée à l'ange de la mort[72].

La récurrence même de telles scènes signale ainsi une réorientation romantique de la formule de l'*histoire anglaise*, qui est également illustrée par la présence d'autres marqueurs spatiaux, dont le lieu topique du château délabré et isolé[73], souvent comme envahi par la nature inculte qui l'entoure. A l'exemple du *Château de Bothwell* s'ajoutent entre autres *Alfrède, ou le manoir de Warwick* (1794) de Cazenove d'Arlens et le *Château de la Volière* (1816), où le décor du château joue un rôle de premier plan dans le déroulement de l'intrigue. De même, dans *Stella* (1800) et *Théobald Leymour, ou la maison murée* (1799) les châteaux, et l'atmosphère de mystère qui y règne, forment un topos des intrigues concernées, reconnaissable pour le lecteur.

Pour ne donner qu'un exemple, dans le roman *Stella* d'Aglaé de Fleurieu, le château où l'héroïne est conduite s'avère également receler un secret. Le lecteur suit Stella dans ses recherches jusqu'au moment où elle est enlevée par sa mère adoptive, Milady Wilfort, qui est au fait du mystère angoissant, soigneusement caché dans un des cabinets les plus délabrés du château. D'emblée, l'auteur met l'accent sur « l'air sombre » qui « augmentait la crainte involontaire que Stella éprouvait »[74]. La « vétusté » du château ne fait qu'attiser l'imagination de l'héroïne, qui croit ressentir la présence de la mort dans « ces murs sombres,

---

72   Cazenove d'Arlens, *Les orphelines de Flower-Garden*, à Paris, 1803, T. 4, p. 146.
73   Le Brun, Annie, *Les châteaux de la subversion* ; suivi de *Soudain un bloc d'abîme, Sade*, Paris, Gallimard, 2010.
74   Aglaé de Fleurieu, *Stella, histoire anglaise*, à Paris, 1800, p. 132.

cette solitude, ce silence profond qui régnait dans tout le château »[75] : « Elle pensa que ces lieux avaient été témoins de la mort funeste de Lady Jemima ; elle se la représenta mourant de douleur à la fleur de son âge[76]. »

Or, l'association entre l'aspect délabré et sombre du château d'une part, et l'atmosphère d'angoisse et de mystère de l'autre innnerve maintes fictions *à l'anglaise* tardives. La morosité spatiale qui règne dans les fictions est encore renforcée par la prédilection de maint auteur pour les scènes de nuit, qui souvent ne font qu'ajouter à l'atmosphère gothique. Tel est entre autres le cas de *Théobald Leymour* et de *Stella*, où les secrets du château ne se dévoilent que dans la noirceur protectrice de la nuit :

> La lune commençait à se cacher derrière les arbres, et le château était presqu'entièrement dans l'obscurité. Tout-à-coup une lumière frappa sa vue. [...] La frayeur et l'étonnement de Stella furent à leur comble[77].

Si la veine gothique signale une réorientation thématique des *histoires anglaises* ainsi qu'une réinterprétation de l'Anglomanie littéraire, le motif sous-jacent est bien le même. A ce qu'il paraît, les auteurs concernés anticipent en effet sur certaines vogues littéraires, à force d'insérer quelques « lieux » de reconnaissance bien ciblés. Le constat d'une attention plus prononcée pour le thème de la folie[78], déjà évoqué dans l'exemple des *Orphelines de Flower-Garden*[79], ne fait que confirmer cette lecture. De même, une scène de *Stella, histoire anglaise*, raconte la découverte d'une fille « sauvage » dans les bâtiments délabrés du château de Wilfort :

---

75 *Ibid.*, p. 135.
76 *Ibid.*, p. 138.
77 *Ibid.*, p. 177.
78 Dans plusieurs études, le thème de la folie est en plus regardé comme signalisateur des effets traumatisants de l'époque (post-)révolutionnaire. Voir entre autres Astbury (*op. cit.*).
79 A témoin également le passage suivant, où est décrite la réaction d'Almeria à la mort de son amant. La description de sa physionomie « pâle » se rapproche de celle d'une image spectrale, sans doute également en fonction des attentes d'un public avide du « gothique » : « Les rideaux ni les volets n'avaient point été fermés, et la lune, dans tout son éclat, réfléchissait sur les objets. Harrison vit une femme s'avancer lentement : ses cheveux épars flottaient sur ses épaules ; sa robe blanche ressemblait à une draperie ; il reconnut Alméria. » (Cazenove d'Arlens, *ibid.*, T. 4, p. 125) De même, dans *Le Château de Bothwell* se présente une scène où le comte de Douglas est effrayé par une vision qui semble incarner sa mauvaise conscience (*ibid.*, T. 4, p. 195).

> Il [Milord Wilfort, maître du château] la vit reculer avec effroi à l'aspect de deux êtres inconnus pour elle ; [...] il ne peut distinguer dans ses regards qu'un étonnement stupide, suite nécessaire de la vie solitaire à laquelle cette infortunée avait été condamnée depuis sa tendre enfance[80].

Que la réorientation gothique des fictions à l'anglaise serve avant tout de lieu de reconnaissance superficiel se voit encore confirmé par le recours récurrent au terme « gothique ». Ainsi, le château de Bothwell ainsi que le château de Killinen dans *Malvina*, sont-ils explicitement décrits comme étant « gothiques » ; de même, dans *Justine Dunbar* (1803) de Mme Bournon-Malarme se présente un personnage qui, par son attitude sombre et sévère, est appelé un « gothique personnage »[81]. Dans ce cas, l'appellation « gothique » fonctionne clairement comme un terme passe-partout, à forte valeur topique. Cette même recherche d'effet immédiat expliquerait également l'insertion d'intertextes gothiques dans plusieurs fictions *à l'anglaise*. Comme auparavant, cette stratégie semble viser à orienter le lecteur, explicitant le rapport imitatif (souvent superficiel) avec certains modèles à la mode. Citons à titre illustratif un passage de *Justine Dunbar*, où le personnage de Mylord Carlesbrooke, qui est à la recherche d'une jeune fille enlevée[82], tombe sur un exemplaire de *L'Italien, ou le confessionel des pénitens noirs* :

> Un libre à moitié ouvert était resté sur une élégante chiffonnière, il le prit pour le parcourir, c'étoit un roman d'Anne Radcliffe, l'*Italien, ou le confessionel des pénitens noirs* ; il tomba à un passage où *Scheldoni* persécute d'une manière atroce la jeune *Rosalba*. Quel monstre ! pensa-t-il et pourtant il existe des gens aussi méchans[83] !

Si le lecteur instruit associe de ce fait la persécution de Rosalba dans *L'Italien* et celle de Justine dans le roman de Bournon-Malarme, l'intertexte gothique n'est pourtant guère développé par la suite.

Par ailleurs, la réconfiguration des fictions *à l'anglaise* se traduit au même degré par la présence d'une veine romantique, qu'il importe d'aborder ici. A sa

---

80   Aglaé de Fleurieu, *op. cit.*, T. 4, p. 55.
81   Mme Bournon-Malarme, *Les deux borgnes ou lady Justine Dunbar*, à Paris, chez Gérard, 1809, p. 212.
82   Sur la reprise de la séquence topique autour de l'orpheline enlevée, voir *infra*.
83   *Ibid.*, pp. 171-172.

façon, la veine romantique – tout comme l'ambiance gothique[84] – continue la veine sentimentale inhérente aux fictions à l'anglaise antérieures. Sans pour autant vouloir entamer une analyse circonstanciée, l'on se consacrera dans ce qui suit à la façon dont les fictions à l'anglaise font preuve d'une récupération de certains thèmes privilégiés du romantisme littéraire. Comme déjà observé, dans les fictions tardives se fait par exemple constater une tendance à introduire des scènes qui mettent en valeur la force réflexive de la nature (sauvage). Dans le *Château de Bothwell*, la nature écossaise semble ainsi ajouter à la douleur ressentie par le jeune William à la veille de son départ pour le Continent :

> Jamais, non jamais l'amour de mon pays ne s'affoiblira ! Les mœurs, les usages des Ecossois, la vivacité de leur esprit, tout dans cet instant excite mon enthousiasme ; voyez, Mathilde, ces monuments antiques placés sur ces hauteurs, couronnés par de beaux arbres ; voyez ces champs fertiles animés par les champs des laboureurs, écoutez leurs instruments champêtres[85].

Dans ce passage, le déploiement – quoique topique – du cadre écossais connote l'attendrissement du héros devant son pays natal, désignant en même temps l'éveil de la sensibilité nationale qui accompagne le mouvement romantique. Bien qu'intimement lié à l'image d'une culture authentique, mais rude – image centrale dans les *histoires anglaises* antérieures – ce cliché « bucolique » se voit indéniablement redéfini en termes d'un sentiment d'appartenance nationale. Dans le roman de Cazenove d'Arlens, l'éloge de la simplicité bucolique se met ainsi au service de la tonalité patriotique qui investit le roman de part en part. Il en va de même dans *Malvina*, où c'est pourtant le regard exogène de l'héroïne française qui sert de caisse de résonance d'une description stéréotypée du paysage celtique. En témoin le passage suivant, où la grisaille du paysage écossais fait écho à la tristesse de l'héroïne, qui pleure la mort de son amie :

---

[84] Comme le signale Daniel Hall, l'oeuvre de Baculard d'Arnaud, parmi d'autres, atteste le lien intime entre la sensibilité littéraire et le gothique : "as well as feeling that sadness and the sombre could lead to the development of *sensibilité*, he is acutely aware of the inherent strength in the literary depiction of the gloomy, aware that the struggles between vice and virtue, passion and reason are best played out in lugubrious surroundings." (*French and German Gothic Fiction in the Late Eighteenth Century*, European Connections 14, Peter Lang, 2004, p. 88)

[85] Cazenove d'Arlens, *Le château de Bothwell*, op. cit., p. 76.

> Le château de Mistriss Birton était situé à quelques miles de Killinen : son extérieur gothique, les hautes montagnes couvertes de neige qui le dominaient, et l'immense lac de Tay qui baignait ses murs, rendaient son aspect aussi imposant que sauvage. Cependant Malvina voyait avec une sorte d'intérêt cette antique Calédonie, patrie des Bardes, et qui brille de l'éclat du nom d'Ossian. Nourrie de cette lecture, il lui semblait voir la forme de son amie à travers les vapeurs qui l'entouraient ; le vent sifflait-il dans la bruyère, c'était son ombre qui s'avançait ; écoutait-elle le bruit lointain d'un torrent, elle croyait distinguer les gémissements de sa bien-aimée ; son imagination malade était remplie des mêmes fantômes dont ce pays était peuplé autrefois[86].

Si, dans la lignée des *histoires anglaises*, la fascination pour l'altérité écossaise s'y traduit toujours sous forme d'images conventionnelles, elle n'en évoque pas moins les particularités d'un engouement romantique. Dans le décor d'une nature impénétrable l'auteur attire l'attention sur l'imposant château « gothique » qui, au bord du lac de Tay, répond parfaitement à l'image stéréotypée de l'Ecosse, laquelle est en train de se figer dans ces fictions sentimentales[87].

Il ne saurait dès lors étonner, du moins à en croire Paul Van Tieghem, que les références à l'intertexte de *l'Ossian* s'insèrent dans une description du décor écossais, puisque « l'atmosphère forestière et montagneuse de la géographie »[88] écossaise constitue précisément un des attraits de la littérature ossianique en France :

> Si la narration épique est froidement romancée et fadement artificielle, elle est située du moins dans un paysage qui a été une révélation pour l'Europe. [...] [L'] heureuse monotonie [du paysage] a été l'un des principaux éléments de son succès. On connaît, au moins par ouï-dire, les éléments essentiels du paysage ossianique : la mer glauque ou blanche d'écume, roulant ses vagues énormes à l'assaut des rochers du rivage ;

---

86 Sophie Cottin, *Malvina*, in : *Œuvres complètes de Mme Cottin*, T. 1, 1826, Paris, Didot Frères, pp. 59-60.

87 Sur l'intertexte ossianique dans *Malvina* voir encore Van Tieghem (*op. cit.*) et Robin Craig, « Imaginaire des lieux dans le roman *Malvina* », *Arborescences : revue d'études françaises* 3 (2013), pp. 3-15.

88 Craig, *ibid.*, p. 5.

les lacs que revêt un perpétuel voile de brouillards ; le ciel bas, nuageux, sombre[89].

Suivant l'exemple de maints autres romans contemporains, le roman de Cottin abonde en références au poème épique de MacPherson, illustrant de ce fait l'Anglomanie-tournée-en-Celtomanie qui marque le paysage littéraire – français, mais aussi européen[90] – de l'époque.

Cet intertexte s'avère d'autant plus prononcé que, dans le droit fil d'une stratégie adoptée dans des *histoires anglaises* antérieures, la romancière se réclame du modèle de MacPherson par le titre même du roman – et le nom de l'héroïne éponyme[91]. Analogie que la romancière prend d'ailleurs soin d'affirmer : « son nom même, ce nom porté jadis par la fille d'Ossian, lui semblait un nouveau droit aux prodiges qu'elle espérait »[92]. Toujours conformément aux intertextes richardsoniens, la référence à l'*Ossian* de Macpherson s'affirme de manière plus nette lors d'une scène de lecture des personnages. De cette façon, le rapport entre « hypotextes » et « hypertexte » se voit diégétisé dans une proto-lecture des personnages.

Du reste, lorsque l'intertexte ossianique se voit développé par la suite, il y est intégré dans un discours fictionnel sur le transfert culturel de la matière ossianique. A témoin, la mise en scène d'une conversation entre Malvina et M. Prior, autre habitant du château, qui porte notamment sur la littérature ossianique[93] :

---

89   Van Tieghem, *ibid.*, p. 47.

90   « The discovery of a Scottish national epic in which the British, French, Scandinavians and Germans alike recognised their cultural origins captured the european imagination, and by the end of the poems had been translated into half a dozen languages » (Tili Boon Cuillé, « From myth to religion in Ossian's France », in *The super-Enlightenment : daring to know too much* (Oxford, SVEC, 2010, pp. 243-257). Pour un aperçu de la réception transnationale de l'*Ossian*, reportez-vous à Howard Gaskill (ed.), *The Reception of Ossian in Europe*, coll. The Reception of British and Irish Authors in Europe, London-New Delhi-NY-Sydney, Bloomsbury, 2004, pp. xxi-lxvi).

91   Cette idée est également exprimée par Craig : « Le choix du cadre géographique de *Malvina* – les hautes terres d'Écosse – et son appropriation de tout l'imaginaire gothique démontrent également dans quelle mesure Mme Cottin était à l'affût de la vogue littéraire de son époque. Cette préférence pour l'atmosphère littéraire du Nord découle de la confluence de deux grands courants littéraires au tournant du XIXe siècle, soit l'ossianisme et le roman noir anglais. » (*op. cit.*, p. 5)

92   Cottin, *op. cit.*, p. 60.

93   Pour plus d'informations sur la réception de l'Ossian en Angleterre et en France, voir l'introduction critique à *Blind Ossian's Fingal*, edited and introduced by Allan Burnett and Linda Burnett (Cornwall, Luath Press, 2011), ainsi que l'introduction critique à

Madame de Sorcy [Malvina] connaît-elle l'ouvrage dont il s'agit ? – Je n'en ai lu que la traduction française. – Vous ne connaissez donc pas Ossian ? Vous ne le connaîtrez pas encore après avoir lu celle de Macpherson, ni la mienne que voici. Si les difficultés ne vous rebutent pas, permettez-moi de vous donner quelques leçons de langue erse, afin que vous puissiez aller entendre les descendants de Morven chanter les exploits de leurs pères dans toute la pureté de leur langue primitive[94].

Faisant écho aux *histoires anglaises* des années 1760-1780, Sophie Cottin innerve cette scène de lecture d'une portée culturelle, en ce que l'héroïne, qui est d'origine française mais maîtrise l'anglais, est explicitement invitée à apprendre également la langue « erse » (c'est-à-dire gaélique) afin de mieux s'approprier la culture écossaise. Ici encore, les doubles prémisses de ce dispositif textuel se reflètent dans la matière diégétique, où l'héroïne française se rapproche de sa culture d'accueil à travers l'étude de la littérature « nationale »[95]. A cela s'ajoute l'orientation méta-littéraire indéniable du passage où – par le truchement de Mr. Prior – sont abordées les modalités mêmes du transfert culturel des romans. Plus en particulier, Cottin semble ici promouvoir la supériorité du texte (et de la langue) original(e), à la différence de l'effet de distorsion inhérent à la traduction littéraire. Nous voilà donc confrontée à une fiction – au « pseudo-statut » anglais – qui abrite au sein de sa diégèse un commentaire sur l'un des plus fameux débats littéraires de l'époque. Partant de l'idée qu'aucune traduction (ni la française, ni celle de MacPherson) n'est à la hauteur de la pureté de « l'original », Cottin semble en effet se reporter à la question des origines de l'*Ossian*, dont l'inauthenticité supposée fait toujours scandale au début du XIXe siècle, soit quarante ans après la publication de la première « traduction »[96]. A la question des origines nationales des personnages s'ajoute celle de la migration des textes.

Ossian – Macpherson. *Fragments de poésie ancienne*, traduction de Diderot, Turgot, Suard, éd. préparée par François Heurtematte (José Corti, 2008).

94   Cottin, *op. cit.*, p. 71.

95   Cette notion s'applique d'autant plus au cas de la réception de la matière ossianique que « it is possible [...] to see Macpherson's work as both a literary succes as well as participating in the late-eighteenth century and nineteenth century scholarly pursuits in Europe of searching out and fashioning national epics. » (Hall, « James Macpherson's Ossian : Forging Ancient Highland Identity for Scotland », in *Constructing Nations, Reconstructing Myth, Essays in Honour of T.A. Shippey*, ed. by Andrew Wawn. Making the Middle Ages series, vol.9. Brepols, Turnhout, Belgium, 2007, p. 7 [pp. 3-26])

96   Le sérieux de l'enquête menée au sujet du statut de l'ouvrage est encore attesté par la fondation d'un « special committee of the Highland Society of Scotland [who] investigated

Sans pour autant atteindre la même récurrence que les intertextes richardsoniens, la matière de l'*Ossian* s'inscrit dans plusieurs fictions à l'anglaise[97] qui paraissent à l'aube de l'époque romantique. Dans *Alfrède, ou le manoir de Warwick* (1794) de Cazenove d'Arlens, il est fait mention d'une héroïne anglaise qui se fait « lire quelques chants de l'Ossian » comme passe-temps[98]. Lorsque la romancière publie *Le château de Bothwell* vingt ans plus tard, l'intertexte ossianique est devenu prédominant. *Primo*, l'héroïne principale des deux dernières parties du roman emprunte également son nom à Malvina, la fille d'Ossian. *Secundo*, la lecture de l'*Ossian* est, ici encore, censée incontournable à la prise de connaissance de la culture écossaise. Ainsi l'auteur prend soin d'observer que le jeune Adalbert, anxieux de s'approprier l'âme celtique, fait voler cette œuvre par une vieille servante de son grand-père. La portée symbolique de cet acte est indéniable, vu que l'ouvrage en question est dérobé précisément à la bibliothèque du comte de Douglas, qui non seulement incarne l'autorité familiale, mais qui s'est également érigé en ardent défenseur de la culture écossaise. Propriétaire du château de Bothwell, le comte est en effet le seul qui ait le pouvoir de reconnaître, voire de légitimer l'identité (écossaise) de son petit-fils. En plus, la référence à l'*Ossian* s'avère dans ce roman doublement significative, puisque sur le plan affectif également l'ouvrage ne cesse d'inspirer le jeune héros, dans un enchevêtrement habile du discours national et de l'intrigue sentimentale :

> Cette lecture, si propre à augmenter l'exaltation de ses sentiments par la mélancolie qui règne dans le chant des bardes, et par le nom de Malvina, qui s'y trouve si souvent répété, ajoutoit un charme puissant à l'intérêt qu'il portoit au fils de Fingal[99].

---

the authenticity of Macpherson's *Ossian*, and by 1805 they established their conclusions that Macpherson had based some of his work on real sources, yet had taken such great liberties in his translations and in stitching together sources that many passages amounted to nothing more than Macpherson's own original work rather than accurate translations of Gaelic originals. » (Hall, *ibid.*, p. 5)

[97] Ici encore, le fait que l'Ecosse forme le cadre principal de la diégèse remet en question notre classement de fictions *à l'anglaise*. Pourtant, tout comme dans *Le château de Bothwell*, la mise en scène concerne des personnages de différents pays, dont également l'Angleterre et la France.

[98] De même, dans *Eulalie de Rochester*, le narrateur rend compte du succès – et de l'imitation – de l'*Ossian* en France : « De plus encore nous avions nos bardes, qui, sans être aussi sublimes que les Ossian et les Ulysse (Ullin ?), cherchaient à immortaliser par leur génie les guerriers dignes de leurs chants. » (Mme de la Serrie, *op. cit.*, pp. 33-34)

[99] Cazenove d'Arlens, *op. cit.*, T. 2, p. 49.

CHAPITRE 5

Histoires anglaises : analyse topique

Préliminaires

En vue de compléter et d'approfondir l'aperçu historique – qui a fait ressortir les variantes diachroniques de ce qui semble se définir comme une « formule narrative » – il s'agit dans ce qui suit de creuser les modalités culturelles tout comme littéraires de cette anglicité fictionnelle. Pour cette étude, nous focalisons une période à la fois relativement homogène et suffisamment étendue : des années 1760 jusqu'en 1790, plusieurs auteurs semblent en effet se conformer à certains modèles d'anglicité socioculturelle et littéraire. Qui plus est, c'est dans ces décennies que bon nombre d'entre eux adoptent le mode épistolaire, particulièrement propice à une implémentation stratifiée de la topique socio-culturelle.

Vu l'orientation thématique de cette étude, nous avons opté pour une lecture textuelle, plutôt que biographique, d'autant plus que les romans paraissent dans une époque où l'image d'auteur ne se négocie qu'à pas hésitants sur la scène littéraire publique[1]. De toute évidence, le corpus contient des fictions qui sont le fait d'auteurs connus – et parfois même célébrés à l'époque. Comme mentionné plus haut, la réception critique atteste la position particulière de Mme Riccoboni, dont la plume élégante a été souvent acclamée de son vivant. En même temps, la mise en scène « à l'anglaise » d'une partie de son œuvre nous a fait déceler son esprit stratégique. Baculard d'Arnaud, quant à lui, semble avoir joui d'un succès considérable auprès du public, mais les critiques se sont révélées dissonantes. Comment évaluer, enfin, la posture d'auteurs tels que Mlle de la Gueusnerie, dont les *Mémoires de Milady B* ont été fort discutés dans les journaux littéraires, et J.H.D. Briel, auteur de deux *histoires anglaises*, qui ne sont pourtant guère cités dans les sources bio-bibliographiques portant sur la littérature du XVIIIe siècle ? A ces auteurs aux profils diversifiés s'ajoutent maintes fictions dont le nom d'auteur est resté inconnu. Vu l'hétérogénéité manifeste dans les stratégies d'auteur adoptées, une approche axée sur les fictions proprement dites s'impose presque comme une évidence.

---

1 Pour le contexte argumentatif, voir entre autres Jan Herman, « Image de l'auteur et création d'un *ethos* fictif à l'Âge classique », *Argumentation et Analyse du Discours* [En ligne], 3 | 2009, mis en ligne le 15 octobre 2009, Consulté le 15 juin 2014. URL : http://aad.revues.org/672.

Comme a été esquissé, l'apparat notionnel de notre lecture topique s'inspire de celle présentée par Jean-Louis Dufays dans son ouvrage *Stéréotype et lecture*. Plus en particulier, sera mise en œuvre la distinction qu'il fait entre le code de la *dispositio* et celui de l'*inventio*, que nous avons désignés par les termes de topique *thématico-narrative* et topique *culturelle*. Par ailleurs, rappelons que Dufays prend soin de distinguer entre deux types de stéréotypie thématico-narrative. D'une part, il renvoie aux *séquences*, qui sous-tendent la structure narrative des fictions ; d'autre part, il prend en compte les *thèmes*, les *motifs* et les *figures*, lesquels forment les unités thématiques minimales de la narration. A ce sujet, il faut préciser d'emblée que, quoique Dufays considère la *dispositio* et l'*inventio* comme deux niveaux distincts de stéréotypie, notre étude topique suivra une approche *intégrée*, c'est-à-dire que nous partirons de l'idée que la stéréotypie thématico-narrative constitue une plate-forme sur laquelle est entée la stéréotypie culturelle. Il en va de même pour la troisième étape analytique, où seront prises en considération les figures qui peuplent généralement les fictions à l'anglaise. Sur ce plan, il est particulièrement intéressant d'examiner comment les personnages servent de figures d'*embrayage* d'images culturelles particulières. Du reste, les termes apportés par Dufays constituant le canevas analytique, les notions *imagologiques* interviennent surtout au niveau le plus concret de l'analyse, à savoir celui des personnages. C'est en effet à travers la caractérisation des personnages anglais (et français) que les images culturelles de l'Autre et du Même se manifestent de manière plus tangible.

Par ailleurs, il va de soi que les différents plans analytiques esquissés ci-dessus ne sont pas à concevoir comme des unités mutuellement exclusives, mais bien comme les différents moments d'une lecture essentiellement analytique, qui nous porte d'un niveau d'analyse plus abstrait (les *scénarios*) à l'étude des actants mêmes qui sont impliqués dans l'agencement narratif des séquences (les *figures*). A cet égard également, il est opportun de concevoir les trois plans de la lecture topique d'une façon intégrée. L'image culturelle mise en scène par les personnages ne saurait donc être interprétée indépendamment du rôle ni des traits de caractère qui leur sont attribués dans le contexte de l'intrigue.

Séquences narratives

Dans le droit fil de Dufays, il est opportun de souligner, à l'aube de cette lecture, que la toile topique des séquences narratives connaît plusieurs niveaux d'abstraction. Au niveau sous-jacent des séquences générales – par définition malléables en raison de leur étendue – s'ajoute celui des séquences particulières, plus ou moins fixes ou préfabriquées[2].

Dans le cas des fictions *à l'anglaise*, l'on observe ainsi que la grande majorité des romans mettent en œuvre la séquence – générale – de l'histoire d'amour, ne fût-ce que par le fait que l'Anglomanie littéraire coïncide *grosso modo* avec la montée du roman sentimental au XVIIIe siècle. Dans les fictions prises en compte, seul le roman de Briel, *Les voyages de Lord Henri* (1785), ne se réfère aucunement à la littérature sentimentale, mais s'inscrit plutôt dans le schéma du roman d'aventures. Le narrateur-héros y pose sa vie – dont les origines sont mises en relation avec le comte d'Essex et la Reine Elisabeth d'Angleterre[3] – sous l'enseigne de celle, tout aussi mouvementée, de *Robinson Crusoë*. Mais c'est le renvoi à la satire de *Gulliver's travels* qui oriente l'histoire de manière plus visible. L'évocation du modèle de Defoe n'est en effet que le préambule de multiples voyages qui portent Lord Henri chez des peuples imaginaires. Ainsi, lors d'un de ses voyages dans l'Amérique du Sud, il fait la connaissance du peuple des Liriens, « ancienne colonie des Vendales et des Italiens : [...] le peuple le plus gai, le plus affable, mais le plus indifférent de la terre, sur ce qui n'était pas plaisir »[4]. Suivant le modèle de *Gulliver's travels*, la peinture exogène du peuple imaginaire sert indéniablement la mise à nu critique de certains aspects de la société française. Sur le mode ironique, Briel, lui-même auteur de deux *histoires anglaises*, semble de ce fait avant tout viser l'Anglomanie qui règne en Europe, lorsqu'il met en scène l'enthousiasme débridé avec lequel son héros anglais est accueilli par les Liriens : « [Le fils de mon hôte] m'apprit, en m'abordant, que j'étois anglois, qu'il aimoit à la folie tout ce qui étoit anglois, qu'il avoit eu la plus vive impatience de me voir »[5].

Le récit de voyage

Dans maintes autres fictions à l'anglaise, le modèle du récit de voyage s'associe d'ordinaire à la séquence récurrente du Tour de l'Europe[6], à la fois catalyseur de

---

2 Dufays, *op. cit.*, p. 89.
3 Voir également l'*histoire anglaise* de Mme d'Aulnoy, *Le comte d'Essex, histoire angloise*, 1678 qui est traitée *supra*.
4 Briel, *Les voyages du Lord Henri, histoire angloise*, à Londres et à Paris, 1785, p. 175.
5 *Ibid.*, p. 186.
6 Dans *The Rise of English Nationalism*, Newman souligne l'importance du Grand Tour dans l'éducation des jeunes Lords : « By the 1750s the continental Tour was something much more than a mere pleasant jaunt for the gentleman. It was the one indispensable element of his education. [...] The truth is that while landed estates, coronets, aristocratic marriages and knightly ribbons were increasingly difficult to obtain, a young man could nevertheless cross the Channel, see the sights, change his clothes and manners, hobnob with and imitate the

rencontres franco-anglaises et prétexte de discours intradiégétiques sur l'identité nationale. Ce dynamisme voyageur des fictions est évidemment inhérent à l'économie même du roman épistolaire, dont la scénographie présuppose la distance spatiale épistolier et destinataire. S'y ajoute la double logique énonciative des fictions à l'anglaise – dont la mise en scène *anglaise* est issue d'une main d'auteur *française* – qui favorise l'implémentation du voyage d'outre-Manche. Suivant cette logique rhétorique, la récurrence de la scène du voyage pourrait se justifier par le dessein auctorial, sinon de neutraliser, du moins de rendre plus vraisemblable le conflit sous-jacent entre la *perspective* anglaise et *l'énonciation* française des fictions. Dans plusieurs romans, la disparité entre forme et fond se voit de ce fait minimisée par la mise en scène d'un(e) héros ou héroïne qui, s'il n'est pas d'origine française, a été éduqué(e) sur le modèle français. Dans cette optique, l'insertion d'un regard français (dominant) dans la scène anglaise pourrait également refléter une diégétisation de la main auctoriale qui se trouve à la base des *histoires anglaises*. En même temps, par le fait que le voyage porte le protagoniste français en Angleterre, l'anglicité de la fiction reste assurée. Il en va ainsi dans *Mémoires de Clarence Welldone* (1780), où l'héroïne est d'origine anglaise, alors qu'elle a prétendument passé sa vie en France. Par l'invention d'une héroïne aux antécédents mixtes, Bournon-Malarme offre au lecteur l'idée – plus vraisemblable – d'un regard français qui pénètre dans la société anglaise, tout en mettant en scène une héroïne qui est suffisamment anglaise pour que l'étiquette d'anglicité ne perde pas sa crédibilité. Cette stratégie de dédoublement énonciatif n'est du reste pas inédite, puisque quinze ans avant, Lefèvre de Beauvray met déjà en scène une héroïne anglaise élevée « à la française » dans son roman *Histoire de Miss Honora* (1766). La scène d'ouverture de ce dernier roman présente également la traversée de la Manche de l'héroïne, ce qui crée d'emblée l'illusion d'une connivence entre l'héroïne et le lecteur, qui découvre l'Angleterre par-dessus l'épaule du personnage fictionnel. Dans un troisième roman, *Lettres de Milady Lindsay* (1780), de la même auteure, l'intrigue s'ouvre même sur un double voyage : dans la scène d'ouverture, l'héroïne, française cette fois-ci, est en route pour Calais lorsqu'elle est blessée dans un accident de carrosse ; peu après, elle est aidée par un autre voyageur, anglais, qui vient d'entamer son Grand Tour. Il nous semble illustratif que les deux protagonistes, qui finiront par se marier, se rencontrent pour ainsi dire au *croisement* des routes menant vers la découverte du pays de l'Autre.

Dans ces fictions, la traversée de la Manche semble alors faire figure d'épilogue à valeur métafictionnelle, vu que s'y restaure d'emblée l'homogénéité

---

poses of his betters, [...] and with them lay claim to an educational and social superiority quite inaccessible by any other route. » (*op. cit.*, p. 42)

entre la langue française des lettres et le regard anglais de leur expéditeur. En même temps, la séquence du *voyage* se présente comme emblématique, non seulement de l'introduction du personnage dans la culture – d'abord inconnue – qui deviendra la sienne, mais aussi des figurations de la culture anglaise qui est offerte au lecteur dans la fiction. La récurrence de la séquence du voyage dans les fictions *à l'anglaise* s'expliquerait ainsi au moins en partie comme une mise en fiction de l'effet de dépaysement lors de l'acte de lecture.

Toujours est-il que, même si le voyage outre-Manche est des fois explicitement justifié par le désir du personnage de prendre connaissance de l'Autre, la motivation sous-jacente est souvent purement sentimentale. Roman sentimental et récit de voyage se trouvent dès lors une fois de plus intimement liés. Tantôt le personnage voyageur est poussé par le désir d'oublier une histoire d'amour impossible, tantôt c'est précisément l'amour qui l'incite à traverser la Manche. Le (récit de) voyage d'Europe ou d'Angleterre est par ailleurs la séquence par excellence où le *particulier* et le *général* interagissent, quoique de manières parfois très différentes. D'une part, la mise en scène du voyage donne lieu à une plate-forme idéale pour toute forme de critique à l'égard des cultures concernées. D'autre part, vu la forme épistolaire de la plupart des fictions à l'anglaise, la portée de cette critique est à chaque fois mise en perspective – et parfois remise en cause – par la subjectivité du regard fictionnel mis en scène. Selon le caractère (relativiste, patriotique, anglomane, gallophobe,...) du personnage-voyageur, la stéréotypie culturelle est implémentée dans un autre mode de représentation et se voit, par là, abordée de différentes manières. Les récits de voyage pourraient ainsi s'instituer en des « lieux » narratifs propices aux croisements entre le regard de la culture regardante et celui de la culture regardée. Se pose alors la question de savoir jusqu'à quel point, dans les fictions à l'anglaise, le récit de voyage s'érige aussi en dispositif de rapprochement et de relativisme culturel[7].

La raison extrinsèque pour laquelle les séquences de (récits de) voyage s'insèrent aussi fréquemment dans les fictions à l'anglaise serait à chercher dans le succès considérable que connaît le genre du récit de voyage au cours du XVIIIe siècle. Citons à ce sujet un passage tiré de l'étude de Yasmine Marcil, *La fureur des voyages : les récits de voyage dans la presse périodique* (2006) :

---

7 Dans son ouvrage *La fureur des voyages : les récits de voyage dans la presse périodique (1750-1789)*, Yasmine Marcil rend également compte de la portée subjective que prend le genre du récit de voyage vers la fin du siècle des Lumières : « On observe [...] au cours de ce siècle une évolution vers des récits où la place laissée à la subjectivité du voyageur devient plus importante. » (Paris, Champion, 2006, p. 11)

La production de récits de voyage connaît un net accroissement au cours de la seconde moitié du XVIIIe siècle : le nombre de titres édités à l'étranger ou en France a plus que doublé entre le XVIIe siècle et le siècle des Lumières, passant de 1566 à 3450 ouvrages[8].

Suivant la tendance générale, l'on observe que l'attention pour le voisin d'outre-Manche va toujours croissant au XVIIIe siècle, comme en témoigne d'ailleurs notre étude des récits de voyage d'après 1770, insérée dans le premier chapitre de notre travail. Il s'ensuit que la reprise fréquente du dispositif du (récit de) voyage dans les romans de notre corpus pourrait également s'expliquer comme une stratégie de reconnaissance, au même titre que les romanciers se réclament de l'intertexte richardsonien. Se voit corroborée de ce fait la nature essentiellement imitative, voire parasitaire des fictions à l'anglaise. Du reste, dans ce cas particulier, l'implémentation fictionnelle du dispositif fait manifestement écho au rapprochement des discours factuel et fictionnel au XVIIIe siècle[9]. Cela vaut d'autant plus pour le genre du récit de voyage, dont le statut est par essence plutôt vague, pour reprendre les termes de Marcil : « Genre aux marges floues, la relation de voyage peut [...] être plus ou moins subjective, rédigée ou non sous forme épistolaire, ou intégrer en son sein des textes très différents [...][10]. » Dès lors, non seulement le genre se présente par définition comme malléable, mais il oscille aussi entre le fictionnel et le factuel[11]. Or, si l'intégration de la formule du récit de voyage reflète avant tout le succès du genre auprès des lecteurs français, il se met également au service de l'Anglomanie, les récits de voyage étant d'ordinaire attribués à la plume d'une figure topique telle que le philosophe anglais.

Vu la signature sentimentale de la majorité des fictions, le dispositif du récit de voyage concerne pourtant rarement toute l'étendue de l'intrigue. En revanche, il en va ainsi dans les *Lettres de Milord Rivers* (1776) de Mme Riccoboni, où le séjour en France du protagoniste conditionne l'ensemble des correspondances entre les personnages. Le regard du protagoniste Milord Rivers est bien celui d'un philosophe voyageur, émettant ses idées critiques

---

8 *Ibid.*, p. 9.
9 Voir *supra*.
10 Marcil, *op. cit.*, p. 11.
11 Nous reconnaissons un raisonnement similaire chez Adrien Pasquali (*Le Tour des horizons : critique et récits de voyage*), qui argumente que le genre du récit de voyage tel quel peut jouer sur l'interrelation entre le « narratif » et le « descriptif » : « Dans le récit de voyage, le narratif (« l'aventure ») peut être tenu pour une modalité de mise en intrigue du descriptif. » (Paris, Klincksieck, 1994, p. 94)

sous la forme d'un bilan comparatif sur les cultures anglaise et française[12]. Il s'ensuit une empreinte argumentative qui distingue ce roman du sentimentalisme des ouvrages précédents de Mme Riccoboni et qui s'articule notamment au moyen du dispositif du voyage.

Quoique très récurrent dans les fictions à l'anglaise, le (récit de) voyage se réduit dans la plupart des romans donc à une séquence très restreinte, voire à une seule scène particulière, plutôt que de s'étendre sur l'ensemble de l'intrigue. En tant que telle, la mise en scène du voyage des personnages semble en premier lieu symboliser leur entrée – et celle des lecteurs – dans une autre culture et, de ce fait, ouvrir la voie à une éventuelle confrontation avec la culture de l'Autre. Dans mainte autre fiction à l'anglaise, le récit de voyage, alors qu'il fait partie intégrante de la narration, ne concerne souvent qu'une des multiples correspondances secondaires de l'intrigue. Dans *Richard Bodley* (1784) et dans les *Lettres de Milord Walton à Sir Hugh Battle* (1788) de Mme Bournon-Malarme, l'entrée en matière fait écho à celle de *Milord Rivers* ; la correspondance y est déclenchée par la fuite soudaine du protagoniste, qui s'installe en France en raison d'un amour impossible. Le dispositif du voyage, qui invite les voyageurs à plusieurs récits comparatifs d'intérêt socio-culturel s'y voit pourtant abandonné à mi-chemin. Il s'avère d'ailleurs que la séquence du (récit de) voyage ne s'associe pas exclusivement à la figure du philosophe, mais aussi à celle du libertin, pour qui le voyage est le plus souvent le prétexte d'une fuite. Dans *Histoire de Miss Honora, ou le vice dupe de lui-même* (1766) par exemple, David Ogleby, caractère débauché, se décide à faire le tour de l'Europe après la découverte de son faux mariage avec l'héroïne. De cette manière, l'intrigue sentimentale principale se voit entrelacée d'une intrigue secondaire très développée, où le personnage discute de l'identité de différentes nations sur un ton moqueur qui contraste avec le mode sérieux d'un caractère philosophe tel que Milord Rivers. L'ethos divergent des voyageurs nous amène dès lors à observer d'entrée de jeu les incidences de la caractérisation des personnages sur le déploiement du discours interculturel.

L'orpheline persécutée[13]

Or, en dépit des références multiples à la séquence du voyage, c'est bien la veine sentimentale qui investit de part en part mainte fiction à l'anglaise.

---

12   Mme Riccoboni, *Lettres de Milord Rivers à Sir Charles Cardigan*, introduction et notes par Olga B. Cragg, Genève, Droz, 1992, p. 35.

13   Certes, Richardson ne met pas en scène des orphelines au sens strict du terme. Par contre, surtout dans le cas de *Pamela*, l'héroïne est dépourvue de toute aide familiale dans sa résistance à Mr B.

Pourtant, dans sa définition la plus générale, celle-ci ne distingue aucunement les fictions *à l'anglaise* de la majorité des romans français de la même époque. Ensuite, le fait que – pour la plupart – les fictions de notre corpus mettent en scène la séquence plus spécifique de la *jeune orpheline persécutée* ne permet pas non plus de singulariser les fictions de notre corpus par rapport aux romans de Marivaux, Defoe, Haywood ou Burney – parmi d'autres – qui présentent au lecteur une trame similaire. Se pose alors la question de savoir si seul le décor prétendument anglais, ainsi que l'insertion de certains thèmes à portée culturelle, feraient la spécificité de notre corpus de textes.

Certes, à bien regarder l'ensemble des romans en question, saute aux yeux l'omniprésence du libertin, dans le rôle du persécuteur hardi qui compromet la vie de l'héroïne. Une vingtaine de romans mettent à l'avant-plan un personnage libertin risquant un attentat à la pudeur d'une héroïne honnête. En revanche, au moment de l'émergence des fictions *à l'anglaise*, la littérature française (et anglaise) connaît déjà une riche tradition en représentations du libertinage dans le domaine de la prose narrative, qui s'articule entre autres dans l'œuvre de Duclos et de Crébillon[14]. Rappelons à ce sujet que ce dernier auteur est considéré comme l'emblème de la littérature libertine *à la française*[15]. Dans l'imaginaire crébillonien, le protagoniste libertin témoigne d'une attitude stratégique et calculatrice, qui le rend à même de maîtriser le jeu de séduction et de dominer sa victime. Emprise intellectuelle, en outre, qui trouve son expression formelle dans une maîtrise parfaite de la langue, ce qui est amplement illustré par les finesses rhétoriques dans la prose de Crébillon-fils[16].

Mais qu'en est-il du libertinage *à l'anglaise* ? Existe-t-il une variante culturelle et, le cas échéant, comment la définir ? Avant même l'introduction de *Pamela* et de *Clarissa* dans le paysage littéraire français, se manifestent de grandes

---

14   Colette Cazenobe, *Le système du libertinage de Crébillon à Laclos*, SVEC, Oxford, Voltaire Foundation, 1991, p. 6.
15   Par le passé, de nombreuses études circonstanciées et nuancées ont été consacrées au libertinage dans la littérature française, et à l'œuvre de Crébillon plus en particulier. Dès lors, il nous semble suffisant de reprendre ici seuls les points forts de cette littérature, tout en nous référant aux études de référence suivantes : Andrej Siemek, *La recherche morale et esthétique dans le roman de Crébillon-fils*, Oxford, Voltaire Foundation, 1981 ; Colette Cazenobe (*op. cit.*) ; Michèle Bokobza, *Libertinage et folie dans le roman du 18ᵉ siècle*, Leuven, Peeters, (coll. La République des Lettres 1), 2000 ; Isabelle Moreau, « *Guérir du sot* ». *Les stratégies d'écriture des libertins à l'âge classique*, coll. Libre pensée et littérature clandestine 30, Paris, Honoré Champion, 2007 ; Emeline Mossé, *Le langage de l'implicite dans l'œuvre de Crébillon fils*, Paris, Champion, 2009.
16   Voir sur cette question l'ouvrage de Bernadette Fort, *Le langage de l'ambiguïté dans l'œuvre de Crébillon-fils*, Paris, Klincksieck, 1978.

différences entre la représentation du libertinage dans l'imaginaire français et la mise en scène des libertins dans la littérature anglaise. Cette thèse trouve à nos yeux son illustration la plus convaincante dans l'étude comparative que nous avons faite au sujet du triptyque *Fortunate Foundlings* (1744) – *Les Heureux Orphelins* (1754) – *The Happy Orphans* (1759)[17]. En effet, lorsque Crébillon-fils se met à traduire le roman anglais d'Eliza Haywood, il renonce à l'original après la traduction de l'*expositio* pour créer sa propre version de l'histoire des deux orphelins, Edouard et Lucie. Cette réorientation du roman est pourtant préparée d'entrée de jeu au niveau de la caractérisation du personnage libertin, Lord Chester. Sous la plume de Crébillon-fils, celui-ci est en effet investi de traits de caractère soi-disant typiques du libertin français et de l'identité française en général, à savoir la légèreté et le raffinement langagiers et gestuels. A travers ces modifications – qui préfigurent une refonte totale de l'intrigue – Crébillon inscrit l'original anglais dans une conception française, et donc radicalement différente, du libertinage.

Sous ce rapport, les commentaires publiés par Grimm dans sa *Correspondance littéraire* prennent une signification tout à fait particulière. En effet, celui-ci s'en prend d'abord à ladite réécriture de l'original anglais, ayant décelé un conflit entre la mise en scène anglaise (*i.c.* la figure du « fat » anglais) et la caractérisation crébillonnienne du libertin :

> Les fréquentes digressions que notre petit-maître fait sur la fatuité, et ses principes sur les femmes et sur d'autres manières de sa compétence, sont des lieux communs que notre fat anglais a recueillis de la lecture des romans de M. de Crébillon [...][18].

Dans le même compte rendu, Grimm renvoie ensuite à l'influence potentielle d'un nouveau modèle anglais, dans la figure de Lovelace. Cette référence est pourtant aussitôt réfutée, par le fait que la brillante singularité de Lovelace serait incompatible avec la tradition française du « petit-maître » :

---

17   Voir Jan Herman et Beatrijs Vanacker, « Le parcours sinueux des 'heureux orphelins' ou la mise en récit de l'identité nationale », *Studi francesi* 56:1 (2012), pp. 33-45. Pour en savoir plus sur l'adaptation crébillonnienne, voir entre autres Bernadette Fort, « Les Heureux Orphelins de Crébillon-fils. De l'adaptation à la création romanesque », RHLF 80 (1980), 554-573 ; John Kent, « Crébillon fils, Mrs. Eliza Haywood and Les Heureux Orphelins : A Problem of Authorship », *Romance Notes* 11 (1969), pp. 326-32.

18   *C.L.*, 15 Août 1754, p. 391.

> Je me trompe fort, ou c'est Lovelace qui a donné à M. de Crébillon l'idée de son lord Chester ; mais pour oser traiter de pareils caractères et pour le faire avec succès, il faut avoir le génie et la tête de l'auteur de *Clarisse* ; l'esprit, quelque brillant, quelque léger qu'il puisse être, ne suffit pas. Lovelace n'est pas seulement petit-maître, ou bien il l'est trop singulièrement pour ne point fixer votre attention. C'est un scélérat de la plus singulière espèce[19].

Le compte rendu de Grimm date de 1754, soit d'une époque où les romans de Richardson sont déjà connus auprès du public français, alors que – à ce qu'il paraît – les auteurs français n'ont pas encore pleinement assimilé les nouveaux modèles d'outre-Manche. Dans ce contexte, le commentaire précité se révèle un témoignage intéressant, *primo* des différences entre la littérature française et anglaise en ce qui concerne la représentation du libertinage en prose et *secundo*, de l'influence *graduelle* que commencent à exercer les romans de Richardson sur la littérature française au milieu du XVIIIe siècle. Sans pour autant générer une refonte totale et immédiate, ces modèles anglais réorientent aussitôt le cadre de référence des critiques littéraires.

Il est intéressant d'observer que dix ans plus tard le romancier anglais, Edward Kimber, recourt également à l'adaptation devant la version crébillonienne. A nouveau, ce sont ses adaptations poussées dans la mise en scène du libertinage qui témoignent de l'impossibilité d'une traduction anglaise fidèle de la conception du libertinage, essentiellement française, mise en scène dans *Les Heureux Orphelins*. L'on observe ainsi que le traducteur abandonne l'idée même d'un libertinage d'*esprit*, tel qu'il était conçu par Crébillon-fils, en faveur d'une représentation qui met en évidence le côté pulsionnel et passionnel du libertinage *à l'anglaise*[20].

Cette disparité entre les figurations françaises du libertinage d'une part, et celles anglaises de l'autre semble pourtant s'affaiblir dans les années 1760. Cazenobe a déjà constaté comment le modèle richardsonien – et la figure de Lovelace plus en particulier – commence alors à « révolutionner » la représentation du libertinage dans la fiction française. Cette hypothèse trouve plusieurs illustrations dans le corpus d'*histoires anglaises*, où la séquence de la *jeune fille*

---

19   *Ibid*.
20   Voir à ce sujet également notre article « Discours libertin et argument national dans le triptyque (Haywood, Crébillon-fils, Kimber) des 'Heureux orphelins' », *Eighteenth-Century Fiction* 24 : 4 (2012), pp. 655-685.

persécutée fait preuve d'une intertextualité plus prononcée[21]. Du reste, avec la reprise des modèles richardsoniens, la conception romanesque du libertinage, et dès lors la diégèse de certains romans français, se conjugue plus volontiers d'après la dichotomie classique entre vice et vertu[22]. Désormais s'oppose aux actions diaboliques du libertin la vertu inébranlable de l'héroïne :

> Dans le roman de Richardson, le couple Clarisse-Lovelace est indissociable : c'est le martyre de la sainte qui donne sa profondeur au personnage du démon ; [...] si l'ambiguïté caractérise la vie morale des héroïnes les plus intéressantes de Crébillon, il n'y en a guère trace chez Miss Harlowe : elle offre l'image du 'beau idéal', d'une perfection sans tache[23].

Dans sa préface à l'édition *Baculard d'Arnaud, Florian, Sade, Histoires anglaises*, Michel Delon pose cette antithèse dans les termes suivants : « L'Angleterre imaginaire que diffuse en France cette littérature romanesque apparaît comme une terre contrastée de la vertu la plus pure et le libertinage le plus scélérat[24]. »

Déjà dans le premier roman célèbre de Richardson, *Pamela, or virtue rewarded* (1740), l'héroïne continue à résister aux avances de son maître, Mr B, jusqu'à ce que celui-ci cède à l'idée du mariage. A l'encontre de l'œuvre crébillonienne, se dessine ainsi dans les romans anglais de Richardson une double structure, suivant laquelle la vertu impeccable de l'héroïne est compromise par les manœuvres d'un antagoniste libertin. Or, d'après nos lectures, cette constellation antagoniste innerve mainte fiction *à l'anglaise*. Pour ne nommer que

---

21   A ce sujet, il est important de préciser que l'analyse de l'intertexte richardsonien dans les fictions à l'anglaise focalise l'aspect thématique des romans concernés. A ce qu'il paraît, c'est avant tout au niveau thématique que les fictions étudiées font preuve de quelque affinité avec les modèles anglais. Par ce, notre prise de position diffère sensiblement de celle qui est avancée par Wilhelm Graeber dans son étude *Der englische Roman in Frankreich* (1988). En effet, quand celui-ci insiste sur ce que les romans de Richardson sont restés sans imitation aucune en France, il fonde sa thèse sur une approche essentiellement poétique (« grundlegende poetologische Unterschiede zwischen England und Frankreich »), sans considérer la reprise de scènes et de personnages topiques.

22   Voir aussi l'article de Pierre Hartmann, « Le motif du viol dans la littérature romanesque du XVIIIe siècle » (*Travaux de littérature* 7 (1994), pp. 223-244), où l'auteur ouvre son article par la mise en évidence qu'« [a]vec *Paméla* et *Clarisse Harlowe*, Richardson invente le roman de séduction *stricto sensu* comme une intrigue linéaire opposant l'un à l'autre les personnages antagonistes du séducteur et de la victime, incarnant eux-mêmes les fonctions dramatiques de la séduction et de la résistance. » (*ibid.*, p. 228)

23   Cazenobe, *ibid.*, p. 163.

24   *Op. cit.*, p. 9.

quelques-uns des couples romanesques mis en scène : à Clarence Welldone s'oppose Lord Sandwick[25] ; à Fanéli s'oppose Milfort[26] ; à Fanni s'oppose Lord Thaley[27] ; à Lucy Wilson s'oppose Henry Hyde[28] ; à Fanny Spingler s'oppose Sir Dorblac[29] ; à Miss Jenny s'oppose Milord Danby[30] ; à Miss Henriette s'oppose Milord D'Horvic[31]. Tandis que le vice des personnages libertins peut prendre des formes très variées (voir *infra*), il se trouve à chaque fois contrecarré par la vertu inébranlable des héroïnes[32]. Conformément à la structure narrative du modèle anglais, l'affrontement du vice et de la vertu prend, dans les *histoires anglaises* également, souvent forme à travers un double axe épistolaire. Alors que l'héroïne vertueuse fait confiance à une amie protectrice dans une correspondance intime, le séducteur libertin dispose toujours de quelque complice qui le confirme dans la malignité de ses projets. La lecture des fictions *à l'anglaise* fait néanmoins ressortir que l'implémentation du modèle richardsonien suscite souvent un effet de schématisation. Ainsi, tout comme la diégèse des romans en question est articulée sur des clichés thématico-narratifs, l'intertexte richardsonien se présente communément sous forme d'une reprise fort simplifiée des modes d'interférence entre les protagonistes du romancier anglais.

Pamela revisitée

En tant que tel, le scénario de la *jeune fille persécutée* – qui, si elle n'est pas orpheline, est tout de même dépourvue d'aide parentale – semble donc conférer aux fictions à l'anglaise une anglicité intertextuelle, souvent évoquée de manière explicite. Dans plusieurs cas de figure, cette séquence se compose de certaines scènes prototypiques qui font preuve d'une affinité plus prononcée avec les romans de Richardson. Souvent, la mise en scène des persécutions libertines s'y construit autour de la reprise de deux scènes qui se sont immortalisées dans *Pamela* et *Clarissa* : la séquence de l'*enlèvement* de la jeune fille

---

25 Bournon-Malarme, *Mémoires de Clarence Welldone*, 1780.
26 Imbert, *Les égarements de l'amour ou lettres de Fanéli et Milfort*, 1776.
27 Baculard d'Arnaud, *Fanni ou l'heureux repentir, histoire angloise*, 1764.
28 Teuton, *Les deux orphelines, histoire anglaise*, 1769.
29 Beccary, *Mémoires de Fanny Spingler, histoire angloise*, 1781.
30 Riccoboni, *Histoire de Miss Jenny*, 1764.
31 Beccary, *Milord d'Ambi, histoire anglaise*, 1778.
32 Il importe de noter à ce sujet que dans la nouvelle *Selmours, nouvelle anglaise* de Florian (1792), c'est le protagoniste qui vit – dans une lutte interne – le dilemme entre le vice et la vertu. Il s'agit ici d'une fiction tardive et plutôt périphérique du corpus, qui pourtant intéresse par la reprise manifeste d'hétéro-images rabâchées dans une trame qui s'inscrit encore dans la vogue sentimentale.

vertueuse et la scène de (la tentative de) *viol*[33] qui y est étroitement liée. Par l'insertion de la séquence de l'enlèvement, les fictions à l'anglaise concernées semblent en effet s'inscrire dans une tradition de romans qui décrivent : « how damsels have been shut up by sundry evil-disposed gentlemen – a circumstance which is hardly omitted in any novel since the confinement of Pamela at Mr B---'s house in Lincolnshire »[34].

Dans *Clarissa Harlowe* également, il est fait référence à ces séquences, à cette différence près : alors que dans *Pamela*, il est seulement question d'une tentative de viol de la part de Mr B, dans *Clarissa* le viol a effectivement lieu[35]. La différence n'est pas sans importance dans le contexte de notre étude. Nonobstant les références explicites au personnage de Lovelace, les auteurs des fictions à l'anglaise semblent en effet préférer l'issue heureuse de la « vertu récompensée » dans *Pamela*[36]. Illustrons cette thèse par l'exemple parlant des *Mémoires de Clarence Welldone* (1780) de Mme Bournon-Malarme, où l'héroïne finit par épouser son persécuteur converti, issu lui aussi d'une classe sociale

---

33 Reprenons le passage suivant de *Paméla, ou la vertu récompensée*, que nous retirons de la traduction française, telle qu'elle était connue en France au XVIIIe siècle. Dans le passage est mise en scène, à travers le regard de l'héroïne, la tentative de viol par Milord B : « Il me baisa de force au cou & à la bouche, & dit : qui a jamais blâmé Lucrèce ? On n'a blâmé que celui qui la viola. Je veux bien prendre tout le blâme sur moi, car je n'en ai déjà eu que trop pour ce que j'ai mérité. Puissé-je, m'écriai-je, me justifier par ma mort comme fit Lucrèce, si je suis traitée aussi cruellement qu'elle. [...] Alors il mit la main dans mon sein : l'indignation que cette effronterie me causa, redoubla mes forces : je me donnai un mouvement violent, par lequel je m'arrachai d'entre ses bras. » (*Paméla, ou la vertu récompensée, traduit de l'anglois*, T.1, à Londres et à Liège, chez J.F. Bassompierre et J. Delorme de la Tour, 1743, p. 53)

34 Voir aussi Thomas Keymer et Peter Sabor, '*Pamela' in the Marketplace: Literary Controversy and Print Culture in Eighteenth-century Britain and Ireland*, Cambridge, UP, 2005, p. 210. Référons en guise d'illustration à une deuxième scène de *Paméla, ou la vertu récompensée*, où l'héroïne se rend compte, à la rencontre de la méchante Mistriss Jewkes, du projet d'enlèvement médité par Milord B : « Regardez ma sœur, dit-elle [Jewkes], voilà une charmante créature ! Le plus vertueux Seigneur de tout le pays ne seroit pas tenté de l'enlever ? Oh, chose affreuse ! dis-je en moi-même. Voilà en deux mots un aveu positif du dessein qu'on a formé contre moi. » (*ibid.* p. 257)

35 Hartmann, *op. cit.*, p. 230.

36 Citons sous ce rapport un passage du *Roman épistolaire* de Versini, qui se réfère toujours à *Clarissa*, tout en mettent l'accent sur l'issue heureuse dans les romans des « avatars » : « Tous ces romans conservent de *Clarisse* l'histoire d'une vertu persécutée et finalement triomphante, dans un dénouement le plus souvent beaucoup plus souriant que celui de Richardson. » (*op. cit.*, p. 103) Il semble pourtant que l'intertexte de *Pamela*, et l'idée de la « vertu récompensée », ait également joué un rôle dans ce choix d'une issue heureuse.

plus aisée. C'est notamment au sujet de ce roman que Laurent Versini suggère quelque affinité avec *Clarissa*, alors que s'y dessine plutôt l'influence – certes schématique – de *Pamela*. En outre, le caractère topique de cette histoire, et d'autres fictions à l'anglaise, se voit corroboré à travers l'implémentation d'échos narratifs qui parcourent les différents niveaux diégétiques de l'intrigue. A travers leur récurrence, les séquences de l'*enlèvement* et de la *tentative de viol* constituent autant de lieux de reconnaissance pour le lecteur, qui ramènent l'histoire de Clarence à *Pamela*. Tout d'abord, l'héroïne subit les assauts non pas d'un seul mais de deux libertins différents, Lord Sandwick et Fitz William, dont le premier joue un rôle principal dans l'intrigue et le dernier assume une fonction similaire dans une trame secondaire. Du reste, en tant que telle, la séquence de la *jeune fille persécutée* s'introduit non seulement dans l'histoire principale de Clarence, mais se voit aussi reprise dans les récits intercalaires de la diégèse, lorsque l'héroïne fait la connaissance d'autres jeunes femmes dont la vertu a été compromise par des séducteurs libertins. L'histoire de Molly Pickwell, servante dans la maison de Fitz William, fait ainsi écho aux événements de l'intrigue principale, tout en se modélisant sur cette autre servante anglaise, Pamela. De ce fait, les séquences de l'enlèvement et de la tentative de viol, devenues topiques, sont reflétées à différents moments et niveaux diégétiques. De même, l'inégalité de naissance entre les protagonistes – facteur initialement compromettant – peut se lire comme un écho du modèle richardsonien. Par ailleurs, l'intertexte richardsonien investit également la caractérisation – schématique – des personnages. Dans un premier temps, Lord Sandwick conçoit Clarence comme une conquête facile parmi d'autres[37], qui ne peut l'occuper très longtemps. Dans ce but, il s'achète une maison[38] qu'il fait entretenir par une complice, Madame Jarvis, dont la vulgarité – et le nom – font à leur tour écho au caractère de Madame Jewkes dans *Pamela*. Mais ce n'est qu'au moment où la vertu invincible de Clarence fait chanceler les projets libertins de Sandwick que l'analogie avec le roman de Richardson se fait le plus explicite. Tout en étant libertin par principe, il sent naître des sentiments de respect et d'amour pour celle qu'il a auparavant appelée « sa proie ». La manière emphatique dont la métamorphose de Sandwick est esquissée dans ce passage ne manque pourtant pas d'attirer l'attention du lecteur sur les faiblesses stylistiques du texte : « Cette retenue me coûte infiniment : car je ne suis pas accoutumé à agir avec tant de modération. Mais quelle est la

---

37 *Clarence Welldone, op. cit.*, p. 73.
38 « Je veux perdre ma vie si ce joli petit oiseau ne se prend pas bientôt dans mes filets. Oh ! comme je serai fier de ma capture ! Je suis presque tenté de lui louer d'avance un appartement. Combien de temps la garderai-je ? » (*ibid.*, p. 73)

métamorphose impossible à l'amour[39] ! » L'émergence de sentiments plus honnêtes ne l'empêche toutefois pas d'écouter la voix du désir. Il s'ensuit une tentative de viol[40] qui n'aboutit pas en raison de la résistance de Clarence. Comme une « nouvelle Pamela », celle-ci, loin d'être éblouie par le prestige social de Milord Sandwick, se montre moralement supérieure, en posant une condition extrême à la perte de sa vertu : « Quoi, mes prières ne vous touchent pas, vous voulez donc ma mort[41] ? » Dans la lignée de Mr B, la prise de conscience – et la conversion – du libertin Henry Sandwick trouveraient alors leur cause primaire dans la vertu sans reproches de l'héroïne :

> Il faut qu'elle ait pour moi une haine invincible : malheureux ! Je l'ai mérité, pourquoi avoir voulu effaroucher sa vertu ? [...] Divine Clarence, oui, tu m'appartiendras... Fortune, naissance, amour-propre, je suis décidé à lui faire tous les sacrifices... Elle sera Lady Sandwick[42].

Quoi qu'il en soit, en dépit de – ou faut-il dire en raison de ? – la caractérisation topique des personnages, tout lecteur friand de la littérature anglaise pourra reconnaître dans les contours schématiques des séquences précitées certains échos de *Pamela*. Mme Bournon-Malarme n'est d'ailleurs pas la seule à récupérer des séquences qui, dans l'imaginaire de maint lecteur français, se relatent à l'histoire de la jeune servante. Les nouvelles de Baculard d'Arnaud, qui met pleinement à profit la fonction signalisatrice des titres (*Fanni ou l'heureux repentir* (1764), *Clary ou le retour à la vertu récompensée* (1765)) font également écho au projet esthétique et moral des modèles richardsoniens. A bien lire les fictions de cet auteur, dont l'inspiration richardsonienne a déjà été examinée par Serge Soupel[43], l'on ne peut qu'y observer une sensibilité – ou « pathétique » pour reprendre les mots de Grimm – à fleur de peau, qui se traduit en même temps dans un style emphatique. Outre sa mise en évidence

---

39   *Ibid.*, p. 119.
40   Notons de même que l'analogie séquentielle avec *Pamela* se manifeste dans la scène où, tout comme Mr B, Lord Sandwick se cache dans un abri pour épier sa victime dans l'intimité de sa chambre : « Une porte artistement construite au pied de son lit, & que le diable n'auroit pas deviné, étoit notre seule séparation. Toutes les nuits je me rendois dans sa chambre. A la lueur de la lampe, je découvrois des beautés qui m'enivroient d'amour. Mais un certain respect, que je n'ai jamais éprouvé, arrêtait la témérité de mes désirs. » (*Ibid.*, p. 111)
41   *Ibid.*, T.2, p. 203.
42   *Ibid.*, T.2, p. 40.
43   Serge Soupel, « Richardson as a source for Baculard d'Arnaud's novelle », RLC 67:2 (1993), pp. 207-217.

des sentiments des personnages, l'auteur fait manifestement preuve d'une adhésion très prononcée à certaines vogues littéraires de son temps. Ainsi, il pourvoit plusieurs récits d'un cadre prétendument anglais, par le biais de quelques références explicites, sans que cette veine anglaise marque pour autant la diégèse en profondeur. En témoigne non seulement le titre de l'ouvrage précité, où Fanni est d'emblée présentée comme une seconde Pamela, mais encore la reprise de la séquence de la *jeune fille persécutée*. Tout comme l'héroïne de *Pamela*, Fanni est une pauvre fille qui suscite une passion invincible mais impossible dans le cœur d'un *Lord* libertin. En outre, conformément au modèle de Richardson, la vertu de la jeune paysanne se voit récompensée par une vie conjugale heureuse et reconnue par la société anglaise. Par ailleurs, la plume pathétique de Baculard ne manque pas de diégétiser l'intertexte richardsonien dans une scène de lecture. Au moment où Lord Thaley demande la main de Fanni, il s'inspire ainsi distinctement de l'exemple de *Pamela* afin de convaincre sa bien-aimée. De cette manière, l'auteur confirme, dans la diégèse même, la renommée de l'ouvrage qu'il a choisi comme point de référence :

> Pressez votre père de faire ma félicité : croyez que vous serez la plus heureuse et la plus adorée des femmes ; la vertu et la beauté mettent tous les rangs au niveau. Vous avez lu Paméla, son égale doit avoir le même sort, et recueillir la même récompense[44].

Ici encore, les parallèles avec *Pamela* concernent avant tout la reprise de certaines séquences et figures, alors que la caractérisation des personnages manque de nuance et de profondeur. Le rôle de Fanni, ladite « nouvelle Pamela », est réduit à un niveau strictement fonctionnel, alors que toute l'attention est portée sur lord Thaley[45]. En revanche, au lieu d'insister sur la tension entre la passion naissante et le libertinage du personnage, cette tension est en quelque sorte extériorisée dans un dilemme entre le héros – dont la nature serait au fond vertueuse – et l'influence perverse de son compagnon Sir Thoward, « le professeur le plus éloquent du vice »[46]. Une fois écartée l'influence pernicieuse

---

44 Il s'agit d'une réédition de *Fanni, ou l'heureux repentir, histoire angloise* (1764). Nous avons consulté l'édition qui se trouve dans les *Epreuves du sentiment*, 1803, p. 18.

45 Cf. aussi Dawson, *op. cit.*: « But, if the heroine of *Fanny* remains somewhat one-dimensional in concept, the same is not true for the hero. » (p. 317)

46 *Ibid.*, p. 4. C'est ce même personnage qui projette de corrompre lord Thaley, suivant le modèle de Lovelace : « Il faut, lui dit-il, mon ami, que tu aies lu ces misérables Romans français, te voilà perdu pour Londres, on te montrera du doigt quand tu reviendras… Je croyais avoir fait de toi un charmant Lovelace, […]. » (*ibid.*, p. 9)

de ce dernier, la conversion de Thaley est immédiate et aucunement motivée. De cette manière, le « libertin » lord Thaley est tourné en un héros sentimental, voire pathétique, qui s'inscrit parfaitement dans le contexte des *Epreuves du sentiment* de l'auteur[47]. Dans *Richard Bodley* de Mme Bournon-Malarme (1785), le lecteur se voit également confronté aux manœuvres d'un libertin, épris d'une passion sincère pour la femme qu'il a longtemps considérée comme sa proie. Bien que cette intrigue libertine soit secondaire à l'histoire centrale – celle de l'amour sincère entre Richard et Nancy Bodley – elle occupe une place pivotale dans le roman, ce qui est visualisé par un échange de lettres substantiel. A cela s'ajoute que Milord Burlington, l'image même du libertin pragmatique et stratégique, s'érige d'emblée en concurrent – non souhaité – de Richard Bodley. De prime abord, sa passion subite pour Nancy Bodley n'est pourtant point exclusive, puisqu'il considère sa conquête comme une nouvelle « prouesse » à ajouter à d'autres femmes, qui « commande[nt] en souveraine » sa petite maison. En même temps, il n'hésite pas à avouer qu'il est amoureux de Nancy, dont « les obstacles sont autant d'aiguillons pour [son] amour »[48]. Dans le droit fil des exemples précités, la passion naissante de Burlington s'explique également comme une réaction à la vertu invincible de Nancy, tel qu'il souligne d'ailleurs lui-même : « Plus elle me dédaigne et plus je sens que je l'adore »[49]. Dans un premier temps, toutefois, ces sentiments d'amour ne l'incitent pas à modifier ses stratégies libertines. En revanche, à la légèreté des premières lettres de Burlington se substitue d'un coup la tonalité plus sérieuse d'une passion exclusive. Tout comme dans les autres fictions à l'anglaise, le changement d'attitude de Burlington est pourtant assez soudain et se présente en outre de façon très prononcée : « Je ne me reconnois pas, cette cruelle *Nancy* m'occupe seule, jusqu'ici je n'en étois qu'amoureux, aujourd'hui j'en suis fol »[50]. Si l'amour de Burlington reste cette fois-ci sans réponse, il nous semble

---

[47] Ainsi, lorsque Lord Thaley se désintéresse momentanément de Fanni et finit même par épouser une autre femme, Baculard d'Arnaud représente la perfidie de Thaley comme une action involontaire, orchestrée par ses amis libertins : « S'il est permis de donner des couleurs moins noires à sa perfidie, on dira qu'il fut en quelque sorte traîné à l'Autel, qu'il pleura dans les bras mêmes de son épouse, celle qui étoit la femme de son cœur, la femme avouée et nommée par le ciel ; on dira que l'image de Fanni s'élevoit toujours au fond de son âme. » (*ibid.*, p. 32)

[48] *Ibid.*, p. 182.

[49] *Ibid.*, p. 226.

[50] *Ibid.*, p. 227. Voir également le passage suivant : « Ciel ! Qui m'eut dit que l'intrépide Burlington trembleroit un jour devant une enfant. [...] Il faut faire cesser cette contrainte où je suis ; il faut rentrer dans mon véritable caractère. » (*ibid.*, p. 228)

que plusieurs scènes narratives – dont la séquence de l'*enlèvement* – suggèrent une affinité avec le modèle de *Pamela*.

Dans l'ensemble, les exemples précités illustrent ainsi comment les auteurs de fictions à l'anglaise sacrifient souvent les détails dans la caractérisation des personnages à une narration qui fait primer la suite – rapide et variée – des événements. Ces scènes topiques s'insèrent souvent en fonction d'un dénouement heureux de l'intrigue, où la vertu de l'héroïne est récompensée. Il s'avère ainsi que l'inspiration richardsonienne se voit fort « recentrée » sous la main de certains auteurs français, qui semblent surtout vouloir mettre en évidence la résistance à toute épreuve de l'héroïne.

Cela n'empêche que dans mainte fiction à l'anglaise l'intertexte est comme imposé au lecteur. En témoigne une autre *histoire anglaise* de Baculard d'Arnaud, qui s'inscrit tout aussi ouvertement dans la lignée des romans de Richardson que *Fanni, ou la nouvelle Paméla*. Ici encore, l'auteur pourvoit sa fiction d'un titre éloquent, à savoir *Clary, ou le retour à la vertu récompensée*, qui d'entrée de jeu met en lumière l'intertexte richardsonien. Qui plus est, si le nom de l'héroïne évoque celui de *Clarissa* dès la page de titre, la connivence entre les vies des deux héroïnes est implémentée dans la fiction à travers une scène de lecture emblématique. En effet, le Baronet Borston, qui finira par épouser la jeune Clary, raconte comment il surprend l'héroïne dans un état rêveur, le roman de Richardson à la main : « Le livre que je surpris dans ses mains était la divine *Clarisse*, ce chef-d'œuvre de l'immortel *Richardson*[51]. » L'admiration pour l'ouvrage anglais dans ce passage est par la suite reflétée dans la reprise de plusieurs éléments-clés de l'intrigue originale de Richardson. Tout comme dans l'histoire de Clarissa, la chute de Clary est en effet provoquée par un libertin charmant, mais profondément malicieux. En outre, dans la lignée d'autres fictions à l'anglaise, Clary est non seulement enlevée[52] par son séducteur, mais est, par la suite, également la victime d'une tentative de viol[53]. Baculard d'Arnaud semble ici encore adopter les stratégies de la répétition et de l'explicitation, mais à la conclusion tragique de *Clarissa* se substitue,

---

51 Baculard d'Arnaud, p. 10, in : *Epreuves du sentiment*, 1803, p. 10.
52 Clary est sur le point de renoncer à sa fuite avec le libertin Mévil lorsqu'elle perd « l'usage des sens » : « On me conduit à mon lit ; et je me trouve le lendemain matin, dans une chaise de poste à côté du Lord, et à vingt mille du Comté de Devonshire. J'appris depuis que Mévil avait fait entrer, la nuit, ses domestiques dans ma chambre, et qu'ils m'avoient transportée évanouie encore à la voiture de leur maître. » (*ibid.*, p. 19)
53 « Cet homme impitoyable alloit employer la force. Je m'élance vers la fenêtre, je m'écrie : Personne ne viendra-t-il au secours d'une misérable fille ? Wickman furieux me jette un mouchoir sur la bouche. » (*ibid.*, p. 29)

ici encore, une issue plus heureuse. Lorsque, rongée par le remords, elle est également sur le point d'expirer, l'héroïne retrouve au final son bonheur dans un mariage avec le héros vertueux.

Dans le cas de *La nouvelle Clarice* de Mme Leprince de Beaumont (1767), l'exercice de réécriture s'inscrit, de façon plus explicite que dans *Clary*, sous l'enseigne de l'*aemulatio*, *Clarissa* étant instituée en modèle *a contrario* de l'intrigue principale. Le roman épistolaire est en effet catalysé par la fuite de l'héroïne, Clarice, qui est persécutée par son père tyrannique. Par hasard, elle fait la rencontre d'un chevalier français, qui lui offre un refuge temporaire jusqu'au moment où, par crainte d'être découverts, les deux protagonistes se voient obligés de traverser la Manche. De prime abord, le roman de Mme Leprince de Beaumont ne se réfère d'aucune manière à l'intertexte qui s'annonce dans le titre : l'héroïne tombe amoureuse d'un homme décent, qui se porte garant d'une vie conjugale heureuse en France et qui, à aucun moment de l'intrigue, ne se rapproche de la scélératesse du libertin Lovelace. Et pourtant, l'intertexte richardsonien imprègne de part en part l'histoire de Clarice, ne fût-ce que par le biais des nombreux passages méta-fictionnels. En effet, même avant la fuite de l'héroïne, le roman de Richardson est discuté avec force détails dans les correspondances avec la confidente, Lady Hariote. C'est elle qui entame la discussion par un compte rendu détaillé mais subjectif de *Clarissa*, construit autour du rôle important du « mariage » dans la vie d'une femme vertueuse. Suivant Lady Hariote, la faute capitale de l'héroïne de Richardson résiderait précisément dans sa fuite avec un homme qui n'est pas son époux. Par la suite, les parallélismes récurrents avec *Clarissa* accompagnent le déploiement de l'histoire de Clarice, dont la vie exemplaire serait l'inspiration d'une réécriture moralisante de l'original anglais. Sous la plume fictive de Lady Hariote, la comparaison entre le modèle et l'imitation est ainsi mise sous l'enseigne de l'*aemulatio* : « Une Clarice qui d'abord vous ressemble, trait pour trait ; je dis d'abord, la ressemblance ne se soutient pas, & elle fait des sottises dont vous êtes incapable[54]. » L'histoire de *Clarissa* fonctionne d'entrée de jeu comme une sorte de mise en garde pour Clarice, qui reçoit le conseil de ne pas commettre la même erreur capitale :

> C'est ici le grand défaut de ce roman. Il est certain qu'une fille qui a le malheur d'être forcée de quitter la maison de son père, ne doit fuir qu'avec un époux. Nous sommes comptables à Dieu de notre vertu, et aux hommes de notre réputation[55].

---

54   Mme Leprince de Beaumont, *La nouvelle Clarice*, 1767, T.1, p. 128.
55   *Ibid.*, p. 134.

Si l'intertexte richardsonien est par la suite évoqué à plusieurs reprises, il sert à faire ressortir la vertu sauvegardée de Clarice. Or, le parallélisme établi entre les deux romans concernés se fonde sur une lecture très partielle de *Clarissa*. A part les noms des deux héroïnes, seule la scène de « la fuite » de la maison paternelle rapproche jusqu'à un certain point les deux intrigues. Le chevalier, quant à lui, ne partage aucunement les étincelles de méchanceté qui caractérisent le libertin Lovelace dans le roman de Richardson. En revanche, toute attention est portée sur l'héroïne qui, à l'encontre de *Clarissa*, se voit récompensée dans sa lutte contre le vice.

Le travail de réorientation est d'ailleurs également mis à nu dans un des derniers passages méta-fictionnels, où Lady Hariote s'érige en proto-auteur des *Lettres de Clarice*, qu'elle présente comme « un livre tout fait, un livre nouveau, un livre qui ne contiendra que du vrai & qui ne sera pas vraisemblable »[56]. Qui plus est, les références isolées à l'histoire de Clarissa ne font que confirmer l'influence de cet autre modèle anglais, *Pamela*. Ainsi, il nous semble que, malgré la fascination du public français pour l'histoire tragique de Clarissa et Lovelace, son message peu réconfortant ne s'assortit que difficilement à l'écriture topique (de la plupart) des fictions à l'anglaise.

Par ailleurs, l'effet topique des *histoires anglaises* ne se dégage pas uniquement de la récurrence de thèmes et scènes romanesques ; s'y décèle de même une stéréotypie culturelle. Ainsi, dans ses multiples variantes sur le thème de la *vertu persécutée*, le vice masculin s'habille d'une tenue libertine. Cette figure du *libertin*, tout en émergeant d'une riche tradition littéraire en Angleterre et en France, contribue en effet à dresser les fictions en jeu d'une couleur (topique) anglaise. Ainsi, il s'avérera dans notre analyse des *figures* topiques que l'insertion des séquences de l'enlèvement et du viol participe également de l'hétéro-image de l'Anglais grossier et barbare. La valeur topique inhérente à ce personnage expliquerait également pourquoi celui-ci s'insère dans mainte fiction sans pour autant assumer quelque rôle d'importance dans l'intrigue. Tel est entre autres le cas dans *Histoire de Miss Honora, ou le vice dupe de lui-même* (1766), roman épistolaire de Lefèvre de Beauvray, où la tentative de viol ne forme qu'une scène isolée dans la suite infinie d'aventures vécues par Miss Honora. Dans le portrait de l'agresseur sont alors mises en évidence la décadence et la vulgarité du libertinage *à l'anglaise*. Ainsi, à l'encontre de la légèreté

---

56   L'invraisemblance du livre résiderait précisément dans le caractère exemplaire de ses personnages : « un petit-maître me dira : quel pitoyable ouvrage ! il n'y a aucun sel, & il n'eût tenu qu'à l'auteur d'y en mettre, il n'y avoit qu'à feindre le baron un peu moins respectueux » (*ibid.*, T.2, p. 31).

des libertins français, le recours à l'image métaphorique du « vautour » s'accorde avec le stéréotype de la férocité anglaise :

> Quel est donc ici-bas le sort de la vertu ? Sera-t-elle toujours la proie de ces vautours impitoyables décorés du nom d'hommes ? Quand serai-je à l'abri de leurs noirs attentats[57] ?

Qui plus est, lorsque Miss Honora est brièvement enlevée par un autre libertin, le cavalier Guilmour, elle s'exclame : « A quoi sert donc cette liberté angloise dont on fait tant de cas[58] ? » Dans ce cas spécifique, le cliché de la liberté anglaise connote donc plutôt l'idée de *licence*. Dans une même optique, il est intéressant d'observer que, dans mainte fiction, l'enlèvement des orphelines est mis en relation avec la prostitution. Ainsi, dans *Les deux orphelines, histoire anglaise* de Teuton, une des deux protagonistes est renfermée dans une maison qui « ser[t] de rendez-vous galant »[59]. Ou encore, dans *Mémoires de Clarence Welldone*, Madame Jarvis, qui est la gardienne de Clarence lorsque celle-ci est enfermée dans la maison de Sandwick, resurgit dans la suite de l'histoire comme « la Prêtresse d'un de ces Temples, où la jeunesse libertine va quelquefois se désennuyer »[60]. L'effronterie et la décadence qui caractérisent Mme Jarvis ne font d'ailleurs guère exception dans les fictions de notre corpus. Ainsi, même dans la toute dernière *histoire anglaise*[61] que nous ayons repérée, à savoir *Le château de la Volière* (1824) de Librousky, s'insère la mise en scène d'une maison publique où la débauche est cultivée dans le jeu, la prostitution ou encore l'alcoolisme. Conformément à la constellation manichéenne du roman, plusieurs des femmes les plus vicieuses de l'intrigue y trouvent la mort dans un incendie symbolique.

> Il arrive que, un soir, une violente rixe s'étant levée entre un grand nombre de joueurs, qui tous étaient plus ou moins ivres, ils en vinrent aux mains à un tel point que le fracas des meubles brisés [et] les vociférations des combattants [...] attirèrent incessamment la troupe armée dans la maison. Pour comble d'accident, le feu venait de prendre aux meubles et aux teintures du *salon des orgies*[62].

---

57 Lefèvre de Beauvray, *op. cit.*, p. 51.
58 *Ibid.*, p. 144.
59 Teuton, *Les deux orphelines, histoire anglaise*, 1769, p. 128.
60 Mme Bournon-Malarme, *op. cit.*, p. 141.
61 C'est-à-dire d'une fiction qui porte l'étiquette *histoire anglaise* dans le titre.
62 Librouski, *op. cit.*, T.2, p. 174.

Dans un seul passage se voient ainsi repris plusieurs stéréotypes socio-culturels qui font écho au caractère anglais, et aux libertins anglais en particulier : le jeu, l'ivresse et la violence.

Bilan

Or, qu'en est-il des *histoires anglaises* au vu des intertextes richardsoniens ? Il s'avère qu'au-delà de la primo-réception – la réception des premières années[63] – elles attestent un mouvement, non pas de rejet, mais d'appropriation du modèle, tout en inscrivant l'histoire de la réception de *Pamela* dans la longue durée. En même temps, le transfert du modèle richardsonien va indéniablement de pair avec des modifications aux goûts du lectorat. Ainsi, le décalage social qui compromettait, pour une grande part de l'intrigue, l'idée même d'un mariage honnête entre Pamela et Mr B se voit effacée, ou du moins minimisée, sous la plume des avatars français. Alors que la vertu exemplaire de l'héroïne – pourtant à maintes reprises critiquée pour son invraisemblance morale dans la presse contemporaine – forme encore le nœud des romans en jeu, l'invraisemblance sociale d'une mésalliance est jusqu'à un certain point écartée. En effet, si plusieurs héroïnes souffrent d'une position sociale affaiblie, elles sont rarement condamnées à l'humble travail domestique qui était la part de Pamela[64]. En revanche, il s'avérera par la suite que le réalisme du modèle richardsonien, plutôt que de se perdre entièrement, se voit réinvesti à plusieurs reprises d'une valeur culturelle, contribuant de ce fait à la topique culturelle des romans.

Scènes topiques et transfert culturel

Au-delà du niveau abstrait des séquences de base précitées – qui forment le fil narratif ainsi que la toile intertextuelle de mainte fiction à l'anglaise – il s'agit maintenant d'examiner la présence de scènes plus ciblées, qui se distinguent par leur *potentiel argumentatif* au sujet de l'identité nationale. A la lumière du canevas séquentiel esquissé ci-dessus, ce chapitre se donne ainsi pour objectif de creuser les modalités textuelles du *transfert culturel* qui sous-tend l'émergence des *histoires anglaises*.

Dans le droit fil de l'œuvre de Michel Espagne, l'étude des transferts culturels a d'ordinaire privilégié les (réseaux de) vecteurs, ou encore les agents culturels,

---

[63] Hartmann, *op. cit.*, p. 50.
[64] Pour ce qui est des réécritures critiques de la *Pamela* anglaise, qui constituaient la proto-réception du modèle en France, voir entre autres Hartmann (*op. cit.*, p. 48).

susceptibles de faire voyager les idées et les textes entre plusieurs aires culturelles[65]. Comme nous nous intéressons davantage aux textes en tant que porteurs de sens qu'aux auteurs véhiculant le transfert, cette idée nous concerne avant tout au sens procédural. C'est donc la question d'un éventuel transfert d'anglicité, telle qu'elle s'inscrit dans le discours fictionnel des romans, que nous examinons ici, en regardant les modes d'apparition fictionnels qui le reflètent.

Plus spécifiquement, dans le corpus d'*histoires anglaises* sont mobilisées quelques scènes topiques qui semblent s'instituer en *lignes de front*[66], en ce sens qu'elles préparent le terrain – fictionnel – d'un éventuel transfert entre la culture anglaise et celle française. En raison de leur implémentation culturelle, ces scènes de rencontre constituent autant de *lieux* où le dispositif de la *double entente* sous-jacente aux fictions à l'anglaise est mise à nu dans la diégèse même. Il s'agit de scènes topiques sur le plan thématico-narratif qui seraient de quelque façon – mais toujours sur le mode potentiel – indicatives de l'inscription culturelle des personnages. Sous ce rapport, les scènes de voyage pourraient s'avérer particulièrement illustratives. Ce sont en effet les lettres qui servent de comptes rendus de voyage qui se révèlent particulièrement propices à un affrontement de l'imaginaire culturel des personnages en question. A cela s'ajoute la ligne de front de la guerre franco-anglaise, où il s'agira de mesurer l'entremise de la fiction au regard d'une thématique qui est indéniablement d'actualité à cette époque. Enfin, dans un corpus qui se compose presqu'entièrement d'intrigues sentimentales, il nous semble licite de souligner l'intérêt argumentatif du mariage franco-anglais, en ce qu'il se profile comme un espace mental où le discours particulier du sentiment et le débat général sur l'identité culturelle entrent en dialogue.

Cette étude ne focalise d'ailleurs pas exclusivement les scènes emblématiques, mais prend en compte le co-texte dans lequel les modalités de transfert culturel ainsi déployées prennent leur sens. Ainsi, dans le cas du cliché thématico-narratif du mariage, la scène des noces s'intègre en réalité dans une narration plus étendue qui raconte l'amour (naissant) entre deux personnages d'origines différentes.

---

65 Sous ce rapport, voir également *Les circulations internationales en Europe, années 1680-1780, op. cit.*

66 Nous avons introduit le terme dans notre article « Le parcours sinueux des *Heureux Orphelines* ou la mise en récit de l'identité nationale » (*op. cit.*).

Amours interculturels

Dans ce qui précède, nous avons déjà signalé que, dans certains cas, ladite *anglicité* des romans est compromise par l'implémentation d'un regard français dans la diégèse. En même temps, l'insertion fréquente d'une telle perspective française – sous forme de personnages français – pourrait être lue comme un reflet diégétique des doubles prémisses qui sous-tendent les *histoires anglaises*.

En tant que telle, cette stratégie discursive atteste également l'hypothèse selon laquelle toute image culturelle se forge à travers des modes d'interférence entre la *culture regardée* d'une part et la *culture regardante* de l'autre. En effet, aux dires de Daniel-Henri Pageaux, « toute image procède d'une prise de conscience, si minime soit-elle, d'un Je par rapport à l'Autre, d'un Ici par rapport à un ailleurs »[67]. Il importe en outre de rappeler ici, toujours selon Pageaux et ses collègues, que l'altérité est « envisagée comme un terme opposé et complémentaire par rapport à l'identité »[68]. Restera donc à voir de quelle(s) façon(s) la rencontre amoureuse du Même et de l'Autre pourra influer, dans l'imaginaire des divers auteurs français, sur la logique différentielle qui détermine la représentation d'images culturelles.

Dans sa pièce de théâtre *Le François à Londres* (1727) Louis de Boissy nous fournit une réponse à la fois précoce et partielle à cette question, quand il mobilise l'idée que les forces de l'amour (et du mariage) peuvent adoucir la raideur des préjugés nationaux.

Malgré les particularités propres au discours dramatique, nous tenons à évoquer cette pièce, pour sa valeur emblématique quant aux modalités argumentatives du topos du mariage dans un contexte fictionnel[69]. Faisant écho aux débats non-fictionnels de l'époque, *Le François à Londres* déploie tout un arsenal de clichés et de préjugés culturels, articulés en termes de *manie* et de *phobie*, sans qu'un véritable dialogue prenne forme[70]. C'est sur cet arrière-fond d'*idées communes* que se construit l'intrigue de la pièce, où trois hommes – dont

---

67   Pageaux, « De l'imagerie culturelle à l'imaginaire », *op. cit.*, p. 135.
68   Pageaux, « Image, imaginaire », *op. cit.*, p. 367.
69   Pour une analyse plus détaillée, voir notre article « Épouser un étranger : Enjeux argumentatifs du mariage franco-anglais dans quelques 'histoires anglaises' », in: *Le mariage dans la prose narrative avant 1800*, éd par Guiomar Hautcoeur et Françoise Lavocat, Leuven, Peeters, 2014, pp. 237-252.
70   Dans les dialogues de la pièce, se voient repris plusieurs stéréotypes culturels qui rejettent la culture de l'autre dans une altérité souvent grotesque. Aussi, du point de vue français, l'homme anglais serait-il « toujours sombre, toujours brusque […] ; se levant le matin de mauvaise humeur pour rentrer le soir ivre » (Louis de Boissy, *Le François à Londres*, 1727, p. 44), alors qu'aux yeux des personnages anglais se cacheraient, sous la politesse et l'*esprit* français, une légèreté et une étourderie inconciliables avec le *bon sens* anglais.

deux Français et un Anglais – se battent pour gagner le cœur d'une Anglaise. Dans cette querelle *maritale*, c'est finalement le Baron français qui gagne le père d'Eliante à sa cause. Louis de Boissy semble ainsi établir une causalité entre l'histoire sentimentale et l'argumentation nationale qui s'y implémente. Le Baron se montre en effet, pendant toute la pièce, le personnage le moins imprégné de préjugés culturels. Si le Baron est érigé en époux idéal de la jeune Eliante, c'est en raison de son discours moins *fixiste*[71] sur l'identité nationale[72]. Dans ce contexte, le mariage franco-anglais représente non seulement l'union sentimentale entre deux personnages, mais se charge aussi d'un dynamisme interculturel à la fois émancipateur et enrichissant[73].

C'est à la lumière de cette figuration précoce qui, aux dires de Gabriel Bonno, « reste inscrite au répertoire pendant tout le XVIIIe siècle »[74] que seront examinées, dans la suite, les modalités argumentatives du topos du mariage franco-anglais, tel qu'il s'inscrit dans la trame narrative d'une dizaine d'*histoires anglaises*. Plus en particulier, notre étude portera essentiellement sur quatre romans où les protagonistes sont impliqués dans un mariage – ou un

---

71   Nous empruntons cette expression à François Rosset, *Poétique des Nations dans Corinne*, in : *op. cit.*, p. 111.

72   Dans son article « Le Lord, le Bon Quaker, et le petit marquis français : les représentations de l'Anglais entre comédie et drame » (*Le Spectateur européen* 2, éd. par Elisabeth Détis, 2000, pp. 194-195), Yael Ehrenfreund insiste sur ce que, en tant que femme, l'héroïne Eliante rapproche également les deux natures compatibles : « Sa féminité la rapproche de la France, sa culture anglaise lui permet de la juger et de s'en méfier. [Les femmes] gardent de ce fait l'avantage d'être toujours les organes de la réconciliation entre les représentants des deux nations. » (*ibid.* pp. 194-195) Pour notre part, nous n'avons retrouvé des passages dans notre corpus qui pourraient confirmer cette idée.

73   Citons également les *Happy Orphans* (1759) de l'écrivain anglais Edward Kimber, qui met en scène plusieurs mariages franco-anglais. Qui plus est, il insère quelques scènes de discussion entre personnages de différentes nationalités, où l'effet bénéfique d'un mariage interculturel est traité en profondeur. Nous reprenons, à titre illustratif, le passage suivant : « Ah! these fair *English* women have come to *France* to captivate all our youths with *British* charms; *Harry* the fifth conquered us with Arms; but the conquest of Beauty will be more lasting, and, if our Noblemen would but follow my example, the two Nations would be closely united and that native antipathy they have to each other would be overcome in the rising generation, who would derive their Descent from both. (Edward Kimber, *The Happy Orphans, an authentic History of Persons in High Life, with a variation of uncommon Events and surprising Turns of Fortune. Translated from the French of Monsieur Crébillon, the Son*, Dublin, Wilson, Exshaw and Saunders, 1759, p. 70)

74   Bonno, *op. cit.*, p. 26.

amour – franco-anglais[75]. Il s'agit de *La nouvelle Clarice* (1767) de Mme Leprince de Beaumont, des *Lettres de Milord Rodex* (1768), des *Lettres de Milady Lindsey* (1780) de Mme Bournon-Malarme, et du *Danger d'aimer un étranger, ou histoire de Milady Chester et d'un Duc français* (1783) de Witart de Bézu.

Premier constat qui s'impose : *La nouvelle Clarice* est le seul roman où le mariage conclu entre Clarice et son chevalier français semble préfigurer l'émancipation future – sociale mais aussi culturelle – de l'héroïne. Dans l'intrigue, l'héroïne anglaise, qui souffre des mauvais traitements d'un père tyrannique, est contrainte de prendre la fuite. Au moment où, cachée dans un bosquet, elle se croit à l'abri de ses poursuites, elle est découverte par un homme inconnu. Troublée par la brutalité de son père, elle lui offre sa bourse, par peur d'être agressée. A sa grande surprise, l'étranger la lui refuse poliment « en mauvais Anglois »[76], tout en lui accordant son appui. Comme le « mauvais anglais » trahit l'origine française de l'inconnu, Clarice, qui maîtrise parfaitement le français, change aussitôt d'idiome. Cette connivence, qui est au premier abord purement langagière, s'avère annonciatrice de l'esprit d'ouverture qui caractérisera l'amour des deux protagonistes.

Dans *La nouvelle Clarice*, ce premier moment d'entente mutuelle signe dès lors le début d'un rapport sentimental équilibré, qui trouve des échos dans la mise en scène de l'identité nationale. En effet, alors que la majorité des lettres s'échangent entre Clarice et Hariote, la confidente anglaise de l'héroïne, Leprince de Beaumont insère à plusieurs moments des lettres de la part du chevalier français, qui lui permettent d'intégrer une auto-image de la France. Celle-ci s'intègre dans un imaginaire culturel qui, sans être pour autant être exempt de préjugés culturels, se nourrit de l'ouverture d'esprit des protagonistes[77]. En témoigne également la première rencontre entre Clarice et le chevalier, où l'identité culturelle de ce dernier semble réconfortante pour

---

75   Nous tenons à signaler que dans plusieurs *histoires anglaises*, le mariage (franco-anglais) se voit également compromis en raison de différences religieuses. Tel est entre autres le cas dans *Histoire de Milady B* et dans *La nouvelle Clarice*. Dans ce dernier roman, par exemple, l'héroïne considère la compatibilité religieuse – les deux amants sont catholiques – comme une *conditio sine qua non* de la réussite du mariage. Vu que notre travail se focalise sur la stéréotypie nationale des *histoires anglaises*, nous avons préféré ne pas intégrer l'analyse de l'aspect religieux, pour intéressante qu'elle soit.

76   Leprince de Beaumont, *op. cit.*, p. 167.

77   Nous évoquons, à titre illustratif, un des passages où le chevalier français émet ses idées sur la culture anglaise. Tout en reconnaissant la « grossièreté » des Anglais, il insiste sur leur générosité : « Je dois rendre témoignage qu'ils sont très-compatissants, & qu'ils aiment à obliger. Il est vrai qu'ils rendent un service du ton & de l'air qu'un François diroit une injure ; c'est que leur grossièreté est égale à leur bienfaisance. Malheureusement cette

l'héroïne, en ce que sa « politesse » s'opposerait aux brutalités que l'héroïne a vécues de la part de son père anglais. Une politesse qui est d'emblée liée à son identité nationale. « Quelle doit être la politesse d'un François qui a quelque naissance, puisque j'en trouve tant dans un homme de cette classe[78] ? », se demande Clarice. Qui plus est, cette méta-image projetée par l'héroïne anglaise se voit aussitôt confirmée par une auto-image du chevalier : « [J]e suis François, & ceux de cette nation regardent comme un devoir de se dévouer au secours des personnes de votre sexe, lorsqu'elles sont infortunées »[79].

Cette rencontre préfigure la suite du roman, où la confiance et le respect mutuels entre l'héroïne anglaise et son amant français ne font que s'approfondir. Pareillement, le mariage franco-anglais, qui se situe pour ainsi dire au cœur de l'intrigue, dépasse d'entrée de jeu le niveau sentimental, pour fonder un rapprochement entre les cultures française et anglaise. Ainsi, le mariage est comme un acte constitutif, qui oriente le cours de vie de la jeune héroïne Clarice. Une fois installée en France, l'héroïne se façonne une vie sereine, loin de l'influence funeste de son père. En même temps, l'intégration aisée dans sa famille française lui permet de s'immerger dans une nouvelle culture et d'adopter une *nouvelle patrie*[80]. Outre le fait qu'il inaugure une période de bonheur familial durable, ce mariage franco-anglais conditionne dès lors également un *transfert d'idées* d'Angleterre en France. En effet, une fois arrivée en France, Clarice fait la connaissance de la communauté chrétienne fondée par sa belle-mère française et se décide aussitôt à enrichir ce projet de sa vision – éminemment anglaise[81]. Enfant d'une nation où le système économique se base sur le commerce et l'agriculture, elle conçoit l'idée d'injecter cette mentalité dans son pays d'adoption :

    première qualité masque l'autre, et c'est la raison pour laquelle on les croit cruels & barbares. » (*ibid.*, T.2, p. 312)

78 *Ibid.* L'identité noble du chevalier ne se dévoile que quand la correspondance avec la mère est interceptée par Clarice.

79 *Ibid.*, p. 167.

80 *Ibid.* p. 327. A titre illustratif, nous citons un passage de la lettre de sa correspondante, Lady Hariote : « Enfin, vous êtes arrivée heureusement dans votre nouvelle patrie, avec un époux digne de vous ». Les niveaux sentimental et culturel y sont également mis en relation. Cette attitude est d'ailleurs partagée par Lady Hariote qui affirme à son tour : « déjà je me sens Française, sans oublier pourtant mon ancienne Patrie. Ah ! Je le sens aux mouvements de mon cœur, je suis citoyenne de l'Univers. » (*ibid.*, T.2, p. 195)

81 Citons à ce sujet l'anecdote suivante, tirée d'une lettre de la Baronne d'Astie : « Elle [Clarice] les surprit encore davantage en leur apprenant qu'en Angleterre on faisoit cas d'un homme pour ce qu'il étoit, & non pas pour ce qu'il faisoit. » (*ibid.*, T.2, p. 240)

> La France deviendroit le trésor, le magasin, le grenier de l'Europe ; on n'y trouveroit pas un pouce de terre sans culture ; [...] l'aisance prendroit la place d'une pauvreté toujours affreuse quand elle est la suite de la paresse ; en un mot, nous deviendrions la première nation de l'Univers[82].

De même, elle s'efforce d'inspirer le goût du commerce à la noblesse française, de façon à la sauver de la pauvreté imminente : « Elle les surprit encore davantage en leur apprenant qu'en Angleterre on faisoit cas d'un homme pour ce qu'il faisoit ; que le fils d'un Lord, d'un Ministre d'Etat n'étoit point déshonoré, en entrant dans le commerce[83]. » Charmée par le peuple français, elle essaie à son tour de l'*émanciper*, à l'échelle familiale et sociale, par les principes anglais qui sont les siens.

Nonobstant les références aux guerres franco-anglaises (voir *infra*), le roman se veut ainsi, à travers l'engagement personnel des personnages, un lieu de rencontre heureux entre les deux nations[84]. En dépit de leur sensibilité indéniable à la valeur distinctive de l'appartenance culturelle, celle-ci est abordée de façon constructive et mise au service de l'*émancipation*, affective aussi bien que culturelle. La vie conjugale de Clarice, développée dans la deuxième partie du roman, illustre de ce fait dans quelle mesure le mariage, topos narratif manifestement sentimental, se charge d'une argumentation culturelle, l'union entre les personnages ouvrant la voie à un rapprochement culturel entre les deux nations. Le message émancipatoire qui investit de part en part l'histoire d'amour de Clarice est d'autant plus remarquable qu'elle fait exception dans un corpus de fictions qui semblent d'ordinaire attester la force dévastatrice, voire l'impossibilité même d'un amour franco-anglais.

Dans *Milady Lindsey* de Mme Bournon-Malarme (1780) le topos du mariage franco-anglais s'inscrit en effet dans une constellation tout autre. Les deux amants se rencontrent lors d'un accident de voiture, comme nous apprend l'épistolière – née Française – dans sa lettre d'ouverture. Or, si l'obligeance excessive dont témoigne Milord au moment de l'accident amène Charlotte à réévaluer momentanément ses préjugés (« en vérité, je ne croyais pas les

---

82   *Ibid.*, T.2, p. 181.
83   *Ibid.*, T.2, p. 239. Le passage est repris dans une lettre de Mme La Baronne, belle-mère française de l'héroïne.
84   Ainsi, Clarice insiste sur le fait qu'elle a « toujours aimé les François » et demande à son ami de lui marquer « s'il n'y a point d'exagération dans les défauts qu'on leur attribue, [...]. » (*op. cit.*, T.1, p. 97) Notons encore que c'est à l'aide de Français rencontrés dans la rue, que Clarice et son mari réussissent à quitter l'Angleterre.

Anglais aussi galans[85] ! »), elle ne réussit jamais à se défaire de ses idées préconçues. Contrairement à *La nouvelle Clarice*, où le mariage franco-anglais se conclut dans une atmosphère générale d'ouverture sur l'Autre, l'union entre Charlotte et Milord Lindsey, qui est scellée sans le consentement des deux familles, n'atténue aucunement l'atmosphère d'éloignement culturel dont l'intrigue est investie. Ainsi, le regard français de Charlotte nous peint une Angleterre bâtie sur des stéréotypes les plus enracinés, ses lettres formant autant de plaintes au sujet de la violence et de l'impolitesse anglaises[86]. A cela s'ajoute un profond sentiment de non-appartenance, qui se confirme au regard d'autres personnages. En témoignent en effet les lettres de l'Anglaise Arabelle Flowers qui, piquée par la concurrence de Charlotte sur le plan sentimental, ne cesse de rejeter celle-ci dans son altérité culturelle[87]. Sur cet arrière-fond de concurrence et de rejet, le mariage entre Charlotte et Milord Lindsey se conclut sous de mauvais augures. Alors que son union avec Charles Lindsey devrait consolider le seul rapport sentimental qui lui inspire la confiance dans un pays inconnu, Charlotte se trouve d'emblée coincée dans un mariage malheureux avec un homme qui, malgré ses vœux d'amour et de constance, se révèle être un libertin. Au lieu de se voir émancipée par son introduction dans la culture anglaise, l'héroïne éprouve un désir de dépendance affective envers son mari volage, qu'elle n'hésite pas à pardonner à maintes reprises[88]. A la différence de *La nouvelle Clarice*, dans les *Lettres de Milady Lindsey*, le mariage franco-anglais aboutit au désenchantement, à la fois sentimental et culturel.

Il en va de même dans *Le danger d'aimer un étranger* (1783) de Witart de Bézu – dont le titre est pour le moins éloquent – et dans les *Lettres de Milord Rodex. Pour servir à l'histoire des mœurs du dix-huitième siècle* (1768). Dans ce dernier roman, l'intrigue est racontée du point de vue de Milord Rodex,

---

85 Bournon-Malarme, *Lettres de Milady Lindsey*, 1780, T.1, p. 10.
86 Citons par exemple sa réaction à une impertinence du chevalier Webster, qui s'avérera par la suite l'incarnation même du libertin à l'anglaise : « Il s'est incliné avec la plus mauvaise grâce. Baisez, mon ami, baisez, s'est écrié mon oncle. J'ai présenté ma joue quoiqu'avec répugnance. Il a eu l'audace de poser ses lèvres sur les miens. J'en étois extrêmement irritée ; mais mon Oncle s'est hâté de dire que c'étoit la coutume anglaise. Ah ! ma chère maman, je ne l'adopterai jamais ! » (*ibid.*, p. 32)
87 « Je crains que cette *échappée de France* ne me cause bien du chagrin » (*ibid.*, p. 47) ; « *Cette Françoise*, suivant sa sotte habitude, étoit venue passer l'après-midi à la maison » (*ibid.*, p. 78) ; « Adieu, je vous apprendrai le départ de la *Françoise*. » (*ibid.*, p. 109). C'est nous qui soulignons.
88 « La tristesse de mon cher Charles ne diminue pas ; […] s'il regrettoit de m'avoir épousée ! s'il se reprochoit une union qui faisoit mon bonheur ! o, mon amie ! il n'en seroit plus pour moi. Il est vrai qu'il m'a tout sacrifié… Et moi, qu'ai-je pu lui offrir ? » (*ibid.*, T.2, p. 5)

gentilhomme anglais qui rend compte d'un séjour en France dans ses lettres au chevalier Baker. Placée de prime abord dans la lignée des récits de voyage, l'intrigue se modèle sur le roman sentimental dès la rencontre du héros avec la Française Thérèse. A partir de ces prémisses, le roman se présente aussitôt comme une illustration des modes d'interférence entre la loi du *cœur* d'une part et celle de l'*identité culturelle* de l'autre. Ainsi, l'on lit comment la liaison franco-anglaise agit aussitôt sur le regard initialement critique que portait le héros sur la culture française. Dans un premier temps, ce dernier insiste à plusieurs occasions sur la superficialité – esthétique, mais aussi morale – qui règne en France. « Tout est mode ici »[89] s'exclame-t-il, pour observer aussitôt que « [l]es François jugent à la première vue le cœur, l'âme et le caractère »[90]. En outre, il rend compte de « la fureur de l'étranger » des Français, *i.c.* de leur Anglomanie, qu'il dénonce de même comme un acte de paraître[91]. Dans ce monde superficiel, c'est dans un premier temps son amitié avec le Français Morinville – qu'il considère comme exception à la règle – qui lui sert d'unique consolation, ét de (figure de) passage culturel : « cette confiance facilite infiniment l'acquisition de ce vernis national, sans lequel on est presque toujours déplacé »[92]. Mais ce n'est que son amour pour la Française Thérèse qui fait renoncer Milord Rodex à ses préjugés, fût-ce temporairement et sans pour autant effacer son réflexe patriotique. En effet, si ce dernier apprécie le naturel et la sincérité de sa bien-aimée[93], cette estime n'est pas exempte d'un réflexe d'appropriation culturelle.

Or, c'est dans ce roman également que les ressorts particuliers de la polyphonie épistolaire sont mis au service du plan argumentatif et que l'effet particularisant du regard amoureux s'aiguise face à la vue des amis intimes du protagoniste. Ainsi Morinville, pose-t-il : « je l'ai vu avec mes yeux, et tout ce sublime de naturel, tout ce sublime de sentiment ne m'a point touché »[94]. L'image vertueuse que Milord Rodex s'est créée de Thérèse est ainsi contrecarrée par celle de ses amis, qui la voient inévitablement tomber dans la débauche : « Sans une grâce particulière du ciel, sans un miracle, il me paroît impossible

---

[89] *Op. cit.*, T.1, 1768, p. 5.

[90] *Ibid.*, p. 4.

[91] *Ibid.*, p. 12. Cette image fictionnelle de la France contient ainsi une critique indirecte sur la superficialité de l'Anglomanie française. Il est intéressant de noter que cette idée est formulée dans un roman qui participe pleinement de la vogue littéraire de la fiction à l'anglaise.

[92] *Ibid.*, p. 3.

[93] « Son ton, son air, ses manières, tout avoit la fraîcheur de la belle nature. Telles sont les fleurs que l'art arrache à la nature au milieu des frimas de l'hiver. » (*ibid.*, p. 91)

[94] *Ibid.*, p. 142.

qu'elle ne se ressente un jour du poison qui l'environne[95]. » De même, c'est Morinville qui dans l'intrigue semble incarner – et sauvegarder – la conscience nationale du protagoniste : « Dans la fleur de ton âge, de quel droit irois-tu, dans un pays étranger, ensevelir dans une molle oisiveté les talens que tu as reçus de la nature ? [...] Ton père, tes aïeux verront donc leur titres ensevelis avec eux, & leur nom périr avec toi[96]. » Ainsi, l'effet atténuant du regard amoureux, certes dominant, est pourtant alterné, voire corrigé par la voix de l'amitié, avant d'être définitivement effacé par la réalité des événements.

Au premier abord, toutefois, les suppléances des amis semblent rester sans effet sur Milord Rodex, qui préfère écouter les pulsions de la passion au détriment de ses obligations patriotiques : « Ce que je dois à la patrie, à mon rang, à mes aïeux, doit il m'être plus sacré que ce que je me dois à moi-même[97] ? » En revanche, lorsque ses projets de mariage se concrétisent en raison de la grossesse de Thérèse, Milord Rodex reste indécis devant le dilemme inévitable, qui l'oblige à choisir entre, d'une part, son amour sincère pour sa maîtresse et, d'autre part, l'amour de sa famille et de sa patrie :

> Epouser Thérèse, c'étoit le vœu de son amour ; sa raison le rejetoit : elle lui représentoit avec force les suites fâcheuses de cette union. Les reproches de toute sa famille, les murmures de sa Patrie, la colère de son frère, l'indignation de tous les honnêtes gens [...][98].

Si le discours romanesque se prête ici au déploiement fictionnel de ce dilemme, la dialectique entre la voix du *cœur* et la loi du *pays* n'aboutit pas. D'abord porté à suivre son cœur (« non, je ne trahirai point mon cœur, je ne trahirai point la nature »[99]), Milord Rodex change résolument d'avis à la découverte de l'infidélité de Thérèse. Alors que la légèreté française se voit au final confirmée, le déséquilibre se rétablit par le mariage de Milord Rodex avec une femme anglaise qui, elle, n'a rien perdu de « cette raison, de ce bon sens [...] & de cette simplicité qui fait le fond de l'éducation angloise »[100]. S'en dégage encore l'idée d'un discours fictionnel qui se met au service d'une logique différentielle, en dépit des renvois à l'effet (particularisant) de l'amour dans la (re-)construction d'une image culturelle.

---

95   *Ibid.*, p. 194.
96   *Ibid.*, pp. 161-162.
97   *Ibid.*, p. 166.
98   *Ibid.*, T.2, p. 30.
99   *Ibid.*, T.2, p. 39.
100   *Ibid.*, T.2, p. 37.

Pareillement, dans *Le danger d'aimer un étranger, ou histoire de Mylady Chester et d'un duc Français* (1783) de Witart de Bézu, l'amour transculturel des deux protagonistes est étouffé par le poids des préjugés culturels. Publiée à l'apogée même de la vogue des *histoires anglaises*, la nature pamphlétaire de la fiction s'annonce dès l'avant-propos de l'auteur. Dans un discours de plusieurs pages à l'adresse de ses lectrices compatriotes, celui-ci commente la portée argumentative inhérente au sous-titre de son roman. Soumettant d'entrée de jeu la particularité de l'histoire d'amour aux lois générales de l'argument national, il y émet la conviction selon laquelle, surtout pour les femmes, le mariage interculturel est inévitablement voué à l'échec :

> Elle peut en être trompée, abandonnée avant le mariage ; négligée, trahie, après une union, dont le Mari ne tarde pas à se repentir, lorsqu'il emmène sa femme dans un pays, où elle se trouve isolée, sans Parents qui la soutiennent, sans Amies qui la consolent, gauche aux usages, etc. Laissons aux Cosmopolites leurs idées prétendues grandes, mais sans base solide, & conduisons-nous dans la vie, d'après les règles de la prudence & du bon-sens[101].

Remarquons d'ailleurs que le discours romanesque s'y présente sous l'enseigne de la réalité quotidienne, et dès lors propice à infirmer l'orientation idéelle d'un cosmopolitisme jugé irréaliste.

Dans la fiction à proprement parler, l'auteur renonce à la séquence topique de la *jeune fille persécutée*, imitative des modèles de Richardson, pour investir l'antagonisme topique entre *vice* et *vertu* d'une stéréotypie culturelle tout aussi récurrente, qui confronte le *sérieux* des Anglais(es) à la *légèreté* des Français. Comme il ne manque pas de préciser, l'antagoniste dans son roman n'est point un second « Lovelace », mais bien un jeune Duc français, qui, s'il ne témoigne pas de la méchanceté exceptionnelle du libertin de Richardson, finit tout de même par causer la ruine de Milady Chester. A l'image de *La nouvelle Clarice*, l'héroïne anglaise de l'histoire se présente au début comme une femme indépendante qui refuse le mariage, qu'elle croit néfaste pour son autonomie. Toutefois, lorsqu'un duc français, grièvement blessé, se présente aux portes de son château, le sentiment d'une passion invincible pour le jeune étranger lui fait abandonner ses réserves initiales.

Tout en s'écartant explicitement du modèle richardsonien, l'architecture diégétique se déploie pourtant, ici encore, selon la structure narrative éprouvée

---

101 Witart de Bézu, *Le danger d'aimer un étranger, ou histoire de Milady Chester et d'un duc Français*, 1783, s.p.

de *Clarissa*: le lecteur français y retrouve la formule connue d'un double axe de la confidence, sentimental l'un (entre Milady Chester et Milady Kilmare) et libertin l'autre (entre le Duc français et Milord Webb, Anglais francophile). Au même titre que *Milord Rodex*, le roman de Witart de Bézu semble illustrer, par l'entremise de la polyphonie épistolaire, l'influence d'un regard amoureux sur la représentation de l'Autre – ou faut-il dire du Même—français. Vu que le roman s'inscrit pleinement dans le goût anglomane de l'époque, la correspondance des miladys anglais respire, pour sa part, une anglicité univoque qui se distingue par le sérieux et par la vertu[102]. Cette image est ensuite reflétée dans les lettres du Duc français qui se montre charmé par la consistance de sa bien-aimée :

> Quelle différence des nôtres, de la marquise de S... dont les agaceries semblent être autant d'invocations ; & la facilité avec laquelle elle se rend, un reproche de ne l'avoir pas attaquée plus tôt[103].

Néanmoins, cette revalorisation des stéréotypes nationaux prend forme sur l'arrière-fond d'un discours manifestement différentiel. C'est ce qui ressort encore des lettres de Milady Chester, qui semblent de prime abord lardées de clichés connotant la légèreté dite typiquement française :

> Je vois le Duc avec plaisir, parce que sa conversation est remplie de *charmes* ; & vous savez combien j'aime la causerie avec les Personnes d'esprit ; il a la *profondeur* et l'*acquis* d'un homme de cinquante ans : il y mêle la *gaieté* de son âge, le trait d'une *plaisanterie* fine, les *grâces* de sa *légèreté*[104].

Au regard sensible de Milady Chester, toutefois, ses traits se (re)valorisent comme des atouts qui, en outre, n'excluent point la *profondeur* dite anglaise. En revanche, mettant à profit la polyphonie épistolaire, Witart de Bézu prend soin de souligner aussitôt l'effet temporaire et déceptif de l'amour. Ainsi, la correspondance de Milady Kilmare concourt à nuancer la légèreté « charmante » du duc, qui est d'un seul trait dénoncée comme corruptrice et, qui plus est, inhérente au caractère français :

---

102 A témoin, le passage suivant de Milady Kilmare, qui souligne que « vous êtes plus sage que moi, j'en conviens. » (*ibid.*, T.1, p. 168)
103 *Ibid.*, p. 206.
104 Witart de Bézu, *ibid.*, T.1, pp. 184-185. Nous soulignons.

J'ai vu votre duc [...]. Il parle avec une grande facilité, met de la grâce à ce qu'il dit comme à ce qu'il fait. Son caractère naturel paraît être celui de la gaieté ; il a à infiniment de légèreté dans l'esprit. Dieu veuille qu'il n'en ait pas dans le cœur ! Tous ces François sont si superficiels, ma chère, que je m'en méfie[105].

Interlocutrice privilégiée de l'héroïne, Milady Kilmare n'est du reste pas seule à s'opposer au mariage franco-anglais. Des deux côtés de la Manche, l'idée même d'un mariage franco-anglais est désapprouvée avec ferveur. C'est dans ce contexte de rejet mutuel que l'admiration initiale de Milady Chester devant les qualités de son amant s'affronte inévitablement au soupçon de l'inconstance. Ce désenchantement se mesure, ici encore, à la réintroduction d'un discours généralisant sur *le* caractère français :

Si la légèreté, si l'inconstance, *si naturelle à la Nation* du Duc...! [...] N'est-il pas en France quelque caractère sûr, sensé, estimable...? Etrange & charmante Nation, avec tant d'amabilité, presque rien de solide[106].

Réapparaît alors un discours foncièrement différentiel, selon lequel la *légèreté française* n'est plus valorisée comme une « grâce », mais regardée comme un « réel danger ». Conformément à la logique différentielle dont Witart de Bézu a marqué son roman, cette idée générale du Français infidèle se voit par la suite confirmée par les actions du Duc. En effet, incapable de résister à ses passions, le Duc finit par profiter d'un moment de léthargie de Lady Chester pour « profaner [sa] virginité »[107]. De retour en France peu après, la rencontre d'une jeune Française finit par écarter le souvenir de Milady Chester. Lorsque celle-ci découvre l'infidélité de son amant, l'amour perd irrévocablement son pouvoir et son charme.

Au final, la figure tragique de Lady Chester, violée et abandonnée, semble désigner la nocivité, voire l'impossibilité même d'un amour franco-anglais, déjà avancée dans l'avant-propos de l'auteur. Certes, ce roman atteste, tout comme les autres œuvres analysées, la valeur particularisante du topos du *mariage*, mais il lui confère manifestement une importance restreinte et passagère. Qui plus est, l'idée même d'un mariage franco-anglais semble être évoquée dans le seul but d'entériner, *a contrario*, l'incompatibilité des cultures française et anglaise.

---

105 *Ibid.*, T.2, p. 62.
106 *Ibid.*, T.3, p. 64.
107 *Ibid.*, T.4, p. 178.

Qu'il nous soit alors permis d'évoquer, en note finale et à titre illustratif, la fiction plus tardive de Mme Cazenove d'Arlens, *Le château de Bothwel* (1816), déjà explorée dans le chapitre 3. Dans ce roman, le mariage franco-anglais des parents d'Adalbert provoque un « dépaysement » total pour tous les personnages, même s'il se fonde sur un amour sincère et réciproque. A ce roman s'ajoutent maintes autres fictions à l'anglaise qui se prêtent – même si très brièvement – à une critique du mariage franco-anglais[108].

Voyage

Or, si le topos du *mariage* (ou de l'amour) franco-anglais participe de la veine sentimentale des fictions à l'anglaise, force est de constater que l'histoire d'amour principale est souvent lardée d'intrigues secondaires. Parmi celles-ci, le dispositif du récit de voyage semble occuper une place particulière, pour plusieurs raisons. La mise en œuvre de telles scènes se motive en effet de différentes manières qui sont intimement liées à l'économie particulière de la fiction *à l'anglaise*. D'abord, la récurrence de la traversée de la Manche des protagonistes anglais traduit un réflexe argumentatif qui, en outre, rapproche la fiction des récits de voyage factuels[109]. Toute tentative d'exploration d'autres cultures-objets présuppose en effet de quelque façon la présence (plus ou moins explicite) de la culture-sujet. Ensuite, alors que le voyage en France permet de jeter un regard détourné sur la propre culture française (celle des lecteurs), maintes *histoires anglaises* inscrivent l'énonciation française du roman dans la diégèse même, par la mise en scène de caractères français qui voyagent en Angleterre. Dans ce cas-là, le voyage – qui implique le déplacement physique d'un personnage français en Angleterre – fait figure de marqueur discursif du voyage imaginaire – et du déplacement mental – inhérent à l'acte de lecture de toute fiction à l'anglaise. De ce fait, le dispositif de l'*histoire anglaise* se déploie comme un genre « imaginaire » à plusieurs niveaux : il s'agit d'un discours fictionnel qui, en outre, joue sur les modalités classiques de l'imaginaire culturel, par des effets de brouillage entre histoire (anglaise) et récit (français), entre hétéro-image et auto-image.

Potentiellement, le *voyage* s'y profile donc comme un endroit narratif propice à une exploration fictionnelle des effets possibles du déplacement sur

---

108 Ainsi, lorsque dans *Les égarements de l'amour* de Barthélémy Imbert (1776), Milfort, le héros anglais du roman, s'éprend de la Française Sophie, cet amour est – sur un ton badin – qualifié de « crime d'état » par un de ses amis : « Aimer une Française en Angleterre ! [...] Tu vas te faire une affaire avec tout le sexe de Londres » (*Ibid.*, p. 46)

109 Voir le chapitre 1 pour un compte rendu de ce réflexe comparatif dans les récits de voyage factuels.

l'imaginaire culturel du voyageur-narrateur. Il s'ensuit que ce genre de scènes s'investissent d'ordinaire d'une portée argumentative plus marquée, où le stéréotypage culturel se voit affronté de toutes manières, d'autant plus que le topos du voyage – et du Grand Tour en particulier – participe de l'image stéréotypée du voyageur anglais (d'ascendance noble) déjà connue en France. Sous ce rapport, il s'agit d'examiner la corrélation entre la teneur du *regard* porté sur la culture de l'Autre d'une part, et la caractérisation du personnage voyageur qui sert de « véhicule » d'autre part. L'image de l'Autre se lit en effet différemment selon qu'elle est prononcée par un libertin qui s'abrite à l'étranger ou qu'elle est véhiculée par un voyageur philosophe et raisonnable. En outre, ici encore, le sentimental entre en ligne de compte, vu que *l'état d'âme* du voyageur peut dans certains cas également participer de son jugement projeté sur l'Autre (culture). C'est du reste cette interaction entre *l'énoncé* – les jugements qui sont émis – et les modalités de *l'énonciation* qui distingue le mode fictionnel. Dans ce contexte, l'on s'attardera encore sur quelques cas de figure particulièrement illustratifs, parmi lesquels le roman de Mlle de la Gueusnerie, *Mémoires de Milady B* (1760). Dans cette fiction, le voyage de l'héroïne en France, qui s'étend sur une partie importante de l'histoire, est également motivé par la loi du cœur. L'amant de la protagoniste, Milord B, étant parti pour la France sous pression de son père, elle le suit pour lui rappeler sa promesse de mariage.

Mais avant d'étudier la question du regard sentimental en profondeur, il semble licite d'explorer et illustrer davantage le potentiel argumentatif du topos du *voyage* comme un espace fictionnel où s'affrontent culture regardante – française ou anglaise – et culture regardée. Dans ce contexte, quatre romans nous serviront d'illustration(s), à savoir *Mémoires de Clarence Welldone* (1780) et *Richard Bodley* (1785), de la main de Mme Bournon-Malarme, *Histoire de Miss Honora* de Lefèvre de Beauvray (1760) et *Lettres de Milord Rivers* (1776) de Mme Riccoboni.

S'il est vrai que bon nombre des (récits de) voyages mis en scène dans les fictions à l'anglaise concernent des personnages anglais qui font la traversée en France, crayonnant de ce fait un portrait détourné de la (propre) culture française, les romans de Bournon-Malarme mettent en scène la traversée de la Manche d'une orpheline française qui s'installe en terre inconnue. Cette démarche, qui superpose déracinement mental et dépaysement physique, permet à l'auteur d'introduire un regard français – point de repère pour le lecteur français – dans l'altérité exotique du décor anglais. Dans le cas de *Clarence Welldone* aussi bien que *Milady Lindsey*, par contre, le regard préjugé des héroïnes n'est aucunement défié par l'expérience du voyage ; le contact avec l'Autre anglais se déploie en effet dans une atmosphère de méfiance mutuelle et de différence insurmontable. Les généralités[110] mimées par Clarence et Milady Lindsey investissent l'histoire d'une anglicité stéréotypée et dépréciative, qui a pourtant l'avantage de répondre à l'imaginaire de maint lecteur français.

Dans l'*Histoire de Miss Honora, ou le vice dupe de lui-même* (1766) de Lefèvre de Beauvray, la scène de voyage, qui ouvre également le roman, se présente d'emblée comme *lieu* de rencontre et plate-forme d'un débat polyphonique sur les différences culturelles entre la France et l'Angleterre. La polyphonie du discours réside dans le fait que les personnages concernés sont tous des caractères-types qui incarnent d'emblée un amalgame de prises de position très divergentes. Ainsi, la voix anglophobe de M. de Misangle, « vieux officier français de l'esprit le plus aimable & le plus enjoué tant qu'on ne faisoit point devant lui l'éloge de la nation britannique »[111], s'oppose à l'anglophilie d'une « jeune danseuse de l'Opera » qui parle « avec emphase du goût & de la générosité des Seigneurs Anglois »[112]. L'héroïne même, qui ne prend pas position dans la discussion, se borne au rôle de narratrice-témoin. Cette scène de voyage inaugure d'ailleurs l'orientation générale du roman, qui prend la forme d'un « laboratoire » de topoï thématico-narratifs, qui se chargent à leur façon d'une stéréotypie culturelle (voir *infra*). De même, la tonalité de discorde qui caractérise le débat d'ouverture préfigure les débats culturels dans la suite du roman, qui se présentent à plusieurs reprises sur le mode d'un duel verbal. Au lieu d'engendrer un véritable *dialogue,* susceptible d'un mouvement de convergence, voire d'entente entre les deux cultures impliquées, les scènes de débat s'investissent d'une dialectique sans issue véritable. La logique oppositive de mainte conversation est du reste soulignée par un usage conséquent d'italiques. Or, l'intérêt particulier de la stéréotypie généralement outrée des images et des débats réside aussi dans le fait que Lefèvre de Beauvray met à profit, à ce qu'il paraît, les ressources de la forme épistolaire. Dans l'ensemble des fictions à l'anglaise de notre corpus, le livre de Beauvray se distingue en effet par le dynamisme inhérent à la structure polyphonique, conséquemment mis au service de la diversité des personnages et des partis pris qu'ils véhiculent.

---

110 Ainsi, Milady Lindsey fait la remarque: « mais je crains bien que les cris que j'entends continuellement dans la rue, ne troublent mon repos » (Mme Bournon-Malarme, p. 26). C'est un passage, parmi d'autres, où ce personnage se réfère au mode de vie plus grossier des Anglais.

111 Ou encore: « Notre Militaire prend feu sur le champ, déclame contre l'ostentation des vertus angloises, s'étend sur le mérite de sa propre nation & ne manque pas de rappeler avec complaisance la conquête de l'Angleterre par un Vassal du Roi de France. » (Lefèvre de Beauvray, *op. cit.*, p. 8)

112 Lefèvre de Beauvray, *ibid.*, pp. 6-7.

Et il en va de même du déploiement du récit de voyage en tant que *ligne de front*, tel qu'il est illustré par les lettres nombreuses du libertin anglais, sir David Ogleby. Force est d'observer à ce sujet une facticité argumentative à peine cachée. Ainsi, en dépit de la diversité géographique des récits – le personnage fait un tour de plusieurs pays européens – le parallèle entre la France et l'Angleterre prédomine nettement. Qui plus est, dans un jeu de dévoilement explicite, la perspective française du récit devient apparente dans la diégèse même, lorsque le voyageur commente les us et coutumes italiens. Malgré l'identité anglaise prétendue du voyageur, le point de référence est en effet la société française, plutôt que celle anglaise :

> Ils ont adopté les mœurs françoises presque en toutes choses, pour les habillemens, pour la table & pour le commerce de la vie. La coquetterie y domine également dans les deux sexes. Les femmes jouissent à Rome, à Florence & à Bologne de la même liberté qu'en France. Les maris y sont devenus aussi apprivoisés & aussi commodes pour le moins qu'ils le sont à Paris[113].

Le mode manifestement ludique du récit – qui n'est pas sans incidences sur l'imaginaire culturel représenté – ressort encore du regard détaché du voyageur. Si, au premier abord, David Ogleby semble véhiculer un discours qui fait écho aux clichés et aux préjugés nationaux en vigueur des deux côtés de la Manche, certains passages suggèrent, par contre, l'idée d'une identité culturelle créée de toutes pièces qui se laisse facilement imiter. Dans ce contexte, c'est précisément le caractère dépravé du narrateur libertin, véhiculant un regard oblique et détaché sur l'identité nationale, qui rend particulièrement convaincante l'idée d'un imaginaire culturel susceptible de manipulation et de dépravation (voir *infra* pour une analyse détaillée)[114]. Mais même dans ce cadre libertin – par définition ex-centrique – le compte rendu des contacts franco-anglais est imprégné d'une logique différentielle. Il en va de même pour le récit de voyage dans *Clarence Welldone* de Mme Bournon-Malarme, où James Parkins, un des correspondants du protagoniste libertin Henri Sandwick, fait à son tour un voyage en France. Au lieu de servir de catalyseur d'un rapprochement culturel, le voyage en France ne semble qu'entériner les préjugés anglais

---

113 *Ibid.*, T.2, p. 65.
114 Cette idée fait écho aux *Heureux Orphelins* de Crébillon-fils, où le personnage du libertin Chester monopolise la parole dans les deux dernières parties de l'ouvrage. Dans ce roman, de part en part investi de la question de l'identité nationale, c'est également à travers la figure du libertin que la valeur de vérité des stéréotypes culturels se voit remise en cause.

sur la culture française. Ainsi, d'une part, la méta-image de la France qui prend forme dans ses lettres en est une de magnificence et de raffinement, qui transparaît dans le compte rendu des bâtiments parisiens et à travers les multiples visites du personnage au théâtre français. D'autre part, dans sa présentation du peuple français, James Parkins met également en évidence la légèreté des femmes et les « plaisanteries si fines » qu'il oppose ironiquement à son « gros bon sens »[115]. De même, il se réfère dans son récit de voyage à la *petite maison,* temple de la légèreté française. Ce regard anglais, qui est projeté sur la société française, se voit d'ailleurs croisé par celui, français, de Clarence Welldone, chez qui la découverte de l'Angleterre donne lieu à l'esquisse d'une altérité à plusieurs égards reprochable. On touche de nouveau au *window-dressing* mentionné par Josephine Grieder.

Notons encore que l'accouplement même du topos du *voyage* et de l'intrigue libertine ne fait qu'ajouter à la stéréotypie culturelle. Dans mainte fiction *à l'anglaise*, la France constitue la terre de refuge de l'anti-héros (du libertin, du criminel, du trompeur...). Tel est entre autres le cas dans plusieurs romans de Mme Bournon-Malarme ; de même, dans *Mémoires de Milady B* (1760) et dans *Le danger d'aimer un étranger* (1784), l'infidélité des protagonistes masculins se voit, aux yeux de leurs victimes, reflétée, voire renforcée par leur séjour en France. S'en distingue pourtant le dernier roman de Marie-Jeanne Riccoboni, *Lettres de Milord Rivers à Sir Charles Cardigan* (1776), où le séjour en France se montre particulièrement propice aux raisonnements philosophiques de Milord Rivers. A l'encontre de la voix ex-centrique et manipulatrice du narrateur libertin, le regard du voyageur philosophe se fait clairement plus sérieux. Plutôt que de réduire l'identité (culturelle) à un jeu de rôles, la figure de Milord Rivers se porte garante d'un discours réflexif où la question de l'identité culturelle s'accouple à des questions existentielles.

En même temps, le dernier roman épistolaire de Mme Riccoboni nous permet également d'examiner l'enchevêtrement du topos du voyage et de la veine sentimentale qui domine l'intrigue, ne fût-ce que par le fait que le séjour à l'étranger trouve sa raison principale dans un amour impossible. Réapparaît alors l'idée d'une exploration des interférences entre le plan *général* de l'imaginaire culturel et le plan *particulier* des passions humaines qui constitue une des spécificités du registre fictionnel. Il en va ainsi dans la fiction *Richard Bodley* (1785) de Mme Bournon-Malarme, où le héros éponyme insiste dès sa première lettre sur l'indifférence que lui inspire la France :

---

115 Mme Bournon-Malarme, *op. cit.*, T.2, p. 74.

> Une route agréable, dans un Pays charmant, n'a pu distraire la tristesse dont mon cœur est frappé : le nom de *Nancy* est toujours sur mes lèvres, & son image occupe seule mon cœur[116].

Le récit de voyage s'y voit d'emblée mis au service de l'enjeu sentimental de la correspondance, quitte à effacer l'enjeu culturel en faveur des lois du cœur. Comme sa correspondante, Miss Nancy, est « l'objet qui [l']intéresse et [l']occupe le plus »[117], la culture française ne suscite en effet aucunement l'intérêt du voyageur. Son amour l'incite même à prendre position contre la vogue du voyage de l'Europe qui vit dans son pays :

> Pourquoi m'avoir engagé à partir, à te quitter ? La nécessité de voyager est-elle donc indispensable pour un jeune-homme de qualité ? C'est l'opinion générale, je sais, mais ce n'est pas la mienne. Je suis attaché à ma patrie, & je la crois plus propre qu'une autre à bien former le cœur & l'esprit[118].

Le patriotisme affiché dans ce passage cache à peine les motifs sentimentaux de cette aversion particulière. Cette idée, brièvement évoquée dans *Richard Bodley*, est thématisée dans *Mémoires de Milady B* (1760) de Mlle de Gueusnerie. Ce roman raconte l'histoire d'une jeune femme qui accompagne son père en Ecosse après la mort précoce de sa mère (française). Elle y est élevée et éduquée[119] dans une grotte[120], à l'abri des influences néfastes de la société. Une fois atteint l'âge de l'adolescence, la solitude accablante pousse l'héroïne à découvrir un monde qu'elle ne connaît que dans son imagination. Pendant une de ses pérégrinations elle fait la rencontre d'un jeune homme, Milord B, dont elle tombe amoureuse. Mais leur histoire d'amour naissante connaît aussitôt une fin abrupte lorsque ce dernier est obligé de partir en France « où la fuite du Roi Jacques [a] entraîn[é] son père »[121].

---

116   Richard Bodley, *op. cit.*, T.1, p. 3.
117   *Ibid.*, p. 4.
118   *Ibid.*
119   L'éducation comprend en grande partie l'apprentissage des langues. Nous y reviendrons dans la partie suivante.
120   La scène de la grotte fait penser à *Cleveland* de Prévost. La référence n'est pas rendue explicite, mais néanmoins suffisamment évidente pour être aperçue par le lecteur de l'époque.
121   de Gueusnerie, *Mémoires de Milady B*, T.2, 1760, p. 3. Par ce passage, l'intrigue s'inscrit dans un contexte historique très clair, à savoir celui de la *Glorious Revolution* et la fuite du roi d'Angleterre à Saint-Germain-en-Lays.

La suite de l'intrigue nous rend compte du voyage de l'héroïne, qui n'hésite pas à partir à la recherche de son amant. En même temps, ce voyage, qui la fait abandonner définitivement sa vie en reclus, constitue une initiation au monde cultivé. Il s'ensuit que le voyage, ainsi que son séjour en France, s'inscrivent sous l'enseigne d'une double dichotomie : celle qui oppose la *nature* à la *culture* d'une part et celle qui affronte le *vice* à la *vertu* d'autre part. Or, si ces antithèses transparaissent dans le regard que pose l'héroïne sur la France, en réalité c'est bien son attachement particulier pour Milord B qui l'oriente. L'enchevêtrement intime du sentimental et de l'argumentatif est clairement illustré lors d'une conversation avec Milord Duc de Workinscheton, gentilhomme anglais aux mœurs impeccables qu'elle rencontre en cours de route. Alors que ce dernier ressent une forte répugnance à l'idée de son arrivée en France (« Je le connois, j'y ai vécu, &, continua-t-il, je voudrois bien n'y pas arriver sitôt[122] »), l'héroïne a hâte d'y arriver :

> Quand je pensois que nous approchions de la France qu'*il* habitoit, que je devois *l*'y revoir, mon cœur [...] ne pouvoit plus se contenir. Mes yeux indiscrets, au seul nom de Paris, laissoient briller une joie vive, dont je m'aperçus que Milord Duc s'affligeoit[123].

Milady B étant indifférente aux us et coutumes de la France, l'attrait de ce pays réside entièrement dans la promesse des retrouvailles. En revanche, son exaltation initiale – et son regard positif sur la France – disparaît graduellement devant une inquiétude qui va intensifiant au fur et à mesure qu'elle est introduite à la vie parisienne. Workinscheton ne cessant de nourrir l'image plus péjorative d'un peuple léger et frivole, qui serait insensible aux « traits vrais & fidèles de la plus belle nature »[124], Milady B pour sa part n'hésite pas à confirmer, dès les premiers jours de son séjour en France, « que [le] pinceau [de Milord le Duc] n'étoit que trop fidèle »[125].

De ce fait, la structure manichéenne de l'intrigue, où le regard anglais vertueux met à nu les vices inhérents à la culture française, fait écho aux romans de *Milord Rodex* et du *Danger d'aimer un étranger*. Les *Mémoires de Milady B* entrent donc dans la lignée des fictions *à l'anglaise* où le voyage en France des héros anglais semble avant tout corroborer les préjugés et stéréotypes socioculturels. C'est à ces moments de l'intrigue que l'anglicité stéréotypée se voit

---

122 *Ibid.*, p. 61.
123 *Ibid.* C'est nous qui soulignons.
124 *Ibid.*, p. 72.
125 *Ibid.*, p. 73.

complétée – au moyen des images véhiculées par les personnages anglais – d'une mise en scène tout aussi stéréotypée du Même. Seulement, dans ce roman, la prise de connaissance de l'altérité s'associe davantage à l'idée d'un itinéraire sentimental (« Je cherchais en y entrant, dans tout ce que je voyois, mon amant »[126]). Si le roman reprend ainsi les mêmes généralités qui font l'essence des scènes de voyage dans d'autres fictions à l'anglaise, l'héroïne les investit d'une valeur symbolique dictée par les lois de l'amour, qui s'avère à plusieurs égards décisive pour sa perception de la culture française. De même, l'enthousiasme à l'égard du voyage – initialement prometteur de retrouvailles – cède devant le désenchantement dès qu'émerge le soupçon de l'influence néfaste de la culture française. Ainsi, l'héroïne, entre-temps familiarisée avec la société française, n'hésite pas à concevoir l'infidélité comme un effet du climat immoral à Paris :

> Non, me disois-je, non, il n'est pas possible qu'il ait oublié pour jamais des sermens qu'un si tendre sentiment a tant de fois prononcés. L'inconstance n'est point un vice de son cœur, ce n'est que celui du pays qu'il habite. [...] Son âme étoit aussi pure que la mienne ; la perfidie n'est point faite pour elle[127].

Le caractère volage de Milord B étant suggéré par la narratrice dès les premières scènes d'amour, l'héroïne continue pourtant à s'aveugler sur ses défauts inhérents, qu'elle relègue au niveau culturel. Comme il lui est plus facile d'accepter les influences néfastes d'une culture qui n'est pas la sienne, elle se replie volontiers sur un regard prévenu. Or dans ce cas de figure, c'est bien le dispositif du roman-mémoires[128] – et la dissociation entre deux plans de connaissance (de l'héroïne d'une part et de la narratrice de l'autre) – qui fait ressortir les modes d'interférence entre l'affectif et l'argumentatif. Le regard à la fois naïf et amoureux de l'héroïne y est en effet remis en question par le discours plus réflexif de la narratrice, qui lui est superposé *a posteriori*. C'est donc du dedans de la fiction, au moyen de la voix narratrice, que la portée subjective des préjugés est mise à nu : « Que l'âme, Madame, est ingénieuse à se former, suivant son penchant, des vertus et des crimes[129] ! »

---

126 *Ibid.*, pp. 77-78.
127 *Ibid.*, T.2, p. 39.
128 Rappelons que la forme du roman-mémoires ne se rencontre que dans quelques fictions à l'anglaise, notamment *Mémoires de Milady B* (1760) et *Les bizarreries du destin ou Mémoires de Milady Kilmar* (1769).
129 *Ibid.*, p. 39.

Guerre

A une époque où les contacts franco-anglais sont fréquemment compromis par des conflits militaires, il semble évident que ceux-ci trouvent quelque écho dans les *histoires anglaises*. Ainsi, il était plus que probable que le topos de la *guerre* se profile à sa façon comme une troisième *ligne de front* imaginaire, où se voit mis en en œuvre le dynamisme entre le *général* (de l'argument national) et le *particulier* (de la rencontre). Or, plutôt que de participer de la diégèse en tant que scène narrative, le topos de la guerre (franco-anglaise) n'est évoqué que rarement et, le cas échéant, de manière indirecte seulement. Ainsi, dans la majorité des *histoires anglaises*, les conflits politiques ne sont ni mis en scène dans la diégèse, ni mentionnés par les personnages. Dans le premier chapitre de cette étude, il est pourtant mentionné que les possibilités de voyage étaient par temps de guerre fort limitées. Si, dans les romans de notre corpus, les rapports franco-anglais se concrétisent avant tout par le biais des nombreux voyages d'outre-Manche entrepris par les protagonistes, en règle générale, ces voyages prennent lieu dans un temps qui semble *a*-historique, sans que l'impact du contexte politique se fasse sentir. La rencontre franco-anglaise n'y est que très rarement gouvernée par une logique autre que fictionnelle. Au lieu de s'inscrire dans le contexte – variable – des véritables rapports entre la France et l'Angleterre, tout en offrant aux lecteurs un reflet fictionnel des conflits politiques que ces derniers vivent en réalité, la mise en scène des contacts interculturels semble plutôt activer un retour d'images – et préjugés – culturels invariables.

Dans la période 1740-1790, seuls deux romans du corpus sélectionné mettent en œuvre le contexte politique dans les rapports sentimentaux entre personnages : *Les bizarreries du destin, ou Mémoires de Milady Kilmar* de Sabatier de Castres (1769) et *La nouvelle Clarice* (1767) de Mme Leprince de Beaumont. Dans le premier ouvrage, un jeune couple anglais s'enfuit en France pour vivre son amour loin de l'influence néfaste de la famille. Betsi et Milord Kilmare y vivent un mariage heureux à l'insu de leurs parents anglais jusqu'à ce que Milord Kilmare décide de « s'attacher au service de France »[130]. Désormais, la guerre commence à jouer un rôle de premier plan, faisant obstacle à l'amour des deux protagonistes. Milord Kilmare est en effet saisi par l'armée anglaise et renvoyé en Angleterre. Se trouvant sans la protection de son mari dans un pays devenu ennemi (la France), Betsi décide de retourner en Angleterre via la Hollande (« je voulois me trouver dans un pays neutre »[131]). Mais ce n'est que de retour en Angleterre qu'elle ressent pleinement les conséquences de

---

130   Sabatier de Castres, *op. cit.*, T.1, p. 233.
131   *Ibid.*, p. T.2, p. 2.

la guerre franco-anglaise : son mariage est « déclaré nul », ayant été conclu en France et « sous une forme contraire aux lois de [s]a Nation »[132]. C'est le début d'une longue série d'aventures malheureuses pour l'héroïne, qui se trouve en outre dépourvue de tout support familial jusqu'à la rencontre – fortuite – avec son père naturel, qui est d'origine française. Elle retourne en France, où le sort lui devient finalement favorable lorsqu'elle est mise au courant de l'arrivée de son mari. Le jeune couple réuni se fait alors naturaliser (« notre dessein était de demeurer François »[133]) et finit par mener une vie heureuse dans le pays de leur choix. Dans cette fiction, la guerre franco-anglaise investit donc l'économie narrative jusqu'à la fin de l'intrigue. Les références aux inimitiés entre la France et l'Angleterre étant multiples (« on ne soupçonnoit même pas qu'il put y avoir d'Anglois à Paris, la guerre étant déclarée entre les deux Nations »[134]), l'entremise de la guerre permet d'articuler une fois de plus l'enchevêtrement du particulier et du général, ou encore du narratif et de l'argumentatif, vu que la question de l'identité nationale détermine manifestement la suite – et l'issue heureuse – des aventures romanesques. Ce n'est qu'à la découverte de sa véritable identité (nationale), étant la fille d'un Français et d'une Anglaise, que l'héroïne (re)trouve au final son bonheur en France.

Un autre cas de figure se présente dans *La nouvelle Clarice*, roman de Mme Leprince de Beaumont, où les deux protagonistes mettent à profit leur identité nationale différente – Clarice est anglaise, le Chevalier est français – pour se réfugier en France. Rappelons que Clarice se voit contrainte de quitter son pays pour se dérober au pouvoir d'un père tyrannique. Son mariage avec le chevalier français, qui lui permet d'entrer en France, se présente alors comme la stratégie de fuite ultime. Dans son compte rendu, l'héroïne anglaise insiste pourtant sur les pénibles conditions d'un voyage qui s'effectue au moment où la guerre franco-anglaise bat son plein. Le mari français de Clarice étant « en terre ennemie », il devient crucial que son identité française ne soit pas découverte ; de même, comme la disparition de Clarice a été rendue publique, il lui est également nécessaire de cacher sa véritable identité. Il s'ensuit un (récit de) voyage où les alliances avec d'autres personnages se forgent sous l'enseigne de l'identité nationale. Les jeunes mariés s'allient en effet avec un groupe de prisonniers français – tout de suite indiqués comme « compatriotes » – qui cherchent, eux aussi, à quitter l'Angleterre. C'est lors de cette rencontre que

---

132   *Ibid.*, p. 50.
133   *Ibid.*, p. 253.
134   *Ibid.*, p. 224. Ou encore la déclaration d'amour de Milord Kilmare, qui risque sa vie pour voir sa femme : « malgré la guerre qui régnait entre les deux nations, je m'exposai à tout pour vous voir dans votre nouvel état. » (*ibid.*, p. 245)

l'importance de la maîtrise de la langue (anglaise) est posée en des termes explicites. Les trois compatriotes insistent en effet sur le danger de trahir leur véritable identité par une maîtrise de la langue déficiente :

> Nous parlons mal la langue, nous n'osons nous adresser à personne pour demander la route ; il y a une demi-guinée promise pour chaque prisonnier François qu'on arrête ; l'espoir de cette récompense nous fait trouver autant d'ennemis que nous rencontrons de paysans[135].

Force est de constater toutefois qu'une fois que Clarice et le chevalier arrivent en France, la guerre franco-anglaise est reléguée à l'arrière-plan, n'ayant plus de rôle spécifique dans la suite de l'intrigue. Dans ce roman encore, la guerre fournit l'arrière-fond d'inimitié par rapport auquel la question de l'identité nationale des personnages se pose de façon plus prégnante, sans que le contexte de guerre invite ces mêmes personnages à repenser leur rapport particulier avec l'Autre. Plutôt que de porter à discussion, la guerre constitue ainsi avant tout un problème pratique, qui complexifie (momentanément) la vie des personnages.

Langue

A ce qu'il paraît, les topoï du *mariage*, de la *guerre* et du *voyage* semblent donc articuler les interférences franco-anglaises davantage en termes d'un *écart* que d'un *transfert* culturel. Si cette idée est pourtant bien inscrite dans la couche argumentative de mainte fiction à l'anglaise, elle concerne essentiellement la mise en évidence récurrente des connaissances linguistiques des protagonistes. Cet intérêt plus prononcé pour la question de la langue, et celle du bilinguisme des protagonistes plus en particulier, permet – répétons-le – de fictionnaliser le paradoxe énonciatif des fictions *à l'anglaise* : alors que le récit s'écrit en français, la langue de l'histoire est censée être l'anglais. Certes, les auteurs ne se hasardent pas à intégrer les deux langues au même degré sur le plan diégétique. Il s'ensuit que le français est – à quelques expressions de couleur locale près[136] – la langue de l'énonciation, alors que la plupart des narrateurs (mémorialistes ou épistoliers) sont censés écrire en anglais. Bournon-Malarme semble d'ailleurs la seule romancière qui s'attarde explicitement sur ce paradoxe inhérent aux fictions à l'anglaise dans quelques commentaires

---

135   Leprince de Beaumont, *ibid.*, T.1, p. 279.
136   Dans les romans de Bournon-Malarme surtout, certains termes anglais sont insérés dans le texte et expliqués en note. Ils semblent avant tout ajouter une touche d'altérité, voire d'exotisme aux *histoires anglaises* (ladite stéréotypie d'*elocutio* selon la terminologie de Dufays).

méta-littéraires, dans *Mémoires de Clarice Welldone* (1780) tout comme dans *Lettres de Milady Lindsay* (1780). Elle y fait appel à l'imagination du lecteur par le biais d'une note explicative, qui invite à se représenter une intrigue anglaise, indépendamment de la langue (française) dans laquelle l'histoire a été écrite[137]. Pareillement, dans une des premières lettres à sa correspondante, Clarice Welldone rappelle leur promesse mutuelle de s'écrire souvent, « & toujours en Anglois »[138].

Dans la plupart des fictions, en revanche, la disparité entre *forme* et *scène* se reflète au plus explicite dans les scènes qui mettent à l'avant-plan le don des langues des protagonistes. L'on observe ainsi dans mainte fiction *à l'anglaise* une attention prononcée pour les problèmes langagiers que posent les rencontres franco-anglaises des personnages. A ce sujet, le bilinguisme étalé par certains protagonistes nous paraît particulièrement révélateur, en ce qu'il s'associe dans plusieurs cas à une ouverture d'esprit face à toutes formes d'altérité. Dans la mise en scène d'histoires d'amour surtout, la thématisation des connaissances langagières des personnages n'a rien d'étonnant. C'est précisément dans ces passages que la valeur affective et culturelle de la « rencontre » se superposent pour se renforcer mutuellement. Dans notre étude de la scène topique du mariage, nous avons déjà évoqué l'exemple de *La nouvelle Clarice* de Mme Leprince de Beaumont. Dans ce roman, le bilinguisme des deux protagonistes crée d'entrée de jeu une base d'entente, un *mutual understanding*, qui préfigure l'émergence d'un amour réciproque, ainsi que le rapprochement des deux cultures concernées à travers le mariage franco-anglais des deux protagonistes. Sans pour autant se porter garant de l'avènement d'une vie conjugale, le bilinguisme joue dans plusieurs autres romans un rôle non-négligeable dans l'épanouissement d'une passion. Citons sous ce rapport encore le roman de Witart de Bézu, *Le danger d'aimer un étranger*, où l'auteur met en évidence que, dans sa famille, Lady Chester est la seule à connaître suffisamment la langue pour bien accueillir le Duc au château. Elle insiste sur ses connaissances du français qui, quoique limitées, suffisent à communiquer avec l'Etranger :

> Vous savez ma chère que je la [la langue française] possède assez bien, mais je la prononce fort mal ; cependant je le priai du mieux que je ne pus de ne se point inquiéter[139].

---

137   Voir *supra*, chapitre II.
138   Bournon-Malarme, *op. cit.*, T.1, p. 8.
139   Witart de Bézu, *op. cit.*, p. 127.

Le bilinguisme de Lady Chester s'avère d'autant plus crucial que c'est précisément l'éloquence du Duc qui anime son cœur déjà sensible. Ainsi, elle insiste dans plusieurs lettres sur le plaisir que lui donnent ses conversations privées avec le Duc : « Je vois le Duc avec plaisir, parce que sa conversation est remplie de charmes ; & vous savez combien j'aime la causerie avec les Personnes d'esprit[140]. » De même, dans *Lettres de Milady Lindsey*, Milord Lindsey – même s'il « parle françois avec difficulté »[141] – constitue par ses connaissances du français un point de repère pour l'héroïne dans un pays où elle se sent étrangère. Bournon-Malarme suggère d'ailleurs que Milord n'hésite pas à mettre à profit ses connaissances linguistiques pour se rapprocher de sa bien-aimée. Lorsqu'au château de la famille est organisé un dîner auquel assistent « plusieurs personnes qui ne sav[ent] pas le françois »[142], l'héroïne se voit exclue d'une conversation qui se déroule entièrement en anglais. Milord Lindsey, qui se sent « fort observé » par sa famille, croit alors « le moment favorable pour la conversation qu'il méditoit »[143] et profite de l'inattention des convives pour déclarer son amour dans une langue que seule l'héroïne comprend parfaitement. Outre sa valeur argumentative, la langue (partagée) se voit ainsi mise en œuvre dans le déploiement du plan narratif[144].

Il en va de même dans les *Mémoires de Milady B*, où la *parole* joue un rôle hautement significatif lors de la première rencontre des deux personnages. La perplexité de l'héroïne à la vue du premier être humain après sa fuite de la grotte la laisse momentanément muette[145]. Aussitôt, l'absence de langue (commune) est posée comme un obstacle par Milord B : « D'une voix, et qui remua mon âme, serois-je, mademoiselle, me dit-il, assez malheureux pour ne pouvoir me faire entendre de vous[146] ? » Le jeune homme se voit pourtant rassuré

---

140 *Ibid.*, p. 184.
141 Mme Bournon-Malarme, *Lettres de Milady Lindsey, op. cit.*, p. 8.
142 *Ibid.*, p. 99.
143 *Ibid.*, p. 100.
144 Pareillement, dans les *Bizarreries du destin, ou lettres de Milady Kilmar* (1769), où l'héroïne est envoyée en France et se perfectionne avec zèle dans la langue française. Lorsque Milord Kilmar, son amant anglais, la suit en France, ils rentrent en contact sans que leurs connaissances en France ne soient au courant de leur amour. Ils se servent alors de « la langue angloise, inconnue à celle qui [les] accompagn[e], pour [se] communiquer ce qu'[ils] sent[ent] mutuellement. » Dans ce cas également, la valeur distinctive des connaissances langagières est mise au service de l'avancement de l'intrigue.
145 « Ce jeune homme étoit à côté de moi, me parloit, & je ne pouvois retrouver l'usage de ma parole. Il semble aussitôt qu'il l'eût perdue quelques momens après. » (Mlle de Gueusnerie, *op. cit.*, T.1, pp. 89-90)
146 *Ibid.*, p. 91.

dès que l'héroïne, ayant vaincu son embarras, lui adresse la parole en anglais. Si cette scène de rencontre place l'éclosion de l'amour sous l'enseigne de la *parole*, Milady B rappelle ensuite comment l'apprentissage des langues faisait partie intégrante de ces premiers rendez-vous amoureux :

> Il apprenoit l'italien et le françois, & quoique plus habile que lui, souvent il l'étoit autant que moi pour trouver des expressions tendres & animées. Trois ou quatre langues sembloient ne nous pas suffire pour peindre notre tendresse, nous nous plaignions que tous les mots étoient trop foibles ; mais nos regards [...] nous en disoient davantage[147].

Le passage précité illustre ainsi le lien intime (mais topique) entre l'apprentissage des langues et l'émergence d'un amour exclusif, dont la force imprévue échappe au pouvoir des mots. Ce passage intéresse avant tout parce qu'il contraste avec une des scènes précédentes, où l'héroïne décrit l'instruction particulière qu'elle a reçue de son père. Il est intéressant d'observer que, dans ce cas également, l'accent de l'enseignement tombe sur l'apprentissage des langues[148]. C'est encore ce don des langues qui souligne – du dedans de la fiction – la valeur exemplaire de l'héroïne polyglotte :

> Jamais je n'ai une idée que trois mots ne se présentent à la fois pour l'exprimer, si bien que je pense en Italien, en Anglois & en François[149].

En revanche, comme il est explicité dans la suite, son éducation ne sert que le but purement « philosophique » de « former dans [s]on esprit une chaîne d'idées raisonnées »[150]. Comme les cours de son père se concentrent avant tout sur le développement de la Raison, l'héroïne se voit dépourvue de toute « éducation sentimentale ». En dépit de ses connaissances linguistiques, Milady B est donc vulnérabilisée dès son entrée dans le monde. En France surtout, où l'expression des sentiments est érigée en art, son usage transparent des mots détonne. Sur l'arrière-fond du déroulement de l'intrigue, la scène d'apprentissage des deux amants se lit donc sous une tout autre lumière. En effet, lorsque

---

147 *Ibid.*, p. 122.
148 *Ibid.*, pp. 53-54. Le passage en question est également aperçu par les critiques de l'*Année littéraire*, qui louent le plurilinguisme de l'héroïne comme un exemple qui devrait inspirer leurs compatriotes qui, en réalité, « sçachent à peine une autre langue que la langue maternelle. » (*l'Année littéraire*, 1760, p. 322)
149 *Ibid.*
150 *Ibid.*, p. 62.

l'héroïne précise que, « quoique plus habile que lui, souvent [Milord B] l'était autant que moi pour trouver des expressions tendres & animées » l'habileté de Milord désigne d'emblée son comportement volatile, qui fera tout le malheur de l'héroïne.

Dans d'autres romans, tels que *La dernière Héloïse, ou lettres de Junie Salisbury* (1784)[151] ou *Adèle de Senange, ou lettres de Lord Sydenham* (1794) de Mme de Souza, l'amour fleurit précisément au rythme journalier des cours de langue. Citons en témoin la lettre 45, où elle décrit comment l'apprentissage de l'anglais est motivé par l'histoire d'amour qui est au cœur de l'intrigue :

> L'anglais a pour moi un charme d'imitation et de souvenir que le français ne sauroit avoir. Je ne l'ai jamais entendu parler qu'à vous, et quand je le prononce il me semble vous entendre encore. Chaque mot me rappelle votre voix, vos manières[152].

Or, si le bilinguisme des personnages s'associe, dans les romans précités, à des scènes (d'amour) très différentes, quelques observations s'imposent[153]. Dans plusieurs cas, les connaissances linguistiques semblent symboliser l'esprit d'ouverture et le sens de l'initiative qui s'associent traditionnellement aux protagonistes de l'histoire. En même temps, les références explicites aux connaissances linguistiques des protagonistes semblent également fonctionner comme une stratégie narrative qui participe pleinement de la fictionnalisation de la littérature *à l'anglaise*. Plutôt que d'être légitimée dans la préface – à travers la feintise de la pseudo-traduction – la *double entente* des *histoires anglaises* est ainsi motivée du dedans du monde fictionnel de l'intrigue. Suivant cette logique, l'anglicité de l'intrigue est reconnue comme étant fictionnelle et, en plus, d'origine française. Le bilinguisme des personnages anglais pourrait alors se comprendre au sens d'une stratégie de légitimation (ou de vraisemblabilisation)

---

151   *La dernière Héloïse ou Lettres de Junie Salisbury, recueillies et publiées par M. Dauphin*, à Paris, 1784.
152   Mme de Souza, *Adèle de Senange, ou lettres de Lord Sydenham*, 1794, p. 137.
153   Le motif de la langue investit même les fictions tardives, comme *Nérine* (1798) et *Le château de Bothwell* (1816). Dans le premier roman, l'héroïne, qui est logée chez une dame française, Mme Saint-Léon, se distingue encore par ses talents langagiers. Alors qu'elle enseigne l'anglais aux filles de Mme Saint-Leon, elle maîtrise en peu de temps le français. Les progrès remarquables de Nérine dans l'apprentissage du français sont en plein contraste avec le peu de talent des filles françaises. (Lafont, *op. cit.*, p. 50)

à travers laquelle l'énonciation française se (ré-)introduit dans un monde fictionnel prétendument anglais[154].

Figures

> Ce n'est pas en peignant les fastidieuses langueurs de l'amour, ou les ennuyeuses conversations des ruelles qu'on peut obtenir des succès dans ce genre, mais en traçant des caractères mâles, qui, jouets et victimes de cette effervescence du cœur connue sous le nom d'amour, nous en montrent à la fois les dangers et les malheurs[155].

Si bon nombre des *histoires anglaises* s'articulent sur la binarité narrative qui oppose la vertu à toute épreuve de l'héroïne aux vices d'une masculinité indomptable[156], c'est bien le dernier qui suscite la fascination des lecteurs. Cette mise en scène des « caractères mâles » – aux dires de Michel Delon – qui nous « montrent à la fois les dangers et les malheurs » de l'amour oriente dès lors la dernière étape de notre lecture topique. A sa façon, l'antagoniste libertin semble procurer à la fiction – somme toute moralisante et traditionnelle – une énergie à la fois fascinante et incontournable (« a necessary presence of the ambiguity of libertine privilege, disruption and power in the eighteenth-century novel »[157]), comme le pose Tiffany Potter dans une étude consacrée au libertinage dans le roman anglais. Dans ce contexte également, la référence à Richardson s'impose :

> *Clarissa*, like many didactic novels of the period, is generically distinguished from moral and religious contemplation or the epistolary conduct book at least in part by the *narrative energy* fostered by the presence

---

154 Citons à ce sujet l'exemple de Milady Lindsey qui, pour faciliter son entrée dans la société anglaise, est obligée d'apprendre l'anglais : « Je commence à m'expliquer en Anglois, & à l'entendre. Cependant, comme c'est avec beaucoup de difficulté, Milady a soin que l'on parle toujours français en ma présence. » (Bournon-Malarme, *ibid.*, T.1, p. 65) Ses difficultés à apprendre cette langue semblent, dans ce cas, refléter sa relation problématique avec l'Angleterre.
155 Michel Delon, *op. cit.*, p. 5.
156 Dans mainte fiction à l'anglaise, cette antithèse moralisante entre le vice et la vertu trouve son écho dans les noms des personnages. Pensons sous ce rapport à *Clarence Well-done* ou à l'héroïne *Honora* et le capitaine *Fairmouth* du roman de Lefèbvre de Beauvray.
157 Tiffany Potter, « Genre and cultural disruption : Libertinism and the Early English Novel », *Eighteenth-Century Studies* 29:1-2 (2003), pp. 171-196 [p. 191].

of the libertine heroes and villains, characters that even Richardson's moral outrage could not keep from the position of power, status and magnetic attractiveness [...][158].

Plutôt que d'être attiré par la didactique prévisible inhérente à l'issue heureuse, le lecteur friand de fictions à l'anglaise serait donc davantage séduit par la noirceur défiante et déstabilisante du libertin. A cela s'ajoute que dans les *histoires anglaises* ces personnages participent indéniablement de la topique culturelle. Au même titre, l'implémentation de l'argument culturel fait ressortir – du côté opposé des héros « vertueux » – la figure du philosophe anglais qui dans plusieurs fictions entre en conflit avec le personnage libertin. Cette mise en scène d'une double masculinité anglaise – où le vice passionnel du libertin et la vertu contemplative du philosophe ne semblent pourtant pas mutuellement exclusifs – corrobore l'idée d'un imaginaire culturel stratifié.

Petits-maîtres français – « rakes » anglais

L'histoire du libertinage dans la prose narrative (de signature française aussi bien qu'anglaise) se déploie en plusieurs étapes et suivant une multitude de figurations qui, dans le corpus de fictions à l'anglaise plus en particulier, se reportent à un nombre restreint de figures caractéristiques. Dans ce qui suit, il s'agira dans un premier temps d'explorer, d'une part, les particularités culturelles de ces figures et, d'autre part, les possibles modes d'interférence.

Tout d'abord, il importe d'observer que la nature essentiellement transnationale de ce caractère fictionnel se voit aussitôt confirmée dans la littérature secondaire. Considérons par exemple *Le système du libertinage de Crébillon à Laclos* de Colette Cazenobe, qui pose la représentation fictionnelle du libertin d'abord sous l'enseigne de Crébillon-fils, avant de se référer à l'influence richardsonienne[159]. Ensuite, il semble que toute tentative de catégorisation univoque – susceptible de distinguer, par exemple, le libertin du petit-maître – soit compromise par l'historicité des termes concernés. Dans les sources contemporaines, plusieurs chercheurs s'accordent ainsi pour distinguer le « petit-maître » du libertin d'esprit crébillonien. Malgré la position centrale

---

158 *Ibid.* Voir aussi : « Libertine characters of both sexes in early eighteenth-century fiction create much of the impetus of the plots : whether adored or abhorred by narrators, it is very often these libertine characters and the libertine characteristics of their fictionalized culture that retain the reader's interest. » (p. 178)

159 Il est remarquable que seul le rôle de Lovelace dans *Clarissa* soit traité en profondeur dans l'ouvrage de Cazenobe, alors que les autres romans de Richardson présentent également des figures libertines qui sont tout aussi révélatrices dans ce contexte.

attribuée à Crébillon-fils dans la littérature libertine française, Cazenobe n'est ainsi pas encline à identifier le libertin *à la française* aux libertins « d'esprit » de ce dernier[160]. Le libertin crébillonien semble en effet se distinguer par une approche réfléchie et systématique des relations humaines, alors que le « petit-maître » se démarque en règle générale par la légèreté et l'affectation.

Philippe Laroch[161], quant à lui, oppose à son tour ce qu'il appelle le libertinage *mondain* des petits-maîtres d'une part, au libertinage plus perverti des caractères « roués », d'autre part. Dans le premier cas, le libertinage constituerait un jeu de société galant et plutôt innocent entre deux partis impliqués – séducteur et femme séduite – également lucides :

> Dans ces jeux du désir et des occasions les partenaires se partagent implicitement l'initiative d'une victoire réciproque : l'un croit séduire tout comme l'autre est satisfait d'avoir été séduit[162].

Dans le cas des roués, par contre, l'aspect ludique de la séduction est effacé devant une interprétation plus agressive du libertinage : « séduire devient maintenant la méthode la plus efficace pour s'imposer et se faire valoir en société »[163]. Plutôt que de chercher à mettre en œuvre une sociabilité raffinée, voir affectée, le roué trouverait son plaisir dans la crainte qu'il engendre chez ses victimes. S'il reconnaît donc le rôle des « petits-maîtres »[164] dans l'histoire du libertinage, Laroch prend également soin de les distinguer des « maîtres à penser » libertins conçus par Crébillon-fils.

A la lumière de ces analyses, il est remarquable d'observer que dans les commentaires contemporains de Grimm la figure de Lord Chester, le protagoniste des *Heureux Orphelins*, est pourtant qualifiée de « petit-maître » et cela

---

160　Le terme « libertinage d'esprit » a également été emprunté à Cazenobe, qui du reste ne laisse pas d'insister sur ce que Crébillon « n'a pas mis en scène 'le libertin', thème unique repris en variations sur des registres romanesques différents, il a dessiné des portraits, parfois tracé des esquisses, sans se servir deux fois du même modèle ». (*op. cit.*, p. 30)

161　Philippe Laroch, *Petits-maîtres et roués : évolution de la notion du libertinage dans le roman français du XVIIIe siècle*, Université de Laval, PU, 1979.

162　*Ibid.*, p. 4.

163　*Ibid.*, p. 10.

164　Dans son ouvrage *Laclos et la tradition*, Laurent Versini distingue encore le « fat » du « petit-maître », qui implique une distinction sociale : « petit-maître implique une nuance sociale, c'est l'homme de qualité à la mode jusque dans son habillement; un bourgeois peut être fat, non petit-maître ». (*op. cit.*, Paris, Klincksieck, 1968, p. 40)

notamment *par contraste avec* Lovelace[165]. A ce qu'il paraît, dans la conception de Grimm, les petits-maîtres du genre répondent essentiellement à un « esprit fin »[166], jugé trop léger pour pouvoir se référer à Lovelace. Et Grimm n'est pas seul à apporter des distinctions culturelles. Ainsi, dans les *Lettres d'un Français* de l'abbé Le Blanc[167], la notion de « petit-maître » est la pierre de touche d'un raisonnement circonstancié qui se donne pour objet de comparer le petit-maître *français* à son pendant *anglais*. A leur façon, ces passages suggèrent alors que dans l'imaginaire français de l'époque, le libertin (français) s'identifie en premier lieu au « petit-maître », en dépit de leur éventuelle complexité psychologique. *Secundo*, la référence au personnage de Lovelace dans les critiques littéraires semble en même temps corroborer la thèse de Cazenobe, qui insiste sur ce que l'introduction du modèle richardsonien constitue une rupture dans les modes de figuration du libertinage français, sans pour autant illustrer son propos par des exemples concrets d'imitation[168]. Si l'interférence entre la figure de Lovelace et celle de Valmont dans *Les liaisons dangereuses* a été traitée en profondeur par le passé, la question reste pourtant de savoir de quelle façon la figure de Lovelace aurait influé sur la représentation des libertins anglais dans les fictions de notre corpus.

Le triptyque des Heureux Orphelins

C'est encore le triptyque des *Heureux Orphelins* qui fournit les premiers éléments de réponse à cette question. En effet, une analyse comparative – pour succincte qu'elle soit – des romans de Haywood, Crébillon-fils et Kimber fait aussitôt ressortir comment, dans ce va-et-vient littéraire, le libertin Lord Chester se dessine à chaque fois de couleurs différentes. Alors que l'original de Haywood ne contient que les germes du personnage, Crébillon-fils réalise le potentiel à sa façon, en faisant du lord anglais un des libertins crébilloniens les plus accomplis et complexes. Mettant à profit la figure de l'Anglais francisé,

---

165 « Lovelace n'est pas seulement petit-maître, ou bien il l'est trop singulièrement pour ne point fixer votre attention. C'est un scélérat de la plus singulière espèce. » (c.l., 15 août, 1754, éd. Frères Garnier, 1878, T. II, p. 391)
166 « Les fréquentes digressions que notre petit-maître fait sur la fatuité, et ses principes sur les femmes et sur d'autres manières de sa compétence, sont des lieux communs que notre fat anglais a recueillis de la lecture des romans de M. de Crébillon, et qui lui donnent un air de pédanterie insupportable. » (*ibid.*)
167 Voir chapitre 1.
168 Notons que Laroch fait également référence à Lovelace, sans pour autant développer les modalités d'influence du modèle anglais.

qui était également très populaire dans la littérature anglaise de l'époque[169], il investit son personnage non seulement de traits dits crébilloniens, mais aussi de caractéristiques de l'identité française. Qui plus est, en tant qu'Anglais *francisé* – c'est-à-dire, dépravé par les mœurs françaises – Lord Chester y entre en conflit avec l'héroïne de la première partie du roman, Lucie qui, par contraste simplifié, emblématise la vertu anglaise :

> Ils sont fort plaisants, ce me semble, les François, réplique Lucie, et bien dignes de la réputation qu'ils ont de l'être, si c'est chez eux que vous avez pris vos tons et vos manières[170] !

Dans les deux premières parties du roman, Crébillon-fils semble ainsi reprendre, au regard de différents personnages, la dichotomie entre la vertu (anglaise) et le vice (français) ; cette antithèse stéréotypée est pourtant dépassée dans les deux dernières parties du roman, où l'intrigue est dominée par les réflexions de Milord Chester[171]. Or, la fatuité et la pédanterie affichées par Lord Chester dans les premières parties du roman français s'affirment d'autant plus qu'elles sont en plein contraste avec la caractérisation du même personnage dans la version anglaise d'Edward Kimber. Sous sa plume, la complexité discursive des *Heureux Orphelins* est effacée devant une seconde réécriture, où le discours libertin est soumis aux conventions du roman familial et événementiel. Alors que l'histoire est recentrée sur les aventures de la vertueuse Lucy, la part de Lord Chester est réduite au stéréotype de l'antagoniste libertin, au même titre qu'elle se charge d'un imaginaire culturel tout autre. Si la récurrence de vocables français est censée rappeler l'éducation française de Chester, d'autres traits de caractère le rapprochent davantage du *rake* anglais. Ainsi, le langage sophistiqué de la version crébillonienne est manifestement remanié dans la version de Kimber. Non seulement Milord Chester y adopte un registre nettement plus populaire – la phrase « Quoi ! Vous me retirez votre main[172] ! » est traduite par : « How ! D'ye pull away your hand from me? »[173] – mais son

---

169   Pensons sous ce rapport au *Joseph Andrews* de Fielding, où un personnage semblable fait son apparition, sous le nom significatif de Bellarmine : « The latter's principal attractions, apart from his equipage, flattering attentions, and lovely French-sounding name […] are his speech – a mixture, particularly in his letters to Leonora, of English constructions interlarded with French phrases – and his fine gold-embroidered clothes. » (Cité dans Newman, *op. cit.*, p. 66)

170   Crébillon-fils, *Les Heureux Orphelins*, p. 72.

171   Pour une analyse plus approfondie, voir chapitre 6.

172   *Ibid.*, p. 71.

173   Kimber, *The Happy Orphans*, 1759, p. 38.

discours se voit également lardé de jurons. Sur l'arrière-fond d'une traduction relativement fidèle, les multiples élisions et jurons introduisent d'entrée de jeu un autre personnage au lecteur. En témoigne aussi le passage suivant, qui abonde en vulgarités :

> D_mn me, I have now found my good Stars at length, conducted me thro' the right Road to happiness? Yes, by G_d, I have now found my little coy Slut, who has never been absent from my mind, since I first set Eyes on her bewitching face[174].

Outre que dans le langage, la vilenie transparaît également dans le comportement de Chester qui ne recule pas devant les stratégies libertines plus hardies, telles que l'enlèvement ou la tentative de viol. L'air de vulgarité dans les actions de Lord Chester est par ailleurs mis en vedette par son état d'ivresse récurrent (« intoxicated with liquor ») qui ne fait qu'aggraver ses impertinences envers Lucie. Il s'ensuit un caractère qui diffère à plusieurs égards du Chester mis en scène par Crébillon-fils. Plutôt que de faire écho au libertin crébillonien, s'y manifeste l'image également topique du *rake* anglais. Du reste, Lord Chester est dans plusieurs passages présenté comme un *rake*[175], étant de ce fait explicitement inscrit dans l'imaginaire (fictionnel) auquel le lecteur anglais s'attend[176]. Si le personnage de Milord Chester maintient dans les deux versions le même fond de vice et de débauche, il s'inscrit tout de même dans deux contextes littéraires et culturels différents.

Cette double reconfiguration d'un même personnage est particulièrement révélatrice pour comprendre l'image fort stéréotypée du libertin dans les fictions *à l'anglaise*. Il s'avère en effet que, dans mainte fiction, ce sont précisément les traits de caractère qui différencient le Chester anglais de son modèle crébillonien qui confèrent au personnage son exotisme. Dans plusieurs *histoires anglaises*, le libertin anglais se caractérise par l'ivresse, les duels « à coups de poing », la rage et les vulgarités langagières. En plus, alors que la galanterie

---

174   Kimber, *ibid.*, p. 203.
175   Voir par exemple les fragments suivants : « [Chester] was on a Party of Pleasure, or rather of Raking and Vice » (*ibid.*, p. 205) ; « Chester, meeting with several Rakes of his own stamp, did not return till the next Morning, and then so intoxicated with Liquor. » (*ibid.*, p. 250) ; « that artful Rake » (*ibid.*, p. 204).
176   Simon Dickie, « The mid-century ramble novels » in : *On the mass of comic or semi-comic 'lives', 'histories', 'rambles' and 'adventures' consumed by the English reading public in the mid-eighteenth century*, Stanford centre for the study of the novel, 2001, s.p. (version électronique).

française est liée à l'espace clos de la « petite maison », le libertinage à l'anglaise y est corrélé à l'atmosphère publique des maisons de prostitution[177]. Citons à ce sujet l'exemple de *Clarence Welldone*, où l'héroïne reçoit l'offre indécente de se « vendre » au libertin Sandwick qui « ne voit de bonheur que dans sa possession ». S'y voit corroborée une vulgarité ostensible qui, dans la figure du libertin français, aurait été dissimulée sous une couche de politesse. Il en va de même dans *Les deux orphelines, histoire angloise* (1769) où Lord Henry, entraîné dans la débauche par son ami libertin, est incité par ce dernier à « prêter » sa femme afin d'acquitter ses dettes[178]. Mainte héroïne vertueuse se voit ainsi confrontée à la prostitution sans que sa réputation ne soit pour autant compromise. En revanche, suivant la logique manichéenne des fictions, la prostitution est plus d'une fois la punition exemplaire des femmes vicieuses, comme il arrive à Claire Blossom dans *Les lettres de Milord Walton à Sir Hugh Battle* (1788) de Mme Bournon-Malarme. Après avoir trompé Hugh Battle, son mari, avec le libertin George Sims elle finit par tomber dans le vice total, vivant dans la rue de « ressources journalières »[179].

Etudions, à titre d'exemple, le personnage de Henry Sandwick, anti-héros et persécuteur de Clarence Welldone dans le roman éponyme de Bournon-Malarme. L'entrée en scène de ce dernier est à plusieurs égards illustrative de notre propos. A travers les yeux (français) de Clarence, la troupe libertine dont fait partie Henry Sandwick se présente comme l'incarnation même du *rake* anglais :

> Nous fûmes accostées par plusieurs jeunes qui étoient *ivres*. Ils nous demandèrent *d'un air familier* la permission de nous donner à souper ; & sur notre refus, ils se permirent *des propos fort grossiers*. […] Un d'entre eux, qui, sans doute, étoit plus de sang-froid, les exhortoit à se taire. […] Je veux être *damné*, disoit un autre, si je ne les punis pas de cette insulte[180].

Dans ces quelques lignes se voient repris plusieurs traits culturels qui définissent maint portrait de l'Angleterre, dans des sources fictionnelles aussi bien que factuelles. Cette image est en outre confirmée par les lettres d'Henry

---

[177] Dans les romans de Richardson également, la vulgarité s'exprime à travers les multiples jurons des personnages libertins (et surtout de Lovelace). Voir également l'article de Peter Hynes, « Curses, oaths, and narrative in Richardson's *Clarissa* », ELH 56:2 (summer 1989), pp. 311-326.
[178] Teuton, *op. cit.*, p. 175.
[179] Mme Bournon-Malarme, *op. cit.*, p. 61.
[180] *Ibid.*, p. 47. C'est nous qui soulignons.

Sandwick, dont le discours est lardé de jurons[181] et d'expressions familières à l'égard de celle qu'il appelle sa « proie ». Pareillement, la caractérisation des libertins dans les intrigues secondaires ne fait que renforcer l'air de vulgarité associé à la figure du libertin dans *Clarence Welldone*. Citons à témoin un fragment du récit de vie de Molly Pickwell, qui contient de multiples échos à la vie de l'héroïne. Après avoir été enlevée par le libertin Pickwell, Molly est forcée d'en épouser un autre, qui la traite de manière violente : « Chaque mot qu'il m'adressoit étoit une injure ; si je voulois y répondre, il me battoit avec fureur[182]. » La vulgarité topique dont se marquent les scènes de libertinage participe alors de la mise en scène de la culture anglaise, dont le caractère répréhensible s'affirme encore à travers le regard français de Clarence. A l'occasion d'une visite au théâtre anglais, l'héroïne fournit ainsi un compte rendu de l'événement, qui est lardé de stéréotypes suggestifs de la vulgarité et férocité anglaises[183].

D'autres images fictionnelles transmettent surtout le langage grossier et le goût de l'alcool des caractères libertins. Ainsi, dans *Fanni ou Paméla, histoire angloise* de Baculard d'Arnaud, l'auteur apprend au lecteur que le libertin Thaley « se livra à une dissipation scandaleuse, il n'y avoit point de tavernes à Londres où il ne fut connu comme le héros du libertinage »[184]. De même, dans *Lettres de Milord Walton à Sir Hugh Battle*, le libertin George Sims mentionne plusieurs fêtes de débauche, arrosées de vin[185]. Il raconte ainsi comment un des amis « [lui] proposa d'entrer dans une taverne pour dîner » : « nous nous mîmes à table ; on apporta du fort bon vin, je n'y résiste pas comme tu sais ; ma tête s'échauffa »[186]. Une fois de plus, il est fait mention des tavernes, ou encore des *pubs* anglais qui ne font que nourrir davantage l'imagination des lecteurs français. Par la suite, ce même personnage se montre furieux quand il apprend la trahison de quelques « complices », qui se sont imposés à sa maîtresse :

> Mourir dans une heure ne serait rien pour moi, si j'emportois la douce consolation d'arracher de ma propre main des cœurs qui m'ont trahi. [...]

---

181   Cf. « Que diable fais-tu donc ? » (*ibid.*, p. 74)
182   *Ibid.*, p. 168.
183   Ainsi, l'héroïne observe qu'outre la « populace angloise, même les gens d'un certain ordre, poussent jusqu'à l'indécence. » (*ibid.*)
184   *Ibid.*, p. 51.
185   « Le lendemain, je fus dîner à Richemond, avec Lumbley, Jacobson, & trois filles qu'on ne cite pas comme des modèles de la vertu ; nous bûmes l'impossible ; je crois que j'étois hors de raison. » (*op. cit.*, p. 136)
186   *Ibid.*, p. 137.

> Que je ne voie plus dans mes semblables que des bêtes féroces, & que je
> le devienne moi-même plus encore pour dévorer jusqu'à leur ombre[187].

La rage intuitive dont le libertin Sims fait montre n'est que rarement la part des libertins français. Ici encore, le caractère libertin – antagoniste dans l'économie narrative – s'avère particulièrement propice à assumer certains traits distinctifs qui reflètent une conception plutôt négative de l'anglicité dans l'imaginaire français (fictionnel et autre)[188]. De ce fait, stéréotype culturel et stéréotype narratif s'informent – et se renforcent – mutuellement.

Or, l'intérêt particulier du libertin, qui se prête avec grande efficacité rhétorique à une mise en scène dépréciative, s'affirme avec d'autant plus de conviction à la lumière de figurations alternatives de la *fureur* anglaise. Dans le roman de Claude Louis Michel de Sacy, *Les amis rivaux, histoire anglaise* (1767), les deux protagonistes du roman n'évoquent d'aucune manière les vices du libertin. L'intrigue porte sur la tendre amitié entre un comte français, qui n'est jamais identifié, et un gentilhomme anglais, du nom de Sydney. Lorsque ce dernier découvre sa rivalité sentimentale avec le Comte, tous deux amoureux de la même femme, ses discours s'investissent aussitôt d'une conscience nationale ravivée. C'est à cette occasion aussi que l'auteur différencie les deux caractères, par exemple quand il mentionne que Sydney se montre « furieux »[189] et passionnel dans cette question du cœur. De même, c'est l'Anglais qui, aveuglé par sa passion, lance le défi au Comte, afin de décider leur sort dans un duel. Partant, à sa manière vertueuse, Sydney évoque auprès du lecteur français l'image de l'Anglais passionnel et furieux, qui est à l'écoute de ses instincts. Cet exemple semble dès lors illustrer les modalités particulières du discours fictionnel dans la mise en scène de l'Autre. Outre que la fiction narrative se montre particulièrement propice aux jeux de perspective, l'accouplement des images culturelles à des agents narratifs permet de soumettre la question de l'identité culturelle aux modalités de variation et de stratification inhérentes au discours romanesque. Il s'ensuit que dans mainte fiction, des images fort différentes peuvent coexister, donnant lieu à un imaginaire qui, en dépit de sa nature stéréotypée, atteste la diversité même des clichés culturels. Ou encore, si la fureur est également la part de plusieurs héros anglais vertueux, elle

---

187 *Ibid.*, p. 251.
188 Citons ensuite le passage suivant, provenant de *Charlotte Belmont*, où la fureur d'un des protagonistes est également mise en évidence : « j'espère que mon aimable frère [...] reconnaisse l'erreur de son caractère violent, qui ne peut souffrir de contradiction, et que dans l'avenir il contienne cette humeur dans ces bornes. » (Charles Million, *op. cit.*, 1790)
189 Claude Louis Michel de Sacy, *Les amis rivaux, histoire angloise*, 1767, T.2, p. 100.

semble procurer aux figures libertines une obscurité – voire une mélancolie – qui est inconnue aux petits-maîtres français.

Citons à ce sujet encore Joep Leerssen quand il suggère que le discours fictionnel fait ressortir la coexistence d'images contradictoires, qui se réfèrent à ce qu'il appelle un *imagème* : « a 'blueprint' underlying the various concrete, specific actualizations that can be textually encountered »[190]. Reste la question d'une éventuelle définition axiologique concédée aux différentes images dans le cadre d'une intrigue particulière. Dans les *Amis rivaux* par exemple, l'auteur semble insister sur la tension entre l'amitié (force convergente) et l'appartenance nationale (force divergente) des protagonistes, sans qu'il prenne quelque position dans le débat sur les nations.

Méchanceté mélancolique

Les *Mémoires de Fanny Spingler* (1781) de Mme Beccary constituent à ce sujet un cas de figure hautement illustratif. *Primo*, il s'agit d'un roman où l'intrigue est articulée autour de plusieurs clichés thématico-narratifs. La dichotomie spatiale entre *ville* et *campagne* se voit en effet chargée d'une forte connotation morale qui sous-tend, en outre, la caractérisation des personnages. A travers les yeux vertueux de l'héroïne Fanny, qui est attachée à la simplicité de la campagne, les frivolités de la ville sont jugées vicieuses ; dans l'esprit de son amant Dorblac, par contre, se dessine d'entrée de jeu une légèreté qui le rend particulièrement susceptible des vices qui dominent la vie en société[191]. Une fois arrivé à Londres, l'esprit de Dorblac est aussitôt imprégné de l'inconstance et de la fausseté caractéristiques de la société urbaine. La vertueuse Fanny, pour sa part, reste désarmée devant la corruption et l'aliénation graduelles de son prétendu amant.

Au début de l'intrigue, Dorblac se révèle – en dépit de sa naissance anglaise – un disciple fidèle de l'école française. Si Fanny insiste sur « [s]es manières si libres, un ton si léger, des discours si frivoles, une tournure si dégagée »[192], Sir Harris, l'ami philosophe de Dorblac, recourt au terme de petit-maître. En revanche, dans les commentaires de l'*Année littéraire*, le personnage se voit considéré comme un émule – certes peu réussi – de l'Anglais Lovelace. L'image esquissée dans le compte rendu diffère clairement de celle qui apparaît dans les premières pages du roman. Dans l'*Année littéraire*, est mis en évidence le

---

190 Leerssen, *op. cit.*, p. 279.
191 A témoin, l'observation de Dorblac : « me voilà dans mon centre : le tumulte, le bruit, le mouvement m'environnent » (*Mémoires de Fanny Spingler, histoire angloise*, 1781, T.1, p. 42).
192 *Ibid.*, p. 69.

caractère « étourdi » et « violent » de Dorblac, qui est considéré comme un personnage ayant « tous les vices de *Lovelace,* sans avoir rien de ses grâces, sans avoir une étincelle de son esprit »[193].

A travers les lettres de Fanny, le lecteur est informé très graduellement des perfidies passées de Dorblac, qui sont à leur façon révélatrices d'une méchanceté manifestement incompatible avec la « frivolité » française[194]. Ainsi, à un moment donné apparaît sur l'avant-plan une jeune femme, Claire, qui accuse Dorblac de l'avoir séduite et de l'avoir quittée aussitôt qu'elle s'est retrouvée enceinte. Âme pervertie, Dorblac ne semble pourtant guère gêné par des sentiments de culpabilité. Fanny découvre alors dans son ancien amant une bassesse, voire une perversité[195] qu'elle juge « horrible » et qui dépasse la galanterie initiale. En même temps, à travers les lettres de Dorblac, le lecteur a directement accès à la noirceur qui se cache sous les apparences de cette légèreté. Se dévoile alors une âme dont la perfidie traduit un dégoût, ou encore un mépris général pour autrui ; tout sentiment étant abruti, Dorblac ne ressent plus que le vide. En témoigne encore le passage suivant, où il interpelle un de ses amis intimes :

> Mes sentiments sont éteints. Ton impuissance est physique ; la mienne est morale ; et dans le vide affreux que j'éprouve, je ne sçais qui de nous deux est le plus maltraité[196].

Dans ses lettres, Dorblac rend compte d'une crise de conscience qui fait penser aux sombres confidences de Milord Chester dans *Les Heureux Orphelins*, où ce dernier se dit susceptible de la mélancolie et du *spleen* typiquement anglais, en dépit même de son éducation française. C'est sans doute cette même pesanteur – que l'on retrouve dans la figure de Dorblac – qui a amené le critique de l'*Année littéraire* à discerner, à travers les apparences du petit-maître, quelque vague souvenir de Lovelace.

Sans pour autant établir un lien explicite avec le modèle de Lovelace – comme il est fait dans le compte rendu de l'*Année littéraire* – il nous semble

---

193 *Année littéraire*, 1781, Tome II, p. 54.
194 L'idée est également avancée dans le compte rendu de l'*Année littéraire* : « Ce n'est donc pas au tourbillon d'une grande ville, au commerce d'une femme atroce, mais à son naturel pervers qu'il faut attribuer tout l'odieux de sa conduite avec *Claire*, avec *Fanny*. » (*ibid.*, p. 55)
195 L'idée du mal est particulièrement présente dans le roman : « Guidé par des connaissances perverses » (*ibid.*, p. 138) ; « son regard le plus malicieux » (*ibid.*, p. 154).
196 *Ibid.*, p. 2.

licite de déceler dans la figure de Dorblac des traits de scélératesse et de pesanteur qui ont dû rendre ce personnage suffisamment *autre* aux yeux du public français. Du reste, il l'est également par son esprit « fougueux » et « emporté »[197], qui fait écho à la fureur dite typiquement anglaise :

> Jamais on ne fut plus brouillant comme l'est Dorblac ; la modération des autres l'irrite ; le mot patience le met en feu. [...] Il se courrouce contre ma tranquillité, suit les mouvements de sa pétulance, & agit sans doute bien imprudemment[198].

Or, si la polyphonie épistolaire permet d'apporter quelques brins de subtilité à la mise en scène du libertin Dorblac, la plume moralisante de la romancière – qui s'impose de manière autoritaire dans la lettre de clôture – assure une lecture axiologique, où la figure du libertin est coincée dans une caractérisation stéréotypée et, dès lors, rassurante. Dans le cas de Dorblac surtout, l'acte de lecture est comme dirigé par les commentaires dépréciatifs dans les notes de bas de page[199]. Par un tour de force – jugé invraisemblable par les critiques[200] – la romancière se décide pourtant à innocenter Dorblac avant le dénouement de l'intrigue. Son repentir est accueilli avec gratitude par Fanny – dont l'amour constant est jugé « impardonnable » dans *l'Année littéraire* – et tout se prépare pour un hymen heureux, lorsque le jeune couple trouve la mort dans un accident tragique. A l'encontre de la dichotomie initiale de l'intrigue, tant Fanny que Dorblac sont alors érigés en victimes d'une société vicieuse et calomnieuse qui serait, à bien y regarder, cause de dépravation.

Or, ladite fureur qui connote le libertinage *à l'anglaise* trouve des échos dans *Les égaremens de l'amour, ou lettres de Fanéli et Milfort* (1776) d'Imbert. L'intrigue s'y déploie autour des jeunes mariés Fanéli et Milfort, dont le bonheur marital est aussitôt compromis par la passion soudaine de Milfort pour une jeune Française, Sophie. Dans ce cas, la colère anglaise de Milfert se fait d'autant plus remarquer qu'elle s'oppose aux badinages de son confident

---

197   *Ibid.*, T.2, p. 67.
198   *Ibid.* p. 119.
199   Reprenons à ce sujet sa critique sur l'apologie de Dorblac concernant son style de vie libertin : « Voilà bien des mots qui ne signifient pas grand-chose. C'est ainsi qu'on soutient des systèmes fondés sur rien. Que de choses il y auroit à répondre ! mais il vaut mieux que les événemens prouvent ; ce jeune homme apprendra à ses dépens. » (*ibid.*, p. 142)
200   « A la vérité, Dorblac la déterre dans le grenier qu'elle partage avec Madame *Moly*, sa pauvre hôtesse : mais c'est Dorblac repentant, amoureux, discret, & tout-à-fait honnête homme, comme si la chose étoit possible avec le caractère que vous lui connaissez. Au reste, il sera bien puni de ce retour invraisemblable. » (*op. cit.*, p. 60)

Curland, incarnation du libertin anglais éduqué « à l'école française ». Ce dernier, qui prône une attitude galante et détachée, craint l'investissement trop sérieux de son ami : « Sois infidèle, à la bonne heure ; mais point de folie[201]. » Cette distinction est reprise dans des lettres ultérieures, où Curland s'étonne encore de la passion furieuse de Milfort, qu'il croit être à l'opposé de l'amour-goût prêché à Paris : « Tu n'aimeras donc jamais comme les honnêtes gens, sans passion, sans extravagance. On a des goûts dans le monde, & toi, tu n'as que des frénésies[202] ! » Si la vulgarité affichée par certains autres libertins *à l'anglaise* n'est pas sa part, Milfort partage bel et bien leur férocité[203]. En outre, à mesure que l'intrigue se développe, le jeune libertin fait preuve d'une cruauté impitoyable envers sa femme. Afin d'assouvir sa passion, il la fait enlever et renfermer, lui arrache son enfant et la déclare morte dans un dernier effort de gagner le cœur de Sophie.

Et pourtant, la cruauté de Milfort n'en fascine pas moins, surtout quand il déclare d'en souffrir lui-même. Si sa perfidie lui est inspirée par une passion à laquelle il ne sait et ne veut se soustraire, elle n'efface pas non plus tout sentiment pour Fanéli. C'est ce qui ressort entre autres d'une lettre à Curland, où il lui demande : « Ne me parle plus de Fanéli ; le nœud qui m'attache à elle, les tourments qu'elle m'a causés, ceux que je lui fais souffrir moi-même, tout m'accable, tout me déchire »[204]. L'amour pour sa femme légitime ne l'empêche pourtant pas de persévérer dans le mal, et cette schizophrénie sentimentale ne tarde pas à planter les germes de la folie dans son âme. En témoigne encore une de ses lettres à son serviteur Belton, qui se charge de Fanéli : « Ce que j'ai fait, je le ferois encore, & cependant mon cœur... Je serois heureux, si... »[205]. C'est la folie qui signe son arrêt de mort.

De façon plus prononcée que dans le cas de Dorblac, se dessinent dans le personnage de Milfort à la fois une pesanteur et une cruauté qui le rendent clairement *autre*, au double sens culturel et narratif[206]. Comme il ressort de la comparaison avec le regard *francisé* de Curland, les lettres – passionnelles, furieuses et parfois même perverses – de Milfort sont fort éloignées de

---

201 *Ibid.*, p. 19.
202 *Ibid.*, p. 41.
203 Fanéli : « J'ai besoin d'être seul me répondit-il d'un ton farouche ; & il accompagna ces mots d'un regard terrible. » (*ibid.*, p. 94) ; Betsi : « Ton barbare époux [...] Je connois son caractère violent, emporté. » (*ibid.*, p. 123) ; Curland : « Milfort, dussai-je te mettre en fureur, je ne saurois m'empêcher de protester encore ici contre ton injustice. » (*ibid.*, p. 148)
204 « Son front étoit menaçant, son regard lançoit la terreur. » (*ibid.*, p. 131)
205 *Ibid.*, T.2, p. 146.
206 Cazenobe, *op. cit.*

la désinvolture des libertins français. S'y présente en d'autres termes une conception différente du libertinage, mêlée d'une perfidie plus noire et plus passionnelle[207].

Le philosophe anglais[208]

Or, si la constellation épistolaire de mainte fiction à l'anglaise permet aux auteurs français de créer des images culturelles divergentes, voire antithétiques, celles-ci ne s'articulent pas nécessairement sur le plan sexuel. Au libertin anglais s'oppose, à part la jeune orpheline, ainsi la figure de l'honnête homme, ange gardien de la vertueuse *damsel in distress*. A bien regarder les différentes manifestations de ce caractère, il est fascinant de constater qu'il se charge, lui aussi, d'une stéréotypie culturelle – ou encore d'une *anglicité* – qui est tout autre que l'image véhiculée par le libertin. Ci-dessus, il s'est avéré que l'inconstance du libertin *à l'anglaise* se voit connotée d'une férocité et d'une pesanteur qui le distinguent de son pendant français. Cet investissement symbolique pourrait s'expliquer par un double mécanisme : d'une part, les auteurs reprennent plusieurs traits distinctifs du *rake*[209], un *stock-character* de la littérature et culture anglaises; d'autre part, les multiples références à la férocité du personnage libertin font écho à l'image de l'Anglais grossier et pulsionnel, qui est cultivée dans de nombreux écrits français de l'époque. Cette image est pourtant concurrencée par celle de l'Anglais sérieux et méditatif, qui était déjà à l'avant-plan dans la comédie de Boissy en 1727. Ainsi, s'introduit la figure de l'Anglais flegmatique et réflexif, voire philosophe, dont le personnage de Milord Rivers, du roman éponyme de Riccoboni, constitue sans doute l'exemple le plus éloquent. Par ailleurs, aussi tard qu'en 1792, la caractérisation du protagoniste

---

207 Nous reconnaissons la même compatibilité entre « amour » d'une part, et « libertinage » de l'autre, dans la figure de Milord Lindsey. En effet, dans une de ses lettres, celui-ci déclare : « pensant toujours à mon épouse, la regrettant sans cesse, j'habitois avec une femme qui ne m'étoit pas indifférente, & je me sentois porté fortement vers la fille de Rodzini ; je ne veux pas m'excuser, James ; mais, je te le jure, le penchant irrésistible qui m'entraînoit vers ces deux objets, n'a jamais altéré dans mon cœur les sentiments que je dois à ma vertueuse épouse. » (*Lettres de Milady Lindsey, op. cit.*, p. 143)

208 La référence à *Cleveland*, héros éponyme du roman célèbre de Prévost est évidente dans ce contexte. Comme le pose Texte dans son ouvrage de référence : « Cleveland n'a qu'une faiblesse, bien anglaise. Il est hanté par l'idée du suicide, il a le *spleen*. [...] Et cependant, Cleveland après une lutte terrible, triomphe du *spleen*. Serait-il, sans cela, digne d'être du nom de philosophe et d'Anglais ? » (*op. cit.*, p. 61) Les renvois explicites faisant pourtant défaut dans le corpus analysé, il nous semble licite de ne pas y porter une attention particulière dans le cadre de cette étude.

209 Dickie, *op. cit.*

de *Selmours, nouvelle anglaise* est esquissée par le recours au stéréotype du philosophe anglais, qui « fuyait le monde et les plaisirs bruyants pour ne vivre que chez son bienfaiteur, chez quelques amis »[210]. Qui plus est, dans certaines *histoires anglaises*, la concurrence entre ces deux images masculines[211] s'inscrit dans la structure narrative du roman, où elle est reflétée dans la répartition des rôles. Il arrive en effet que le héros vertueux des fictions témoigne d'un esprit sérieux et réflexif – sans qu'il soit pour autant défini comme « philosophe » au sens propre du terme – et qu'il forme de ce fait un contrepoids au caractère fougueux de l'anti-héros libertin. Dans le roman de Lefèvre de Beauvray, Miss Honora est pourchassée par le libertin Jude Illman, alors que son gardien (et futur mari) le Capitaine Roger Fairmouth[212] est caractérisé suivant l'image de l'Anglais réfléchi. La même logique narrative marque les *Mémoires de Milady B*, où le caractère sérieux et réflexif du vertueux Milord Duc de Workinscheton est en grand contraste avec la légèreté de l'infidèle et vicieux Milord B. La différence de caractère de ces personnages-types ne les empêche toutefois pas nécessairement de cultiver une amitié sincère, comme attestée dans les *Mémoires de Clarence Welldone*, par la correspondance entre le libertin particulièrement colérique, Henry Sandwick, et James Parkins, incarnation de l'Anglais philosophe. C'est cette connivence inattendue entre le libertin et son antipode qui fera l'objet de la toute dernière section de ce chapitre.

Milord d'Ambi

De façon plus prononcée encore, se développe dans *Milord d'Ambi, histoire angloise* (1778) de Mme Beccary un échange animé entre le flegmatique Milord d'Ambi et le libertin Milord D'horvic. Cette correspondance trouve des échos dans l'échange de lettres entre Miss Henriette – jeune femme étourdie – et la femme philosophe Lady Middlesex ; échange épistolaire qui s'articule à son tour, et dans la lignée de *Fanny Spingler*, sur l'axe spatial *nature – ville*[213]. Si

---

210   Florian, *Selmours, nouvelle angloise*, 1792, in : Delon, *op. cit.*, p. 92. Notons du reste que cette nouvelle, pour tardive qu'elle soit, récupère la plupart des stéréotypes culturels qui font l'essence des images anglaises.

211   Notons que plusieurs personnages féminins témoignent également du flegmatisme et de l'esprit philosophique dits typiques du caractère anglais. Pourtant, comme il ne s'agit que rarement de protagonistes, nous avons préféré écarter cette piste dans le contexte de cette étude.

212   Le même personnage, à la fois modéré et vertueux, plaide en faveur d'un rapprochement et d'un respect mutuel entre la culture française et celle anglaise (ladite « philie », aux dires de Lüsebrink).

213   Mme Beccary, *Milord d'Ambi, histoire angloise*, 1778, T.1, p. 6. Le personnage du philosophe est, quoique moins récurrent que le libertin, assez présent dans les *histoires anglaises*. Pensons également à quelques *histoires anglaises* de Baculard d'Arnaud, dont *Sidney et*

D'horvic reproche à son ami philosophe d'avoir quitté la ville en faveur d'une vie à la campagne, qu'il trouve « la plus triste & la plus ennuyeuse »[214], dans les lettres de Milord d'Ambi la campagne – ou plutôt la Nature – est à maintes reprises louée comme source de bonheur. Ayant à peine quitté le brouhaha urbain, d'Ambi ne tarde pas à admettre que la campagne convient parfaitement à son esprit philosophique, ainsi qu'à son cœur :

> Non, il n'est d'autre moyen pour être heureux que celui que la Nature indique. Une compagnie aimable, douce, honnête, spirituelle; dont l'entretien aide nos idées à se développer; avec laquelle on peut penser & raisonner; qui remplit d'agrément les heures de loisirs, & délasse de celles qu'on a passées à l'étude[215].

De tels portraits scéniques font ressortir davantage la prédilection de Milord d'Ambi pour une vie simple et réflexive, où son âme philosophique trouve un refuge.

En revanche, il est intéressant de noter, en dépit de cette mise en scène doublement antithétique, la connivence entre les deux personnages. Une complicité qui est extériorisée dans la correspondance amicale entre Milord d'Ambi et Milord Dorblac, mais qui s'avère aussi inhérente à l'évolution caractérielle de Milord d'Ambi. En effet, dans la lettre d'ouverture, il est suggéré que celui-ci n'a que peu avant embrassé la vie solitaire et philosophique de la campagne anglaise :

> En rentrant chez moi, épuisé de fatigue, accablé d'ennui, indigné contre cette lâche oisiveté, qui laisse en proie à tous les égaremens dont le besoin de ramener une existence rend susceptible, j'ai fait atteler trois chevaux à ma voiture, pour me rendre à ma terre, près de Weimoult. C'est là où j'espère me délasser de ce tumulte, qui étourdit; de ces amusemens, dont l'extrême recherche fait fuir le plaisir après lequel on court, qui n'ont de valeur que celle que l'opinion leur donne, & ne laissent après eux que vide et satieté[216].

Volsan, histoire anglaise et *Clary, histoire angloise*. Dans le dernier cas, l'esprit philosophique est d'ailleurs mis en relation avec la contemplation de la nature : « Tu sais que nous aimons, le Lord Dorset et moi, à nous livrer à des promenades qui sont des espèces de voyages ; le Lord prétend que cet amusement est aussi utile à l'esprit qu'à la sante. » (*op. cit.*, p. 5)

214 *Op. cit.*, p. 63.
215 *Ibid.*, p. 109.
216 *Ibid.*, p. 13.

Nonobstant la conversion abrupte du protagoniste – qui est une fois de plus illustrative de la nature « événementielle » des *histoires anglaises* – le passage précité marque en même temps l'inscription diégétique de la connivence entre les deux images culturelles en question, qui se présentent de ce fait effectivement comme les deux faces d'un seul et même caractère. L'ambiguïté psychologique du caractère – qui sert ici d'entrée en matière – fait d'ailleurs manifestement écho à l'image du libertin « converti » ou encore du *reformed rake* étudié par Erin Mackie. Faisant référence à l'exposé de Steele dans *The Tatler*[217], elle distingue – ce qu'elle appelle – « the real rake » en raison de son investissement d'authenticité : « The rake as a diamond in the rough, a gentleman in the making is reassimilated into the legitimate social order on the strenght, not of his inherited status, but of his intrinsic, natural character[218]. » Variation sur le thème, *Milord d'Ambi* permet néanmoins d'assimiler davantage la narration libertine et celle, tout aussi topique, du héros philosophique. Pareillement, *Clarence Welldone* de Bournon-Malarme explore – sur le mode diégétique – les interférences possibles entre les figures du libertin et du philosophe. Parmi tous les hommes débauchés dont abonde ce roman, le personnage de Milord Power semble au premier abord fournir une image alternative de la masculinité anglaise. C'est dans sa maison – à grande distance du monde – que Clarence trouve un refuge après avoir échappé aux mains libidinales de Milord Sandwich. Sous le regard vertueux et impressionnable de Clarence se confirme l'image de l'homme contemplatif menant une vie isolée et retirée du monde qui « [lui] est à charge »[219]. Or, tout comme dans le cas de Milord d'Ambi, sous la figure de l'Anglais philosophe et vertueux, « fort occupé de sa lecture »[220], se cache celle d'un homme qui a mené une vie de débauche :

> Maître de bonne heure de mes actions, l'instant où les passions se développent, fut celui où je jouis de ma liberté. J'en usai sans ménagement. Lié avec les jeunes les plus à la mode, je donnai comme eux dans tous les ridicules[221].

Après avoir été trompé à plusieurs reprises par ses complices en libertinage, Milord Power, « las du monde, n'y ayant éprouvé que des malheurs réels », jure de manière emphatique « de le quitter pour jamais »[222] en faveur d'une vie

---

217   Voir chapitre I.
218   Mackie, *op. cit.*, p. 54.
219   *Ibid.*, p. 15.
220   Mme Bournon-Malarme, *op. cit.*, p. 9.
221   *Ibid.*, pp. 16-17.
222   *Ibid.*, p. 33.

solitaire consacrée à sa nouvelle philosophie : « Je fais tout le bien que je suis en état de faire : j'évite avec soin de faire du mal. Voilà ma philosophie[223]. » Au jeune homme libertin et emporté qu'il a été, se substitue alors un caractère plus sérieux, qui se conforme à l'image tout aussi stéréotypée de l'Anglais philosophe et solitaire.

Il paraît ainsi, pour conclure, que l'esthétique dominante de ce corpus de textes se laisse en effet définir en termes de *conformité*, à la fois narrative et culturelle.

Rappelons d'abord que la partie historico-littéraire de cet ouvrage a déjà illustré l'impossibilité même d'accorder au corpus d'*histoires anglaises* quelque définition générique. En même temps, l'on a pu en dégager quelques hypothèses, qui ont ensuite été confrontées à la logique narrative et argumentative des textes : d'une part, s'est esquissée l'image d'une littérature dont l'anglicité était reconnue comme étant *fictionnelle* et *française* ; d'autre part, bon nombre des fictions concernées ont été critiquées pour leur caractère imitatif et leurs qualités esthétiques inférieures. Cette même logique imitative s'est confirmée dans nos analyses discursives. A travers les deux étapes (diachronique et thématique) de l'analyse, il s'est avéré que l'étiquette de fiction *à l'anglaise* cautionne un monde diégétique essentiellement topique, où imaginaire culturel et intertexte convergent dans une intrigue convenablement reconnaissable aux yeux du public français. Non seulement, la mise en scène anglaise forme une réponse au goût de certains lecteurs français, mais encore la reprise de certains topoï thématico-narratifs et culturels se fait clairement l'écho des grandes vogues littéraires qui définissent l'évolution du genre romanesque au cours du long XVIIIe siècle.

Dans le présent chapitre, nous avons ensuite tenté de faire le point sur les façons dont la stéréotypie culturelle s'implémente dans la structure narrative (topique) des fictions à l'anglaise. La ramification analytique (séquence, scène-thème et personnage) a ainsi permis d'illustrer que la stéréotypie culturelle pénètre le corpus de manière stratifiée, du niveau général des schèmes narratifs jusqu'à la caractérisation des personnages. Sans prétendre à l'exhaustivité, notre objectif a été d'y faire l'inventaire de quelques *lieux* fictionnels – suffisamment représentatifs – où topique culturelle et topique narrative sont enchevêtrées. Or, plutôt que de se manifester dans l'ensemble du corpus, les modes d'interférence entre ces lieux semblent se déployer différemment suivant l'œuvre – et l'auteur – en question.

---

223   *Ibid.*, p. 33.

CHAPITRE 6

Identité et regard

Préliminaires

Dans le dernier chapitre, la double topique constitutive de la formule *histoire anglaise* sera revisitée au prisme de trois romans : *Les Heureux Orphelins* de Crébillon-fils (1754), *Histoire de Miss Honora* de Lefèvre de Beauvray (1766) et les *Lettres de Milord Rivers* (1776) de Marie-Jeanne Riccoboni. Au moyen d'une lecture approfondie de ces œuvres, dont l'intérêt particulier (ou celui de leurs auteurs) a déjà été illustré, nous projetons de considérer les modes d'implémentation de la stéréotypie culturelle dans la structure narrative d'une fiction particulière. Par ailleurs, en dépit de l'étendue diachronique, les textes choisis convergent par leur recours (au moins partiel) à la forme épistolaire ; à ce qu'il paraîtra, c'est cette épistolarité même qui pose l'idée du roman comme lieu de la voix intime sous sa forme la plus prégnante, ce qui n'est pas sans incidences sur les modes d'interférence avec le niveau argumentatif. Il s'agira dès lors d'explorer, dans trois micro-lectures, ce qui se passe lorsque la fiction romanesque sentimentale, gouvernée par les lois de l'émotion individuelle, se fait lieu d'accueil d'images culturelles. A leur façon, les trois romans choisis s'engagent ainsi à considérer la part du regard subjectif – et son potentiel révélateur – face à l'idée d'une identité nationale constitutive.

Or, les études de cas se distinguent toutes par le fait qu'elles focalisent sur l'interférence entre, d'un côté, les *images* culturelles que les personnages se construisent dans leurs correspondances et, de l'autre, le *regard* qu'ils posent sur les relations entre l'Autre et le Même. Dans le cas de *Miss Honora*, c'est à travers la confrontation de différents regards – qui véhiculent des idées parfois très diversifiées – que l'auteur réussit à investir sa narration d'un discours culturel qui ne se laisse pas interpréter de façon univoque, en ce qu'il semble tantôt corroborer, tantôt déconstruire les stéréotypes et préjugés nationaux. Il s'ensuit que tant les hétéro/méta-images anglaises que les auto-images françaises sont multiples et ne se laissent dès lors pas réduire à une figuration définitive du Même et de l'Autre. Pour ce qui est des deux autres études de cas, l'intérêt ne réside pas en premier lieu dans la multitude des images, mais plutôt dans la complexité du caractère – et du regard – principal. Ainsi, tant dans *Les Heureux Orphelins* que dans *Milord Rivers* l'auteur en question a mis en œuvre les traits particuliers du personnage – philosophe ou libertin – pour l'ériger en véhicule d'un discours à la fois riche et complexe sur l'identité nationale.

Les Heureux orphelins de Crébillon-fils (1754)

Contexte

Au premier regard, il pourrait étonner que le roman publié par Crébillon-fils en 1754 forme l'objet de notre première étude de cas. Nous avons en effet souligné que le roman en question ne participe pas pleinement de la vogue de la fiction *à l'anglaise*, qui prend son essor à partir des années soixante du XVIIIe siècle. Le statut particulier du roman s'explique entre autres par le fait que l'intrigue porte clairement l'empreinte de l'esthétique bien distincte de son auteur, ce qui la rend moins topique que celle des fictions à l'anglaise à suivre. Qui plus est, l'on assiste dans les *Heureux Orphelins* à un renversement de la séquence topique de la *jeune orpheline persécutée*, qui investit mainte fiction à l'anglaise après 1760. Tandis que dans la première partie du roman la jeune Lucie, prototype de l'orpheline innocente, est au centre de l'intrigue, dans l'histoire de Lady Suffolck – qui occupe le devant de la scène dans la deuxième partie – le libertin Milord Chester joue un rôle graduellement plus important, avant de prendre définitivement la relève dans la suite de l'intrigue, sous forme de correspondances intimes. Par l'entrée en scène de Milord Chester, l'accent thématique se déplace en quelque sorte de la *vertu persécutée* – lorsque l'histoire est racontée du point de vue des deux femmes – à la *persécution de la vertu* au sens actif.

Une autre critique que pourrait susciter la sélection du roman crébillonien concerne le statut du texte. A bien considérer le titre, l'on constate en effet qu'il se présente comme une « imitation de l'anglais », titre volontairement ambigu[1]. Alors que le sous-titre rapproche l'ouvrage quelque peu des œuvres qui se disent « traduites de l'anglais », il implique en même temps la possibilité d'une approche plus libre. Or, la réalité est telle que les deux interprétations s'avèrent jusqu'à un certain point justifiées par l'économie diégétique. La première partie du roman – qui porte sur la jeunesse des deux orphelins Lucie et Edouard – s'inspire tantôt littéralement, tantôt librement du début des *Fortunate Foundlings*, écrit dix ans plus tôt par Eliza Haywood. Elle est bouclée par un récit intercalaire, où Mme Suffolck rend compte de son amour malheureux pour Milord Chester. C'est ce même récit qui constitue d'ailleurs le point charnière dans la structure narrative des *Heureux Orphelins*. Alors que l'idée de base de la femme trompée est une reprise de l'original de Haywood, elle est investie très différemment dans les deux versions. En revanche, c'est surtout dans les deux dernières parties de l'histoire que l'imitation de l'anglais s'efface

---

[1] Voir l'introduction à l'édition critique des *Heureux Orphelins* par Philip Stewart in : *Œuvres complètes*, T.3, dirigées par Jean Sgard, Classiques Garnier, 2001, p. 12.

devant la main d'auteur de Crébillon-fils, lorsque Milord Chester s'engage à réécrire l'histoire de Lady Suffolck à sa façon libertine.

La disparité narrative du roman a également confondu les critiques littéraires de l'époque : d'une part, l'abbé Raynal pose qu'il ne reconnaît la main de Crébillon-fils qu'à partir du moment où Milord Chester, « un petit-maître rusé et audacieux »[2], prend la parole. D'autre part, un an plus tard, Lessing consacre un compte rendu élogieux aux *Heureux Orphelins* dans la *Berlinische priviligierte Zeitung*, où il insiste plutôt sur « combien de changements Crébillon a dû faire pour cette *refonte* (« *Umarbeitung* ») totale ». Ainsi, précise-t-il, « l'ouvrage n'a pas seulement pris complètement l'allure française, il a aussi été crébillonisé (« *crebillonisiert* ») de façon tellement heureuse qu'il doit appartenir à la famille des *Egarements du cœur et de l'esprit* »[3]. Lorsqu'on confronte les deux comptes rendus précités, la question se pose évidemment de savoir comment on pourrait réconcilier cette « refonte crébillonienne » qu'a pu entrevoir Lessing avec l'idée de « rupture » qui ressort du compte rendu français. Se pourrait-il que, considérée dans sa totalité – comme a pu le faire *Lessing* – la structure du roman de Crébillon s'avère plus unie qu'elle n'en a l'air à première vue ? Dans notre article « Comment le tout peut réinvestir la partie : à propos du triptyque romanesque des *Heureux Orphelins* »[4] nous proposons une lecture « modulaire » des *Heureux Orphelins*, qui met en évidence l'unité narrative du roman. Ainsi, nous suggérons que la « refonte » qui se fait voir dans les correspondances de Milord Chester trouve ses germes dans une remodélisation du début du roman, qui serait en tant que tel plus proche de l'original. Le rôle d'Edouard, par exemple, qui dans le roman de Haywood était encore aussi important que celui de Lucie, est sensiblement réduit dans la version de Crébillon-fils. Celui de Milord Chester par contre, qui est peu développé dans les *Fortunate Foundlings*, est rendu très présent dès les premières pages des *Heureux Orphelins*, ne fût-ce que par l'insertion de nombreux dialogues entre Lucie et son séducteur libertin, qui sont entièrement issus de la plume de l'auteur français. D'une telle façon, la réécriture de Crébillon-fils se prépare dès les premières pages. Est alors favorisée la thèse selon laquelle les *Heureux Orphelins* seraient à concevoir comme un « tout » narratif, malgré l'impression de rupture qui s'en dégage au premier regard.

Vu que la plume de l'auteur français réoriente de part et d'autre ce roman et que l'analyse portera principalement sur la figure de Milord Chester, dont

---

2 *Nouvelles littéraires*, 20 juillet 1754. Cité dans le « Dossier critique » de Stewart in : *ibid.*, p. 660.

3 Cité dans Anne Saada, « L'accueil de Crébillon fils en Allemagne au XVIIIe siècle », *Revue de littérature comparée* 3 (2002), pp. 343-354. C'est nous qui soulignons le terme « refonte ».

4 *Op. cit.*

la caractérisation relève presqu'entièrement de Crébillon-fils, sa sélection en tant qu'étude de cas gagne en pertinence. Cela n'empêche que les *Heureux Orphelins* se présentent en quelque sorte comme un ouvrage précurseur, voire ex-centrique dans l'histoire des fictions *à l'anglaise* au XVIIIe siècle. De plus, dans l'œuvre de Crébillon-fils, qui porte indéniablement une empreinte française, ce roman fait également exception. Ainsi, parmi les caractères crébillonniens, Milord Chester est le seul qui se caractérise par une identité nationale hybride, étant un Lord *anglais* élevé à *l'école française*.

En raison même de cette hybridité culturelle du protagoniste, ce roman constitue au final un cas de référence dans notre corpus. *Primo*, il s'agit d'un des premiers ouvrages où la question de l'identité nationale est systématiquement inscrite dans la structure narrative de la fiction. *Secundo*, par le fait que Milord Chester est d'origine anglaise, le roman semble également constituer un pivot dans l'évolution de la mise en scène du libertin(age) anglais en littérature française. Rappelons que cette idée ressort également des critiques fournies par Grimm dans sa *Correspondance littéraire*, où il continue à définir Milord Chester comme un petit-maître, tout en reconnaissant déjà vaguement quelque influence de la figure de Lovelace, à peine introduite en France à travers la traduction de *Clarissa Harlowe*. De ce fait, l'on pourrait poser qu'à l'hybridité formelle des *Heureux Orphelins* font écho la psychologie et l'identité hybrides[5] et énigmatiques du personnage de Milord Chester. L'hybridité inhérente au caractère et au discours du libertin Milord Chester n'est d'ailleurs plus à découvrir ; elle a été prise en compte par Siemek et par Cazenobe[6]. Cette dernière a, tout comme l'a fait d'ailleurs Laroch[7] dans son étude sur le libertinage, mis en évidence l'anglicité du personnage – qui en tant que telle semble suffire à évoquer l'intertexte de Lovelace – sans pour autant approfondir les conséquences de l'identité nationale du personnage sur les idées qu'il véhicule dans ses correspondances. Parmi les analyses consacrées à Milord Chester, aucune n'a d'ailleurs vraiment rendu compte du discours interculturel fictionnalisé. Voilà pourquoi, dans notre analyse discursive des lettres de Milord Chester,

---

5   A bien lire l'ouvrage de Siemek, l'indécision de Milord Chester s'expliquerait plus en général par la conception crébillonnienne du libertinage comme « recherche » : « Le destin des personnages – et jusqu'à leurs moindres actions – s'inscrit dans une structure antithétique. Ils sont, à tous les niveaux, plutôt une ouverture face à des sollicitations différentes, une attente devant des systèmes d'attraction différentiels, qu'un substrat existentiel achevé. » (*La recherche morale et esthétique dans le roman de Crébillon-fils*, Oxford, SVEC, 1981, p. 184)

6   *Op. cit.* Mentionnons également l'ouvrage de Michèle Bokobza (*op. cit.*) qui implique ce personnage dans son étude de la folie au XVIIIe siècle.

7   *Op. cit.*

IDENTITÉ ET REGARD   275

l'enjeu sera précisément de mettre en relation l'image hybride que se crée le personnage, en rapport avec le discours sur l'identité nationale.

Les germes hybrides d'un personnage

Avant d'examiner de plus près le discours interculturel véhiculé par Milord Chester, il importe de prendre en considération l'histoire génétique particulière du personnage. Tout comme l'*expositio* des *Heureux Orphelins* trouve ses germes dans *The Fortunate Foundlings*, la figure de Milord Chester s'inspire d'un personnage présent dans le roman anglais. Quoique celui-ci n'y joue qu'un rôle secondaire et temporaire, les traits libertins dont il fait preuve se révèlent suffisants pour attiser le génie créateur de Crébillon-fils. Or, comme nous avons suggéré ci-dessus, la refonte totale de l'original anglais, qui aboutit aux correspondances inédites de Milord Chester dans les deux dernières parties des *Heureux Orphelins*, est préparée d'entrée de jeu par le biais de plusieurs adaptations significatives. Que celles-ci concernent avant tout la caractérisation de Milord Chester ne devrait aucunement étonner, vu sa grande importance dans la suite de l'histoire. Bernadette Fort l'a du reste signalé dans son article « *Les Heureux Orphelins* de Crébillon : de l'adaptation à la création romanesque », qui se concentre sur la première partie – plus fidèle – du roman :

> Sa plume [de Crébillon] ne se distingue nulle part de façon plus sensible que vers la fin de la première partie, dans une interpolation de vingt pages où il s'attarde à décrire les faits et gestes de Lord Chester[8].

C'est donc à juste titre qu'elle pose que « l'entrée en scène de Chester marque le début d'une veine nouvelle dans les *Heureux Orphelins* »[9]. Qui plus est, elle rend compte des stratégies de réécriture à travers lesquelles Crébillon-fils développe la veine anglaise de la première partie du roman[10]. Précisons à cet égard que l'auteur français, qui dans cette première partie reprend encore la forme à la troisième personne de l'original, s'adonne aux stéréotypes les plus rabâchés dans sa représentation du peuple anglais. Sautent aux yeux, en effet, les incises fréquentes, où le comportement des personnages est considéré comme étant illustratif de tous les Anglais. Citons par exemple la figure de l'Anglais splénétique, dont le chevalier Rutland – père adoptif des deux orphelins – semble former l'illustration parfaite : « cette maladie à laquelle *les Anglais* sont si sujets,

---

8   Fort, *op. cit.*
9   *Ibid.*, p. 570.
10 Elle parle en termes d'« anglitude » (*ibid.*, p. 563).

et que l'on appelle le Spléen, leur donne des caprices fort extraordinaires »[11]. D'un seul trait, le chevalier – et avec lui toute la nation anglaise – se voit affublé d'une « mélancolie » et d'une « singularité » dites typiquement anglaises. Dans le passage suivant, l'identité anglaise du même personnage se porte non seulement garante d'un sérieux inné, mais encore d'une prédilection naturelle pour la vie solitaire et réflexive : « Né Anglais, et par conséquent plus sérieux et plus philosophe qu'il ne semblait devoir l'être à son âge, il n'eut pas de peine à supporter la solitude profonde dans laquelle il s'était promis de vivre[12]. » Si certains de ces « traits distinctifs » sont déjà présents dans le texte original[13], ils n'y sont jamais explicitement liés à quelque identité nationale. Le simple fait que Crébillon introduit ces passages – comme s'il voulait rendre le texte plus anglais que ne l'était l'original[14] – trahit d'entrée de jeu la double réorientation que subit l'ouvrage sous la main de son nouvel auteur. En effet, outre la « crébillonisation » de l'original, l'on observe que le texte est également réorienté vers un nouveau public, français cette fois-ci. D'une part, cela implique l'explicitation (stéréotypée) du cadre anglais du roman, sur laquelle Fort a déjà insisté[15]. D'autre part, la position de la France comme nouveau point de référence trouve aussi des échos sur le plan diégétique. Remarquons à cet égard que la culture française est à plusieurs reprises érigée en point de référence lorsque Crébillon insère des descriptions du caractère anglais. Il en va ainsi dans le passage suivant, où l'opposition classique entre la galanterie française et le sérieux anglais est associée au discours sentimental :

> A Paris, avec tant d'avantages réunis, Rutland aurait inspiré d'autres idées que celles du mariage; mais à Londres, où la galanterie règne beaucoup moins, les projets que l'on forme sur lui, furent moins brillants et plus solides[16].

---

11   Crébillon-fils, *op. cit.*, p. 48. C'est nous qui soulignons.
12   *Ibid.*, p. 37.
13   On lit par exemple dans les *Fortunate Foundlings* que le chevalier Rutland « as he was walking pretty early one morning in his garden, very intent on a book he had in his hand, his meditations were interrupted by an unusual cry » (Eliza Haywood, *The Fortunate Foundlings*, Kessinger's publishing, p. 4). L'on y retrouve certes l'âme réflexive et l'amour de la solitude, mais ces traits de caractère ne sont pas explicitement mis en relation avec l'identité anglaise du personnage.
14   Fort, *op. cit.*
15   Fort, *ibid.*
16   Crébillon-fils, *op. cit.*, p. 48.

Si de tels passages comparatifs suggèrent déjà l'entrée en scène d'un regard français, cette idée se voit corroborée dans les changements considérables qui sont apportés au caractère de Milord Chester. Dans le roman de Haywood, ce personnage assumait un rôle insignifiant qui ne nécessitait point de caractérisation approfondie. Crébillon-fils, à son tour, a mis à profit cette « case vide » pour recréer le personnage de sa propre plume. Or, l'orientation française de l'esthétique crébillonnienne ne se manifeste pas seulement sur le plan stylistique – dans les discours et les lettres qui sont attribués à Milord Chester – mais encore dans le caractère national du personnage. Alors que dans les *Fortunate Foundlings* l'identité nationale du libertin n'est point mise en évidence, Crébillon-fils relate l'identité de Milord Chester d'entrée de jeu à une double tradition culturelle, l'une par naissance et l'autre par éducation[17]. C'est Lady Suffolck qui insiste sur l'identité hybride de Milord, lorsqu'elle décrit leur première rencontre :

> Il semblait, Lucie ! que la nature et l'éducation eussent travaillé ensemble pour lui donner mille charmes. Il tenait de la première la figure la plus intéressante et la plus noble, et de l'autre les grâces les plus séduisantes. [...] Simple, doux et modeste, il semblait n'avoir pris d'eux [les Français] que cette aisance dans le maintien, et cette liberté dans la conversation qui les distingue partout[18].

En tant que telle, la franco-anglicité de Milord Chester surpasse l'approche dialectique de Leerssen, qui dans ses recherches en Imagologie semble poser la relation dichotomique entre l'hétéro-image (*i.c.* anglaise) et l'auto-image (*i.c.* française) comme une évidence. Ainsi, nonobstant la valeur théorique du concept d'*image* pour toute analyse qui focalise sur la stéréotypie culturelle en littérature, la confrontation avec la pragmatique textuelle fait observer plusieurs cas qui, par leur complexité, soulignent son caractère réducteur. Dans ce qui précède, nous avons déjà insisté sur le fait que la multiplication des regards dans les fictions *à l'anglaise* polyphoniques pose problème à une reconstruction trop rigide des auto- et hétéro/méta-images. Dans le cas de Milord Chester, la complexité ne découle pas en premier lieu de la focalisation variable du roman, mais est inscrite dans l'identité même du protagoniste.

---

17 « Je fus surprise de trouver auprès d'elle [la Reine] un jeune Lord qui était pour la cour un objet d'autant plus nouveau qu'il avait été fort longtemps à Paris, où son père, par goût pour les mœurs françaises, l'avait fait élever, et d'où il n'était sorti que pour aller achever de se former dans les principales Cours de l'Europe. » (*ibid.*, p. 95)

18 *Ibid.*, pp. 95-96.

Du reste, cette double identité s'avère également constitutive de la caractérisation morale du libertin, puisque l'éducation française est à plusieurs reprises intrinsèquement liée à l'ethos douteux du protagoniste. Dans le passage précité, la franco-anglicité du libertin est encore posée sous un jour favorable, en ce que Milord Chester porterait en lui les meilleurs traits de deux mondes opposés. Ainsi, aux yeux de Lady Suffolck, il se présente comme un homme gracieux, sans devenir impertinent, et il fait preuve d'une certaine aisance qui est exempte des libertés souvent attribuées aux Français. En revanche, la récurrence du verbe modal (« semble ») dans la description de Lady Suffolck s'avère aussitôt révélatrice de la suite de l'histoire, où les apparences séduisantes de Milord Chester se révèlent trompeuses. L'image constructive que se crée Lady Suffolck de son (futur) amant se voit en outre contrecarrée par celle de Lucie dans la première partie du roman. Lord Chester y joue en effet le rôle d'un *fat*, qui ne ressemble en rien à l'homme charmant dont Lady Suffolck tombe amoureuse. Envers Lady Suffolck, il fait semblant de réconcilier les aspects les plus séduisants de la culture française et d'une essence anglaise. Par rapport à Lucie, petite bourgeoise orpheline, son attitude témoigne d'une impertinence offensive que la jeune orpheline associe tout de suite à son éducation française. Ainsi, lorsque Milord Chester discute ses multiples voyages en France, qui servent à ne pas « laisser appesantir [ses] grâces, par l'air grossier de Londres »[19], Lucie n'y voit qu'une confirmation de l'image péjorative qu'elle s'est construite de la culture française :

> Ils sont fort plaisants, ce me semble, les Français, répliqua Lucie, et bien dignes de la réputation qu'ils ont de l'être, si c'est chez eux que vous avez pris vos tons et vos manières[20].

La structure composite du roman, où les différentes parties annoncent chacune une nouvelle focalisation, s'avère ainsi révélatrice de la caractérisation ambiguë de Milord Chester. En effet, comme le roman intègre consécutivement l'histoire de deux « victimes » du libertin, ce dernier y est esquissé à travers une double entrée en scène. Dans les deux récits, le personnage concerné se charge, aux yeux des deux narratrices, d'un ethos très différent : au fat qui importune la jeune Lucie s'oppose le jeune noble aux charmes étrangers qui inspire la passion de Lady Suffolck. A la double identité du personnage s'associe alors une morale très équivoque.

---

19 *Ibid.*, p. 72.
20 *Ibid.*

Un personnage, deux discours

Si nous avons insisté sur le caractère – et l'ethos – énigmatique de Milord Chester, cette ambiguïté caractérielle n'est évidemment pas sans incidences sur le discours interculturel dont ce personnage se charge. Même avant que Milord Chester prenne la parole, un lecteur attentif déduit de la confrontation de ses assertions, relatées par les deux héroïnes, que la voix libertine de Chester investit le discours sur les Nations d'une portée rhétorique bien prononcée. Si par rapport à Lucie – qu'il considère comme une conquête facile[21] – Milord Chester se vante d'avoir façonné son attitude impudente sur l'exemple des Français, envers Lady Suffolck – qui serait une conquête plus brillante – il semble avoir tout intérêt à minimiser l'image péjorative du pays où il a reçu son éducation.

C'est dans ce contexte également que le thème de la *conscience linguistique* s'avère porteur de sens. Si le contact entre Milord Chester et Lady Suffolck est facilité par leur bilinguisme, la façon particulière dont cette qualité est conçue par les deux personnages est en effet hautement signifiante. De fait, dans le cas de Lady Suffolck, la fascination pour le français est sans bornes, comme elle ne cesse de répéter. Aimant « passionnément » la langue française, elle « ne néglig[e] aucune occasion de [se] la rendre encore plus familière »[22]. Pour ce qui est de Milord Chester, Milady observe qu'il parle français « avec toute l'élégance et toute la pureté imaginable »[23], en dépit de ses origines anglaises. L'identité française de Milord Chester s'exprime ainsi en des termes décidément langagiers. En outre, dans l'univers libertin de Crébillon-fils[24], le bilinguisme du libertin Chester se présente explicitement comme une stratégie de séduction. Lady Suffolck, pour sa part, reconnaît la valeur séductrice du français « noble » du jeune Lord :

> C'était sans doute un mérite assez léger dans un homme qui était presque Français, de s'exprimer dans cette langue avec noblesse et facilité ; mais cet avantage, tout frivole qu'il était, acheva de m'enchanter[25].

---

21   L'importance de la position sociale des victimes est même rendue explicite par la voix de Mme Pickring, la marchande aux mœurs douteuses chez qui Lucie gagne sa vie lorsqu'elle rencontre Milord Chester : « eh puis ! croyez-vous qu'avec de petites bourgeoises comme nous, un Seigneur de cette importance agisse comme avec une Duchesse ? » (*ibid.*, p. 73)

22   *Ibid.*, p. 97.

23   *Ibid.*

24   Voir l'ouvrage de Bernadette Fort, *Le langage de l'ambiguïté dans l'œuvre de Crébillon-fils*, Paris, Klincksieck, 1978.

25   *Ibid.*

D'autre part, dans le discours de Milord Chester, la maîtrise du langage témoigne de la valeur rhétorique inhérente au style des libertins crébilloniens. Dès sa première prise de parole, le séducteur franco-anglais se réfère en termes équivoques à ses connaissances linguistiques. Citons à titre illustratif le passage concerné, où la timidité affichée par Chester est en plein contraste avec l'impertinence qui transparaît dans ses paroles :

> Je croyais, Madame, me dit-il enfin, les yeux baissés, savoir parfaitement le Français ; j'éprouve, cependant, qu'il y a des choses pour lesquelles je ne trouve pas de termes dans cette langue ; mais, ajouta-t-il, quelle est celle, à quelque point qu'on la possède, que l'on puisse parler avec liberté devant Madame de Suffolck[26] ?

Ce qui se présente au premier regard comme un compliment à l'adresse de Lady Suffolck, où se voit mise en valeur sa maîtrise du français, connote aussitôt la séduction libertine. Lady Suffolck est d'ailleurs sensible à la valeur implicite des éloges de Milord Chester. En effet, si elle est au premier abord alarmée par la tonalité légère de la conversation, le jeune libertin réussit à désarmer sa méfiance initiale, tant par son comportement que par ses discours. D'une part, il affiche une timidité qui fait oublier son éducation française[27] ; d'autre part, il s'efforce à relativiser les failles de la culture française, afin de se rendre moins suspect à ses yeux et de faciliter par là sa conquête.

Dans les *Heureux Orphelins*, le discours sur les Nations joue dès lors un rôle crucial dans le jeu de séduction qui s'avère, dans la lignée des autres ouvrages de Crébillon-fils, avant tout discursif et argumentatif. Dans une tentative de répondre aux appréhensions de sa conquête, Milord Chester n'hésite donc pas à manipuler son image de la culture française. A cet effet, il a tout intérêt à rapprocher la culture française, en dépit de son altérité, de la culture anglaise de Lady Suffolck. C'est ce qui ressort également du fait qu'« [il] voudrai[t] réconcilier en tout deux Nations qui [lui] paraissent plus faites pour s'estimer que pour se haïr »[28]. Dans le discours de Chester, l'identité natio-

---

26   *Ibid.*, p. 98.
27   Ce changement d'attitude est remarqué par un personnage secondaire, le comte de Dorset : « Ce qui me plaît singulièrement dans le Lord Durham, me dit-il, est, Madame, cet air modeste et timide que je lui trouve auprès de vous, et qui se sent si peu de cette familiarité dont on accuse auprès des femmes les gens du pays où il a vécu si longtemps. » (*ibid.*, p. 108)
28   *Ibid.*, p. 109. Par notre interprétation rhétorique du discours sur les Nations de Milord Chester, nous voudrions d'ailleurs également remettre en cause certaines idées lancées par Siemek dans sa monographie sur Crébillon-fils. En effet, Siemek explique la remarque de Milord Chester comme le reflet de sa recherche sincère « d'un compromis entre les

nale se défait donc de sa valeur identifiante, pour être tournée en argument rhétorique, à la fois manipulable et manipulateur. En témoigne sa réaction au reproche de légèreté par Suffolck, qu'il caractérise aussitôt de préjugé anglais :

> Je puis vous assurer qu'il n'y a rien de plus faux que le *préjugé* qui me paraît établi ici sur l'indécence des mœurs des Français. Les hommes y sont, sans doute, fort galants, peut-être un peu légers ; mais à l'exception d'un petit nombre [...] les Français ne m'ont jamais paru tels qu'un peu de jalousie peut-être nous les fait peindre ici[29].

Dans la bouche de Milord Chester, le discours sur les Nations sert un but rhétorique et stratégique et ne saurait dès lors être valorisé indépendamment du contexte de séduction dans lequel il s'insère. C'est parce qu'il a besoin de s'innocenter aux yeux de Lady Suffolck, que le jeune libertin s'efforce à réhabiliter l'image négative des hommes français. L'approche rhétorique de Milord Chester se confirme lorsqu'il reprend à un moment donné l'opposition stéréotypée entre les femmes françaises et anglaises :

> Il me semble que les Françaises pourraient mettre dans leur maintien plus de décence, et que les Anglaises devraient y mettre plus de liberté. L'une rendrait la vertu de nos femmes plus agréable ; l'autre ferait qu'on en croirait plus aux Françaises, et peut-être autant qu'en effet elles en ont[30].

Cette revalorisation partielle de certains préjugés anglais – toute surprenante soit-elle – gagne en conséquence dès qu'on intègre ces différents discours dans le contexte de la scène de séduction. En effet, la thèse avancée par Milord Chester – selon laquelle les femmes des deux nations feraient mieux de s'inspirer les unes des autres – sert avant tout à persuader Lady Suffolck de se montrer plus « libre » et « agréable ». Ainsi, le jeune libertin fait preuve d'une approche purement rhétorique du discours sur les Nations qui se met entièrement au service du jeu de la séduction. Comme Lady Suffolck est une femme aux principes solides, Milord Chester se rend bien compte que, pour pouvoir séduire son cœur, il doit commencer par désamorcer les convictions sous-jacentes

---

valeurs absolues. » (Siemek, *op. cit.*, p. 189) En revanche, à notre avis, lorsqu'on considère le passage concerné dans le contexte plus général de la séduction de Lady Suffolck, une perspective pragmatique s'impose.
29 *Ibid.*, p. 108. C'est nous qui soulignons.
30 *Ibid.*, p. 109.

qui sous-tendent sa défense. Cette stratégie de manipulation argumentative s'illustre par ailleurs dans son recours subtil au pronom possessif – dans l'expression « nos femmes » – qui contribue évidemment à convaincre sa victime d'une identité partagée.

Crébillon-fils a ainsi réussi à créer une figure particulière qui se distingue dans l'ensemble des fictions *à l'anglaise*. *Primo*, la complexité inhérente à l'identité hybride du personnage permet de creuser, sous forme fictionnelle, les modalités de la double identité nationale, *i.c.* de la franco-anglicité. *Secundo*, outre son identité franco-anglaise, le personnage de Milord Chester intéresse par son mode de vie libertin, à la fois ambigu et moralement reprochable, qui engendre clairement une approche inédite du discours sur les Nations. De toute évidence, dans plusieurs romans, le regard que portent les personnages sur l'Autre est enchevêtré dans le rôle qu'ils jouent et influencé par les émotions qui leur sont attribuées par l'auteur. Les idées (stéréotypées) qu'ils véhiculent au sujet de l'identité culturelle ne sont dès lors jamais entièrement dissociées des particularités caractérielles du personnage. Mais la figure de Milord Chester porte le lecteur à considérer ce rapport entre caractère fictionnel et discours culturel sous l'augure d'une pragmatique conversationnelle et comportementale qui se prête à désamorcer la valeur constitutive de l'identité nationale. L'on constate que le discours sur les Nations n'est jamais évoqué en raison de son intérêt intrinsèque, mais qu'il est intégré dans les stratégies manipulatrices du libertin. Celui-ci se sert comme à sa guise de l'argument national, qui est mis au service d'un jeu de séduction qui le dépasse. A travers les avances de Milord Chester transparaît alors une autre conception de l'identité nationale, dépourvue d'un sens intrinsèque, voire d'une essence à proprement parler, et par là propice à un emploi rhétorique. Ou encore, s'y présente l'idée de l'identité nationale comme *construction* discursive, malléable et susceptible de dé/reconstruction.

Le regard du libertin : entre essence et stratégie

La seconde partie du roman, celle qui est racontée du point de vue sentimental de Lady Suffolck, se termine par la découverte des infidélités et manipulations de Milord Chester ; c'est une découverte qui semble en même temps faire rentrer l'histoire dans l'ordre. Aux yeux de Milady est en effet confirmée la dichotomie qui oppose la victime sincère et vertueuse qu'elle a été[31] au libertin vicieux et manipulateur.

---

31 Cfr. « Je ne me sens point humiliée devant moi-même ; j'aimais, j'étais sûre d'aimer pour le reste de ma vie, si l'on l'avait voulu. » (*ibid.*, p. 147)

Mais l'intérêt des *Heureux Orphelins* réside précisément dans le fait que l'intrigue ne s'arrête pas à la fin de la deuxième partie. De plus, le changement de perspective dans les deux dernières parties constitue une rupture[32] dans la structure romanesque, qui substitue à la logique classique de la linéarité celle – plus expérimentale – de la « répétition », ou encore de la « variation ». Cela revient à dire que le libertin y raconte – du moins partiellement – les mêmes faits, mais de son propre point de vue. Les correspondances de Milord Chester forment en effet une sorte de réplique libertine à l'histoire sentimentale racontée par Lady Suffolck. La confrontation de deux diégèses, tantôt conflictuelles, tantôt complémentaires, amène le lecteur à une sorte de « double lecture », dont l'intérêt littéraire a déjà été remarqué par Jean Rousset dans son ouvrage *Narcisse Romancier* :

> L'intérêt de l'ouvrage réside dans la succession de ces deux récits étroitement parallèles qui se superposent avec une rigoureuse symétrie, bien qu'ils s'énoncent à l'insu l'un de l'autre. [...] Les deux textes se lisent donc l'un par rapport à l'autre, ils se complètent et se commentent réciproquement, ils se doublent comme l'endroit et le revers de la même histoire[33].

Alors que la deuxième partie du roman se termine sur la condamnation morale de « l'exécrable Comte Chester »[34], l'insertion des correspondances permet au lecteur de sortir de cette logique manichéenne, ou du moins de la reconsidérer à la lumière d'une logique libertine. Le changement de perspective permet en même temps d'approfondir la caractérisation du personnage : s'il a été présenté en tant que *persona* publique dans le compte rendu de Lady Suffolck, la formule des correspondances confidentielles déplace l'accent vers l'atmosphère privée, d'autant plus que les lettres sont adressées au Duc de ***, maître en libertinage du protagoniste.

Comme les correspondances de Milord Chester constituent non seulement le compte rendu de ses projets en libertinage, mais forment également la plate-forme de ses nombreuses réflexions sur l'identité nationale, elles nous permettent aussi d'approfondir l'approche particulière du personnage

---

32   Remarquons qu'entre l'histoire de Lucie et celle de Lady Suffolck se présente une première rupture, puisque la focalisation se déplace des jeunes orphelins à Lady Suffolck, qui se met à raconter son histoire dans un récit intercalaire. Cette première rupture est mise en évidence par la substitution d'un récit à la première personne (les mémoires de Milady) au récit à la troisième personne qui porte sur Lucie et Edouard.
33   Jean Rousset, *Narcisse Romancier*, Paris, José Corti, 1973, p. 22.
34   Crébillon-fils, *op. cit.*, p. 149.

au sujet des stéréotypes nationaux. Dans ce qui précède, nous avons déjà évoqué jusqu'à quel point le discours sur les Nations est réduit à un simple argument – parmi d'autres – mis au service du jeu libertin de séduction. Dans la même lignée, Chester se vante à plusieurs reprises de la façon dont il adapte son attitude – et son image nationale – en fonction des attentes de sa victime. Ainsi, il confirme comment il a « travesti » ses stratégies de séduction sous une couche de « sérieux » jugé typiquement anglais :

> Mes grâces perdaient sans doute à être travesties à l'Anglaise ; mais si je ne les avais pas si cruellement déguisées, elles m'auraient été ou inutiles, ou pernicieuses. Un air froid, important, rêveur, une profonde taciturnité, en un mot, l'air de penser [...] fut l'air que je crus devoir prendre[35].

En tant que tel, le pragmatisme de Lord Chester n'implique pourtant pas qu'il remette explicitement en cause l'existence même d'une identité culturelle distinctive. Plutôt que de rejeter catégoriquement les différences entre les Nations, Milord Chester les prend pour *point de départ*, dans l'objectif de les mettre au service de ses stratégies libertines. En effet, c'est précisément *parce qu'*il se rend compte des différences culturelles qu'il est à même de s'y adapter si besoin en est. En d'autres termes, l'attitude de Milord Chester auprès des femmes anglaises est comme conditionnée par leur identité nationale, ou du moins par l'image qu'elles se font de leur propre culture.

Or, pour qu'il puisse réussir ses stratagèmes de séduction, Milord Chester dépend de son savoir unique, et *mutatis mutandis*, de l'inconscience de ses victimes à l'égard de la malléabilité de l'identité nationale. Répétons à ce sujet qu'une des qualités distinctives du « maître-libertin »[36] consiste en sa « science du monde »[37], ou encore en la maîtrise du jeu des apparences, du dédoublement entre « être » et « paraître » qui gouverne la société mondaine. Le libertin, qui doit savoir manipuler les apparences et adapter son attitude aux préjugés de sa victime, a toujours besoin d'être crédible dans ses actions et

---

35   *Ibid.*, p. 158. Citons également le fragment suivant, où Milord Chester rend compte du besoin d'adapter jusqu'à la façon dont il déclare ses sentiments : « A Paris, j'aurois annoncé mes dispositions par des regards hardis & peu ménagés, qui ne les auroient pas moins décelés à tout le monde, qu'à la femme même pour laquelle j'y aurois été ; mais j'étois dans une cour où les galanteries d'éclat ne réussissent point & où l'on n'a pas encore pu persuader aux femmes qu'on ne les aime que médiocrement, quand on ne les déshonore pas. » (*Ibid.*)
36   Nous reprenons le terme de Siemek, *op. cit.*, p. 106.
37   Nous reprenons le terme de Giard, *Savoir et récit chez Crébillon-fils*, P.U., Grenoble, 1983, p. 120.

ses discours. Ainsi, s'il veut séduire la vertueuse Lady Suffolck – qui se montre méfiante envers la réputation vicieuse de Lord Chester – ce dernier a tout intérêt à jouer le rôle d'homme amoureux. C'est à cet effet également qu'il s'attribue une connaissance exceptionnelle des préjugés et stéréotypes nationaux qui forment la base même de toute image culturelle.

Par le fait qu'il institue Chester en véhicule fictionnel d'un discours sur les Nations, Crébillon-fils réussit ainsi à jeter une nouvelle lumière sur l'idée d'une identité nationale constituante ; idée qui s'écroule pour ainsi dire dans le processus de manipulation rhétorique. Cette logique se reflète également sur le plan lexical, où des expressions comme « travestissement » ou « prendre un air anglais » suggèrent comment, suivant la pensée – et, qui plus est, la pratique – libertine, l'identité d'une nation serait jusqu'à un certain point susceptible d'imitation. En témoigne aussi le passage suivant, où Chester tente de minimiser l'effet pernicieux de son séjour en France :

> Les pays, lui répondis-je, forment souvent les opinions. Il se peut que chez eux j'aie pensé comme ils pensent, & que j'aie eu les mêmes raisons : mais ce qui pouvoit être juste à Paris, cesseroit de l'être à Londres[38].

L'on y voit transparaître une fois de plus l'approche pragmatique – et relativiste – du libertin, qui semble ici insister sur ce que l'influence de l'« air » du pays est certes très forte, mais toujours en dépendance de l'aire géographique concernée.

C'est dans cette même philosophie que s'inscrit le grand projet libertin dont la séduction de Lady Suffolck ne forme que la première étape. En effet, non sans ironie de la part de l'auteur, Milord Chester esquisse dans ses lettres un plan de campagne systémique qui surpasse le niveau des conquêtes occasionnelles et qui vise à « subjuguer toutes les femmes de la cour et de la ville »[39]. Etant donné l'importance de l'argument national dans ce roman, il n'est guère surprenant que ce projet de séduction prenne également une portée transculturelle. Ainsi, ses ambitions mégalomanes consistent à faire changer « toute l'Angleterre de face entre [s]es mains, et être enfin pour elle un autre Henri VIII »[40], étant déterminé à « voir régner un jour en Angleterre, comme à Paris [les mœurs françaises] »[41]. Il répète cette idée dans la quatrième lettre, où il

---

38   *Ibid.*
39   *Ibid.*, p. 158.
40   *Ibid.*
41   *Ibid.*

semble suggérer encore la possibilité de changer les coutumes d'un peuple par l'importation de nouvelles idées :

> J'apportais dans Londres des mœurs et des manières qui y étaient on ne peut pas plus nouvelles et qui y prendront, j'ose le prédire. Le plaisir brutal de boire n'est pas fait pour être toujours le premier plaisir d'une Nation aussi éclairée, et même aussi sensible que la nôtre[42].

Or, sous la plume de Crébillon, l'approche pragmatique du libertin n'est pas non plus sans failles. La maîtrise du système des différences nationales, présentée comme une valeur distinctive du libertin, est en effet infirmée sous l'influence même du climat mélancolique de l'Angleterre. « Le nord-est souffle, j'ai du *Spleen*, ma tête est en proie aux plus noires idées, j'en veux à toute la nature »[43], annonce Chester au début de sa cinquième lettre. Ironiquement, le libertin qui se moquait du sérieux des Anglais, qu'il considérait comme une « attitude » dont il pouvait, en bon acteur, prendre l'air, se trouve ici pris au dépourvu par le sentiment anglais par excellence, le *Spleen*.

Crébillon semble alors faire aboutir son roman à une mise en cause de la pensée libertine, quand il insiste comment le libertin, en dépit de sa lucidité exceptionnelle, se trouve tout compte fait incapable d'échapper à l'air du pays. Ce moment de doute n'est d'ailleurs pas un moment isolé dans l'ensemble des lettres de Milord Chester[44], mais semble préfigurer une crise de conscience plus compromettante qui se manifeste pleinement dans la lettre VII. Il s'y montre en proie à un mouvement de mélancolie, qui le pousse à remettre en cause son approche stratégique et manipulatrice des relations personnelles, issue de son éducation française :

> [Q]uelque chose que nous soyons, ce qui me paroît beaucoup moins douteux, c'est que nous prisons nos connaissances bien au-delà de ce qu'elles valent, & que nous ne prenons pas assez garde à ce qu'elles nous coûtent. Il est très-beau, sans doute, de savoir lire parfaitement dans le cœur d'une femme ; d'en discuter tous les mouvements avec autant de justesse que de profondeur [...] ; mais j'ose encore soutenir qu'il y auroit

---

42 *Ibid.*, p. 228.
43 *Ibid.*
44 La position du passage dans l'ensemble des correspondances ne nous semble pourtant pas entièrement dépourvue de signification. En effet, c'est par ce passage qu'est entamée la quatrième lettre, qui constitue en même temps la lettre d'ouverture de la quatrième et dernière partie du roman. Ainsi s'impose de quelque façon l'idée de « rupture ».

pour nous beaucoup plus de plaisir à en être la dupe, qu'il n'y a de gloire à les connoître si bien[45].

S'il est d'avis que sa conscience supérieure du système social lui procure un pouvoir de manipulation, il semble appréhender, ne fût-ce que pour un moment, la solitude qui s'ensuit. De même, sa conviction initiale, selon laquelle l'identité nationale réside dans les habitudes que le peuple en question s'est attribuées au fil du temps, s'effrite devant l'idée d'une identité plus contraignante, qui ne serait pas tout simplement dans « l'air » du pays :

> Chaque Nation a, comme le goût et la façon de penser, un air qui lui est propre ; et il est rare qu'en cherchant à prendre les grâces d'un pays dans lequel on n'est pas né, l'on ne se donne pas dans le sien beaucoup de ridicules. J'ai vu chez vous quelques Français qui voulaient bien nous faire l'honneur de nous ressembler, et qui, avec leur air singulier et profond, et (suivant la mode régnante) nos grands ou nos petits chapeaux, nos tailles longues ou courtes, avaient perdu beaucoup de leurs agréments, sans avoir pris rien de notre solidité[46].

Nonobstant les références à « l'air » national ou encore aux « grâces » du pays, qui corroborent l'idée d'une identité nationale sans force définitoire, la tonalité générale du passage est telle que le caractère d'une nation y semble être pris au sérieux. Lorsque Milord Chester pose qu'il est difficile d'assumer les « grâces » d'un pays « où l'on n'est pas né », le caractère national se présente comme enraciné dans une base plus solide – la terre de naissance – qui entrave toute tentative d'assimilation culturelle. L'intérêt particulier de ce passage réside en outre dans le fait qu'il ne s'insère point dans sa rhétorique de séduction, mais dérive de lettres intimes à un confident, qui connotent l'authenticité. Ainsi, la correspondance de Lord Chester se présente comme un discours en dé/reconstruction continuelle, où la confiance caractéristique du libertin cède graduellement devant la perspective oscillante d'une âme en crise. Pareillement, le passage précité s'écrit manifestement à la défense de la culture anglaise, ce qui va à l'encontre de la francophilie affichée par le personnage. S'il se veut francophile, Milord Chester n'échappe point à ses origines anglaises[47].

---

45 *Ibid.*, p. 238.
46 *Ibid.*, p. 168.
47 Voir également la citation suivante, où l'usage du pronom est en contraste avec la valorisation de la culture française : « Nos Angloises ne sont pas encore assez heureuses pour connaître ce mouvement léger que vous appelez le goût » (*ibid.*).

En guise de conclusion

A travers son implémentation dans les correspondances de Milord Chester, la question de l'identité nationale se voit donc investie d'une ambiguïté qui est tout à fait originale dans l'ensemble des fictions *à l'anglaise* de l'époque. Au niveau (macro-) structural, cette équivocité est engendrée par l'opposition de plusieurs voix alternatives, qui donnent toutes une autre version des faits, sans qu'une voix d'auteur s'y superpose pour imposer quelque interprétation définitive. En outre, le changement de focalisation[48] s'accompagne d'une réorientation de l'intrigue, qui évolue d'une histoire sentimentale vers un roman libertin dans la tradition de Crébillon-fils. Deuxièmement, l'ambiguïté s'avère à plusieurs égards inhérente à la figure de Milord Chester. D'une part, rappelons l'*ethos* du personnage libertin, qui implique une approche tout autre du caractère national. Tout comme le libertin met à profit la dissociation de l'être et du paraître afin de manipuler ses victimes, il se sert des images nationales – et des préjugés – conçus par les Anglais dans un but de séduire plus aisément ses victimes. Au-delà de son fonctionnement concret dans l'intrigue, ce personnage nous apprend dès lors, à un niveau plus abstrait, comment peuvent s'inscrire dans la figure même du *libertin*, par l'ambiguïté et la force rhétorique qui lui sont propres, les conditions de possibilité susceptibles d'une manipulation des différences nationales. D'autre part, si à première vue la double nationalité de Milord Chester – française par éducation, anglaise par naissance – semble se mettre au service de ses jeux manipulateurs, les correspondances intimes montrent en même temps un personnage qui n'échappe pas aux conséquences mêmes de son hybridité.

Le discours sur l'identité qui en ressort est pour le moins ambigu et complexe. Au premier abord, il semble ressortir des *Heureux orphelins* l'idée selon laquelle l'identité nationale est manipulable, malléable. En même temps, Milord Chester jette effectivement un « double » regard sur la question, adoptant tantôt une perspective anglaise tantôt une approche française. Il s'ensuit que toute tentative de structurer l'implémentation du caractère national en hétéro- et auto-images semble y perdre sa pertinence.

Si le romancier ne fournit pas de réponses claires au lecteur contemporain, du moins semble-t-il aborder la problématique d'une nouvelle manière, en faisant de l'homme libertin le véhicule privilégié du débat interculturel. Tout en incarnant – de prime abord – le stéréotype du libertin dépravé, représentation d'une société *française*, elle aussi dépravée, Milord Chester amène le lecteur

---

[48] Rappelons que dans la première partie domine toujours la narration à la 3e personne et que la répartition des rôles y répond à une logique plutôt manichéenne.

à se mettre à l'esprit la stratification incontournable de tout discours (inter)culturel.

Histoire de Miss Honora, Lefevre de Beauvray (1766)

Contexte

Au premier abord, notre prédilection pour le roman *Histoire de Miss Honora* comme deuxième étude de cas pourrait étonner, vu le statut relativement obscur de son auteur, Lefèvre de Beauvray[49]. En effet, tant l'œuvre que la vie de cet auteur n'ont que rarement attiré l'intérêt des chercheurs. Quant à sa biographie, nous savons seulement qu'il a eu une formation d'avocat, mais qu'il n'a jamais exercé cette profession en raison de sa cécité[50]. Pourtant, cet auteur n'a pas été sans importance dans le développement des lignes de force de cette étude. Rappelons à ce sujet nos références au *Dictionnaire social et patriotique* du même auteur, insérées dans le compte rendu des textes non-fictionnels de main française. Dans cet ouvrage de 1770, dont la publication est donc postérieure à celle de *Miss Honora*, Lefèvre de Beauvray se montre patriotique et conservateur, comme le fait supposer le titre de son ouvrage. En même temps, il importe de nuancer cette première impression, vu que l'auteur se montre avant tout dépréciatif à l'égard de l'Anglomanie, qu'il considère comme une forme d'admiration démesurée et peu représentative de la culture anglaise. En outre, s'il n'hésite pas à souligner la suprématie de la culture française, il plaide tout de même pour une appréciation – modérée et réaliste – des mérites de celle anglaise[51].

---

49   Il s'y ajoute le problème de l'attribution, que nous avons déjà évoqué – et qui est exemplifié par une lettre, publiée dans *Le Mercure de France* d'avril 1766, où il se distancie de toute responsabilité auctoriale pour attribuer le roman aussitôt à l'abbé Irailh (voir *supra* pour une étude plus développée de cette lettre). Dans son article, « 'Les livrées de la perfection' : La pseudo-traduction du roman anglais au XVIIIe siècle », Shelly Charles attribue le roman également à l'abbé Irailh (*op. cit.*, p. 411).

50   David A. Bell, « Aux origines de la Marseillaise : l'*Adresse à la Nation angloise* de Claude Rigobert Lefebvre de Beauvray », *Annales historiques de la Révolution française* 1 (1995), p. 75 [75-77]. La même information se retrouve déjà dans Quérard, *La France littéraire, ou dictionnaire biographique des savants* (1964 (1827-1864), pp. 82-83), lequel mentionne également les *Vœux patriotiques à la France* (1762), du même auteur. Par ailleurs, son œuvre se compose de quelques traductions, ainsi que de quelques ouvrages peu connus d'orientation philosophique et morale.

51   Dans son ouvrage *Anglomania in France*, Josephine Grieder rend également compte du regard conservateur mais modéré du critique à l'égard de la nation anglaise : « What of the

En revanche, David A. Bell mentionne un autre ouvrage de Beauvray, qui est antérieur à son roman *à l'anglaise* et dans lequel la tonalité patriotique est très présente. Plus en particulier, il s'agit d'un poème de 1757, intitulé *Adresse à la Nation angloise*. Une fois de plus, le titre de l'ouvrage fait présupposer l'orientation patriotique du texte en question. A cet égard, Bell confirme que ce poème – et l'œuvre de Beauvray plus en général – participe effectivement d'une « petite explosion de textes qui visent de façon consciente à stimuler le patriotisme français et la haine contre l'ennemi français »[52]. Plus en général, la portée politique de cette œuvre explique les références récurrentes au nom de Lefèvre de Beauvray dans des ouvrages en histoire politique[53]. En revanche, son unique roman n'a jusqu'à présent jamais fait l'objet d'une analyse approfondie. Qui plus est, force est de constater qu'à l'époque même, les critiques littéraires ne prêtent point d'attention à la parution de *Miss Honora*, mis à part quelques références succinctes dans *la Correspondance Littéraire* de Grimm et dans le *Journal Encyclopédique*[54]. Néanmoins, l'intérêt particulier de l'*Histoire de Miss Honora* pour cette étude ne saurait être sous-estimé, non seulement en raison de la part considérable que Lefèvre de Beauvray y a réservée au discours sur les Nations, mais encore pour le travail fascinant de *mise en perspective* de ce discours.

Entre topos et argument

A bien lire l'intrigue de *Miss Honora*, les préliminaires esquissent une histoire qui entre dans la lignée des fictions à l'anglaise les plus stéréotypées. Ainsi, le sous-titre « le vice dupe de lui-même » fait supposer que le roman constitue une des nombreuses variantes sur le modèle richardsonien. De fait, le schéma narratif du roman est tel que s'y font reconnaître les lignes de force que nous avons esquissées lors de notre lecture topique, au point de se profiler comme un vrai amalgame de stéréotypes thématico-narratifs.

Primo, l'héroïne de l'histoire est une jeune orpheline anglaise qui, après avoir été éduquée en France par sa tante, est envoyée en Angleterre pour aller

---

English themselves in his conservative commentary ? Lefebvre de Beauvray is generally critical but not blind. » (*op. cit.*, p. 130)

52   Bell, *op. cit.*, p. 77.

53   A ce sujet, renvoyons à quelques ouvrages et articles qui ont inspiré notre premier chapitre : Josephine Grieder, *Anglomania in France*, *op. cit.* ; David A. Bell, « Jumonville's death : war propaganda and national identity in 18th century France », *op. cit.* ; Gerald Newman, *The cult of the Nation in France : inventing nationalism : 1680-1800*, *op. cit.*

54   Notons toutefois que nous avons découvert plusieurs traductions du roman, notamment une traduction en néerlandais intitulée *Historie van Miss Honora, of de ondeugd door haarzelven bedrogen* (Amsterdam, 1769).

vivre chez son père supposé, sir Warrington. Une fois arrivée en Angleterre, toutefois, elle apprend que ce dernier n'est point son père naturel, mais qu'il a promis de la prendre sous ses ailes au lit de mort de sa mère naturelle. A part le nom d'emprunt de sa mère – Mistriss Stephens – et la certitude que celle-ci est morte en couches à Paris après avoir pris la fuite pour un mari barbare, Miss Honora reste sans informations sur ses origines[55]. De ce fait, conformément à de nombreux romans sentimentaux de la même époque, la trame principale du roman est d'entrée de jeu dominée par la quête d'identité de l'héroïne. Après que son père adoptif a été poussé à l'abandonner en raison des incriminations de sa méchante épouse, Miss Honora se retrouve seule dans un pays qui lui est étranger. Par la suite, elle est en butte aux malheurs les plus âpres qui sont, pour le lecteur de l'époque, autant de points d'orientation, ou encore des lieux de reconnaissance dans une intrigue stéréotypée : l'enlèvement par un libertin, la tentative de viol, la pauvreté, voire l'emprisonnement. En dépit des multiples aventures désastreuses qui sont sa part, l'héroïne finit par trouver le bonheur chez son protecteur, le capitaine Roger Fairmouth.

Secundo, à ce schéma narratif dominant s'ajoute une deuxième trame narrative qui est, elle aussi, récurrente dans les fictions à l'anglaise, à savoir le récit de voyage. Si le voyage d'outre-Manche est crucial dans l'histoire de l'orpheline anglaise, c'est dans les lettres de Sir David Ogleby, libertin voyageur, qu'il prend la forme d'un vecteur discursif, dans ce sens qu'il donne naissance à maint bilan (comparatif) sur les nations. Le personnage de Sir Ogleby se trouve d'ailleurs à plusieurs égards aux antipodes de l'héroïne du roman : d'une part, il est l'antagoniste de l'héroïne, en ce sens qu'il l'induit en erreur par un mariage simulé. Cette tromperie motive également son voyage en France, puisqu'il est obligé de prendre la fuite à la découverte de son imposture. D'autre part, son discours sur les Nations engendre, par son regard particulier, une

---

55   Il est intéressant d'observer qu'une scène similaire se retrouve dans les *Lettres de Sophie de Vallière* (1771) de Mme Riccoboni, dont une partie de l'intrigue est également située en Angleterre. Dans les premières lettres de *Miss Honora*, il est mentionné à plusieurs reprises comment la mère de Miss Honora meurt en couches à Paris, assistée par Sir Warrington : « Son nom, si je m'en souviens bien, étoit Mistriss Stephens. C'étoit vraiment une jolie Angloise, Warrington paroissoit l'aimer éperdument. Mais quel fut son désespoir, lorsque dix jours après il la vit mourir, pour ainsi dire, entre ses bras ! » (*Miss Honora, op. cit.*, T.1, p. 82) De même, dans *Lettres de Sophie de Vallière*, les origines incertaines de l'héroïne remontent à une scène de mort dramatique qui concerne plusieurs personnages anglais et qui se déroule sur le Continent (*i.c.* aux Pays-Bas). Tout comme dans l'histoire de *Miss Honora*, la mère de l'héroïne, belle et mystérieuse, meurt sans avoir dévoilé son identité. Qui plus est, dans les deux romans, la découverte de l'histoire de naissance fait démarrer l'histoire, au moment où l'héroïne commence sa vie d'orpheline.

alternative au sérieux qui caractérise la perspective de Miss Honora à l'égard de l'identité nationale.

A ce sujet, nous avons déjà observé que dans les fictions à l'anglaise le récit de voyage s'associe souvent aux personnages philosophes ou libertins. Dans ce qui précède, nous avons examiné les rapports entre ces deux figures stéréotypées, qui formeraient pour ainsi dire les deux pendants d'un *imagème* anglais. A cela s'ajoute que dans ces deux figures s'inscrit traditionnellement un sens d'autonomie qui engendre une perspective différente sur le monde. Certes, le récit de voyage du libertin Ogleby – et les réflexions dont il est le véhicule – ne se rapproche aucunement de la complexité du discours sur les Nations qui est attribué au libertin Milord Chester dans *Les Heureux Orphelins*, ni des réflexions philosophiques que Mme Riccoboni accorde à son protagoniste philosophe *Milord Rivers*. Cela n'empêche que dans *Miss Honora* le caractère libertin se porte garant – à sa façon – d'un regard *oblique* sur la question de l'identité nationale, qui fait encore ressortir la constructivité des images culturelles.

Ainsi, le roman de Lefèvre de Beauvray, publié aussi tôt qu'en 1766, semble marquer l'avènement des fictions à l'anglaise les plus topiques. En effet, dans cette période se présente un enchevêtrement similaire de trames narratives dans plusieurs romans, parmi lesquels des ouvrages de Mme Bournon-Malarme et Mme Beccary. *Miss Honora* se présente en effet comme une histoire écrite en fonction des attentes du lecteur français, par l'investissement d'une toile topique à la fois narrative et culturelle. Or, si l'intertexte richardsonien demeure au final assez implicite – mis à part le sous-titre du roman – la topique culturelle qui sous-tend l'anglicité du roman est d'autant plus présente dans la caractérisation des personnages. A cela s'ajoute que dans l'ouvrage de Beauvray la narration récupère, à tous les niveaux, un discours sur les Nations très prononcé. De ce fait, la constellation topique du roman se charge d'une argumentation qui la distingue d'autres fictions du même genre. En effet, alors que dans la plupart des romans de notre corpus seuls quelques personnages (principaux) sont érigés en véhicules d'un discours sur l'Autre (et le Même), dans le cas de *Miss Honora* le discours sur les Nations est à tous égards enchevêtré dans la diégèse. A plusieurs moments de l'intrigue, l'argumentatif l'emporte même nettement sur le narratif. D'une part, la caractérisation de la plupart des personnages est telle qu'ils s'identifient pleinement à leur identité nationale ; d'autre part, leur conscience nationale va de pair avec une représentation stéréotypée de l'Autre dans un discours qui est souvent radicalement différentiel et qui, par là, présage jusqu'à un certain point le patriotisme fulminant du *Dictionnaire social*.

Une poétique de (re)mise en perspective

En même temps, il est remarquable que Lefèvre de Beauvray se serve de façon radicale du potentiel inhérent au dispositif épistolaire. Ainsi, la tonalité pamphlétaire que l'on retrouve dans le *Dictionnaire social et patriotique* se perd largement dans la polyphonie de *Miss Honora*, où le discours sur les Nations est éparpillé dans un ensemble de voix parfois très divergentes. Cet éclatement de voix est d'autant plus éloquent[56] qu'il concerne non seulement la fiction elle-même, mais aussi son encadrement paratextuel. En outre, l'on constate que tant dans la fiction que dans le paratexte, la perspective anglaise – pour dominante qu'elle soit – est éclatée dans une multitude de *regards* et, qui plus est, contrecarrée par la mise en scène d'un regard français. Dans la fiction, la dialectique entre les perspectives anglaise et française est complexifiée par le fait que la perspective *française* est assumée par l'héroïne *anglaise* de l'histoire. En effet, malgré ses origines anglaises, Miss Honora se montre pleinement ancrée dans la culture française qui l'a formée et dont elle assume les prises de position et les préjugés.

Qui plus est, le paratexte du roman fait manifestement écho à la superposition de regards (et images) français, anglais et franco-anglais dans la fiction. En effet, Lefèvre de Beauvray pourvoit son roman d'un paratexte circonstancié, qui constitue en même temps le co-texte de l'ouvrage. S'il fait précéder sa fiction d'une dédicace, il la fait suivre d'un épilogue qui, en plus, semble être construite en dialogue épistolaire avec la dédicace. Ainsi, la fiction narrative est incluse dans une autre fiction, qui prétend pourtant à l'authenticité et qui relate l'histoire des origines, ou encore l'histoire génétique[57], des correspondances. Ainsi, dans la dédicace, ledit « éditeur » de *Miss Honora* lance un appel à l'auteur d'une brochure originale qui serait à la base de l'ouvrage et qu'il invite à résoudre « l'énigme » de la provenance du texte. La correspondance épistolaire en épilogue fournit alors une réplique au défi lancé, ou du moins tel est son enjeu apparent. De fait, tout comme la mise en forme polyphonique de la fiction engendre un éclatement de la portée argumentative dans une multitude d'opinions différentes, le va-et-vient paratextuel entre « l'éditeur » du texte et le « neveu de l'auteur » de la brochure originale entraîne une remise en

---

56   Précisons que la présence de l'auteur est quand-même suggérée à travers l'insertion de résumés en tête des lettres. Pourtant, dans ces interventions, qui résument les points d'intérêt de chaque lettre, toute prise de position dans le débat sur les Nations semble faire défaut.

57   Pour un traitement théorique du concept d'histoire génétique, voir la monographie de Jan Herman, *Le récit génétique, op. cit.*

question continue du statut de l'ouvrage débattu. Dans la discussion entre les deux figures du paratexte, l'*Histoire de Miss Honora* est tantôt présentée comme une histoire authentique, tantôt comme une fiction, sans qu'une réponse définitive ne soit donnée relativement aux origines ou au statut de l'ouvrage. Ce jeu conversationnel pourrait alors se lire comme un dévoilement ludique du caractère fictionnel inhérent à tout débat sur l'authenticité des ouvrages.

Ayant déjà traité les commentaires méta-textuels inclus dans ce dialogue paratextuel de *Miss Honora* lors de notre étude des paratextes, nous nous intéressons dans cette étude de cas particulièrement à l'implémentation de l'argument national. Tout d'abord, rappelons que la postface de *Miss Honora* figure parmi les quelques paratextes où l'anglicité de l'histoire est prise en considération. Dans l'épilogue, une deuxième thématique, qui concerne l'identité nationale de *Miss Honora* s'ajoute à la question de l'authenticité du texte. Dans le dialogue mis en scène entre ledit éditeur *français* du roman et le neveu *anglais* de l'auteur original, l'anglicité de la fiction est par la suite tantôt considérée comme étant « représentative » et tantôt comme purement « fictionnelle ». Alors que l'éditeur du texte prétend s'être inspiré d'une brochure anglaise, qui s'appellerait *Histoire de Miss Fanni*, la réponse du neveu met aussitôt à nu la perspective française qui caractérise Miss Honora :

> A dire le vrai, il n'existe dans votre *Histoire de Miss Honora* presqu'aucune trace de l'*Histoire de Miss Fanni.* [...] Le tableau Anglais est totalement défiguré dans l'estampe Française[58].

A bien lire les critiques du neveu anglais, cette « estampe française » se ferait sentir à travers l'insertion « d'éléments hétérogènes ». Il en résulterait un espèce d'amalgame textuel peu naturel, en raison de l'incompatibilité de « l'esprit français » et « du génie anglais ». Qui plus est, malgré la mise en scène anglaise, la perspective dominante de l'histoire serait devenue française :

> Il est aisé de s'apercevoir que le premier [l'esprit français] domine infiniment sur l'autre [le génie anglais], & plus facile encore de deviner la patrie de l'Auteur d'un tel mélange[59].

Tout lecteur attentif pourrait interpréter ce passage comme une sorte de méta-critique sur les préliminaires contradictoires des fictions *à l'anglaise*, dont la mise en scène anglaise repose effectivement sur une main d'auteur (et

---

58   *Miss Honora, op. cit.*, « Lettres pour servir à l'Histoire de Miss Honora », p. 6.
59   *Ibid.*

donc une perspective) française. En revanche, suivant la logique d'éclatement argumentatif qui domine tant la fiction que le paratexte de *Miss Honora*, Lefèvre de Beauvray n'hésite pas à remettre en perspective – et remettre en cause – les observations du *neveu*, en montrant que celles-ci sont également déterminées par le prisme culturel de l'observateur. Ainsi, lorsque ce dernier reproche à l'auteur de *Miss Honora* d'avoir « peint les uns & les autres avec des traits peu ressemblants »[60], il s'en prend à la représentation fictionnelle des deux nations, qu'il considère comme subjective et invraisemblable :

> Je me dispose à réfuter dans les règles tout ce que vous dites en faveur des Français & au désavantage des Anglais. Oui Monsieur, je suis piqué de la manière dont vous faites raisonner ceux-là, & déraisonner ceux-ci[61].

En même temps, la critique de ce personnage anglais détonne par sa perspective généralisante et subjective. L'on observe en effet qu'il insiste à son tour sur la suprématie de sa culture anglaise, quand il pose : « Un peuple libre est-il fait pour payer tribut à une Nation née pour la servitude[62] ? »

Outre le fait que Lefèvre de Beauvray met à nu le patriotisme qui oriente le regard prétendument critique du neveu, il fournit une perspective opposée sur l'anglicité dans *Miss Honora* par l'insertion de la réplique de l'éditeur. Dans un premier temps, celui-ci insiste sur l'impartialité avec laquelle il a mis en scène l'identité des deux nations concernées (« je ne serai point étonné que ni l'une ni l'autre ne fussent contentes du parallèle »[63]). Ensuite, il commente sur le discours différentiel dont il a investi le débat sur les Nations dans *Miss Honora* : « On verra peut-être avec plaisir le contraste de deux Nations rivales par rapport aux mœurs, au génie & au caractère »[64]. Dans la suite de l'épilogue, l'éditeur, qui assume clairement son identité française, reprend à son compte ce discours différentiel. Il reproche ainsi aux Anglais de projeter un regard prévenu – et dès lors contestable – sur la nation française. En même temps, il n'hésite pas à mettre en lumière, dans un traité circonstancié, la suprématie de la culture française sur le plan culturel, économique et politique, avant de conclure sa défense comme suit : « Toutes ces réflexions, Monsieur, ne tendent qu'à vous convaincre qu'on peut raisonner en France comme en Angleterre[65]. »

---

60 *Ibid.*, p. 8.
61 *Ibid.*, pp. 7-8.
62 *Ibid.*, p. 7.
63 *Ibid.*, p. 28.
64 *Ibid.*
65 *Ibid.*, p. 33.

Dans ce dialogue paratextuel l'enjeu s'avère dès lors double : d'une part, le va-et-vient entre les figures de l'éditeur et du neveu semble désigner une approche *ludique* des stratégies d'authentification mises en œuvre dans les romans de l'époque. Le texte est tantôt inscrit dans le registre authentique, tantôt présenté comme une fiction, sans qu'une issue définitive ne soit fournie. Ainsi, la question du statut du texte est comme enclouée dans la subjectivité du dialogue qui s'établit entre les figures paratextuelles[66]. De ce fait se crée un discours méta-textuel qui oscille entre le vrai et le faux, entre l'authentique et le fictionnel, ou encore entre le sérieux et le ludique[67]. Moyennant ces multiples modifications du statut du texte, et par la mise en évidence excessive de son importance, l'auteur ne manque pas d'*ironiser* les stratégies d'authentification de certains auteurs contemporains[68].

De l'autre, le paratexte présente la qualité rare d'extrapoler le discours sur l'identité culturelle du niveau diégétique au niveau de l'encadrement. Or, au lieu d'introduire dans le paratexte une voix d'auteur stable qui récupère la polyphonie de la fiction dans un cadre de référence univoque, comme c'était le cas de Witart de Bézu dans *Le danger d'épouser un étranger*, Lefèvre de Beauvray semble effacer son propre point de vue dans un paratexte qui, au final, ne fait que prolonger le débat sur les Nations de la fiction. Une fois de plus, il y oppose des figures de nationalité différente, qui se montrent critiques à l'égard des préjugés de l'Autre, mais se souscrivent – dans la défense de leur propre culture – également à la logique différentielle et patriotique établie dans la diégèse.

---

[66] L'on pourrait arguer que la technique ressemble à celle adoptée dans la *Préface ou l'entretien sur les romans* qui précède *La nouvelle Héloïse* de Rousseau, ainsi qu'à celle dans la double préface des *Liaisons dangereuses* de Laclos.

[67] Ce dernier aspect se reflète sur le plan lexical. Citons à ce sujet le fragment suivant issu d'une lettre de l'éditeur au neveu de l'auteur, où les termes de « sincérité » et de « plaisanterie » prennent un sens consciemment instable : « Parlez-vous *sérieusement*, quand vous m'accusez de prendre un ton *moqueur* avec l'Historien de Fanni ? Ne seroit-ce pas encore là de votre part une nouvelle *plaisanterie* sur le comte de M. votre Oncle ? Je suis fâché bien *sincèrement*, Monsieur [...]. » (*ibid.*, pp. 22-23, c'est nous qui soulignons)

[68] Du reste, le recours au discours oblique ne se limite pas au péritexte de *Miss Honora*, mais est, jusqu'à un certain point, extrapolé au niveau épitextuel lorsqu'en 1766 Lefèvre de Beauvray dirige une lettre aux auteurs du *Journal encyclopédique* (voir *supra*). Dans cette lettre, il semble à la fois réclamer et mettre en cause l'auctorialité de *Miss Honora*, lorsqu'il pose que : « Il est vrai que dans mes loisirs je m'amusai, l'année dernière, à dicter un ouvrage, sous ce titre, à un galant homme de mes amis. [...] Non, messieurs, je ne puis ni ne dois reconnaître mon ouvrage dans la copie informe & défigurée qu'on vient d'en publier. » (*Journal Encyclopédique, op. cit.*, Mars 1766, pp. 135-136)

Certes, cette double stratégie de démultiplication pourrait être considérée comme une tentative de déresponsabilisation de la part d'un auteur qui a marqué son roman d'une portée argumentative très prononcée et dès lors difficile à assumer. Vu la nature pamphlétaire de ses écrits non-fictionnels, une telle hypothèse nous semble pourtant sans valeur. Notre lecture fait plutôt ressortir la nature *méta-fictionnelle* d'un roman dont l'auteur semble vouloir dévoiler les implications du *regard*, ou encore de la perspective dans la projection d'une auto-/hétéro-/méta-image qui serait au fond subjective, car déterminée par un contexte culturel spécifique. L'implémentation de l'argument national dans la polyphonie de *Miss Honora* semble servir la même stratégie de remise en perspective, ne fût-ce que par la diversification des points de vue.

Figures de patriotisme

L'enjeu de la *perspective* s'impose dès les premières lettres du roman comme un fil conducteur sur le plan argumentatif. Rappelons que dès la lettre d'ouverture, le motif du voyage se développe en plate-forme d'un débat sur les Nations qui est fort marqué par l'idée de la perspective sur l'Autre, à travers les attitudes diversifiées et parfois fort radicales qu'assument les voyageurs à l'égard de la culture anglaise. Cette scène d'ouverture préfigure ainsi la suite de l'histoire, où le compte rendu de l'Autre investit de part en part les correspondances fictionnelles des personnages. A travers la confrontation de cette multitude de regards, le lecteur est d'entrée de jeu amené à prendre conscience de leur subjectivité. C'est à cet effet également, il nous semble, que Lefèvre de Beauvray fait suivre les premières observations de Miss Honora à l'égard de la culture anglaise par celles de son serviteur anglais. En effet, quoique les deux personnages d'origine anglaise aient été éduqués à la française, le regard qu'ils posent sur leur culture d'origine est très différent. Alors que Miss Honora s'exprime d'emblée en défaveur des Anglais – dont « l'abord froid et sec » serait en contraste avec l'ouverture d'esprit des Français – Eric Passinge se montre prêt à corriger ce qu'il considère comme un préjugé :

> J'ai commencé par y voir une foule de gens que je croyois devoir trouver durs & barbares d'après le portrait que j'en avois souvent entendu faire [...]. Bien loin de cela, j'ai rencontré des gens assez doux[69].

Outre l'accouplement stratégique de certaines lettres, qui souligne la logique concurrentielle des regards, Lefèvre de Beauvray dynamise le discours sur les Nations également par la mise en scène de débats animés, soit entre Français

---

69   *Ibid.*, p. 77.

et Anglais, soit entre des personnages de la même nation qui portent un regard différent sur l'Autre. Presque tous les personnages mis en scène, tant les protagonistes que les caractères secondaires, font preuve d'un patriotisme inébranlable, indépendamment de leur prise de position dans les débats. Dans le cas particulier de Miss Honora l'on pourrait même argumenter que son enracinement dans l'identité française traduit la solitude et l'isolement qui sont sa part dès qu'elle est abandonnée par son père adoptif, milord Warrington. La quête d'identité du personnage se concrétise dans le fait qu'elle est poussée à adopter un autre nom de famille, n'ayant pas droit au nom de sa famille adoptive. Le fait qu'à cette occasion elle se décide pour le nom français de Gertrude l'Armoise – « en mémoire de [s]a nourrice françoise »[70] – ne ferait que souligner l'enchevêtrement entre *identité* et *nationalité*. Dépourvue de tout ancrage familial, l'héroïne fait un choix affectif qui correspond tout à fait à ses prises de position patriotiques. Il en va ainsi dans une conversation animée avec Miss Dalila Stayners, personnage qui joue un rôle douteux dans le flot de malheurs dont l'héroïne est accablée au fil de l'intrigue. C'est notamment dans les disputes à l'égard de l'identité nationale que la tension entre les deux personnages s'aiguise. *Primo*, dans un discours qui porte sur les qualités du théâtre anglais et français, c'est dans le raisonnement de Miss Honora surtout que le lecteur retrouve plusieurs stéréotypes nationaux. Sur le plan poétique, elle se réfère ainsi à la critique dominante sur les scènes d'horreur dans les pièces anglaises, considérées comme irréconciliables avec la règle des bienséances du théâtre français[71]. Dans sa riposte, Miss Honora met ensuite en évidence comment la perception française de la poétique anglaise est en réalité ancrée dans un débat national qui la surpasse. En effet, elle n'hésite pas à attribuer les scènes « d'horreur » du théâtre anglais à la « férocité sauvage & presque hors nature » du peuple qui en est l'auteur. *Secundo*, au-delà du débat sur les Nations se pose dans la discussion entre Miss Honora et Miss Dalila également la question plus abstraite d'une éventuelle essence de l'identité nationale. Ainsi, Miss Dalila remet en cause la manière passionnelle dont Miss Honora prend la défense de la culture française, « si peu commun en Angleterre »[72], alors qu'elle est d'origine anglaise : « comment peut-il entrer dans une tête angloise

---

70   *Ibid.*, T.2, p. 89.
71   Nous citons le passage en question à titre illustratif : « les Tragédies Angloises, disois-je, excitant plus l'horreur que l'attendrissement : au moins, ont-elles toujours produit sur moi cet effet. Celles du Théâtre françois remuent fortement l'ame sans lui causer des convulsions. » (T.3, p. 11)
72   *Ibid.*, p. 10.

tant de prévention pour les François[73] ? » Alors que Miss Dalila la considère clairement comme une Anglaise en raison de ses origines, aux yeux de Miss Honora le fondement de l'identité nationale réside plutôt dans une inclination naturelle « pour un pays où l'on a reçu la première éducation »[74]. De ce fait, l'antagonisme des deux personnages s'associe à un affrontement d'ordre plus général, qui concerne non plus la supériorité de quelque nation concrète, mais plutôt la question sous-jacente du fondement de l'identité nationale en tant que telle. Or, si Lefèvre de Beauvray fait évoquer cette question par ses personnages, la réponse éventuelle se perd, comme à d'autres moments, dans la polyphonie du roman, sans aucune tentative de synthétisation. Cette hypothèse est corroborée par le discours équivoque du capitaine Fairmouth qui, au lieu de prendre position, ne fait qu'alimenter la discussion. Ce personnage, qui s'inspire de la figure stéréotypée du philosophe anglais[75], pose dans une de ses lettres l'observation impartiale comme le principe de base de sa pensée : « J'ai voulu tout voir, tout entendre, tout examiner. J'ai donc observé de bonne heure les hommes[76]. » Dans un premier instant, ces observations aboutissent à une prise de position universaliste, quand il argumente que « les hommes dans tous les siècles & dans tous les climats ont été & sont encore les mêmes à quelques nuances près »[77]. En revanche, il s'avère aussitôt que sa prise de conscience d'un universalisme culturel n'annule aucunement la prévalence de l'amour national :

> Il est tant de ces esprits bornés qui ne sortent jamais de ce cercle étroit circonscrit par leurs préjugés exclusifs. De-là ces essaims d'*Anglomanes* en France et de *Gallomanes* en Angleterre, qui se font un honneur de mépriser leur propre Nation & d'admirer sa rivale[78].

Il est à observer d'ailleurs que cette idée, véhiculée ici sous forme fictionnelle, sera reprise plus tard – presque *verbatim* – dans le *Dictionnaire social et patriotique*, où Lefèvre de Beauvray s'exprime à titre personnel : « Nous entendons, chaque jour, bourdonner à nos oreilles un essaim de François *Anglomanes*, admirateurs outrés & panégyristes éternels des Peuples de la

---

73   *Ibid.*, p. 10.
74   *Ibid.*, p. 9.
75   Voir *infra*, Milord dans le roman de Marie-Jeanne Riccoboni.
76   *Ibid.*, p. 23.
77   *Ibid.*, p. 24.
78   *Ibid.*, p. 25.

Grande-Bretagne[79]. » Or, sous forme fictionnelle, ce témoignage de patriotisme se montre plus nuancé, car mis en rapport avec un discours sentimental. En effet, il s'avérera dans la suite de l'intrigue que les observations du capitaine trouvent leur motivation sous-jacente dans une passion pour la « Française » Miss Honora qui, à son tour, ne tarde pas à se rendre compte de « l'empressement du Capitaine à se ranger toujours de [s]on parti »[80]. La fiction se profile donc, une fois de plus, en plateforme de remise en perspective, sous l'influence particulière – et particularisante – de l'intrigue sentimentale.

Voyageurs libertins

Comme a déjà été évoqué dans le chapitre précédent, le dialogue entre Miss Dalila et Miss Honora ne fait guère exception dans une intrigue qui est de part en part investie de discours sur l'identité nationale. Pareillement, le roman de Lefèvre de Beauvray se distingue d'autres fictions *à l'anglaise* par le rôle prépondérant qu'y joue la séquence narrative du récit de voyage. Si le voyage d'outre-Manche constitue le préliminaire de l'histoire de Miss Honora, la scénographie du (récit de) voyage à l'étranger est à plusieurs reprises mise sur l'avant-plan. Les scènes de voyage – qui se présentent en lieux *d'affrontement* et non pas de *rencontre* interculturelle – participent alors de la portée différentielle, voire dialectique, qui domine la constellation discursive du roman. En même temps, cela n'empêche que les récits de voyage dans *Miss Honora* apportent un regard différent sur la question de l'identité nationale, qui s'explique en partie par le caractère des voyageurs.

A ce sujet, il importe d'observer que le voyage en France est mis sur le compte de l'anti-héros David Ogleby, antagoniste libertin de l'héroïne vertueuse de l'intrigue. Si cela n'est guère exceptionnel dans l'ensemble des fictions à l'anglaise, le roman de Lefèvre de Beauvray se distingue encore par la récurrence du topos : dans la lignée du récit de voyage principal de David Ogleby se tisse en effet une toile d'autres récits de voyage qui sont tous issus du même cercle d'amis. Ainsi, les observations d'Ogleby sont commentées par son correspondant – et complice libertin – le docteur Tatler, qui les enrichit de ses propres expériences. A cela s'ajoutent les lettres de deux autres voyageurs anglais, Salomon Grissdale et Francis Travel, qui résident en Egypte et se portent garants d'un regard « anglais » sur le monde oriental. Dans ces lettres transparaît clairement l'approche railleuse de l'auteur à l'égard de certains clichés narratifs ; ainsi, le personnage de Francis Travel – dont le nom peut difficilement être pris au sérieux – s'érige en nouveau conteur des *Mille et*

---

79 *Dictionnaire social, op. cit.*, p. 24.
80 *Ibid.*, p. 10.

une nuits[81] lorsqu'il reprend quelques contes arabes dans son récit de voyage. La scénographie de ces contes – où Travel décrit sa rencontre avec le conteur arabe – est construite autour d'une image dont la portée stéréotypée – tant narrative que culturelle – est indéniablement ludique :

> Dans un coin est assis par terre, sur un tapis, les jambes croisées, un homme grave, qui, tout en fumant sa pipe, débite mille contes plaisans à la compagnie dont il est entouré. J'ai été obligé pour ma part d'en essuyer plus de deux cens. Je ne vous en apporterai que trois, mon cher ami[82].

Certes, à travers les lettres *arabes* des deux correspondants anglais, Lefèvre de Beauvray se réfère ludiquement à une autre vogue littéraire – outre celle de l'Anglomanie – qui fascine le public français de l'époque et qui est exemplifiée par les contes de Galland. La stéréotypie de la mise en scène (cf. entre autres le détail du « tapis ») dans *Miss Honora* est tellement outrée qu'une interprétation ludique de la tradition littéraire des contes exotiques s'impose. Approche ludique dont participe également le jeu sur la *perspective*, comme illustre l'en-tête d'une des lettres de Francis Travel : « *Autre* voyageur, *autres* observations, *autres* contes sur les mêmes peuples »[83].

De même, la correspondance de David Ogleby est marquée par le regard *oblique* de l'observateur anglais qui, moyennant son approche joueuse, prend quelque distance par rapport aux stéréotypes qu'il transmet au lecteur. Au premier abord, ce personnage semble suivre la logique différentielle du roman, en ce qu'il véhicule un discours qui fait écho aux clichés – et préjugés – nationaux en vigueur des deux côtés de la Manche. Tout comme les autres personnages, il s'inscrit pleinement dans l'identité nationale anglaise. Ainsi, dans une des lettres au docteur Tatler, il rend compte de sa visite à la maison de Mylady Rosamor, tante anglaise de Miss Honora, mais qui réside en France. La compagnie rassemblée se composant tant de Français que d'Anglais, la conversation tombe d'emblée sur les différences nationales. Dans cette discussion, qui porte assez vite sur le mérite des femmes, Sir Ogleby se présente en ardent défenseur de la suprématie anglaise : « A propos du parallèle de Nation à Nation, je soutiens que les femmes Françaises ne valent pas les nôtres. Nous en avons de célèbres dans tous les genres »[84]. Par la suite, une dispute se dévoile entre Sir

---

81 La référence est rendue explicite dans l'en-tête de la lettre LIII, qui est présentée comme un « Supplément aux mille & une nuits » (*ibid.*, p. 215).

82 *Ibid.*, p. 217.

83 *Ibid.*, p. 215.

84 *Ibid.*, p. 20.

David et un baron français, portant sur les mérites des femmes dans le domaine intellectuel. Dans ce duel verbal, David Ogleby fait l'éloge des femmes écrivains brillantes que compte l'Angleterre[85] pour voir leurs mérites aussitôt surpassés par ceux de leurs concurrentes Françaises dans la riposte du Baron[86].

Une fois de plus, le roman se profile pourtant comme une plateforme où l'argumentatif et le narratif s'enchevêtrent. Si Sir David s'érige en patriote zélé, son argumentation est manifestement mise au service du jeu manipulateur du libertin. En effet, étant en présence de Mylady Rosamor, qu'il croit devoir ménager pour des raisons personnnelles, il adapte ses arguments à la prise de position de cette dernière[87]. Ce qui est au premier regard un débat sur les nations se charge d'un enjeu stratégique parce qu'il est soumis aux manipulations rhétoriques du libertin Sir Ogleby, qui cherche en même temps à gagner la faveur de Mylady Rosamor. Ce passage, à première vue anodin, trouve donc son importance dans le fait qu'il s'y manifeste une approche manipulatrice de l'argument national, à travers laquelle la valeur intrinsèque de la question de l'identité nationale est soumise à des projets d'ordre personnel.

Il en va de même dans une deuxième rencontre qui a lieu à Varsovie, mais prend à nouveau la forme d'une confrontation franco-anglaise. A cette occasion également, les deux partis s'appliquent à défendre la supériorité de leur Nation et plus en particulier du système politique. Citons sous ce rapport le passage d'ouverture de la dispute, dans lequel les deux personnages mettent à nu le pouvoir des préjugés dans la construction d'une image culturelle. Etant tous les deux témoins d'un débat tumultueux entre Polonais, Ogleby entre en discussion avec un Marquis français qui observe :

> '[Ce spectacle] doit être tout-à-fait de votre goût. Cet appareil bruyant flatte un cœur idolâtre de ce qu'en Angleterre vous nommez *liberté* & qu'à plus juste titre nous nommons *licence*.' 'Votre langage', lui répliquai-je, 'annonce un homme élevé dans des préjugés monarchiques.' 'Les préjugés sont de tous les Gouvernements', poursuivit-il. 'Mais vous conviendrez

---

85   Sont nommées Aphra Behn, Eliza Haywood et Lady Montague.
86   En tant que tel, ce recours aux intertextes est intéressant à noter, puisqu'il permet d'établir un lien avec cet autre texte de Lefèvre de Beauvray, *Le dictionnaire social et patriotique* de 1770, où l'auteur adopte le procédé d'intertextes littéraires pour étayer la supériorité de la nation française.
87   « J'avois mes raisons pour chercher à faire ma cour à Mylady Rosamor, chez qui se passoit toute cette scène et que je pouvois croire n'être pas trop disposée en ma faveur. » (*ibid.*, p. 21)

aussi que la raison n'est étrangère dans aucun. Nier cette vérité, permettez-moi de vous le dire, ce seroit le comble de la prévention'[88].

Plutôt que de prendre la défense de leur Nation respective, les deux personnages en appellent à un discours métadiscursif qui prend pour objet les modalités énonciatives de tout débat sur l'identité nationale. Dans ce passage transparaît encore l'importance accordée par les deux personnages à la prise en considération de la « perspective » culturelle (*i.c.* « vous nommez » vs « nous nommons »). En d'autres termes, tout en adhérant à leur propre vision du monde – qui est celle de leur nation – ils reconnaissent également la subjectivité de ce regard national[89].

Dans la discussion qui s'ensuit, l'argumentation se nourrit encore de références littéraires : cette fois, le jeu de *botta e risposta* s'inspire de Montesquieu, dont l'*Esprit des lois* est, par alternance, tourné à l'avantage du locuteur. Ainsi, lorsque le Marquis insiste longuement sur les avantages de la monarchie, la réplique de David Ogleby est comme suit : « Montesquieu pensoit bien autrement, lorsque dans son *Esprit des Lois*, il faisoit un éloge si pompeux de la Constitution Britannique[90]. » Son « antagoniste »[91] y oppose à son tour une lecture très divergente de cet ouvrage de référence (« Pour opposer Montesquieu à Montesquieu lui-même, rappelons-nous tout ce qu'il dit à l'avantage de la Monarchie »[92]), illustrant de ce fait la malléabilité de l'intertexte.

Si la conversation se termine au désavantage de David Ogleby, qui ne trouve rien à redire à l'argumentation solide du Marquis, il ne faudrait pourtant pas en déduire que les personnages anglais soient dépourvus de toute contre-parole, comme il sera le cas du *Dictionnaire social* quelques années plus tard. Dans *Miss Honora*, Lefèvre de Beauvray met à l'œuvre le potentiel argumentatif de la formule épistolaire pour faire succéder le compte rendu de Sir Ogleby par une réplique de son confident, le docteur Tatler. Ce dernier, irrité par la résignation de son ami, le pourvoit de l'argumentation qui lui manquait dans son débat avec le Marquis français. Lui reprochant d'avoir « céd[é] en raisonnement à

---

88   *Ibid.*, pp. 139-140.
89   Notons du reste que, tout comme dans les lettres d'Egypte, l'accouplement même des comptes rendus joue sur l'effet de la *perspective*. Dans ce cas, la lettre *politique* que Sir David adresse au docteur Tatler est suivie d'une seconde lettre de Pologne, adressée à sa maîtresse, où il traite des us et coutumes des femmes polonaises.
90   *Ibid.*, p. 145.
91   Le terme est mentionné dans la lettre 47 de David Ogleby (*ibid.*, p. 140).
92   *Ibid.*, p. 149.

un François ! quel déshonneur ! quelle honte[93] ! », le docteur Tatler offre à son correspondant une version alternative du débat précédent, proposant des arguments propices à tourner le débat à l'avantage de la nation anglaise. De ce fait, nous avons encore affaire à une confrontation de perspectives, qui met en évidence la malléabilité des arguments dans le débat sur les Nations. En d'autres termes, par l'affrontement de la faible argumentation de David Ogleby à celle plus convaincante du docteur, la nature argumentative et discursive de ce débat est une fois de plus mise en évidence. Il s'agit d'un débat qui se tourne à l'avantage de l'une ou de l'autre nation selon les talents rhétoriques des personnages.

Dans la même lignée, ce roman contient des passages qui, malgré le sérieux et la conviction (apparents) dont témoignent les personnages au sujet de leur identité nationale, suscitent une remise en cause du statut des stéréotypes nationaux. C'est notamment dans les regards *obliques* de David Ogleby et de son complice, le docteur Tatler, que la face rhétorique des stéréotypes nationaux est dévoilée. Ainsi, c'est après sa rencontre avec le Marquis que David Ogleby signale :

> Entre nous, c'étoit uniquement pour la forme que je jouais vis-à-vis d'un Français le rôle de zélé Républicain. Eh ! Qu'importe à des hommes désintéressés comme nous, la tournure bonne ou mauvaise que peuvent prendre les affaires générales ? [...] Pourvu que nous ayons de bonnes fortunes particulières, la fortune république peut aller comme il plaît à Dieu[94].

Ce passage ne fait évidemment que confirmer le caractère dépravé, et dès lors peu fiable, de David Ogleby, dont l'auteur prend soin de souligner le manque de sincérité, sentimentale tout comme argumentative, au fil de l'intrigue. Mais

---

93   *Ibid.*, p. 176. Nous citons également la suite de la lettre, où le docteur Tatler reproche à son ami d'avoir fondé son raisonnement sur l'ouvrage d'un Français, au lieu de se servir des innombrables ouvrages de référence anglais. Le passage même fait preuve de parallèles remarquables avec le *Dictionnaire social*, à cette différence près que dans la fiction de *Miss Honora* l'énumération des auteurs est mise dans la bouche d'un Anglais et sert dès lors à prouver la suprématie de la raison anglaise : « S'il eut été entre vous question de Métaphysique, vous auriez-donc pour Descartes, Malebranche, Bussier & Gassendi, oublié Locke, Clarke, Berkley, Worth & Newton ? &c. En matière de Poësie, vous auriez donc eu la lâcheté de faire baisser pavillon à Shakespeare, à Milton, à Waller, à Dryden, à Congreve & à Pope, devant Corneille, Boileau, Molière, Racine, la Fontaine & Rousseau ? » (*ibid.*, pp. 177-178)

94   *Ibid.*, p. 152.

il nous semble que dans l'approche désintéressée de Sir Ogleby transparaît également l'idée de l'identité nationale comme « construction ». Cette lecture se confirme dans la lettre du docteur Tatler, où le libertin explique comment il s'adapte à l'image stéréotypée de l'Anglais sérieux que son interlocuteur français s'est formée de lui :

> [S]ans rien dire je me contentai de penser, au moins en fis-je semblant ; & vous savez de quelle ressource est pour un Anglois l'air taciturne & méditatif ; ne fût-il occupé qu'à végéter & ruminer, on aura toujours la bonté de le prendre pour le *penseur* le plus profond[95].

S'il est aisé de concevoir cette remarque au premier regard comme une critique – indirecte – sur l'identité anglaise, elle constitue de même un de ces moments de prise de conscience – prise de *distance* – de la question de l'identité nationale dans un roman qui fourmille de personnages avec un attachement culturel très prononcé. Ainsi, le discours pragmatique des libertins semble suggérer – même si c'est sur le mode ironique – l'idée de la manipulation des préjugés et stéréotypes nationaux. De là ressortirait en plus la thèse selon laquelle l'identité nationale est une image construite plutôt qu'un reflet toujours fiable de la réalité. Dans ce contexte, l'ethos du personnage libertin, qui véhicule un regard oblique et détaché sur le caractère national, se révèle porteur d'un sens particulier : c'est moyennant le regard ex-centrique d'un personnage qui se situe *en marge* de l'intrigue principale que la création des images nationales prend – fût-ce momentanément – la forme d'un jeu qui se laisse manipuler par des personnages malhonnêtes. L'idée même fait écho aux *Heureux Orphelins* de Crébillon-fils. Dans ce roman, qui est de part en part investi de la question de l'identité nationale, c'est dans la figure du libertin que la portée générale des traits dits *typiques* de la culture française ou anglaise est remise en cause. En effet, Milord Chester, qui lui-même a fait un séjour en France, développe dans ses lettres privées comment il s'est forgé une autre identité nationale en fonction des attentes – et des préjugés – de ses victimes. A travers la figure manipulatrice du libertin transparaît ainsi une perspective alternative sur l'argument national, qui conçoit l'*identité* – et par extension l'identité culturelle – comme une construction qui se fait et se défait selon les circonstances.

En guise de conclusion

A plusieurs égards, le roman de Lefèvre de Beauvray s'est révélé un roman prototypique de notre corpus de fictions à l'anglaise. Ainsi, *Miss Honora* prend la

---

95   *Ibid.*, p. 185.

forme d'une espèce de *laboratoire* des scènes et des figures stéréotypées qui ont passé la revue dans la lecture topique : de l'orpheline au libertin, de la « vertu persécutée » au récit de voyage. A cela s'ajoute que l'intrigue est couronnée par un mariage entre l'héroïne et son protecteur, qui semble en même temps mettre fin à la quête d'identité qui la tourmente tout au long de l'intrigue. Du moins, telle est la conclusion de Mylady Rosamor : « Bénissez, ma chère enfant, bénissez la main qui vous tire de l'abyme profond dans lequel vous étiez plongée. La lumière sort enfin du sein des ténèbres, & vous allez sçavoir qui vous êtes[96]. » Ces figures et scènes topiques se profilent en outre comme les véhicules d'un discours stéréotypé sur les Nations, dont la portée différentielle est clairement plus explicite que dans d'autres fictions à l'anglaise.

Pourtant, au-delà de la mise en scène topique, l'originalité du roman réside dans la façon manifeste dont l'auteur met la forme polyphonique au service du discours sur les Nations. Ainsi, la remise en perspective dont s'investit la fiction est continuée dans le paratexte ; dès lors, le lecteur semble être dépourvu de toute forme d'interprétation définitive du texte. Ensuite, sur le plan fictionnel, cette même logique de remise en perspective prend la forme d'une multitude de regards, qui reflètent des points de vue culturels et éthiques très hétérogènes. Cette logique ne découle d'ailleurs pas seulement de l'affrontement continu de points de vue, mais forme à plusieurs moments le sujet même de l'intrigue. Or, c'est surtout à travers le regard ex-centrique – ou encore oblique – des caractères libertins que les présupposés de la question de l'identité nationale sont le plus manifestement mis à nu. D'une part, l'approche pragmatique des libertins permet de suggérer, dans le contexte de la diégèse, la *malléabilité* de l'argument national. D'autre part, dans certaines figures libertines est évoquée la question de la subjectivité du regard sur l'Autre. Cette idée ressort encore du passage suivant, provenant d'une des lettres de David Ogleby à l'égard d'un bilan comparatif entre les Napolitains et les Anglais :

> Je dis les choses comme elles sont réellement & vous sçavez pour être fidèle Historien, il ne faut avoir ni secte, ni patrie. Cette équitable impartialité si fort recommandée à ceux qui écrivent, pourquoi ne la pas exiger également de ceux qui lisent ? Tâchez donc d'en avoir au moins la moitié autant que moi, et nous donnerons tous deux un exemple qui ne sera guère imité[97].

---

96 *Ibid.*, T.4, p. 150.
97 *Ibid.*, pp. 66-67.

Ainsi, au travers du ton railleur de Sir David, se voient questionnés les présupposés mêmes du *regard* culturel.

Se démarque alors, dans cette multitude de regards qui se montrent tous déterminés par leurs préjugés nationaux, le personnage de Mylady Rosamor, la tante de Miss Honora, qui semble figurer l'idée de réconciliation. Tout d'abord, « née Anglaise & vivant en France », c'est elle qui, à l'instar de sa pupille, exprime le désir de rapprocher deux nations rivales qui lui sont chères. Tout en reconnaissant les disputes éternelles entre deux nations si différentes, elle ose quand même formuler « des vœux pour une parfaite intelligence entr'elles, si toutefois elle est possible »[98]. En même temps, sur le plan de l'intrigue, elle joue le rôle d'ange-gardien ainsi que de point de référence ultime de l'héroïne. Du reste, tout à la fin de l'intrigue, son rôle de protectrice de la jeune orpheline se dédouble lorsqu'elle s'érige en éditrice diégétique des correspondances qui contiennent la vie de sa pupille[99]. Une fois de plus, la fiction romanesque et la fiction paratextuelle s'enchevêtrent. Ainsi, Mme de Rosemonde avant-la-lettre, Mylady Rosamor se présente, à la fin du roman, comme une figure *génétique*, grâce à laquelle tant l'héroïne du roman que le roman même trouvent leur raison d'être.

Lettres de Milord Rivers, Mme Riccoboni (1776)[100]

Contexte

En 1776, Mme Riccoboni offre sa dernière œuvre épistolaire, les *Lettres de Milord Rivers à Sir Charles Cardigan*[101] au public français. Cet ouvrage constitue

---

98   *Ibid.*, p. 34.
99   Citons la dernière lettre de Miss Honora à sa tante : « Depuis son raccommodement avec Sir Roger Fairmouth, sir David Ogleby a fait à mon époux le sacrifice d'un pacquet de lettres assez considérable, en lui permettant d'en faire tel usage qu'il jugeroit à propos. Ces lettres, comme vous verrez, forment une correspondance suivie de Sir David avec Mme Warrington & le docteur Tatler pendant le cours de mes infortunes. J'en ai fait tirer des copies exactes que je vous envoie. Les unes achèveront de vous développer le caractère des personnes auxquelles j'ai eu affaire, & les autres contiennent quelques détails qui pourront intéresser votre curiosité. » (*ibid.*, p. 203)
100 Le titre se réfère à l'ouvrage d'Emily Crosby, la première étude plus approfondie de l'œuvre de Mme Riccoboni, qui portait le titre éloquent : *Une Romancière oubliée, Madame Riccoboni* (1924).
101 Pour cette analyse, nous nous basons sur la réédition d'Olga B. Cragg dans la série « Textes littéraires français » (Genève, Droz, 1992). Désormais, nous nous référons à cet ouvrage par le titre abrégé de *Milord Rivers*.

en même temps le dernier composant d'une série remarquable de fictions à l'anglaise qui ont pour ainsi dire déterminé la carrière littéraire de la romancière. En effet, parmi les romans qui précèdent *Milord Rivers* trois s'inscrivent entièrement dans la vogue de l'Anglomanie littéraire en France : les *Lettres de Mistriss Fanni Butlerd* (1757), les *Lettres de Mylady Juliette Catesby* (1759) et *Histoire de Miss Jenny* (1764). A cette liste l'on pourrait ajouter l'*histoire anglaise* de Milord Lindsey, insérée dans les *Lettres d'Elizabeth-Sophie de Vallière* (1771), d'autant plus que ce récit intercalaire occupe une part considérable du roman. En revanche, dans ces romans, ladite anglicité de l'intrigue consiste pour la plupart en quelques touches de couleur locale[102], sans que pour autant l'entrecroisement d'une *mise en langue* française et d'une *mise en scène* anglaise soit prétexte au déploiement d'un discours interculturel. En plus, la caractérisation de certains personnages semble à première vue s'inspirer de quelques stéréotypes – pourtant thématisés – à l'égard de l'identité anglaise. Ainsi, que ce soit dans leur correspondance intime ou dans leurs mémoires, plusieurs personnages évoquent la mélancolie, connue à l'époque également sous le terme de *maladie anglaise*. Tel est entre autres le caractère de Milord Lindsey dans *Lettres d'Elisabeth-Sophie de Vallière* que l'héroïne présente comme « sérieux, doux et mélancolique »[103]. De même, dans *Histoire de Miss Jenny*, le lecteur apprend que le personnage secondaire Milady Albury se sent « consumée » d'une « maladie de langueur »[104]. Ou encore, Milady D'Anglesey, confidente de l'héroïne, rend compte de « l'air épais de Londres »[105] qui aurait influé sur la mort précoce de sa mère. Outre l'évocation récurrente de la mélancolie « anglaise », la « férocité »[106] semble également caractériser bon nombre des personnages (secondaires) dans l'œuvre riccobonienne. Du reste, dans la lignée d'autres fictions à l'anglaise de l'époque, l'Anglais farouche (mais sérieux) s'y définit – et se valorise – plus d'une fois *par contraste* avec la frivolité française. En témoigne le passage suivant, issu de *Miss Jenny*, où la légèreté des Français se voit remise en cause à travers le regard anglais de Milady d'Anglesey :

> Je sentois de la répugnance à les [Français] voir. [...] Bientôt une foule de jeunes François s'introduisit chez moi sur les pas de mes compatriotes.

---

102   Voir entre autres Graeber, *ibid.*, p. 325.
103   Mme Riccoboni, *Lettres d'Elisabeth-Sophie de Vallière*, préface et notes de Marijn Kaplan, Paris, Indigo & Côté-femmes, 2005, p. 163.
104   Mme Riccoboni, *Histoire de Miss Jenny*, p. 49.
105   *Ibid.*, p. 249.
106   Ainsi, dans *Histoire de Miss Jenny* : « Milord Clare, estimé à la cour, chéri de la nation, mais devenu triste et presque farouche par un événement malheureux » (*ibid.*, p. 70).

L'étourderie, la présomption & l'indécence les caractérisoient. Ils apprirent au comte d'Anglesey à négliger un bien réel, pour courir après des plaisirs frivoles[107].

Or, dans les *Lettres de Juliette Catesby*, cette même férocité se présente non pas comme une réalité, mais comme une image construite de toutes pièces et imposée aux Anglais. « On me présentait à la Cour, à la Ville, comme un sauvage qui joignait à la férocité *attribuée à sa Nation*[108] un éloignement révoltant pour des goûts adoptés et des usages reçus »[109], telle est la description de Milord d'Ossery. Ce passage suggère que l'affirmation de traits de caractère culturels se justifie moins par une réalité objective que par la subjectivité du « regard ». Ainsi, le personnage de Milord d'Ossery n'assume aucunement à titre personnel la férocité dite anglaise qu'il mentionne ; il reconnaît être *re-présenté* comme tel sans pour autant confirmer la validité de cette présentation. Partant, dans ce passage les stéréotypes culturels se définissent sur le mode « représentationnel ». Si l'on peut discerner quelques notes critiques à l'égard du pouvoir des stéréotypes nationaux dans les premiers romans *à l'anglaise* de Mme Riccoboni, elles y restent pourtant implicites et, d'ordinaire, plutôt rares.

L'absence presque totale d'un discours sur les Nations dans les fictions de Mme Riccoboni se fait également sentir dans les critiques littéraires de l'époque. Le débat sur le statut (factuel ou fictionnel) de *Fanni Butlerd* mis à part[110], les ouvrages de Mme Riccoboni sont considérés comme des fictions

---

107   *Ibid.*, p. 276.
108   C'est nous qui soulignons.
109   Mme Riccoboni, *Lettres de Milady Juliette Catesby à Milady Henriette Campley, son amie*, préface par Sylvain Menant, Paris, Desjonquères, 1983, p. 140.
110   Rappelons que dans le cas de *Fanni Butlerd* le processus d'édition se montre assez exceptionnel, vu qu'une des « lettres » de Fanni est envoyée à un journal littéraire, tant dans la fiction romanesque que dans la vie réelle (*Mercure de France*, Janvier 1757). Pour une analyse des stratégies péritextuelles qui accompagnent la publication de *Fanni Butlerd*, voir *Epistolary Bodies* : « The interplay between art and life [...] is at its most complex in the remarkable penultimate letter of the novel. Enraged by Alfred's insensitive response to her indictments, Fanni rejects further entrapment in the closed circuit of private correspondence. Instead of writing back to him, she sends her response to a newspaper – her first step toward public authorial status. This gesture was repeated by Riccoboni and her publisher : the letter was printed independently in the January 1757 *Mercure de France*, before the novel itself was published, apparently as a sort of market-testing strategy. » (Elizabeth Heckendorn Cook, *Epistolary Bodies. Gender and Genre in the Eighteenth-Century Republic of Letters*, Stanford, University Press, 1996, p. 133)

françaises, provenant d'une plume originale et expérimentée. En effet, l'analyse des métatextes a fait ressortir l'accueil particulièrement élogieux que le style romanesque de Mme Riccoboni a pu trouver dans les revues littéraires du XVIIIe siècle. Au lieu d'être catégorisée parmi les « copistes maussades » qui se sont également hasardés à la publication d'*histoires anglaises*, elle en est explicitement distinguée par Grimm, qui lui confère volontiers « une place parmi les plumes les plus élégantes de son sexe que la France ait produites »[111]. Dans le *Journal Encyclopédique*, elle est même érigée en modèle littéraire transnational, en ce que les traductions anglaises de ses romans n'auraient reçu que des éloges à l'étranger, dans la lignée des grands romanciers anglais : « Elle a mérité & obtenu des Anglois les mêmes suffrages & les mêmes honneurs que la France à prodigués à leur Fielding »[112]. La mise en scène anglaise de la plupart de ses romans est par contre passée sous silence.

Or, la dernière fiction *à l'anglaise* de Mme Riccoboni, *Lettres de Milord Rivers*, fait à plusieurs égards exception dans l'histoire à succès que nous venons d'esquisser. Cela n'implique guère que le roman n'ait pas participé du rayonnement international de la romancière ; au contraire, plusieurs sources signalent l'existence de traductions anglaises et allemandes[113]. La traduction par Percival Stockdale, dont nous avons fait une analyse approfondie[114], a même fait l'objet de deux comptes rendus anglais, provenant du *Critical Review* et du *Monthly Review*[115]. Il est d'ailleurs intéressant de constater que

---

111 C.L., Avril 1772, T. VII, p. 456.

112 *J.En.*, « Histoire de Miss Jenny », septembre 1764, p. 84.

113 Dans son introduction, Olga B. Cragg signale deux traductions anglaises : *Letters from Lord Rivers to Sir Charles Cardigan and to other English correspondents, while he resided in France*, translated from the original French of Madame Riccoboni, by Percival Stockdale, London, 1788 et une deuxième traduction, attribuée à François Xavier Martin, *Lord Rivers. A novel*, 1802. Dans son article « Les romans de Mme Riccoboni en Allemagne au XVIIIe siècle », Nathalie Ferrand mentionne à son tour deux traductions allemandes du roman, à savoir les *Briefe des Lord Rivers an Sir Karl Cardigan, nebst untermischtem Briefwechsel andrer Engländer. Aus dem Französischen der Frau Riccoboni*, in *Sammlung von Briefen und Gedichten aus fremden Sprachen*. Siebenter Theil. Leipzig, Bei Weidmanns Erben und Reich, 1778 et *Briefe von und an Lord Rivers, übersetzt von Anton Wall*, Leipzig, 1782 (cité dans *Mme Riccoboni, Romancière, Epistolière, Traductrice*, (éd. par Herman, Peeters et Pelckmans, Leuven, Peeters, *La République des lettres* 34, 2007, p. 295)). Lors de recherches ultérieures, nous avons toutefois pu constater que, dans le cas des *Briefe von und an Lord Rivers*, il s'agit en réalité d'une adaptation du roman riccobonien.

114 « Comment traduire l'histoire anglaise en anglais ? Le cas de Milord Rivers », in : *Mme Riccoboni : Romancière, épistolière, traductrice, ibid.*, pp. 255-269.

115 Les deux critiques sont reprises dans James Raven, *The English novel 1770-1829 : a bibliographical survey of prose fiction published in the British Isles*, Vol. 1 : 1770-1799, Oxford, University Press, 2000.

la tonalité de ces critiques ne diffère guère de celle qui se manifeste dans le seul compte rendu français que nous ayons trouvé, dans la *Correspondance littéraire* de Grimm. Conformément aux commentaires au sujet des romans précédents, les critiques s'accordent pour louer le style « vivant et animé » de Mme Riccoboni. Par contre, les particularités narratives du roman – qui est jugé très peu événementiel – sont à l'unanimité remises en cause. Ainsi, l'on peut lire dans le *Critical Review* que « in one of the most essential excellencies of this kind of writing, novelty and variety of incident, they [the letters] are materially defective »[116].

L'orientation décidément argumentative de *Milord Rivers* est reconnue par la romancière dans sa correspondance privée avec David Garrick[117], qu'elle dissuade de vouloir chercher une « histoire intéressante » dans ce qu'elle préfère appeler une suite de « lettres ». En même temps, elle insiste sur le fait que le contenu de cette correspondance fictionnelle contient un autre message, de nature socioculturelle : « Si vous pouvez vous amuser d'une critique douce sur le changement actuel de nos mœurs, [...] peut-être trouverez-vous dans ce petit livre autant de raison qu'il est permis à une femme d'en montrer sans affecter le pédantisme ou l'austérité »[118]. Il va de soi que parmi les multiples discours socioculturels qui s'inscrivent dans la correspondance des personnages, nous prêterons une attention particulière au discours sur l'identité nationale. Du reste, il est à noter que dans les échanges intellectuels avec ses correspondants anglais, Mme Riccoboni ne fuit aucunement la question des rapports franco-anglais. Etant donné l'omniprésence de ces passages, il semble indiqué de les prendre en compte dans notre lecture de *Milord Rivers*, tout en respectant les particularités de la fiction. Certes, dans ce qui précède, nous avons toujours souligné que toute mise en relation évidente entre, d'une part, les ouvrages fictionnels d'un auteur et d'autre part, ses écrits factuels (dont la correspondance privée) pose problème. Cela vaut d'autant plus pour un roman épistolaire polyphonique, où le discours s'éclate par la multitude de voix différentes, et parfois même contradictoires. Néanmoins, dans le cas de Mme Riccoboni, l'analogie entre certains passages s'impose presque de manière évidente, en dépit de leur statut textuel différent.

---

116   James Raven, *ibid.* Sous la plume de Grimm, cette idée se traduit comme suit : « On n'y trouve ni beaucoup d'événements ni beaucoup de situations nouvelles, et le dénouement est prévu presque aussitôt que l'action commence à se développer » (C.L., 1776).

117   David Garrick (1717-1779) était un auteur et acteur de théâtre très connu et célébré au XVIIIe siècle.

118   Nicholls, *op. cit.*, Lettre à David Garrick, 11 février 1777, p. 399.

Un roman polyphonique

La partie majeure de la correspondance est de la main de Milord Rivers, qui se profile de ce fait en protagoniste de l'histoire. En raison d'un séjour en France, celui-ci est amené à maintenir le contact avec ses compatriotes à l'aide d'un échange de lettres intense. Le destinataire principal de ses lettres est Sir Charles Cardigan – il est d'ailleurs le seul à être mentionné dans le titre – mais celui-ci reste un confident muet au fil des correspondances. En effet, comme il s'avérera par la suite, sa voix n'est qu'indirectement présente dans les lettres de Milord Rivers. L'échange se fait plus animé – et interactif – dans les lettres de plusieurs femmes qui sont parmi les connaissances de Milord Rivers. De celles-ci, les correspondances de Milady Orrery, Lady Cardigan et Miss Adeline Rutland sont au cœur de l'histoire. Cette hétérogénéité n'est évidemment pas sans incidences sur la figuration de l'anglicité dans ce roman, où l'hétéro-image principale du philosophe anglais se complète d'une multitude d'autres images, qui ne manquent pas de véhiculer une autre perspective sur la culture de leur nation. Ainsi, au sérieux de l'épistolier principal s'oppose la tonalité plus légère – et souvent ouvertement badine – de ses correspondantes. Ce contraste prend une tournure plus prononcée dans l'échange de lettres entre Milord Rivers et la jeune Miss Adeline Rutland, qui par son impétuosité et son esprit d'indépendance apporte un contrepoids à la retenue affichée par le héros du roman. Du reste, c'est dans la figure de Miss Rutland que les échos du tempérament d'héroïnes précédentes, telles que Juliette et Fanny, trouvent leur expression la plus explicite. En outre, le rapport particulier entre les deux personnages concernés se connote davantage à mesure que les correspondances se déploient, lorsque le lecteur apprend que Miss Rutland est en réalité la pupille de Milord Rivers; en même temps, à son insu, elle s'avère être à la base du départ subit de son tuteur en France. En d'autres termes, le séjour en France du protagoniste se voit motivé, ici encore, par les lois du cœur. Milord Rivers est d'ailleurs le premier à l'avouer, puisqu'il s'y réfère dès la lettre d'ouverture :

> On se trompe fort sur l'objet de mon voyage. Ni le dessein de comparer deux nations rivales, ni cette mélancolie vague, qui porte une foule de nos compatriotes à passer la mer, ne m'attirent ici. Le besoin d'une distraction nécessaire à mon repos, peut-être à ma raison, la crainte de succomber à la plus vive tentation […] m'imposent seuls l'espèce de bannissement où je me condamne[119].

---

119   *Ibid.*, p. 37.

Par ce, Mme Riccoboni renoue avec une stratégie récurrente, qui consiste à motiver le voyage à l'étranger – et par conséquent l'échange de lettres – des personnages par le biais d'une motivation sentimentale. De ce fait, l'intrigue de *Milord Rivers* semble au premier abord tout de même se conformer à la thématique déployée dans les fictions précédentes de la même romancière, où l'histoire d'amour – plutôt que la portée argumentative – se trouve au centre de l'intérêt. Dans le cas de *Milord Rivers*, toutefois, les apparences sont trompeuses, nonobstant les intentions avancées par le protagoniste dans le passage précité. En effet, contrairement à d'autres romans de Mme Riccoboni, où les lettres sentimentales, voire passionnelles que s'écrivent les personnages donnent l'impression au lecteur d'accéder à leurs sentiments les plus intimes, dans ce roman les émotions des personnages restent pour la plupart implicites ou vaguement esquissées. Comme le pose Mylady Orrery dans une lettre à Milord Rivers, s'imposerait pour la plupart des personnages en effet le besoin de « parler sans rien dire »[120]. Non seulement Milord Rivers n'en vient pas aux aveux de son amour avant la fin du roman, mais encore il pose, à l'encontre de sa passion naissante, un espoir ultime dans les forces de la raison. Si son amour se fait lire entre les lignes, Milord Rivers s'efforce sans cesse à étouffer la voix de sa passion, tout en l'approchant de façon rationnelle. Lorsque Mylady Orrery le consulte au sujet d'une affaire sentimentale qui l'a laissée en détresse, le conseil qu'il lui donne va nettement dans le même sens :

> Laissez-moi donc vous féliciter encore d'avoir consulté cette raison, *haïssable*, il est vrai, quand elle s'oppose à d'agréables fantaisies ; mais qu'il faut écouter, qu'il faut croire, si l'on veut recouvrer une paix interrompue par des accidens passagers, et conserver l'avantage d'être content de soi-même[121].

Une argumentation dialectique

Si la justification de son séjour en France est sentimentale, Milord Rivers – par peur de trahir son amour secret – investit ses lettres de réflexions à portée philosophique. En quelque sorte, c'est le discours sentimental – à peine présent et souvent oblique – qui cautionne la prépondérance d'une veine argumentative très prononcée. Partant, les correspondances font ressortir l'image d'un homme certes sensible, mais qui se veut avant tout raisonnable et contemplatif. L'image d'un philosophe qui, presque malgré lui, prend part dans les débats intellectuels de son époque. A la différence des autres fictions à l'anglaise de

---

120   *Ibid.*, p. 177.
121   *Ibid.*, p. 63.

Mme Riccoboni – et, par extension, de la grande majorité des romans de notre corpus – *Milord Rivers* se caractérise dès lors par un enjeu discursif, voire philosophique très prononcé qui n'en est pas moins motivé par le « récit-cadre » sentimental[122].

Ce n'est qu'en deuxième temps, c'est-à-dire en interprétant les prises de position intellectuelles ainsi que les pensées plus intimes du protagoniste, que le lecteur arrive à déceler l'intrigue amoureuse. Or, ce sont précisément les échanges intellectuels, qui étaient pour le héros – et peut-être aussi pour le lecteur de l'époque – encore une sorte de « voile discursif », qui constituent – du moins dans le contexte de notre lecture topique – l'intérêt du roman. Tantôt enclos dans une seule lettre, tantôt développés lors d'une suite de lettres, plusieurs thèmes passent la revue, allant de l'inévitable thème de la cause des femmes – qui est comme inhérent à l'œuvre de Mme Riccoboni – à celui de l'influence corruptrice du luxe, autre question fort débattue à l'époque[123]. Parmi ces débats, celui qui porte sur l'identité nationale parcourt de part en part le dernier roman de cette romancière. Sous ce rapport, l'assertion initiale de Milord Rivers, qui prétend ne pas avoir « le dessein de comparer deux nations rivales », se voit contredite par la suite, puisque le héros s'engage à plusieurs reprises dans des observations comparatives qui s'avèrent, tout compte fait, assez circonstanciées.

Or, les passages concernés se distinguent par plusieurs aspects qui nous semblent mériter une attention particulière. Tout d'abord, l'on constate que les parties portant sur la question de l'identité nationale sont pour la plupart réservées aux lettres qui s'adressent à Sir Charles Cardigan. Au lieu de réclamer une place de premier rang, ce dernier personnage semble assumer le

---

122 Voir aussi Lieselotte Steinbrügge (« Kritische Briefe zur Kultur der Aufklärung : Madame Riccoboni's « Lettres de Milord Rivers », *Die Frau im Dialog : Studien zur Theorie und Geschichte des Briefes*, éd. par Anita Runge, 1991, p. 80) : « Die Briefform dieses Romans, dient nun keineswegs dazu, diese Liebesgeschichte zu inszinieren. Die möglichkeiten, die das Medium Brief verschafft hätte, werden nicht ausgeschöpft. Auffällig ist, dass ein Strukturelement fehlt, das für die früheren Romane Riccobonis ebenso charakteristisch ist wie für die meisten zeitgenössischen Briefromane : Briefe, in denen Geständnisse gemacht und Vertraulichkeiten übermittelt werden. »

123 Voir la lettre 33 à Sir Charles Cardigan : « L'or ne corrompt point les hommes, Charles : sa possession, il est vrai, donne à des hommes corrompus les moyens de faire germer le vice, partout où ils en découvrent la semence, mais jamais le pouvoir d'écarter un cœur noble du sentier de l'honneur. » (p. 149) Dans ce contexte, voir également notre article à l'égard du débat sur la question du luxe au XVIIIe siècle : « Entre fond et forme : le discours dialectique sur le commerce et le luxe dans le « Pour et Contre » de Prévost. » *Romanistische Zeitschrift für Literaturwissenschaft*, 32 (3/4), 2008, pp. 267-281.

rôle de *pierre de touche* dans la structure argumentative des lettres de Milord Rivers. En effet, alors que la voix de Sir Charles semble à première vue rester muette dans la suite épistolaire qui lui est destinée, en réalité ses prises de position s'introduisent en filigrane dans la correspondance de Milord Rivers. En d'autres termes, à travers la monodie apparente des lettres concernées ressort une structure dialogique, et même dialectique, en ce que les passages essentiels de la correspondance de Sir Charles y sont repris par Milord Rivers. Ainsi, les lettres en question adoptent une structure de *botta e risposta* qui se manifeste en outre *typographiquement* sur la page, par la mise en italiques des paroles de Charles. Certes, cette technique fait pour ainsi dire partie intégrante des romans de Mme Riccoboni, comme Jan Herman l'a signalé d'ailleurs avant nous :

> Cette interpénétration des discours, surcodée par le changement typographique, constitue l'une des caractéristiques majeures de toute l'œuvre de cette 'romancière oubliée'[124].

Cela est encore illustré par la présence de la même stratégie dans les autres correspondances de Milord Rivers. Le rôle de Charles Cardigan se distingue pourtant par le fait que son regard se met en quelque sorte au service de l'argumentation développée par Milord Rivers au fil de ses lettres. Ainsi, d'entrée de jeu, les idées de Sir Charles à l'égard de l'identité nationale servent de repoussoir, en ce sens que les observations de Milord Rivers trouvent à chaque fois leurs germes dans un rejet radical de la prise de position – souvent préjugée – de son correspondant. De cette manière, Mme Riccoboni semble vouloir rendre compte de la dynamique inhérente à toute formation d'opinion sur l'Autre. En effet, l'affrontement du regard de Sir Charles et celui – superposé – de Milord Rivers illustre l'idée selon laquelle tout discours sur l'identité nationale serait l'effet – aléatoire – d'une confrontation entre les idées préconstruites et générales qu'un peuple s'est formées de l'Autre et la rencontre effective de cet Autre. Suivant cette thèse, la figure de Sir Charles assume alors le regard préjugé par rapport auquel Milord Rivers construit ses idées sur la culture française. Comme il s'avérera par la suite, dans *Milord Rivers* cette confrontation n'aboutit pas nécessairement à une remise en cause effective de toute idée générale et préconstruite au sujet du caractère national. En revanche, par la mise en scène fictionnelle des réflexions de Milord Rivers, Mme Riccoboni permet, à un niveau plus abstrait, de prendre conscience de certaines stratégies qui participent de la (re/dé-) construction d'une image culturelle.

---

124   Jan Herman, *Le mensonge romanesque*, Amsterdam, Leuven University Press, 1989, p. 87.

Si l'on peut poser que les idées (transmises) de Sir Charles servent de repoussoir, elles constituent en premier lieu aussi le *catalyseur* de ce discours sur les Nations. En effet, rappelons que le protagoniste du roman se montre dans sa lettre d'ouverture peu disposé à se joindre au débat sur les Nations ; s'il s'y lance quand-même dès la seconde lettre, c'est bien en réponse aux insistances de son correspondant. Ce dernier assume dès lors un rôle purement auxiliaire dans l'intrigue. La nature fonctionnelle du personnage est du reste corroborée par le fait qu'il s'érige d'emblée en porte-parole des idées issues de son cercle d'amis. A titre illustratif, citons l'amorce de la deuxième lettre de Milord Rivers :

> Ton cousin y songe-t-il de me faire cette foule de questions ? Comment y répondrois-je ? [...] Assure ton cousin et Milord Bellasis de ma complaisance, s'ils veulent m'accorder le tems de satisfaire leurs désirs[125].

En d'autres termes, alors que les idées qui sont véhiculées par Sir Charles servent en premier lieu à faire ressortir – par opposition – la perspective unique du protagoniste, elles ne semblent point provenir du regard singulier d'un seul correspondant, mais plutôt représenter « l'opinion commune » d'un groupe plus vaste de personnages anglais. Ainsi, il ne nous semble pas trop hasardeux de poser que le regard de Milord Rivers veut se porter garant d'une approche alternative, qui se distingue de certains partis-pris du débat sur les Nations en vigueur à l'époque.

Un philosophe détaché

Dans notre étude, nous avons d'emblée insisté sur l'importance de la *perspective*, ou encore du regard que posent les personnages des fictions à l'anglaise sur une culture qui n'est pas la leur. Cela vaut d'autant plus pour le dernier roman de Mme Riccoboni que la thématique du regard s'y pose explicitement au niveau de la diégèse. D'entrée de jeu, Milord Rivers se présente comme un caractère indulgent[126], dont la sérénité – pour ne pas dire le flegmatisme – s'oppose à la « pétulance » de son correspondant. Dans la seconde lettre, ces mêmes traits de caractère forment la base de son regard posé sur l'Autre français. Ainsi, il insiste une fois de plus sur son « indulgence » à l'égard de toute altérité, ce qui le rendrait même – du moins à ses dires – « peu propre à l'emploi dont vous me chargez »[127]. Si Milord accepte de rendre compte de

---

125   *Ibid.*, p. 37.
126   « Soyons indulgens tous deux. Supporte ma lenteur, comme j'excuse ta pétulance, et la paix subsistera toujours entre nous. » (*ibid.*, p. 36)
127   *Ibid.*, p. 37.

ses idées à l'égard de la culture française, il se profile d'entrée de jeu comme un observateur particulier, auquel manque prétendument tout sens critique, pourtant jugé essentiel dans la formation d'une opinion fondée. Cette thèse est appuyée par une métaphore théâtrale qui, à notre avis, ne fait que renforcer l'importance attribuée au motif du regard dans ce dernier roman de Mme Riccoboni :

> Je suis assez dans le monde, comme sont au théâtre ces paisibles spectateurs qui, cherchant à s'amuser de la pièce, l'écoutent sans s'embarrasser si elle pouvoit être mieux faite, mieux écrite ; et quelquefois maudissent un voisin trop difficile ou trop instruit, plus fâchés de perdre une partie de leur plaisir, que satisfaits d'être éclairés par sa critique[128].

En tant que telle, la métaphore théâtrale semble déjà suggérer que toute opinion formée sur l'Autre serait de l'ordre de l'imag(inair)e, ou encore de la représentation, plutôt que de toucher à l'essence même d'une culture. Ainsi, il ressort du passage précité, à ce qu'il nous paraît, l'idée selon laquelle la perception du monde – ou d'une culture plus en particulier – n'est jamais entièrement objective, mais réside avant tout dans le regard qui est projeté sur ce monde. Dans ce passage se confirmerait dès lors la nature équivoque inhérente à toute image culturelle, celle-ci étant par définition issue de la tension entre deux actants : la culture regardante et la culture regardée. A travers le regard désinvolte et prudent de Milord Rivers, qui n'hésite pas à poser lui-même des limites à ses observations, le lecteur semble au préalable sensibilisé à la portée relative des images culturelles esquissées par la suite.

Suivant ce réflexe, Milord Rivers annonce à ses lecteurs de vouloir adhérer à une approche indulgente et bienveillante, qui s'ouvre sur la culture de l'Autre plutôt que d'être repliée sur le Même. Cette indulgence ressort déjà du premier paragraphe de la même lettre, où le héros explicite qu'« avant de [se] laisser présenter à la cour, [il] veu[t] [s']accoutumer aux inflexions de la langue françoise, et [s']étudier à perdre, s'il est possible, cet air étranger qu'en tous pays on doit plus [je crois] à sa contenance, qu'à sa physionomie »[129]. De même, dans ce qui suit, le lecteur entrevoit – surtout dans les premières lettres – un observateur prudent qui, au lieu d'imposer ses idées comme des certitudes, les conditionne par la subjectivité de son regard. En même temps, se trouve à l'origine de cette disposition un désir de ne pas se décider trop légèrement sur lesdits traits distinctifs d'une culture, dans l'objectif de formuler des opinions

---

128 *Ibid.*
129 *Ibid.*

plus fondées et circonstanciées. Ainsi, dans la lettre v, Milord Rivers continue à postposer ses observations sur l'Autre, faute du temps nécessaire à examiner la culture française plus en profondeur :

> Introduit dans les maisons où se rassemble ce qu'on appelle ici, comme à Londres, la bonne compagnie, je regarde, j'écoute, je compare, mais je suis loin encore de juger. J'ai peu de temps à moi. Assailli par une foule de nos compatriotes, curieux et désœuvrés, je ne dispose pas de mes moments[130].

Dans la lignée de ses assertions initiales, Milord Rivers oppose son examen systémique de l'identité nationale aux « opinions » superficielles de ses compatriotes voyageurs – et par extension à l'attitude de la majorité des voyageurs de son époque[131] qui « n'entendent point la langue, ne comprennent rien, blâment tout, et s'en retourneront très-persuadés qu'ils ont acquis la plus parfaite connaissance d'un peuple »[132]. Observons d'ailleurs qu'au moment où paraît le roman de *Milord Rivers*, cette critique sur les connaissances insuffisantes des voyageurs n'est certainement pas inédite ; par contre, elle se réfère à l'idée – en vigueur tant en France qu'en Angleterre – selon laquelle le « Grand Tour » des jeunes (nobles) ne contribuerait point à l'éducation culturelle des jeunes et, en revanche, ne ferait que nourrir leurs sentiments de supériorité. Pourtant, à la différence de maint autre romancier de l'époque, Mme Riccoboni ne se limite pas à insérer cette idée dans son roman ; à travers la figure énigmatique et souvent irrésolue du philosophe Milord Rivers, elle esquisse les contours – fictionnels – d'un regard alternatif, à la fois *pénétrant* et *ingénu*. Par ce, nous entendons que le personnage se montre – ou plutôt se veut – à plusieurs reprises exempt des partis-pris de sa culture et de son siècle, ne fût-ce que par sa conscience de la portée limitée, car subjective de ses observations.

En dépit de cette lucidité, ses hésitations ne l'empêchent pas de transmettre par bribes son point de vue particulier à l'égard de la culture française. Sous ce rapport, il saute aux yeux que les observations de Milord Rivers véhiculent une critique des tendances généralisantes dont témoignent certains cercles intellectuels de l'époque. Qu'il nous soit permis de citer, à titre illustratif, quelques passages provenant des lettres III et IV, où Lord Rivers fait la critique des

---

130 *Ibid.*, p. 46.
131 La portée générale de cette remarque est explicitée comme suite : « Je ne prétends pas charger mes seuls compatriotes de ce ridicule, je l'ai remarqué dans la plus grande partie des voyageurs. » (*ibid.*)
132 *Ibid.*

idées *universalistes* prônées par un certain Sir George. Une fois de plus, c'est Sir Charles qui assume le rôle de porte-parole des antagonistes intellectuels de Milord Rivers. A travers la figure de Sir Charles, tout un mouvement de pensée est en butte au regard condescendant du héros :

> Tu admires son *ardent amour pour l'humanité*, tu lui sais gré de t'avoir inspiré cette *noble passion*, tu veux *t'en occuper le reste de ta vie* ! Prends-y garde, Charles; comme ton ami, je t'exhorte à t'y livrer avec plus de retenue. En pensant trop *au bien général*, crains de négliger le bien particulier, ton propre bonheur et des devoirs plus réels[133].

Le lecteur attentif ne manque pas d'y reconnaître des échos d'une critique récurrente dans plusieurs textes-clés du XVIIIe siècle[134], qui vise l'universalisme dégagé de certains philosophes. A l'universalisme si ardemment défendu par son correspondant, Milord Rivers oppose une attitude plus modérée et pragmatique et cela pour plusieurs raisons : dans une première réaction, il prétend placer à l'encontre du « sentiment vague » d'« aimer tous les hommes »[135], les besoins particuliers de la vie réelle. Cette opposition entre le « général » et le « particulier » s'explique dans un deuxième temps par la retenue caractéristique du personnage, qui prend ici encore conscience de la portée limitée de ses observations :

> Je ne crois pas devoir m'inquiéter de ce qui se passe sur ce globe, où j'occupe une si petite place. [...] Comment un simple particulier s'avise-t-il de vouloir se placer au centre de l'univers, d'entreprendre de changer des mouvements[136] ?

---

133   *Ibid.*, p. 40.
134   Dans les notes qui accompagnent son édition critique, Olga Cragg fait notamment mention de Rousseau, dont le rejet des « quelques grandes âmes cosmopolites... embrassent tout le genre humain dans leur bienveillance. » (*Discours sur l'origine de l'inégalité*, cité dans Olga Cragg, *Lettres de Milord Rivers, op. cit.*, p. 40) Elle y ajoute : « dans l'*Emile* également Rousseau critique les philosophes hypocrites qui élèvent leur voix au nom de grands principes, tout en oubliant les responsabilités ordinaires. » (*id.*) Notons du reste que la relation qu'entretient Mme Riccoboni avec Rousseau est pour le moins complexe. A ce sujet, les *Correspondances* de Mme Riccoboni constituent une source précieuse. Les divergences idéologiques entre les deux écrivains sont également mises en évidence dans la traduction anglaise de *Milord Rivers* par Percival Stockdale, où le traducteur s'inspire des écrits de Rousseau afin de mettre en vigueur les commentaires critiques.
135   *Ibid.*, p. 41.
136   *Ibid.*, p. 42.

A travers cette remarque se manifeste encore le regard à la fois dégagé et prudent de Milord Rivers qui ne le croit ni nécessaire ni possible de s'occuper du « genre humain » en tant que tel. Du reste, le désintéressement[137] – tout comme l'humbleté[138] – du personnage semblent marquer de part en part ses correspondances. A bien lire les lettres de Milord Rivers, chaque individu se verrait ainsi tôt ou tard confronté aux limites de ses connaissances, de son jugement et de sa perspective, fatalement subjective. En même temps, ces limites auraient un effet émancipateur, par le fait qu'elles permettraient à ce même individu de former une opinion (subjective) et de s'y tenir. De cette manière, le discours de Milord Rivers semble par moments se doter d'une touche relativiste, comme il ressort encore du conseil qu'il donne à Sir Charles, quand celui-ci s'inquiète sur leurs continuelles divergences d'opinion :

> Je dis mon sentiment, parce que je suis vrai ; je ne m'offense point quand on le conteste, parce que je ne le donne pas comme une loi. Ne te détourne point, suis ta route ordinaire. Ta façon d'envisager les objets ne sauroit affoiblir mon estime, ni diminuer mon amitié[139].

A travers la récurrence des assertions d'incertitude et de modestie dans les lettres de Milord Rivers se fait ainsi observer l'image d'un homme à l'esprit indépendant, mais humble. Cette image dialectique se traduit d'une part dans un refus explicite de conformer ses opinions et observations au « général » – aux « idées reçues » de l'époque – et d'autre part dans la reconnaissance de la portée relative de ses idées. La caractérisation ainsi esquissée s'accouple du reste parfaitement à son approche des affaires du cœur, où l'incertitude l'empêche longtemps d'avouer ses sentiments pour sa pupille Adeline Rutland. C'est cette même indécision qui explique le ton railleur de Milady Orrery dans le passage suivant, par lequel elle essaie de le faire renoncer à son attitude oscillante : « Et *son tuteur*, me demandez-vous, *que fait-il* ? tout le contraire de ce qu'il devrait faire. Chagrin, inquiet, jaloux, indécis, il se tient à l'écart [...]. Rapprochez, examinez, pesez, jugez, venez, parlez et terminez[140]. »

---

137 Voir également le passage suivant, que nous avons tiré de la lettre VIII : « le désintéressement, soit qu'il tient de la paresse ou de la réflexion, est de toutes les qualités la plus généralement estimée et la moins enviée. » (*ibid.*, p. 52)

138 Ainsi, le passage cité dans la note précédente se fait suivre par celui-ci : « Etre content de moi, ne mériter le reproche de personne, servir quand je puis, ne jamais nuire, voilà toutes les prétentions de ton serviteur et de ton ami. » (*ibid.*)

139 *Ibid.*, p. 44.

140 *Ibid.*, p. 180.

L'argument national : inconséquences et oscillations

Sur le plan argumentatif toutefois, l'image soigneusement construite de l'observateur indépendant et humble ne s'avère au final pas tout à fait conséquente. Certes, dans plusieurs de ses lettres à Charles Cardigan, Milord Rivers insiste sur le fait qu'il ne se considère pas à même de se former une opinion définitive et générale au sujet des Français. Ainsi, dans la lettre XIII, il prétend se fier encore à l'observation, qui lui permet une fois de plus de prendre ses distances par rapport aux préjugés formulés par les voyageurs précédents, qu'il croit « ou mal instruits, ou peu sincères ». Ce rejet des idées préconçues est radicalisé par la suite, lorsque Milord Rivers rend compte que même « la plus exacte attention » ne lui a point fait découvrir « ces *différences extrêmes* remarquées par une foule de nos écrivains »[141]. Il insiste ainsi, au détriment du discours différentiel d'autres observateurs, sur une sorte d'essence universelle, par laquelle tous les hommes seraient unis. Si l'observation de l'Autre dévoile certaines distinctions entre les Nations, celles-ci s'expliqueraient par le regard superficiel de la culture regardante, plutôt que par quelque différence essentielle :

> En arrivant chez un peuple dont on se propose d'étudier les mœurs, je l'avouerai, quelques usages étonnent, semblent offrir aux yeux d'un étranger des hommes nouveaux, des hommes qui ne lui ressemblent pas. Mais l'examen fait bientôt disparaître ces nuances légères, et ramène tout sous le même point de vue[142].

Si différence il y a, elle se situe précisément au niveau superficiel des « us et coutumes » sans pour autant toucher à l'essentiel d'un peuple[143]. A l'encontre de la théorie différentielle, Milord Rivers défend ainsi l'idée de la force unificatrice du « cœur », au sens plus large : « Montre-moi parmi ces diverses nations un homme agité par une passion qui ne puisse émouvoir mon cœur[144]. »

Dans cette lettre, Mme Riccoboni représente son héros clairement comme un observateur *neutre*, ce qui se manifeste également par le fait que, du moins dans un premier temps, Milord Rivers inscrit la question de l'identité nationale française dans un discours d'ordre général, au lieu de faire écho à la rivalité éternelle entre la France et l'Angleterre. En effet, le personnage insiste à plusieurs

---

141 *Ibid.*, p. 65.
142 *Ibid.*
143 « Si cette marque existe, elle est dans leurs habitudes, elle n'est point dans leurs sentiments. » (*ibid.*)
144 *Ibid.*

reprises sur le fait que la conscience nationale occupe les esprits, sinon sur le plan mondial, du moins dans l'Europe entière : « les nations européennes se vantent sans raison d'une marque distinctive entr'elles »[145]. De cette manière, la relation souvent antagoniste entre l'hétéro-image attribuée aux Anglais et la méta/auto-image imposée aux Français est quelque peu neutralisée, d'autant plus que le philosophe refuse de valoriser positivement l'une des deux nations dans le contexte de cette lettre. Ainsi, à la question traditionnelle sur ladite « gaieté » française, la réponse de Milord Rivers est assez laconique :

> Je cherche inutilement ici *ces êtres composés d'air et de feu*, toujours actifs, que la *saillie et l'engouement* caractérisent ; je trouve les françois, s'il m'est permis de le dire sans enfreindre les loix de l'hospitalité, oui, ma foi, Charles, je les trouve tout aussi ennuyeux que nous[146].

A l'encontre de l'image traditionnelle de la gaieté française, Milord Rivers rend compte d'un peuple tout différent, voire à plusieurs égards assez proche de la culture dite typique de leur frère ennemi, l'Angleterre. Ainsi, il mentionne non seulement les « penseurs, politiques, raisonneurs » qu'il y rencontre, mais encore la « profondeur » qui serait devenue la nouvelle « manie » de la nation[147]. En d'autres termes, Mme Riccoboni s'est imaginée un personnage dont le regard investigateur relativise l'écart traditionnel entre la culture française et celle anglaise, de manière à ce que même le mode de vie des deux nations devienne comparable.

Du reste, la tonalité modérée de cette lettre est articulée davantage à travers la reprise de l'argument – rhétorique – de « la modestie » qui – répétons-le – fait partie intégrante de l'image de Milord Rivers, telle qu'elle est tissée au fil de ses correspondances. Ainsi, lorsqu'il observe qu'il « n'apperçoi[t] dans

---

145 *Ibid.*
146 *Ibid.*, p. 66.
147 *Ibid.* Notons du reste que dans le passage concerné, la voix de Mme Riccoboni se fait aisément reconnaître : « On hait ici l'éclat de la gaité, il y est le partage du peuple et de la jeunesse imbécile. La sensibilité, *l'extrême sensibilité* est l'universelle manie, et nos sujets les plus noirs sont à peine jugés assez sérieux pour composer des opéra [sic] burlesques. » (*ibid.*) A titre de comparaison, nous citons un fragment des *Correspondances* de Mme Riccoboni. Alors que le regard « anglais », présent dans la fiction de *Milord Rivers*, est remplacé par la perspective ouvertement française de la romancière, la critique formulée est essentiellement comparable : « Nous sommes actuellement dans une fureur de sensibilité qui passe toute imagination, nos dames veulent crier, pleurer, étouffer aux spectacles. Le sentiment est la folie du jour [...]. » (Nicholls, *op. cit.*, Lettre à David Garrick, 27 juillet 1772, p. 268)

les François aucune idée qui s'éloigne des [nôtres : anglais] », il prend soin de restreindre tout de suite la portée de son assertion en y ajoutant que : « peut-être est-ce ineptie de ma part »[148]. De même, il assure « qu'[il] [s]'en rapporte à ses propres observations, au résultat de [s]es comparaisons »[149].

La même stratégie se manifeste dans la lettre XXX, laquelle est une des dernières lettres de *Milord Rivers* à l'adresse de Sir Charles. Ici encore, la lettre est entamée par la remise en cause d'un préjugé à l'égard des Français : « Le docteur Rimers t'assure donc que l'*uniformité caractérise les François* ? Qu'en *examiner un*, c'est les *approfondir tous*[150] ? » Plus spécifiquement, il s'agit d'une idée reçue qui est d'actualité au XVIIIe siècle ; le manque d'individualité des Français – qui s'opposerait à la singularité du peuple anglais – ne ferait d'ailleurs que mettre en évidence l'incompatibilité entre les deux cultures. A la perspective simplificatrice de ce préjugé, Milord Rivers substitue une fois de plus l'alternative de son regard particulier :

> Ma foi, mon ami, je n'ai pas l'habilité de ton docteur. Je crois apercevoir tant de variété dans les habitans de la capitale, que les remarques du jour élèvent mes doutes sur celles de la veille, et loin de pouvoir fixer mes idées, j'en reçois à chaque instant de nouvelles[151].

Plusieurs observations s'imposent à la lecture de ce passage, qui est un des derniers morceaux dans *Milord Rivers* au sujet de l'identité nationale. *Primo*, l'on y retrouve le motif de la *modestie*, qui, dans ce passage, est clairement utilisé sur le mode ironique. Cette touche d'ironie se manifeste aussi dans la caractérisation du docteur Rimers, qui est jugé « un judicieux et fin observateur »[152] alors que son raisonnement est entièrement démoli dans les lettres de Lord Rivers. *Secundo*, force est de constater que ces observations n'aboutissent pas à quelque nouvelle théorisation de l'identité nationale (française). A l'encontre des catégorisations suggérées par ses nombreux interlocuteurs, Milord semble poser la « diversité » comme principe ultime de l'esprit français et, par extension, de toute nation. C'est ce qui ressort également du passage suivant, qui

---

148   *Ibid.*, p. 65.
149   *Ibid.*
150   *Ibid.*, p. 143.
151   *Ibid.*
152   *Ibid.* Voir également la remarque finale de la lettre 30 : « Si vous voulez tous deux vous instruire sur ce point intéressant, faites voyager le docteur Rimers. Ma pénétration n'égale point la sienne. » (*ibid.*, p. 144)

conclut la lettre XXX : « Je vois ici, j'ai vu partout le caractère de l'humanité [...] offrant toujours le mélange des vices, des vertus, de la sagesse et de la folie[153]. »

Les lettres de Milord Rivers semblent alors être conçues en vue d'une remise en cause du discours différentiel qui se déploie dans mainte autre fiction à l'anglaise. Dans la même lignée, l'importance de l'identité nationale se situerait au niveau superficiel des « habitudes » et ne toucherait aucunement aux lois du cœur, dont la portée universelle est une fois de plus soulignée par le personnage[154]. Rappelons du reste que dans l'économie du roman, la perspective particulière de Milord Rivers entre en vigueur par la structure dialectique des correspondances. Ainsi, les observations du protagoniste se détachent non seulement des lettres de Sir Charles, mais également de celles qui sont attribuées à sa cousine, Lady Mary Courteney. Il importe d'observer sous ce rapport que dans les lettres adressées aux personnages féminins transparaît un côté plus sensible de Milord Rivers, qui se vante en général de son attitude rationnelle. Or l'on observe qu'au début de l'échange de lettres et d'idées entre Milord Rivers et Lady Courteney, le débat sur la cause des femmes – thème riccobonien par excellence – s'accouple au discours sur l'identité nationale. Alors que Lady Courteney véhicule un point de vue différentiel et préconçu sur les femmes françaises (« elle demande si les dames de France sont coquettes »[155]), son correspondant maintient un regard plutôt bienveillant. En effet, dans un premier temps, il refuse de considérer la coquetterie comme un trait distinctif français, à l'encontre de ce que prescrivent les préjugés de son époque[156]. En revanche, il distingue entre la coquetterie – obligeante et polie – des femmes françaises et celle – dédaigneuse et railleuse – de ses compatriotes[157]. De ce fait, il retombe à son tour dans une approche différentielle de l'identité nationale, qui semble détonner par rapport à la perspective alternative véhiculée dans la majorité de ses lettres. Qui plus est, contrairement à la tonalité hésitante et modeste qu'il adopte en règle générale, il se montre plutôt confiant dans ses idées au sujet des femmes. A bien regarder l'ensemble de l'intrigue, toutefois, la prédilection soudaine dont témoigne Milord Rivers à l'égard des femmes françaises se justifie par un motif caché à portée sentimentale. Il ressort en effet des correspondances de Miss Rutland que la raillerie est un aspect essentiel de son caractère.

---

153   *Ibid.*
154   « Si dans nos contrées, si dans celles que j'ai parcourues, il est vraiment un *caractère distinctif*, marqué par des *traits sensibles*, je ne l'ai point saisi. » (*ibid.*)
155   *Ibid.*
156   Citons le passage suivant de la lettre de Milord Rivers : « Eh, mais, elles ne ressemblent pas mal à celles de la Grande-Bretagne » (*ibid.*).
157   *Ibid.*

Dès lors, la généralisation de Milord Rivers – selon laquelle toutes les femmes anglaises seraient moqueuses – trouve ses germes dans ses sentiments envers une Anglaise particulière par laquelle il se sent rejeté.

C'est par un tel enchevêtrement de l'argument national d'une part et de l'intrigue sentimentale d'autre part que se font remarquer les particularités du roman comme plateforme discursive. Alors que le protagoniste est profilé comme un observateur neutre de l'Autre, l'interférence apparente de ses observations avec l'intrigue sentimentale crée un effet de distanciation auprès du lecteur. Si Riccoboni incorpore l'argument national dans l'économie romanesque, c'est à travers cet accouplement de l'argumentatif et du narratif que se crée un méta-discours sur les mécanismes de (dé-)construction sous-jacents à la mise en œuvre d'un imaginaire culturel. Il en va de même pour la francophobie de Lady Courteney qui, dans son rejet catégorique des femmes françaises, vise avant tout à convaincre son correspondant des mérites d'une seule compatriote, à savoir Miss Rutland. Etant déterminée à rappeler Milord Rivers en Angleterre, elle n'évite point les généralisations dépréciatives à l'égard d'éventuelles concurrentes françaises, qu'elle considère tantôt comme les coquettes « les plus dangereuses et blâmables », tantôt comme des femmes « insinuantes » et « fausses », faisant ainsi référence au stéréotype des artifices dits français. Du reste, il est intéressant de remarquer comment, dans sa réponse à Milord Rivers, elle fait allusion à la modestie de ce dernier, dont elle semble remettre en cause la sincérité : « Mylord Rivers est-il si modeste qu'il lui soit difficile de se croire regretté ? De se croire aimé[158] ? »

Partant, le regard modéré établi par le protagoniste à travers ses premières lettres s'effrite de différents côtés. *Primo*, au niveau du *dire*, il s'avère que la modestie, aussi soigneusement construite soit-elle, se voit par moments comme déconstruite par Milord Rivers lui-même, en ce que celui-ci – ainsi que certains de ses correspondants – s'y réfèrent sur le mode ludique. *Secundo*, si dans ce qui précède nous avons illustré que la stratégie de la modestie va souvent de pair avec une remise en cause des grandes idées stéréotypées de l'époque, cette prise de position n'empêche point que Rivers se replie par moments sur un discours différentiel. Or, si la portée de ses remarques sur la question des femmes se justifie par son enjeu sentimental, il n'en vaut pas de même dans le passage suivant :

> J'arrive de la campagne [française]. L'ennui m'en a chassé. Loin de jouir dans le plus beau lieu du monde des agréments que je m'y promettois, j'y ai retrouvé le faste de la ville, sa contrainte gênante, ses frivoles

---

158 *Ibid.*, p. 48.

amusemens, tout ce qui détourne de l'intéressante contemplation de la nature [...][159].

Alors que le personnage de Milord Rivers est d'ordinaire présenté comme une figure de remise en cause, dans ce passage il retombe dans un réflexe de généralisation. En effet, il est intéressant d'observer comment, dans un roman qui examine les (modalités des) différentes prises de position interculturelles, le protagoniste s'identifie au final à une identité culturelle bien stéréotypée. Son amour de la *simplicité* campagnarde – qu'il porte en lui en tant qu'Anglais – s'affronte ainsi à la vie tourbillonnante qui, en France, efface la distinction entre la ville et la campagne. Le regard qu'il projette sur la société française s'avère dans ce passage bel et bien déterminé par son « anglicité », en ce qu'il rend compte d'un amour de la nature et de la contemplation. Dans la littérature de l'époque, ces traits sont jugés parmi les plus « distinctifs » du caractère anglais. Qui plus est, ce repli sur la (supériorité de la) culture anglaise ne constitue point un moment isolé dans les correspondances de Milord Rivers, mais est corroborée dans une des dernières lettres, où il se montre touché par le compte rendu de Sir Charles à l'occasion de son séjour à la campagne :

> Qu'elle est attrayante cette simple retraite, habité par la *sagesse*, par l'*amour*, par l'*amitié* ! [...] Ta lettre ne causeroit pas un pareil effet sur un François. Ici les riches et les grands connaissent peu les charmes d'une félicité domestique, d'un bonheur véritable, intérieur, indépendant des dehors fastueux qui partout en offrent l'imparfaite image[160].

De ce fait, le roman s'investit par moments d'un imaginaire culturel tout à fait conventionnel. De même, à travers le regard anglais du personnage sont corroborés, comme *a contrario*, certains clichés qui participent souvent de la construction de l'identité française. Ainsi, la critique de Milord Rivers insiste sur le règne du paraître, ou encore « des dehors fastueux » dans la société française qui, dès lors, manqueraient de « vérité » et de « sincérité ». A cet égard, il nous semble d'ailleurs intéressant de prendre en compte les correspondances de Mme Riccoboni, qui dans une lettre de 1767 formule à titre personnel une critique comparable à l'égard de sa propre société :

---

159   *Ibid.*, p. 98.
160   *Ibid.*, p. 157.

> J'arrive de la campagne [...] Mais trop bonne chère, trop de délicatesse, une table trop bien servie. Nous portons sur nous le faste de Paris, nous ne sçavons pas être rustiques, c'est le défaut des habitants de la capitale[161].

Les ressemblances entre ce passage et les critiques émises par Milord Rivers sont trop épatantes pour être négligées par le lecteur avisé, qui les découvre à une époque où les lettres privées de la romancière ont acquis un statut public.

En guise de conclusion

Tout compte fait, que peut-on conclure des multiples contradictions qui semblent investir tant le *dire* que le *dit* du protagoniste dans *Lettres de Milord Rivers* ? Il est vrai que Mme Riccoboni elle-même parle de son protagoniste dans ses correspondances, où elle explique qu'elle « lui donne un caractère aimable et [est] bien aise de montrer à [la] nation [anglaise] qu'[elle est] incapable d'une basse vengeance ». Ou encore, elle insiste sur le fait que dans le personnage de Milord Rivers, elle vise à « bien traiter » la nation anglaise[162]. Dans ce passage se formule donc la proposition de mettre en scène une image constructive de la culture anglaise à travers la caractérisation de la figure de Milord Rivers. A cela s'ajoute une autre remarque critique de la romancière, qui remet en cause la « grande foiblesse en anglais [...] de parler continuellement en mal des autres nations »[163]. Il se pourrait dès lors que le regard modeste de Milord Rivers forme en même temps une mise en fiction de la critique formulée dans ses correspondances privées. Cette thèse se voit du reste appuyée par une lettre de la même année, dans laquelle Mme Riccoboni remet en cause, en des termes moins radicaux que le fera son personnage dix ans plus tard, le pouvoir des préjugés dans la construction des images culturelles :

> Je veux bien, mon ami, que les hommes ayent des préjugés, qu'ils préfèrent leurs mœurs et leurs habitudes à celles de leurs voisins. [...] mais je ne puis souffrir que l'on soit impudent et menteur, que l'on parle d'un pays sans le connaître[164].

Toute distinction entre les correspondances privées de la romancière et la mise en scène fictionnelle de *Milord Rivers* prise en considération, il nous semble en effet que l'on pourrait retrouver dans ce passage les bases du regard fictionnel

---

161 Nicholls, Lettre à Robert Liston, 11 juillet 1767, *op. cit.*, p. 111.
162 *Ibid.*, Lettre à Robert Liston, 11 septembre 1774, p. 344.
163 *Ibid.*, Lettre à Robert Liston, 12 mai 1767, p. 110.
164 *Ibid.*, Lettre à Robert Liston, 11 juillet 1767, p. 112.

de Milord Rivers, qui se montre à plusieurs reprises conscient de la portée restreinte, car subjective, de ses idées. Or, indépendamment de sa valeur représentative éventuelle – qui reste implicite dans l'absence d'une voix d'auteur affirmée – la figure du philosophe Milord Rivers trouve sa signification précisément dans la complexité inhérente à son regard porté sur l'identité nationale. En effet, alors que Mme Riccoboni semble ancrer son personnage dans une *hétéro-image* anglaise assez reconnaissable pour le public – il s'agit d'un philosophe contemplatif qui nourrit un amour pour la campagne – l'originalité du personnage réside clairement dans le *regard* qui lui est attribué.

Tout comme dans les *Heureux Orphelins*, c'est à travers la caractérisation du protagoniste qu'est engendrée une sorte de *prise de conscience* du regard mis en scène. Dans *Milord Rivers*, Riccoboni semble en effet illustrer à sa façon jusqu'à quel point la fiction a la qualité de mettre en scène – et d'explorer – le comment d'une prise de position, d'un certain regard, en l'intégrant dans une *histoire* (sentimentale) qui le met sans cesse en perspective.

Conclusion

> Il en est des livres comme du feu de nos foyers : on va prendre ce feu chez son voisin, on l'allume chez soi, on le communique à d'autres, et il appartient à tous.

Ainsi Voltaire dans son *Dictionnaire philosophique*[1], où il fait le constat de la logique imitative qui est comme inhérente à la pratique littéraire, surtout au XVIIIe siècle. Placé en exergue de ce livre, ce passage prend un sens plus particulier ici, symbolisant le dynamisme manifeste qui innerve les transferts culturels entre la littérature française et celle de son « voisin » anglais à cette époque. Dans le domaine de la fiction romanesque, il s'est avéré que le « feu » de l'invention – ou du génie créateur – ne se laisse pas toujours définir en termes nationaux, pas plus d'ailleurs qu'il ne se laisse allier à quelque main d'auteur (re)connue. Souvent, les textes migrent d'une main – et d'un pays – à l'autre sans trop d'obstacles, changeant de face – et de caractère – en cours de route. L'exemple des *Heureux Orphelins* est dans ce cadre tout à fait illustratif : en 1754, les *Fortunate Foundlings* (1744) d'Eliza Haywood sont « imités de l'anglais », comme nous informe la page de titre par Crébillon-fils. A part un tronc commun de trente pages, où l'auteur français se montre assez fidèle par rapport à l'original, le roman est réécrit dans un style crébillonien, qui se reflète le plus manifestement dans les deux dernières parties : le personnage de Milord Chester, à peine présent chez Haywood, y prend la relève dans une série de lettres mémorielles à son maître français en libertinage. Lorsque le texte est « retraduit » en anglais par Edward Kimber cinq ans plus tard, c'est à nouveau seul le tronc commun qui sert d'appui (et de prétexte) à l'auteur-traducteur, qui réécrit l'histoire une seconde fois sur le mode du roman familial. Au cours de cet aller-retour littéraire, l'économie romanesque s'investit en outre d'un imaginaire culturel à chaque fois différent, qui se crée manifestement suivant les attentes du public en question. Ce cas de figure nous montre dès lors qu'outre les modes d'interférence littéraires (traduction, imitation, intertexte, et ainsi de suite) auxquels Voltaire fait référence, il importe aussi de rendre compte du ré-investissement continu d'images culturelles qui s'y associe.

Dans cette mêlée de textes et de voix à la fois disparates et réverbérants, la présente étude a pris pour objet un corpus de romans d'ordinaire moins connus, mais qui ont néanmoins permis d'aborder d'une autre manière

---

1 Voltaire, *Le Dictionnaire philosophique*, Christiane Mervaud (dir.), Oxford, Voltaire foundation, 1994-1995 (2 volumes).

encore les multiples transferts culturels entre la prose romanesque française et anglaise. Rappelons à ce sujet que le contexte de recherche de ce livre a été d'entrée de jeu socio-culturel aussi bien que littéraire. En même temps qu'ils attestent la complexité inhérente à la réception du roman anglais en France au long XVIIIe siècle, les romans du corpus établi témoignent en effet également du mouvement d'Anglomanie qui envahit, à différents degrés, tout domaine de production esthétique de l'époque. Ainsi, au-delà de l'analyse discursive et poétique du roman *à l'anglaise*, notre enjeu a également été de contribuer à l'étude du mouvement anglomane au XVIIIe siècle, tant dans sa fonctionnalité que pour ce qui est de ses modalités de parution.

Or, qu'en est-il de l'Anglomanie en France au siècle des Lumières ? Dans l'introduction, nous avons déjà insisté sur le flou notionnel qui accompagne le concept d'entrée de jeu, ainsi que sur les conceptualisations plus récentes, quelquefois réductrices. Dès lors, nous nous sommes proposée de revisiter, dans un premier temps, quelques-uns des premiers discours à ce sujet qui ne manquent pas de mettre en cause l'idée d'une admiration absolue pour la culture anglaise, « tenue [...] comme absolument supérieure à la culture regardante »[2]. Dans la même lignée argumentative, nous nous sommes consacrée à l'étude d'un corpus de fictions à l'anglaise, portant témoignage d'une Anglomanie plus spécifiquement littéraire. Publiées tout au long (et au-delà) du XVIIIe siècle, ces *histoires anglaises* connaissent leur apogée dans les années 1760-1790. Rappelons encore que dans ce type de romans, les auteurs concernés non seulement situent la fiction (au moins partiellement) en Angleterre, mais affichent également explicitement l'anglicité de la diégèse, aussi dérisoire soit-elle, moyennant des marqueurs paratextuels (titrologiques, mais aussi préfaciels). Ce faisant, notre objectif a été d'examiner, dans un ensemble de fictions qui se configura – au moins formellement – en réponse au goût d'un public anglomane, l'implémentation discursive d'un imaginaire ayant trait à la culture anglaise. Au fur et à mesure, il s'est avéré que l'étiquette abstraite d'*histoire anglais*e couvre, à l'époque même, une réalité toujours changeante de discours et d'images culturelles qui, à leur façon, permettent d'ancrer l'enjeu particulier de cette étude dans un contexte de recherche plus large.

Or, tout comme le mouvement anglomane qui en forme la toile de fond, le corpus de textes réuni à cette occasion ne se laisse pas définir en termes univoques ou historiquement stables. Il s'ensuit un aperçu conclusif qui s'articule le mieux suivant une logique de *gradation*, reflètant une recherche focalisée sur les *modalités* d'être de cette anglicité fictionnelle. Dans ce qui suit, le concept de *modalité* s'associe consécutivement à la question des modes de parution d'une

---

2 Pageaux, « Images », *op. cit.*, p. 71.

topique culturelle spécifiquement anglaise, à celle de la (ré-)configuration du *champ discursif* (et littéraire, plus en particulier) et, en dernier lieu, à celle de l'*énonciation* (méta-)fictionnelle.

Modalités de topique culturelle

Dès le premier chapitre, conçu sous forme d'un compte rendu de textes primaires (l'abbé Coyer, Lefèvre de Beauvray, Mercier,...) et secondaires (Dziembowski, Bell, Acomb,...), l'idée d'une fascination effrénée pour toute chose anglaise s'est aussitôt remodelée en une perspective plus stratifiée, marquée d'enjeux d'ordre politique, militaire, philosophique tout comme socio-culturel. Ainsi, il s'est avéré que dans un contexte militaire toujours changeant, des manifestations d'Anglomanie et d'Anglophobie se côtoient nécessairement, voire s'enchevêtrent dans maint discours non-fictionnel. Cette relation complexe se nourrit de même d'un arrière-fond (inter)national, où la France se voit obligée de se bâtir une nouvelle position en Europe, en raison de la montée de l'Angleterre comme nouveau centre d'intérêt.

Par ailleurs, outre le constat d'un intérêt avéré pour l'identité nationale, plusieurs textes – en l'occurrence des récits de voyage – font ressortir la logique différentielle d'une telle réflexion, qui s'articule d'ordinaire en termes de tension : entre le Même et l'Autre d'une part, et entre l'Individu et le Collectif de l'autre. Sous ce rapport, il importe d'observer d'abord que plusieurs sources – dont *Le Préservatif contre l'Anglomanie* est l'exemple le plus parlant – dénoncent le mouvement d'Anglomanie comme une fascination imaginaire, construite de toutes pièces et sans fondement dans la réalité. Si plusieurs auteurs y opposent le projet d'une prise de connaissance *neutre* de l'autre, notre analyse discursive a pourtant révélé le regard subjectif et patriotique à peine voilé dont les comptes rendus (de voyage) s'investissent au final. En témoigne encore le *Parallèle de Paris et de Londres* (1781) de Louis-Sébastien Mercier. Dans les récits de voyage analysés, l'intérêt pour la culture anglaise s'accompagne ainsi fatalement d'un repli sur la France, voire d'une mise en évidence de sa supériorité au détriment de l'Angleterre. En effet, les auteurs français, habitants d'un pays déstabilisé par des crises internes et contraints à porter le regard ailleurs à la recherche de nouveaux modèles, ne réussissent que partiellement à se libérer de ce passé glorieux et du sentiment de suprématie qui l'accompagne. Pareillement, en dépit même des assertions d'objectivité, la représentation de l'Autre se compose dans un grand nombre de textes des mêmes stéréotypes rabâchés et, plus d'une fois, dépréciatifs qui se manifestaient déjà dans les témoignages de l'Abbé Le Blanc et Béat de Muralt plusieurs décennies avant.

Autant dire que les discours non-fictionnels examinés déploient un *paradoxe rhétorique*, qui oppose la conscience affichée par maint auteur (Mercier, Grosley) devant la difficulté d'une définition objective de l'identité culturelle au constat du recours fréquent à une logique de généralisation.

Ainsi, face à la réalité des textes, toute définition absolue d'une Anglomanie (littéraire et culturelle) qui serait le signe d'un rapport de pouvoir *univoque* entre la culture regardante (la France) et la culture regardée (l'Angleterre), se révèle récusable[3].

Or, si cette étude s'est avant tout orientée sur la spécificité de la fiction au regard de l'imaginaire culturel, il est intéressant d'observer, *a posteriori*, les analogies discursives et argumentatives entre les deux types de discours étudiés. Ainsi, le corpus de fictions à l'anglaise atteste à son tour de la longévité de certains stéréotypes culturels, qui s'inscrivent à plusieurs reprises dans une constellation antithétique, où l'identité française (qualifiée de polie, mais légère) est construite en contraste avec celle anglaise (censée plus authentique et naturelle, mais rude). A ce sujet, la thèse reprise par Joep Leerssen, selon laquelle « national stereotyping is easier in a context that requires the reader's willing suspension of disbelief »[4] se voit illustrée le plus clairement sur le plan caractériel. Le personnage du libertin – pour ne citer que l'exemple le plus parlant –, baptisé « petit-maître » dans un contexte français (voir les comptes rendus de Grimm), est brossé *à l'anglaise*, de manière à recréer une anglicité reconnaissable aux yeux du public-cible. Sous leur forme la plus schématique, les *histoires anglaises* adhèrent ainsi à une consolidation du discours établi sur l'Angleterre, qui n'est pas gênée par une connaissance réelle des voisins d'outre-Manche. Dans certains romans, cette anglicité stéréotypée se voit en outre « cadrée » par la mise en scène de personnages – et donc d'un regard – français, de façon à ce que – dans des cas de figure extrêmes – un dédain explicite pour la culture anglaise s'introduise dans une fiction qui se profile pourtant sur le mode anglais. C'est dans ces romans que la logique d'*accaparement*, sous-jacente à la formule fictionnelle, s'exprime à sa façon la plus manifeste.

Toujours est-il que dans d'autres *histoires anglaises* la mise en fiction, cette *schützende Unverbindlichkeit der Kunst*, prépare en même temps la voie à une expérience de déplacement, d'aliénation, où le lecteur français est amené à considérer la société française à travers un regard anglais, fût-il fictionnel. En

---

3 Reprenons une dernière fois le passage de Pageaux : « L'anglomanie des philosophes français des Lumières s'explique à grands traits par la conscience d'une supériorité anglaise et d'une infériorité française, voire d'un manque. » (*op. cit.*, p. 71)
4 Leerssen, *The Rhetoric of National Character, ibid.*, p. 282.

effet, tout en étant conscient de la mise en scène, le lecteur français n'en est pas moins porté à prendre en compte certaines images – potentiellement critiques et démystificatrices – de sa propre culture. A ce sujet, l'implémentation d'images culturelles dans une narration qui se présente sous un jour exogène, en l'occurrence anglaise, semble se mettre au service d'un effet de recul, nécessaire à une prise de conscience plus efficace.

Modalités d'étiquetage

A travers le constat des fonctionnalités variables engendrées par le dispositif des *histoires anglaises*, le corpus analysé révèle son véritable intérêt, donnant lieu à une compréhension plus nuancée de l'Anglomanie en France au XVIIIe siècle. En même temps, les nombreuses études de cas insérées dans ce livre contribuent également à affiner les connaissances actuelles des dynamismes sous-jacents au champ littéraire de l'époque qui, en France surtout, se (re-)configure suivant une logique transnationale. Dans un contexte de fascination apparente pour la culture et la littérature anglaises, les multiples pratiques de « mixage culturel » (*cultural mixing*)[5] paraissent en réalité toutes participer d'une attitude contradictoire envers cette altérité. Dans ses articles, Graeber a pour sa part déjà insisté sur la prise de position ambiguë de maints traducteurs de l'anglais qui semblent osciller, dès la préface, entre « une admiration malgré soi de l'imagination des voisins » d'une part et « la condamnation de leur goût »[6] d'autre part. Dans le cas des traductions, cette condamnation prend la forme d'une traduction libre, qui adapte l'altérité du texte aux goûts du public français. Qu'il nous soit permis de citer à ce sujet, à titre illustratif, un compte rendu de *Clarisse Harlove*, publié dans le *Journal encyclopédique* :

> Tout lecteur honnête et sensible sera touché des beautés tendres & sublimes qui enrichissent *Clarisse* ; mais il y auroit peu d'équité dans celui qui exigeroit qu'un François goûtât des allusions qui portent sur des caractères & des mœurs qui lui sont étrangers[7].

Même s'il reconnaît les qualités poétiques du chef-d'œuvre de Samuel Richardson, le journaliste met le doigt sur certaines différences culturelles qui pourraient entraver le plaisir du lecteur français. C'est la raison pour laquelle

---
5 McMurran, *op. cit.*, p. 107.
6 Graeber, *op. cit.*, p. 309.
7 *J.En.*, « Observations sur Clarisse », Mars 1763, p. 65.

il prend la défense de la traduction « libre » de l'Abbé Prévost. A cela s'ajoute que les textes liminaires des traductions incorporent à leur tour des images culturelles stéréotypées, qui rejettent la culture d'origine dans une altérité radicale. Or, si la traduction de Prévost a été sujette à de nombreuses études, elle n'est que le témoignage le plus manifeste de la réception française du modèle richardsonien – et, par extension, de la littérature anglaise sentimentale – qui en réalité a pris des formes très diverses. Graeber renvoie d'ailleurs également à d'autres pratiques d'imitation, telles que la pseudo-traduction. Mais, alors que ce dernier place l'émergence des pseudo-traductions sous l'enseigne d'une reconnaissance progressive du goût anglais, au détriment du classicisme français, nous avons tenté d'illustrer que ces fictions, tout comme d'ailleurs les *histoires anglaises*, s'inscrivent plutôt dans une logique d'accaparement, et d'imitation superficielle, sans qu'elles paraissent convoiter quelque innovation radicale de la prose française. La lecture « évolutive » de Graeber – qui conçoit l'avènement des pseudo-traductions comme le signe d'une imitation plus radicale – est d'ailleurs contredite par la publication de maintes pseudo-traductions – et *histoires anglaises* – dans la première moitié du siècle. Pour ne donner qu'un exemple, *Histoire de Monsieur Cleveland, ou le philosophe anglois*, pseudo-traduction de l'anglais de l'abbé Prévost (1731) précède de loin la traduction de *Clarissa Harlowe* (1751), également de sa main.

Est-ce à dire que ces romans – qui s'inscrivent pour la plupart explicitement dans le sillage des grands romans anglais – n'ont point joué de rôle d'importance dans l'histoire du roman transnational au XVIIIe siècle ? Certainement pas. Seulement, ce rôle s'est profilé bien différemment. A bien lire les comptes rendus de l'époque, analysés dans le second chapitre, ceux-ci témoignent précisément d'une réception à large échelle, où l'intertextualité affichée dans certaines *histoires anglaises* est bien reconnue, mais aussitôt dénoncée pour sa portée stratégique et répétitive. Cela n'empêche que bon nombre de fictions à l'anglaise relativement inconnues et peu étudiées – de Baculard d'Arnaud, de Mme Beccary, de Mme Leprince de Beaumont – se sont au final inscrites dans le sillage des modèles richardsoniens, attestant de ce fait d'une réception française à la fois plus stratifiée et plus diversifiée. L'effet de reconnaissance étant avant tout généré par la caractérisation (schématique) de certains personnages (comme le libertin) ainsi que par la mise en œuvre de certaines scènes-clés, c'est le déploiement spécifique de ces figures et scènes topiques qui a été le point d'intérêt majeur de nos lectures (chapitres 4 et 5).

Dans ce contexte, le corpus de comptes rendus littéraires a illustré que, faute d'être nourrie par le génie de l'auteur, la trame narrative de mainte *histoire anglaise* sentimentale est critiquée en raison d'un manque d'invention, par l'éternelle reconfiguration de quelques ingrédients de base.

De ce fait, se crée au fil des critiques littéraires l'idée d'une littérature « secondaire », voire « topique » qui répond à une logique de la « reprise », au lieu d'envisager quelque forme d'originalité. Si originalité il y a, elle semble engendrée par le génie stylistique de l'auteur en question, comme nous illustrent les critiques élogieuses sur l'œuvre de Mme Riccoboni. Ainsi, le corpus d'*histoires anglaises* ici réunies et commentées se présente essentiellement comme une paralittérature avant la lettre[8], qui illustre la face plus commerciale du champ littéraire en France dans la seconde moitié du XVIIIe siècle. Or, si la formule des fictions à l'anglaise semble signaler une dimension paralittéraire au sein de l'institution littéraire, suivant la définition de Couégnas celle-ci fait référence à l'image d'une production « spiralée », car « indéfiniment *réajustable*, adaptable »[9]. Cela revient à dire qu'elle reflète les deux mécanismes antithétiques qui déterminent le processus d'écriture, la répétition d'une part et le renouveau narratif de l'autre.

Ensuite, c'est à partir du constat d'une topique narrative et culturelle, sous-jacente à la formule d'*histoire anglaise*, que nous avons esquissé les lignes de force de l'analyse discursive. Tout comme la partie historico-littéraire, ce volet a été structuré suivant un double réflexe de mise en contexte et de mise en perspective. Ainsi, dans l'aperçu historique (chapitre 4), la prise en considération d'un contexte historique plus large – qui s'étend de la fin du XVIIe siècle jusqu'aux premières décennies du XIXe siècle – a permis d'esquisser quelques coupures paradigmatiques dans l'évolution des fictions à l'anglaise. Nous croyons avoir illustré de cette manière que la tranche temporelle étudiée par Josephine Grieder en 1985 offre une perspective réduite sur le phénomène de la fiction *à l'anglaise*, par le fait qu'elle a privilégié la période de son apogée. Lorsqu'on intègre les fictions de la seconde moitié du XVIIIe siècle dans un contexte historico-littéraire plus large, la question du statut des romans en question apparaît en effet sous un autre jour. Le survol historique a ainsi révélé que sous l'étiquette *histoire anglaise* se trouve un univers romanesque malléable, qui répond à quelques métamorphoses tant formelles que thématiques jalonnant l'évolution générale de la prose narrative en France.

---

[8] Dans son étude de référence, *Introduction à la paralittérature* (Paris, Seuil, 1992), Daniel Couégnas situe l'avènement de la paralittérature plutôt au XIXe siècle, le qualifiant de phénomène littéraire contemporain à l'industrialisation. Il précise à ce sujet qu'à la différence de la confusion générique et titrologique d'autrefois, au XIXe siècle « la littérature populaire a trouvé une identité, se constituant progressivement en corpus distinct, reconnu comme tel, sans risque de confusion, par un public nombreux. Des noms d'écrivains, des noms de collections servent à eux seuls d'indication générique. » (p. 39)

[9] *Ibid.*, p. 35.

Ainsi, la mise en scène de l'anglicité prend une forme différente au fil du temps : aux romans *historicisants* – qui se tissent autour de certaines figures-clés de l'histoire d'Angleterre – se substitue graduellement la mise en scène de personnages purement fictionnels. Qui plus est, en amont des années 1760-1790, les *histoires anglaises* précoces s'investissent bien d'images culturelles de tout genre, sans que cette implémentation s'accompagne de quelque valorisation explicite. *Nency Buthler* et *Milord Feld* constituent sous ce rapport des cas-limites qui, quoique l'intrigue se situe toujours dans quelque entourage royal ou noble, s'investissent d'un imaginaire culturel plus prononcé, jouant sur les tensions entre culture regardante et culture regardée. En aval, l'on observe dans plusieurs fictions tardives une tentative d'aller au-devant des (nouvelles) attentes du public français. L'innovation s'expliquerait ainsi par un réflexe de récupération d'autres topoï narratifs et d'intertextes littéraires qui deviennent en vogue, sans pour autant renoncer définitivement aux topoï antérieurs. Ainsi, le centre d'intérêt se déplace de Londres au paysage embrumé de l'Ecosse, préparant de ce fait le terrain à l'intertexte ossianique. Toujours sur le mode sentimental et conforme au rythme du roman familial, s'y dessine alors l'éclosion d'une sensibilité (pré-)romantique et gothique, au moyen d'une topique narrative qui récupère souvent les ingrédients de base d'une formule déjà éprouvée. Ainsi, la plupart des *histoires anglaises* continuent à mettre en scène une jeune orpheline qui passe sa vie en détresse avant d'éventuellement trouver sa récompense dans une issue heureuse.

Si continuité il y a dans ce large corpus de fictions, elle semble donc être construite, comme une sorte de métaphore filée, par la *répétition* de certains schémas narratifs et scènes topiques. Cette ramification topique des *histoires anglaises* étant plus prononcée dans la seconde moitié du XVIIIe siècle, notre lecture *topique* (chapitre 5) s'est axée principalement sur les romans de cette période. Lors de cette suite de lectures, le recours aux concepts de « séquence », de « scène » et de « figure » d'une part et à celui d'« image » d'autre part a fait ressortir jusqu'à quel point la trame narrative des romans accueille une topique culturelle qui, quoique articulée de différentes manières, se présente souvent en antithèse. Cela implique que le niveau argumentatif s'exprime essentiellement sous forme dialectique, par le fait qu'il présente les deux cultures impliquées comme investies de valeurs sociales et morales opposées.

Si l'étude consacrée au canevas séquentiel a illustré l'inscription générique et intertextuelle de certaines *histoires anglaises*, c'est aux niveaux scénique et figuratif que celles-ci se sont montrées porteuses d'une argumentation culturelle bien prononcée. De ce fait, bon nombre d'*histoires anglaises* suscitent auprès du lecteur français un effet de reconnaissance, établi moyennant la récupération de modèles littéraires et l'implémentation de certaines images d'anglicité qui en appellent inévitablement à l'imaginaire des lecteurs français. En parallèle avec la mise en scène de l'Autre, se manifeste alors un indéniable repli sur le Même. Si le mode fictionnel des *histoires anglaises* permet aux auteurs français d'écrire des romans sous un prisme prétendument anglais, l'auto-image française n'est en effet jamais absente. Plutôt que d'être légitimée dans la préface – à travers la feintise de la pseudo-traduction – la *double entente* des *histoires anglaises* est alors motivée du dedans du monde fictionnel de l'intrigue. Ainsi, le bilinguisme – que nous avons associé au terme de « conscience linguistique » – de maint protagoniste fonctionne également comme une stratégie narrative qui reflète la fictionnalisation de la littérature *à l'anglaise*.

Or, c'est précisément dans cette histoire de fictionnalisation et d'émancipation graduelle que la distinction entre l'étiquette d'*histoire anglaise* et le recours à la pseudo-traduction s'avérerait significative. Citons sous ce rapport une dernière fois l'étude de Josephine Grieder, qui a suggéré une relation de successivité entre la pseudo-traduction et l'*histoire anglaise*, sans pour autant préciser davantage l'argumentation suivie :

> To the declining number of false translations in the eighties may perhaps be ascribed as cause another phenomenon which peaked in that decade: the gradual invasion, beginning in the late sixties, of imitation English fiction from avowedly French pens[10].

Or, dans notre étude, le rapport de causalité dont il est question ci-dessus – et qui n'est pas sans valeur explicative – a été nuancé davantage par une étude bibliographique et paratextuelle (chapitre 2). Dans un premier temps, cette analyse a fait ressortir qu'en termes purement quantitatifs, l'apogée des *histoires anglaises* dans les années 1780 n'a aucunement évincé la publication de pseudo-traductions. Si évolution il y a, elle ne se laisse donc pas définir en termes absolus. Ensuite, l'analyse des paratextes a permis de constater que les *histoires anglaises* étaient ancrées dans un cadre de référence plus explicitement français. Cette idée est reflétée dans les comptes rendus critiques, où la question du véritable statut (fictionnel et français) des *histoires anglaises* est d'ordinaire l'évidence même. Dans le cas des pseudo-traductions, où la plupart des critiques ne se montrent pas non plus dupes de l'imposture, le statut du texte est pourtant thématisé davantage. Pour les *histoires anglaises*, la légitimation des *doubles prémisses* du texte (mise en scène anglaise *versus* mise

---

10   Grieder, *op. cit.*, p. 74. C'est nous qui soulignons.

en forme française) prendrait alors une forme plus manifestement diégétique et fictionnelle.

Or, si le corpus analysé semble de ce fait porter témoignage de la montée sinueuse de la fiction romanesque et des différentes étapes de négociation qui l'accompagnent, s'y voit également illustrée la quête de reconnaissance de quelques auteurs individuels. A ce sujet, l'analyse du *cycle* préfaciel des deux romancières-clés de la littérature *à l'anglaise*, Mme Bournon-Malarme et Mme Beccary, est tout à fait pertinente. Il s'est ainsi avéré que les romancières se montrent plus prêtes à réclamer la fictionnalité de leurs ouvrages dans le cas des *histoires anglaises*. Alors que dans les pseudo-traductions le statut fictionnel du récit est souvent négocié à travers les formules topiques de la préface dénégative, une grande partie des *histoires anglaises* ou bien se passent de tout discours préfaciel, ou bien se font précéder d'une préface assomptive, où la fiction est reconnue comme telle. Cette dynamique est du reste reflétée dans l'évolution sémantique du terme « histoire », qui se rapproche au fil du temps de l'idée d' « invention ». Si évolution il y a, elle ne se situe donc pas premièrement (ou exclusivement) sur le plan systémique, mais prend également forme à travers les choix stratégiques d'auteurs individuels, dans une recherche continue de légitimation et – surtout – de reconnaissance.

Modalités discursives et énonciatives

Enfin, en dépit de l'univers fictionnel manifestement *topique* – à la fois répétitif et stéréotypé – que semble impliquer le dispositif des fictions à l'anglaise, cette étude s'est également proposée de rendre compte de cette autre logique qui sous-tend toute création fictionnelle, aussi banale soit-elle : la variation. La suite de lectures du chapitre 5 ayant fait ressortir quelques lieux narratifs topiques d'un type de texte qui se veut avant tout imitatif et reconnaissable, l'on a pu constater en même temps que les lois sous-jacentes au discours littéraire – de tout genre – ouvrent néanmoins la voie à la libre composition des ingrédients de base, donnant à chaque fois lieu à une narration quelque peu différente. Ainsi, la variation ne se profile pas seulement en termes historiques ; plutôt, elle est intrinsèquement liée au fonctionnement du discours fictionnel, où topique culturelle et énonciation narrative se ramifient forcément en fonction du projet poétique (même à visée purement commerciale) d'un auteur spécifique. Bien que reprises à large échelle, les images culturelles ne reçoivent en effet leur sens ultime une fois qu'elles sont impliquées dans la trame narrative, qui constitue le cadre interprétatif final (mais limité à l'espace fictionnel). Bien que certaines tendances se laissent donc déduire de la simple présence (récurrente) ou – en revanche – de l'absence de stéréotypes culturels, toute analyse d'un corpus de fictions nécessite la prise en considération du niveau narratif, infiniment variable. A cela s'ajoute qu'à leur apogée, bon nombre d'*histoires anglaises* adoptent le mode épistolaire sous forme polyphonique, dont nous avons à plusieurs reprises illustré l'effet potentiel sur l'implémentation de la stéréotypie culturelle dans les *histoires anglaises*.

Dans certains romans, la polyphonie s'est clairement mise au service de la logique antithétique de l'intrigue, en ce sens que la multiplicité des regards n'a fait qu'entériner la dichotomie entre perspective *anglaise* et perspective *française*. D'autres *histoires anglaises*, pourtant, ont mis en scène, par le biais même de l'architecture polyphonique, une diversification des images culturelles, jusqu'à évoquer des images parfois très diverses de la culture anglaise dans une seule et même fiction. Qui plus est, les études de cas du dernier chapitre ont affirmé que la polyphonie peut donner lieu à un jeu sur le *regard* national – qui est toujours aussi un regard particulier. A bien lire les romans de Crébillon-fils, Lefèvre de Beauvray et Marie-Jeanne Riccoboni, le discours fictionnel permet en effet de réfléchir sur les réflexes sous-jacents au discours sur l'identité culturelle, par la mise en scène de certains caractères, en soi stéréotypés, qui déconstruisent la portée générale de l'imaginaire culturel par leur regard particulier et leurs motifs personnels. Dans trois micro-lectures, nous avons exploré ce qui se passe lorsque la fiction romanesque sentimentale, gouvernée par les lois de l'individu, se configure en *lieu d'accueil* d'images culturelles.

A travers le triptyque analytique du dernier chapitre, nous avons ainsi cherché à esquisser de quelle(s) façon(s) le potentiel argumentatif de la narration *à l'anglaise* se met en œuvre. Face à la portée quantitative et macro-structurelle des premiers chapitres, nous y avons exploré l'architecture narrative et argumentative de romans particuliers qui, en plus, s'inscrivent manifestement dans un projet poétique bien reconnaissable.

Au-delà de sa fonction illustrative à l'égard de certaines modalités générales – discursives et fonctionnelles – de la fiction romanesque émergente du XVIIIe siècle, le corpus d'*histoires anglaises* s'est ainsi révélée particulièrement révélatrice de la spécificité de la fiction *à l'anglaise* en tant que plateforme narrative, divulgatrice d'un débat et d'une matière qui n'ont cessé d'intriguer la communauté intellectuelle – et de fasciner le « grand » public anglomane.

Bibliographie

Corpus de référence[1]

Histoires anglaises

Robert Devereux, *Le comte d'Essex, Histoire angloise*, Paris, Claude Barbin, 1667.

Marie-Catherine Le Jumel de Barneville, baronne d'Aulnoy, *Histoire d'Hypolite, comte de Douglas*, à Amsterdam, 1721 (1690).

Id., *Histoire du comte de Warwick*, à Paris, La compagnie des libraires associés, 1703.

Anon., *Arboflède, histoire angloise*, Paris, chez Jean Neaulme, 1741.

Anon., *L'orpheline angloise, ou histoire de Nency Buthler racontée par elle-même*, à La Haye, chez Pierre Van Cleef, 1741.

Claude Crébillon, *Les Heureux orphelins, imité de l'anglois*, Philippe Stewart (éd.), in : *Œuvres complètes*, Tome III, Jean Sgard (éd.), Paris, Classiques Garnier, 2001 (1754).

Marie-Jeanne Riccoboni, *Lettres de Milady Juliette Catesby*, Sylvain Menant (éd.), Paris, Desjonquères, 1997 (1759).

Charlotte de la Gueusnerie, *Mémoires de Miledi B*, Amsterdam et Paris, Cuissart, 1760.

Anon., *Histoire angloise de Milord Feld arrivée à Fontainebleau*, La Haye et Paris, Duchesne et Musier fils, 1763.

Baculard d'Arnaud, *Fanny ou l'heureux repentir, histoire angloise* (1764), in : *Epreuves du sentiment*, T.1, Paris, Laporte, 1803.

Marie-Jeanne Riccoboni, *Histoire de Miss Jenny*, in : *Collection complète des œuvres de Mme Riccoboni*, à Neuchatel, de l'Imprimerie de la société typographique, 1773 (1764).

Baculard d'Arnaud, *Sidnei et Silii ou la bienfaisance et la reconnaissance, histoire anglaise* (1765), in : *Epreuves du sentiment*, T.2, Paris, Laporte, 1803.

Baculard d'Arnaud, *Clary ou le retour à la vertu récompensée, histoire anglaise* (1765), in : *Epreuves du sentiment*, T.1, Paris, Laporte, 1803.

Claude-Rigobert Lefèvre de Beauvray, *Histoire de Miss Honora, ou le vice dupe de lui-même*, à Amsterdam et se trouve à Paris, chez Dorand, 1766.

Baculard d'Arnaud, *Nancy, nouvelle angloise* (1767), in : *Epreuves du sentiment*, T.1, Paris, Laporte, 1803.

Jeanne-Marie Leprince de Beaumont, *La nouvelle Clarice, histoire véritable*, à Lyon, chez Pierre Bruyset-Ponthus, à Paris, chez Desaint, 1767.

Antoine Sabatier de Castres, *Les bizarreries du destin ou Mémoires de Milady Kilmar*, à Paris, chez Moutard, 1781 (1769).

---

[1] Pour des raisons méthodologiques, nous avons préféré classer notre corpus de façon chronologique.

Claude-Louis-Michel de Sacy, *Les amis rivaux, histoire anglaise*, à Amsterdam, 1767.

Anon., *Lettres de Milord Rodex, pour servir à l'histoire des Mœurs du dix-huitième siècle*, à Amsterdam, chez Arkstée & Merkus, à Paris, chez de Hansy, 1768.

Baculard d'Arnaud, *Anne Bell, nouvelle angloise* (1769), in : *Epreuves du sentiment*, T.2, Paris, Laporte, 1803.

Teuton, *Les deux orphelines, histoire anglaise*, à Paris et à Londres, chez Pillot, 1769.

Baculard d'Arnaud, *Adelson et Salvigni, anecdote angloise* (1772), in : *Epreuves du sentiment*, T.2, Paris, Laporte, 1803.

Barthélémy Imbert, *Les égarements de l'amour ou Lettres de Fanéli et de Milfort*, à Amsterdam, Delalain, 1776.

Mme Riccoboni, *Lettres de Mylord Rivers à Sir Charles Cardigan*, Introduction et notes par Olga B. Cragg, Genève, Droz, 1982 (1776).

Mme Beccary, *Milord d'Ambi, histoire angloise*, à Paris, chez Gauguery, 1778.

Charlotte de Bournon-Malarme, *Mémoires de Clarence Welldone, ou le pouvoir de la vertu, histoire angloise*, à Paris, 1780.

Charlotte de Bournon-Malarme, *Lettres de Miladi Lindsey, ou l'épouse pacifique*, à Londres et se trouve à Paris, chez Cailleau, 1780.

Mme Beccary, *Mémoires de Fanny Spingler, histoire angloise*, à Paris, chez Knapen & Fils, 1781.

Witart de Bézu, *Le danger d'aimer un étranger ou histoire de Milady Chester*, à Londres, chez Thomas Hookham et à Paris, chez la veuve Duchèsne, 1783.

Briel, *Le danger d'une première faute, histoire anglaise*, à Londres et à Paris, 1784.

Dauphin, *La dernière Héloïse ou histoire de Junie Salisbury, recueillie et publiée par M. Dauphin, citoyen de Verdun*, à Londres et se trouve à Paris, 1984.

Briel, *Le voyage du lord Henri, histoire angloise*, à Londres et à Paris, 1785.

Charlotte de Bournon-Malarme, *Anna Rose-Tree, histoire anglaise*, à Bruxelles et se trouve à Paris, chez la veuve Duchesne, 1785.

Charlotte de Bournon-Malarme, *Richard B[r]odley, ou la prévoyance malheureuse*, à Londres, chez Thomas Hookham, à Paris, chez la veuve Duchesne, 1785.

Charlotte de Bournon-Malarme, *Lettres de Milord Walton à Sir Hugh Battle, son ami*, à Bruxelles, chez Dujardin, à Paris, chez la veuve Duchesne, 1788.

Charles Million, *Charlotte Belmont*, à Amsterdam, 1789.

Jean-Pierre Claris Florian, *Selmours, nouvelle angloise* (1792), in : Michel Delon (éd.), *Baculard d'Arnaud, Florian, Sade, Histoires anglaises*, Collection Dix-huit, Paris, Zulma – Calmann-Lévy, 1994.

Constance de Cazenove d'Arlens, *Alfrède ou le manoir de Warwick*, Lausanne, Luquiens, 1794.

Adélaïde de Souza, *Adèle de Senange ou Lettres de Lord Sydenham*, in : *Œuvres de Madame de Souza (Bibliothèque amusante)*, Paris, Garnier Frères, 1865 (1794).

F.[?]- Gaspard Lafont, *Nérine, histoire angloise*, à Paris, chez Revoi et Cie, 1798.

Charlotte de Bournon-Malarme, *Theobald Leymour ou la maison murée*, à Paris, chez Maradan, 1799.
François-Xavier Pagès, *Amour, haine, vengeance ou histoire de deux illustres maisons d'Angleterre*, Paris, Dentut Carteret, 1799.
Constance Cazenove d'Arlens, *Les orphelines de Flower-Garden*, à Paris, chez Lepetit, 1799.
Aglaé de Fleurieu, *Stella, histoire anglaise*, à Paris, chez Maradan, 1800.
Sophie Cottin, *Malvina*, in : *Œuvres complètes de Mme Cottin*, Paris, Firmin Didot Frères, 1836 (1800).
Charlotte de Bournon-Malarme, *Les deux Borgnes, ou Lady Justine Dunbar*, à Paris, chez Gérard, 1809.
Constance Cazenove d'Arlens, *Le château de Bothwell, ou l'héritier*, à Paris et à Genève, Paschoud, 1819.
Librousky, *Le château de la Volière, ou Miss Spencer et Henry Seymour, histoire angloise*, Paris, chez Vernarel et Tenon, 1824.

Corpus d'appui

Anon, *Lettres d'un jeune homme à son ami sur les Français et les Anglais, relativement à la frivolité reprochée aux uns et la philosophie attribuée aux autres ; ou essai d'un parallèle à faire entre ces deux nations*, à Amsterdam et se trouve à Paris, 1776.
Mme Beccary, *Lettres de Milady Bedfort, traduites de l'anglois*, à Paris, chez de Hansy, 1769.
Mme Beccary, *Mémoires de Lucie d'Olbery, traduits de l'anglois*, à Paris, chez de Hansy le jeune, 1770.
Louis de Boissy, *Le François à Londres*, in : *Œuvres choisies de Boissy*, Paris, Lecointe, 1830 (1727), pp. 33-73.
Id., *La frivolité*, comédie en un acte et un vers, à Paris, chez Duchesne, 1753.
Marc de Bombelles, *Journal de voyage en Grande-Bretagne et en Irlande*, Jacques Gury (éd.), SVEC 269, Oxford, Voltaire Foundation, 1989.
Louis-Gabriel Bourdon, *Le patriote ou préservatif contre l'Anglomanie, Dialogue en vers, suivi de quelques notes, sur les Brochures qui ont été publiées au sujet des Etats-Généraux*, à Londres, 1789.
Jean-François Chénier, *Almanach des gens d'esprit*, à Londres, chez Jean Nourse, 1762.
Annie Cointre et Annie Rivara, *Recueil de Préfaces de traducteurs de romans anglais : 1721-1728*, coll. « Lire le Dix-Huitième Siècle », Saint-Etienne, Publications de l'Université de Saint-Etienne, 2006.
André-Guillaume Contant d'Orville, *Les nuits anglaises ou recueil de traits singuliers, d'anecdotes, d'événemens remarquables, de faits extraordinaires, de bizarreries, d'observations critiques et de pensées philosophiques, etc. propres à faire connaître le génie et le caractère des Anglais*, Paris, Costard, 1770.

L'abbé Coyer, *Nouvelles observations sur l'Angleterre, par un voyageur*, à Paris, chez la veuve Duchesne, 1779.

Denis Diderot – Jean d'Alembert, *Encyclopédie ou dictionnaire raisonné des sciences, des arts et des métiers par une société de gens de lettres*, à Paris, chez Briasson, David, Le Breton et Durand, 1751-1765.

Henry Fielding, *The History and adventures of Joseph Andrews and of his Friend Mr. Abraham Adams and An Apology for the Life of Mrs. Shamela Andrews*, ed. by Douglas Brooks-Davies and with a new introduction by Thomas Keymer, Oxford, University Press, 2008 (1999).

Louis-Charles Fougeret de Monbron, *Préservatif contre l'Anglomanie*, à Minorque, 1757.

Elie Catherine Fréron, *L'Année Littéraire*, à Amsterdam et se trouve à Paris, chez Michel Lambert, 1754-1781.

Gabriel-Henri Gaillard, *Histoire de la rivalité de la France et de l'Angleterre*, Paris, Blaise, 1818.

Friedrich Melchior Grimm, *Correspondance littéraire, philosophique et critique adressée à un souverain d'Allemagne depuis 1770 jusqu'en 1782*, Paris, Buisson libraire, 1812.

Friedrich Melchior Grimm et al., *Correspondance littéraire, philosophique et critique de Grimm et de Diderot depuis 1753 jusqu'en 1790*, nouvelle édition, revue et mise dans un meilleur ordre, avec des notes et des éclaircissemens, et où se trouvent rétablies pour la première fois les phrases supprimées par la censure impériale, T.I-T.XV, à Paris, chez Furne et Ladrange, 1829-1831.

Friedrich Melchior Grimm et al., *Correspondance littéraire, philosophique et critique par Grimm, Diderot, Raynal, Meister, etc.*, Maurice Tourneux (éd.), Paris, Garnier Frères, 1878.

Friedrich Melchior Grimm et al., *Correspondance littéraire, philosophique et critique par Grimm, Diderot, Raynal, Meister etc.*, Maurice Tourneux (éd.), Paris, Garnier Frères, 1879.

Pierre-Jean Grosley, *Londres, ou Tableau civil, moral, politique, philosophique, commercial et religieux de cette capitale ; dans lequel l'on voit les mœurs, loix, usages, caractères, superstitions et le génie anglais, etc.*, à Paris, chez Desray, 1797.

Jacques Gury, *Le voyage outre-Manche : Anthologie de voyageurs français de Voltaire à Mac Orlan, du XVIIIe au XXe siècle*, Paris, Robert Laffont, 1999.

Eliza Fowler Haywood, *The Fortunate Foundlings*, Londres, Gardner, 1744.

David Hume, *Essays, Moral, Political and Literary*, vol. 1, (*David Hume, The philosophical works*), Thomas Hill Green et Thomas Hodge Grose (éds), Aalen, Scientia Verlag, 1964.

Journal encyclopédique (1756-1793), Genève, Slatkine reprints, 1967.

Journal étranger (1754-1762), Genève, Slatkine reprints, 1968.

Edward Kimber, *The Happy Orphans, an authentic History of Persons in High Life, with a variation of uncommon Events and surprising Turns of Fortune. Translated from the French of Monsieur Crébillon, the Son*, Dublin, Wilson, Exshaw and Saunders, 1759.

François La Combe, *Le tableau de Londres et de ses environs, avec un précis de la constitution de l'Angleterre et de sa décadence*, à Londres et à Bruxelles, 1784.

François-Joseph de La Serrie, *Eulalie de Rochester, vicomtesse de ***, nouvelle vendéenne*, à Paris, chez Didot, 1800.

Jean-Bernard Le Blanc, *Lettres d'un François*, à La Haye, chez Jean Neaulme, 1745.

Claude-Rigobert Lefèvre de Beauvray, *Dictionnaire social et patriotique, ou précis raisonné de connaissances relatives à l'Economie morale, civile et politique*, à Amsterdam, 1770.

Jacques Lescène des Maisons, *Histoire politique de la révolution en France, ou correspondance entre Lord D*** et Lord T****, à Londres, 1789.

Louis-Sébastien Mercier, *Parallèle de Paris et de Londres*, inédit présenté et annoté par Claude Bruneteau et Bernard Cottret, coll. des études critiques 2, Paris, Didier, 1982.

Charles de Montesquieu, *De l'Esprit des Lois, T.1 et T.2*, éd. établie par Laurent Versini, Paris, Gallimard, 1995.

Béat Louis de Muralt, *Lettres sur les Anglois et les François, à laquelle est jointe « L'apologie du caractère Anglois & François, avec la défense de la VIe Satire de Boileau, & Justification du Bel-esprit François »*, à Cologne, 1727.

James C. Nicholls (éd.), *Madame Riccoboni's Letters to David Hume, David Garrick and Sir Robert Liston 1764-1783*, SVEC 149, Oxford, Voltaire Foundation, 1976.

Antoine-Prévost d'Exiles, *Cleveland, Le Philosophe anglais ou Histoire de Monsieur Cleveland, Fils naturel de Cromwell*, coll. XVIIIe siècle, Jean Sgard et Philip Stewart (éds), Paris, Desjonquères, 2003.

Recueil de préfaces de romans du XVIIIe siècle, volume II : 1751-1800, Christian Angelet et Jan Herman (éds), Saint-Etienne – Leuven, Publications de l'université de Saint-Etienne – Presses Universitaires, 1999.

Marie Jeanne Riccoboni, *Lettres de Mistriss Fanni Butlerd*, introduction et notes par Joan Hinde Stewart, Genève, Droz, 1979.

Id., *Lettres d'Elisabeth-Sophie de Vallière*, préface et notes de Marijn Kaplan, Paris, Indigo & Côté-femmes, 2005.

Samuel Richardson, *Pamela*, edited with explanary notes by Thomas Keymer and Alice Wakely, with an introduction by Thomas Keymer, Oxford, University Press, 2008 (2001).

Id., *Paméla, ou la vertu récompensée, traduit de l'anglois*, T.1, à Londres et se vend à Liège, chez J.F. Bassompierre et chez J. Delorme de la Tour, 1743.

Id., *Lettres angloises ou Histoire de Clarisse Harlove*, T.1 & T.2, éd. présentée, établie et annotée par Shelly Charles, coll. XVIIIe siècle, Paris, Desjonquères, 1999.

Jean-Baptiste-René Robinet, « Anglomanie », in : *Dictionnaire universel des sciences morale, économique, politique et diplomatique ; ou bibliothèque de l'homme d'état et du citoyen*, T.V, Londres, chez les libraires associés, 1778.

Jean-Jacques Rousseau, *Discours sur l'origine et les fondements de l'inégalité parmi les hommes*, précédé de *Discours sur les sciences et les arts*, présentation, commentaires et notes par Gérard Mairet, Paris, Le livre de poche, 1996.

Id., *Du contrat social ou Principes du droit philosophique*, Paris, Classiques Garnier, 1954.

Sabatier de Castres, *La Ratomanie ou songe moral et critique d'une jeune philosophe, par madame ****, Amsterdam, 1767.

Voltaire (François-Marie Arouet), *Lettres Philosophiques*, éd. présentée, établie et annotée par Frédéric Deloffre, Coll. Folio Classique, Paris, Gallimard, 1986.

Id., *Dictionnaire philosophique*, in : *The complete works of Voltaire*, T 36, s. dir. de Christiane Mervaud, Oxford, Voltaire Foundation, 1994.

Id., *Correspondence and related documents. XXX January-September 1766, letters D13078-D13595*, Theodore Besterman (éd.), 51 vol., in : *Les Œuvres complètes de Voltaire*, Genève, Banbury et Oxford, Institut et Musée Voltaire & Voltaire Foundation, 1968-1977.

Etudes

Frances Acomb, *Anglophobia in France 1763-1789 : An Essay in the History of Constitutionalism and Nationalism*, Durham, Duke University Press, 1950.

Helena Agarez Medeiros, *Voltaire's La Mort de César. A play "Entirely in the English Taste"?*, Coll. Comparatism and society 26, Bruxelles, Peter Lang, 2013.

Ruth Amossy (éd.), *Les idées reçues, sémiologie du stéréotype*, Paris, Nathan, 1991.

Id. et Jean-Michel Adam (dir.), *Images de soi dans le discours : la construction de l'ethos*, Coll. Sciences des discours, Lausanne, Delachaux et Niestlé, 1999.

Id. et Anne Herschberg-Pierrot, *Stéréotypes et clichés : langue, discours, société*, Paris, Armand Colin, 2007.

Benedict Anderson, *Imagined communities : Reflections on the origins and spread of Nationalism*, Londres et New York, Verso, 2006.

Marc Angenot, « Qu'est-ce que la paralittérature ? », *Etudes littéraires* 7 : 1 (1974), pp. 9-22.

Srinivas Aravamudan, *Enlightenment orientalism. Resisting the Rise of the Novel*, Chicago et Londres, University of Chicago Press, 2012.

Georges Ascoli, *La Grande-Bretagne devant l'opinion française au XVIIe siècle*, Paris, J. Gamber, 1930.

Katherine Astbury, *Narrative Responses to the Trauma of the French Revolution*, Oxford, Legenda, 2012.

Fernand Baldensperger, « Gessner en France », in : *Etudes d'histoire littéraire*, Paris, Droz, 1939, pp. 116-147.

Hubert Baysson, *L'idée d'étranger chez les philosophes*, coll. Ouverture philosophique, Paris, L'Harmattan, 2003.

Faith Beasley, *Revising Memory : Women's Fiction and Memoirs in seventeenth-century France*, New Brunswick, Rutgers UP, 1991.

Id., « Elèves et collaborateurs : les lecteurs mondains de Mme de Villedieu », in : *Madame de Villedieu Romancière : nouvelles perspectives de recherche*, Edwige Keller-Rahbé (éd.), Lyon, PUL, 2004, pp. 175-198.

Yvon Belaval, « La critique littéraire en France au XVIIIe siècle », in : *Diderot Studies* 21, (1983), pp. 19-31.

David Bell, « Aux origines de la Marseillaise : l'*Adresse à la Nation angloise* de Claude Rigobert Lefèvre de Beauvray », *Annales historiques de la Révolution française* 299 : 1 (1995), pp. 75-77.

Id., « The unbearable lightness of being French : Law, Republicanism and National identity at the End of the Old Regime », *American History Review*, 106 : 4 (2001), *s.p.* (article électronique).

Id., « English Barbarians, French Martyrs », in : *The cult of the Nation in France : Inventing Nationalism, 1680-1800*, Cambridge MA, Harvard University Press, 2001, pp. 78-106.

Id., « 'Jumonville's death' : war propaganda and national identity in eighteenth-century France », in : *The Age of cultural revolutions*, Colin Jones et Dror Wahrman (éds), Berkeley et Los Angeles, University of California Press, 2002, pp. 33-61.

Georges Benrekassa, *Montesquieu : la liberté et l'histoire*, Paris, Livre de Poche, 1987.

Madeleine Blondel, « Essais d'identification de traductions », *Etudes anglaises* 21 : 2 (1969), pp. 81-88.

Peter Boerner, « National images and their place in literary research. Germany as seen by eighteenth-century French and English reading audiences », *Monatshefte* 67 : 4 (1975), pp. 358-370.

Michèle Bokobza, *Libertinage et folie dans le roman du 18e siècle*, Coll. La République des Lettres 1, Leuven, Peeters, 2000.

Gabriel Bonno, *La culture et la civilisation britanniques devant l'opinion française de la paix d'Utrecht aux Lettres philosophiques*, Philadelphia, Transactions of the American Philosophical Society (38 : 1), 1948.

Alain Bony, *Eleonora, Lydia et les autres : Etude sur le (nouveau) roman anglais du XVIIIe siècle*, Lyon, Presses universitaires, 2004.

Pierre Bourdieu, *Les règles de l'art : genèse et structure du champ littéraire*, Paris, Seuil, 1992.

Nicole Boursier, Jan Herman et Paul Pelckmans, « Avant-propos », in : *L'épreuve du lecteur : livres et lectures dans le roman d'Ancien-Régime*, Coll. Bibliothèque de l'Information grammaticale 31, Jan Herman et Paul Pelckmans (éds), Leuven-Paris, Peeters, 1995, pp. 1-5.

Fortunée Briquet, *Dictionnaire historique, littéraire et bibliographique des Françaises, et des étrangères naturalisées en France, connues par leurs écrits, ou par la protection qu'elles ont accordée aux Gens de Lettres, depuis l'établissement de la Monarchie jusqu'à nos jours*, Paris, de l'imprimerie de Gillé, 1804.

Isabelle Brouard-Arends et Laurent Loty (dir.), *Littérature et engagement pendant la Révolution française*, Rennes, Presses Universitaires de Rennes, 2007.

Joseph Büch, *Die Anglomanie in Frankreich*, Stuttgart-Berlin, Kohlammer Verlag, 1941.

Allan Burnett et Linda Burnett, *Blind Ossian's Fingal*, edited and introduced by Allan Burnett and Linda Burnett, Cornwall, Luath Press, 2011.

Ian Buruma, *Anglomania : A European Love affair*, New York, Vintage Books, 2000.

Anne Cauquelin, *L'art du lieu commun : du bon usage de la doxa*, Paris, Seuil, 1999.

Cécile Cavillac, « Vraisemblance pragmatique et autorité fictionnelle », *Poétique* 101 (1995), pp. 23-47.

Colette Cazenobe, *Le système du libertinage de Crébillon à Laclos*, SVEC 282, Oxford, Voltaire Foundation, 1991.

Arthur de Cazenove (éd.), *Deux mois à Paris et à Lyon sous le consulat : Journal de Mme Cazenove d'Arlens (février-avril 1803)*, publié pour la société d'histoire contemporaine par A. de Cazenove, Paris, Picard et fils, 1903.

Jack Censer, *The French Press in the Age of Enlightenment*, London, Routledge, 1994.

Shelly Charles, « Du non-littéraire au littéraire : sur l'élaboration d'un modèle romanesque au XVIIIe siècle », *Poétique* 44 (1980), pp. 406-421.

Id., « Le système littéraire en état de crise : contacts inter-systémiques et comportement traductionnel », *Poetics Today* 2 : 4 (1981), pp. 143-160.

Id., « Traduire au dix-huitième siècle », in : *Eighteenth century now : boundaries and perspectives*, ed. by Jonathan Mallinson, SVEC 2005 : 10, Oxford, Studies on Voltaire, 2005, pp. 137-145.

Id., « Les mystères d'une lecture : quand et comment Diderot a-t-il lu Richardson ? », *Recherches sur Diderot et sur l'Encyclopédie* 45 (2010), pp. 23-39.

Id., « 'Les livrées de la perfection' : La pseudo-traduction du roman anglais au XVIIIe siècle », *Les Lettres Romanes* 67 : 3-4 (2013), pp. 395-416.

Yves Chevrel, « Réception, imagologie, mythocritique : problématiques croisées », *L'Esprit Créateur* 49 : 1 (2009), pp. 9-22.

William Chew, « What's in a national stereotype? An introduction to Imagology at the Threshold of the 21st century », *Language and intercultural communication* 6 : 3/4 (2006), pp. 179-187.

Linda Colley, *Britons : forging the Nation : 1707-1837*, New Haven, Yale University, 1992.

Isabelle Collombat, « Pseudo-traduction : la mise en scène de l'altérité », *Le Langage et l'Homme* 28 : 1 (2003), pp. 145-156.

Daniel Couégnas, *Introduction à la paralittérature*, Paris, Seuil, 1992.

BIBLIOGRAPHIE 349

Henri Coulet, « Existe-t-il un roman révolutionnaire ? », in : *La légende de la Révolution*, actes du colloque international de Clermont-Ferrand, Christian Chroisille et Jean Ehrard (éds), Clermont Ferrand, Centre de recherches révolutionnaires et romantiques, 1988, pp. 173-183.

Emily Crosby, *Une Romancière oubliée, Madame Riccoboni : sa vie, ses œuvres, sa place dans la littérature anglaise et française du XVIIIe siècle*, Paris, F. Rieder, 1924.

François Crouzet, *La guerre économique franco-anglaise au XVIIIe siècle*, Paris, Fayard, 2008.

Tili Boon Cuillé, « From myth to religion in Ossian's France », in : *The super-Enlightenment : daring to know too much*, s.dir. Dan Edelstein, Oxford, SVEC, 2010, pp. 243-257.

Lennard J. Davis, *Factual Fictions : The origins of the English novel*, New York, Columbia University Press, 1983.

Robert L. Dawson, *Baculard d'Arnaud : Life and Prose Fiction*, Studies on Voltaire and the Eighteenth century 141-142, Oxford, Voltaire Foundation, 1976.

Stéphanie Decante (dir.), « La paratopie créatrice : une relecture depuis les études de genre », *Lectures du genre* 3 (avril 2008). [http://www.lecturesdugenre.fr/Lectures_du_genre_3/Contenus.html]

Michel Delon, « Débauche, libertinage, libertin », in : *Handbuch politisch-sozialer Grundbegriffe in Frankreich 1680-1820*, Heft 13, Hans-Jürgen Lüsebrink (éd.), Oldenbourg, Wissenschaftsverlag, 1992, pp. 7-45.

Id. (éd.), *Baculard d'Arnaud, Florian, Sade, Histoires anglaises*, Collection Dix-huit, Paris, Zulma – Calmann-Lévy, 1994.

Id. (dir.), *Le dictionnaire européen des Lumières*, Paris, Presses universitaires de France, 1997.

Id., « Violence in the novels of Charlotte [de] Bournon-Malarme », in : *Representing violence in France 1760-1820*, Thomas Wynn (éd.), Oxford, Voltaire Foundation, 2013, pp. 251-260.

Simon Dickie, *The mid-century ramble novels. On the mass of comic or semi-comic 'lives', 'histories', 'rambles' and 'adventures' consumed by the English reading public in the mid-eighteenth century*, Stanford, Centre for the study of the novel, 2001.

Ugo Dionne, *La voie aux chapitres*, Coll. Poétique, Paris, Editions du Seuil, 2008.

Jean-Louis Dufays, *Stéréotype et lecture : essai sur la réception littéraire*, Liège, Mardaga, 1994.

Id., « Lecture littéraire vs lecture ordinaire : une dichotomie à interroger », in : *L'expérience de lecture*, Vincent Jouve (éd.), Paris, L'improviste, 2005, pp. 309-322.

Alexandre Duquaire, Nathalie Kremer et Antoine Eche, « Introduction », in : *Les genres littéraires et l'ambition anthropologique au dix-huitième siècle : expériences et limites*, études réunies par Alexandre Duquaire, Nathalie Kremer et Antoine Eche, Leuven, Peeters, 2005, pp. 1-8.

Edmond Dziembowski, *Un nouveau patriotisme français : 1750-1770*, SVEC 365, Oxford, Voltaire Foundation, 1998.

Id., « Remarques sur les transferts culturels franco-britanniques au XVIIIe siècle », in : *Les circulations internationales en Europe, années 1680-années 1780*, s. dir. de Pierre-Yves Beaurepaire et Pierrick Pourchasse, Rennes, PUR, 2010, pp. 453-468.

Yaël Ehrenfreund, « Le Lord, le bon Quaker et le petit marquis français : les représentations de l'Anglais, entre drame et comédie », in : *Interfaces artistiques et littéraires dans l'Europe des Lumières*, Elisabeth Détis (éd.), Le Spectateur Européen 2, Montpellier, Presses de l'Université Paul Valéry, 2000, pp. 187-207.

Michel Espagne et Michael Werner (éds), *Transferts. Les relations interculturelles dans l'espace franco-allemand (XVIIIe et XIXe siècles)*, Paris, Editions recherches sur les civilisations, 1988.

Nathalie Ferrand, *Le roman français au berceau de la culture allemande. Réception des fictions de langue française à Weimar au XVIIIe siècle, d'après les fonds de la Herzogin Anna Amalia Bibliothek*, Université de Montpellier III, 2003.

Id., « Le creuset allemand du roman européen. Pour une histoire culturelle et transnationale du roman des Lumières », *Romanistische Zeitschrift für Literaturgeschichte* 3/4 (2006), pp. 303-337.

Id., « Les romans de Mme Riccoboni en Allemagne au XVIIIe siècle », in : *Mme Riccoboni, Romancière, Epistolière, Traductrice*, éd. par Jan Herman, Kris Peeters et Paul Pelckmans, La République des lettres 34, Leuven, Peeters, 2007.

Id., « Les circulations européennes du roman français. Leurs modalités et leurs enjeux », in : *Les circulations internationales en Europe, années 1680-années 1780*, s. dir. de Pierre-Yves Beaurepaire et Pierrick Pourchasse, Rennes, PUR, 2010, pp. 390-410.

Id. (éd.), *Traduire et illustrer le roman*, SVEC 2011 : 05, Oxford, Voltaire Foundation, 2011.

Ruth Florack, *Bekannte Fremde. Zu Herkunft und Funktion nationaler Stereotype in der Literatur*, Tübingen, Niemeyer, 2007.

Bernadette Fort, *Le langage de l'ambiguïté dans l'œuvre de Crébillon-fils*, Paris, Klincksieck, 1978.

Id., « *Les Heureux Orphelins* de Crébillon : de l'adaptation à la création romanesque », *RHLF* 80 (1980), pp. 554-573.

Adeline Gargam, *Les Femmes savantes, lettrées et cultivées dans la littérature française des Lumières ou la conquête d'une légitimité (1690-1804)*, Paris, Champion, 2013.

Howard Gaskill (ed.), *The Reception of Ossian in Europe*, coll. The Reception of British and Irish Authors in Europe, Londres, New Delhi, New York et Sydney, Bloomsbury, 2004.

Gérard Genette, « Vraisemblance et motivation », in : *Figures II : Essais*, Paris, Editions du Seuil, 1979, pp. 71-100.

Id., *Palimpsestes : La littérature au second degré*, Paris, Editions du Seuil, 1982.
Id., *Seuils*, Paris, Editions du Seuil, 1987.
Id., *Fiction et Diction*, Paris, Editions du Seuil, 1991.
Anne Giard, *Savoir et récit chez Crébillon-fils*, Grenoble, Presses Universitaires, 1983.
Yves Giraud, *Bibliographie du roman épistolaire en France des origines à 1842*, Fribourg, éd. universitaires, 1977.
Jean-Marie Goulemot, « Dialogisme culturel au XVIIIe siècle », actes publiés sous la direction de Jean-Marie Goulemot, *Cahiers d'histoire culturelle* 4 (1997), pp. 3-13.
Wilhelm Graeber, *Der englische Roman in Frankreich : 1741-1763. Übersetzungsgeschichte als Beitrag zur französischen Literaturgeschichte*, Heidelberg, Universitätsverlag C. Winter, 1995.
Id., « Le charme des fruits défendus : les traductions de l'anglais et la dissolution de l'idéal classique », in : *La traduction en France à l'âge classique*, Lieven D'hulst et Michel Ballard (eds.) Villeneuve d'Ascq, Presses Universitaires du Septentrion, 1996, pp. 305-319.
Frederick Charles Green, « Montesquieu the Novelist and some imitations of the Lettres persanes », *The Modern Language Review* 20 : 1 (1925), pp. 32-42.
Id., « The Eighteenth-century critic and the French Novel », *The Modern Language Review* 23 : 2 (1928), pp. 174-187.
Josephine Grieder, « The novel as a Genre : Formal French Literary theory, 1760-1800 », *French Review* 46 (1972-1972), pp. 278-290.
Id., *Anglomania in France : 1740-1789, fact, fiction and political discourse*, Genève – Paris, Droz, 1985.
Id., « Eighteenth-century French Anglomania and Champigny's Mémoires de Miss Fanny Palmer », *The Journal of the Rutgers University Libraries* 50 : 2 (1988), pp. 115-119.
Jean-Yves Guiomar, « Le Nord et le Midi », in : *La Nation entre l'histoire et la Raison*, Paris, Editions la Découverte, 1990.
Jacques Gury, « Un anglomane breton au XVIIIe siècle : le comte de Catuélan », *Annales de Bretagne* 79 : 3 (1972), pp. 589-624.
Id., « Une excentricité à l'anglaise : l'Anglomanie », in : *L'excentricité en Grande-Bretagne au 18e siècle*, M. Plaisant (éd.), Université de Lille III, 1976, pp. 191-209.
Jürgen Habermas, *L'espace public, archéologie de la publicité comme dimension constitutive de la société bourgeoise*, traduit de l'allemand par Marc B. de Launay, Paris, Payot, 2003.
Zeina Hakim, *Fictions déjouées. Le récit en trompe-l'œil au XVIIIe siècle*, Genève, Droz, 2012.
Daniel Hall, *French and German Gothic Fiction in the Late Eighteenth Century*, European Connections 14, Bruxelles, Peter Lang, 2004.

Id., « James Macpherson's Ossian : Forging Ancient Highland Identity for Scotland », in : *Constructing Nations, Reconstructing Myth, Essays in Honour of T.A. Shippey*, Andrew Wawn (éd.), Coll. Making the Middle Ages series 9, Brepols, Turnhout, 2007, pp. 3-26.

Pierre Hartmann, « Le motif du viol dans la littérature romanesque du XVIIIe siècle », *Travaux de littérature* 7, 1994, pp. 223-244.

Paul Hazard, *La pensée européenne au XVIIIe siècle de Montesquieu à Lessing*, Paris, Fayard, 1946.

Id., *La crise de la conscience européenne : 1680-1715*, Paris, Gallimard, 1968.

Elizabeth Heckendorn Cook, *Epistolary Bodies. Gender and Genre in the Eighteenth-Century Republic of Letters*, Stanford, University Press, 1996.

Jérôme Hélie, *Petit atlas historique des Temps modernes*, Armand Colin, 2003.

Jesse Winslow Hemperley, *The 'journal encyclopédique' (1756-93) as an intermediary of English literature in France*, Vanderbilt University, Ann Arbor, 1971.

Jan Herman, *Le mensonge romanesque : paramètres pour l'étude du roman épistolaire en France,* Amsterdam, Rodopi – Leuven University Press, 1989.

Id., « Topos de l'enfant abandonné et figures rhétoriques de l'inachèvement dans 'Histoire d'une Grecque moderne' de Prevost », in : *L'œuvre inachevée*, Actes du colloque international de Lyon II et III (décembre 1998), Annie Rivara et Guy Lavoral (éds), Lyon, CEDIC, 1998, pp. 159-172.

Id., « La pseudo-traduction de romans anglais dans la première moitié du XVIIIe siècle. Analyse titrologique », in : *La traduction romanesque au XVIIIe siècle*, Annie Cointre, Annie Rivara et Alain Lautel, Arras : Artois presses, 2003, pp. 11-25.

Id., Mladen Kozul et Nathalie Kremer, *Le Roman véritable. Stratégies préfacielles d'accréditation et de légitimation au XVIIIe siècle*, SVEC 2008 (8), Oxford, Voltaire Foundation, 2008.

Id., Mladen Kozul et Nathalie Kremer, « Crise et triomphe du roman au XVIIIe siècle. Un bilan », in : *Le Second Triomphe du roman du XVIIIe siècle*, études présentées par Philip Stewart et Michel Delon, SVEC 2009 (2), Oxford, Voltaire Foundation, 2009, pp. 22-66.

Id., *Le Récit génétique au XVIIIe siècle*, SVEC 2009 (11), Oxford, Voltaire Foundation, 2009.

Id., Nathalie Kremer et Beatrijs Vanacker, *Les lumières en toutes lettres*, Leuven, Acco, 2009.

Id., « Image de l'auteur et création d'un ethos fictif à l'âge classique », *Argumentation et analyse du discours* 3 (2009), s. dir. de Michèle Bokobza et Ruth Amossy, pp. 1-12. [http://aad.revues.org/672]

François Heurtematte (éd.), *Ossian – Macpherson. Fragments de poésie ancienne*, traduction de Diderot-Turgot-Suard, Paris, José Corti, 2008.

Marian Hobson, *The Object of Art : The Theory of Illusion in Eighteenth-century France*, Cambridge, University Press, 1982.

Peter Hynes, « Curses, oaths, and narrative in Richardson's *Clarissa* », *ELH* 56 : 2 (1989), pp. 311-326.

Jonathan Israel, *Enlightenment contested. Philosophy, modernity and the Emancipation of Man 1670-1752*, Oxford, University Press, 2006.

Ronald Jenn, *La pseudo-traduction, de Cervantès à Mark Twain*, Peeters, Louvain-La-Neuve, 2013.

Silas Paul Jones, *A list of French prose fiction from 1700 to 1750*, New York, Wilson, 1939.

Vincent Jouve (éd.), *L'expérience de lecture*, Paris, L'improviste, 2005.

Béatrice Joyeux-Prunel, « Les transferts culturels, un discours sur la méthode », *Hypothèses* 1 (2002), pp. 149-162.

Raymond Kelly, *L'évolution de la théorie de la traduction en France au XVIIIe siècle : étude sur les idées esthétiques et littéraires dans leurs rapports avec l'Anglomanie*, Lyon, 1957. Thèse inédite.

John Kent, « Crébillon fils, Mrs. Eliza Haywood and Les Heureux Orphelins : A Problem of Authorship », *Romance Notes* 11 (1969), pp. 326-332.

Thomas Keymer et Peter Sabor, *« Pamela » in the Marketplace : Literary Controversy and Print Culture in Eighteenth-century Britain and Ireland*, Cambridge, University Press, 2005.

Nathalie Kremer, « De la feintise à la fiction. Le mouvement dialogal de la préface », in : *Neophilologus* 91 (2007), pp. 583-595.

Id., *Préliminaires à la théorie esthétique du XVIIIe siècle*, Paris, Editions Kimé, 2008.

Huguette Krief, *Entre terreur et vertu : et la fiction se fit politique... (1789-1800)*, Paris, Champion, 2010.

Paul Langford, *Englishness identified : Manners and Character 1650-1850*, Oxford, University Press, 2000.

Philippe Laroch, *Petits-maîtres et roués : évolution de la notion du libertinage dans le roman français du XVIIIe siècle*, Québec, Presses Université Laval, 1979.

Alain Lauzanne, « Les Français à l'heure anglaise : l'anglomanie de Louis XV à Louis-Philippe », *Arob@se* 3 : 2 (1999), pp. 1-14.

Annie Le Brun, *Les châteaux de la subversion ; suivi de Soudain un bloc d'abîme, Sade*, Paris, Gallimard, 2010.

Joep Leerssen, « Mimesis and stereotype », *Yearbook of European Studies* 4, Amsterdam, Rodopi, 1991, pp. 165-176.

Id., « The rhetoric of National Character : a Programmatic Survey », *Poetics Today* 21 : 2 (2000), pp. 267-291.

Id. et Manfred Beller, *Imagology : The cultural construction and literary representation of national characters. A critical survey*, Studia imagologica 13, Amsterdam-New York, Rodopi, 2007.

Eloïse Lièvre, « D'une Querelle à l'autre : l'auteur et le critique, une relation sociale et morale », in : *Critique, critiques au XVIIIe siècle*, Malcolm Cook et Marie-Emmanuelle Plagnol-Diéval (éds), French Studies 22, Bern, Peter Lang, 2006, pp. 11-24.

Josep Llobera, *The God of Modernity : The Development of Nationalism in Western Europe*, Oxford, Berg publishers, 1994.

Richard Lodge, « The anglo-french alliance 1716-1731 », in : *Studies in Anglo-French History during the 18th, 19th and 20th centuries*, Alfred Coville et Harold Temperley (éds), Cambridge, University Press, 1935, pp. 4-17.

Hans-Jürgen Lüsebrink, « La perception de l'Autre. Jalons pour une critique littéraire interculturelle », *Tangence 51* (1996), pp. 51-66.

Lawrence Lynch, « Richardson's influence on the concept of the novel in 18th century France », *Comparative Literature Studies* 17 : 3 (1977), pp. 233-243.

Erin Mackie, *Rakes, Highwaymen, and Pirates. The making of the modern Gentleman in the Eighteenth Century*, Baltimore, John Hopkins University Press, 2009.

Dominique Maingueneau, *Le contexte de l'œuvre littéraire : énonciation, écrivain, société*, Paris, Dunod, 1993.

Id., « Scénographie épistolaire et débat public », in : *La lettre entre réel et fiction*, éd. par Jürgen Siess, Paris, Sedes, 1999, pp. 55-71.

Id., « Ethos, scénographie, incorporation », in : *Images de soi dans le discours : la construction de l'ethos* s. dir. de Ruth Amossy et Jean-Michel Adam, Collection Sciences des discours, Lausanne, Delachaux et Niestlé, 1999, pp. 75-100.

Id., *Linguistique pour le texte littéraire*, Paris, Armand Colin, 2007.

Jenny Mander (éd.), *Remapping the Rise of the European Novel*, Oxford, Voltaire Foundation, 2007.

Yasmine Marcil, *La fureur des voyages : les récits de voyage dans la presse périodique (1750-1789)*, Paris, Champion, 2006.

Angus Martin, Vivienne Mylne et Richard Frautschi, *Bibliographie du genre romanesque français : 1751-1800*, Londres – Paris, Mansell – France expansion, 1977.

Georges May, *Le Dilemme du roman au XVIIIe siècle : étude sur les rapports du roman et de la critique (1715-1761)*, New Haven, Yale University Press, 1963.

Maryon McDonald, « The Construction of Difference : an Anthropological Approach to Stereotypes », in : *Inside European Identities*, éd. par Sharon McDonald, Oxford & New York, Berg, 1997, pp. 219-236.

Elaine McGirr, « Manly lessons : *Sir Charles Grandison*, the rake, and the man of sentiment », *Studies in the novel* 39 : 3 (Fall 2007), pp. 268-283.

Mary Helen McMurran, « Taking liberties : Translation and the Development of the Eighteenth-Century Novel », *The Translator* 6 : 1 (2000), pp. 87-108.

Id., « National or transnational? The eighteenth-century novel », in : *The Literary Channel : the international invention of the novel*, Margaret Cohen et Carolyn Dever (éds), Princeton et Oxford, University Press, 2002, pp. 50-72.

Id., *The spread of novels. Translation and prose fiction in the eighteenth century*, Princeton, University Press, 2010.

Charles Michaud, *Biographie universelle, ancienne et moderne, ou histoire, par ordre alphabétique, de la vie publique et privée de tous les hommes qui se sont faits remarquer par leurs écrits, leurs actions, leurs talents, leurs vertus ou leurs crimes*, nouvelle éd. sous la direction de Louis G. Michaud, Paris, Desplaces, 1854-1858.

Bernard Miège, « À propos de la formation de l'espace public en France au XVIIe et XVIIIe siècles », in : *Journaux et journalistes, hommage à Jean Sgard*, Recherches et Travaux 48, Grenoble, Presses Universitaires, 1995, pp. 177-188.

Baudouin Millet, *« Ceci n'est pas un roman » : L'évolution du statut de la fiction en Angleterre de 1652 à 1754*, La république des Lettres 31, Leuven, Peeters, 2007.

Monika Moravetz, *Formen der Rezeptionslenkung im Briefroman des 18. Jahrhunderts*, Tübingen, Gunter Narr Verlag, 1990.

Isabelle Moreau, *« Guérir du sot ». Les stratégies d'écriture des libertins à l'âge classique*, coll. Libre pensée et littérature clandestine 30, Paris, Honoré Champion, 2007.

Pierre Moreau, *La critique littéraire en France*, Paris, Armand Colin, 1960.

Daniel Mornet, *Les origines intellectuelles de la Révolution française : 1715-1789*, Lyon, Editions de la Manufacture, 1989.

Emeline Mossé, *Le langage de l'implicite dans l'œuvre de Crébillon fils*, Paris, Champion, 2009.

Georges Mounin, *Les belles infidèles*, Lille, Presses Universitaires, 1994.

Jean-Marc Moura, « L'imagologie littéraire : essai de mise au point historique et critique », *Revue de littérature comparée* 66 : 3 (1992), pp. 271-287.

François Moureau, *Dictionnaire des lettres françaises : Le XVIIIe siècle*, éd. revue et mise à jour sous la direction de F. Moureau, Paris, Fayard, 1995.

Vivienne Mylne, *The Eighteenth-Century French Novel : Techniques of Illusion*, Manchester – NY, Manchester UP – Barnes & Noble, 1965.

Gerald Newman, *The Rise of English Nationalism : A cultural history (1740-1830)*, Londres, Weidenfeld et Nicholson, 1987.

Claude Nordmann, « Anglomanie et anglophobie en France au XVIIIe siècle », *Revue du Nord* 66 : 261-262 (1984), pp. 787-803.

Daniel-Henri Pageaux, « Image/Imaginaire », in : *Europa und das nationale Selbstverständnis : imagologische Probleme in Literatur, Kunst und Kultur des 19. Und 20. Jahrhunderts*, Hugo Dyserinck et Karl U. Syndram (éds), Bonn, Bouvier Verlag, 1988, pp. 367-380.

Id., « De l'imagerie culturelle à l'imaginaire », in : *Précis de littérature comparée*, Pierre Brunel et Yves Chevrel (éds), Paris, PUF, 1989, pp. 133-162.

Id., « De l'imagologie à la théorie en littérature comparée : éléments de réflexion », in : *Europa Provincia Mundi : essays in comparative literature and European studies offered to Hugo Dyserinck*, Joep Leerssen et Karl U. Syndram (éds), Amsterdam, Rodopi, 1992, pp. 367-379.

Id., « Images », in : *La littérature générale et comparée*, Paris, Armand Colin, 1994, pp. 59-76.

Robert Palmer, « The national idea in France before the revolution », *Journal of the history of ideas* 1 : 1 (1940), pp. 95-111.

Adrien Pasquali, *Le Tour des horizons : critique et récits de voyage*, Paris, Klincksieck, 1994.

Paul Pelckmans, « L'Écosse des romancières », in : *Locus in Fabula. La topique de l'espace dans les fictions françaises d'Ancien Régime*. s. dir. de Nathalie Ferrand, La République des Lettres 19, Louvain, Peeters, pp. 249-259.

Alexandre Pigoreau, *Petite bibliographie biographico-romancière ou dictionnaire des Romanciers*, Genève, Slatkine Reprints, 1968.

René Pomeau, *L'Europe des Lumières : cosmopolitisme et unité européenne au dix-huitième siècle*, Paris, Stock, 1966.

Tiffany Potter, « Genre and cultural disruption : Libertinism and the Early English Novel », *Eighteenth-Century Studies* 29 : 1-2 (2003), pp. 171-196.

Stéphane Pujol, « Histoire et philosophie de l'histoire », in : *Raison universelle et culture nationale au siècle des Lumières,* éd. par David Bell, Ludmila Pimenova et Stéphane Pujol, Etudes internationales sur le dix-huitième siècle 2, Paris, Champion, 1999.

Joseph Marie Quérard et al., *La France littéraire, ou dictionnaire biographique des savants, historiens et gens de lettres de la France, ainsi que des littérateurs étrangers qui ont écrit en français, plus particulièrement pendant les XVIIIe et XIXe siècles*, Paris, Maisonneuve et Larose, 1964 (1826-1842).

James Raven, *The English novel 1770-1829 : a bibliographical survey of prose fiction published in the British Isles*, vol. 1 : 1770-1799, Oxford, University Press, 2000.

Louis Réau, *L'Europe française au siècle des Lumières*, Paris, Albin Michel, 1938.

Elizabeth Rechniewski, « References to 'national character' in the 'Encyclopédie' : The Western European Nations », in : *History of the book; Translation; History of Ideas; Paul et Virginie, Varia*, Jonathan Mallinson (éd.), Oxford, Voltaire Foundation, 2003, pp. 221-237.

Lucie Robert, « Monsieur Quesnel ou le Bourgeois anglomane », *Voix et Images* 20 : 2 (1995), pp. 362-387.

Geneviève Roche, *Les traductions-relais en Allemagne au XVIIIe siècle. Des lettres aux sciences*, Paris, CNRS, 2001.

Charles-Alfred Rochedieu, *Bibliography of French translations of English works 1700-1800*, Chicago, University Press, 1948.

Roberto Romani, *National character and public spirit in Britain and France : 1750-1914*, Cambridge, University Press, 2006.

François Rosset, « L'usage ambigu des stéréotypes nationaux », in : *Ecrire à Coppet : nous, moi et le monde*, Genève, Slatkine, 2002, pp. 83-105.

Id., « Poétique des nations dans *Corinne* », in : *Ecrire à Coppet : nous, moi et le monde*, Genève, Slatkine, 2002, pp. 107-127.

Christine Roulston, *Virtue, Gender and the authentic Self in 18th century fiction : Richardson, Rousseau, Laclos*, Florida, Gainesville, 1998.

Jean Rousset, *Narcisse Romancier : essais sur la première personne dans le roman*, Paris, José Corti, 1973.

Anne Saada, « L'accueil de Crébillon fils en Allemagne au XVIIIe siècle », *Revue de littérature comparée* 3 (2002), pp. 343-354.

Peter Sahlins, *Boundaries : the making of France and Spain in the Pyrenees*, California, University of California Press, 1989.

Eva Martin Sartori *et al.* (éds), *Feminist Encyclopedia of French Literature*, Westport – Londres, Greenwood Press, 1999.

Jean-Marie Schaeffer, *Pourquoi la fiction ?*, Paris, Editions du Seuil, 1999.

Jean-Paul Sermain (éd.), *Cleveland de Prévost. L'épopée du siècle*, Paris, Desjonquères, 2006.

Andrej Siemek, *La recherche morale et esthétique dans le roman de Crébillon-fils*, Oxford, Voltaire foundation, 1981.

Jean Sgard, *Dictionnaire des journalistes, 1600-1789*, Grenoble, Presses universitaires, 1976.

Id., *Dictionnaire des journaux 1600-1789*, Paris, Universitas, 1991.

Id., « Le Titre comme programme : Histoire d'une Grecque moderne », *Rivista di Letterature Moderne e Comparate* 47 : 3 (1994), pp. 233-240.

Antoinette Marie Sol, *Textual Promiscuities : Eighteenth-Century Critical Rewriting*, Cranbury – London, Associated University Presses, 2002.

Albert Sorel, *Histoire de France et d'Angleterre : la rivalité, l'entente, l'alliance*, Amsterdam, Editions françaises d'Amsterdam, 1950.

Serge Soupel, « Richardson as a source for Baculard d'Arnaud's novelle », *Revue de Littérature Comparée* 67 : 2 (1993), pp. 207-217.

Domna Stanton, « The Demystification of History and Fiction in *Les Annales galantes* », *Papers in French Seventeenth-Century Literature* 17 : 31 (1987), pp. 339-60.

Lieselotte Steinbrügge, « Kritische Briefe zur Kultur der Aufklärung : Madame Riccoboni's *Lettres de Milord Rivers* », in : *Die Frau im Dialog. Studien zur Theorie und Geschichte des Briefes*, Anita Runge et Lieselotte Steinbrügge (éds), Stuttgart, Metzler, 1991, pp. 77-92.

Philip Stewart, *Imitation and Illusion in the French memoir-novel. 1700-1715*, New Haven, Yale University Press, 1967.

Id., « Traductions et adaptations : le roman transnational », in : *Le second Triomphe du Roman du XVIIIe siècle*, s.dir. de Philip Stewart et Michel Delon, Oxford, Voltaire Foundation, 2009, pp. 161-170.

Jean-René Suratteau, « Cosmopolitisme et patriotisme au siècle des Lumières », *Annales historiques de la Révolution française* 55 (1983), pp. 364-389.

Kristiina Taivalkovski, *La tierce main. Le discours rapporté dans les traductions françaises de Fielding au XVIIIᵉ siècle*, Arras, Artois Presses de l'Université, 2006.

Joseph Texte, *Jean-Jacques Rousseau et les origines du cosmopolitisme. Etude sur les relations littéraires de la France et de l'Angleterre au XVIIIᵉ siècle*, Genève, Slatkine Reprints, 1970.

Tzvetan Todorov, *Nous et les Autres : la réflexion française sur la diversité humaine*, Paris, éditions du Seuil, 1989.

Beatrijs Vanacker, « On the inconstancy, the perfidy and deceit of mankind in love affairs : Eliza Haywood's translation of *La paysanne parvenue* », in : *Translators, interpreters, mediators, women writers, 1700-1900*, Gillian Dow (éd.), Bern, Peter Lang, 2007, pp. 55-71.

Id., « The *histoire angloise* : towards a cosmopolitan view of the Other? » in : *Re-thinking Europe : Literature and (trans)national identity*, Nele Bemong, Mirjam Truwant et Pieter Vermeulen (éds), Textxet 55, Amsterdam-New York, Rodopi, 2008, pp. 33-46.

Id., « Entre fond et forme : le discours dialectique sur le commerce et le luxe dans le 'Pour et Contre' de Prévost », *Romanistische Zeitschrift für Literaturgeschichte* 32 : 3/4 (2008), pp. 267-281.

Id., « La fiction française à la remorque d'Angleterre : au sujet de quelques avatars romanesques de *Pamela* », *Canadian Review of Comparative Literature* 40 : 2 (2014), pp. 161-178.

Id., « Épouser un étranger : Enjeux argumentatifs du mariage franco-anglais dans quelques 'histoires anglaises' », in : *Le mariage et la loi dans la fiction narrative avant 1800*, Guiomar Hautcoeur et Françoise Lavocat (eds.), Leuven, Peeters, 2014, pp. 237-252.

Gilbert van de Louw, *Baculard d'Arnaud, romancier ou vulgarisateur (essai de sociologie littéraire*, Université de Nancy, thèse de doctorat, 1972.

Paul Van Tieghem, *Ossian en France*, Bibliothèque de Littérature comparée, Paris, F. Rieder et Cie, 1917.

Id., *L'année littéraire comme intermédiaire en France des littératures étrangères*, Paris, 1917.

Laurent Versini, *Le roman épistolaire*, Coll. Littératures modernes 20, Paris, P.U.F., 1979.

Frank Wagner, « Le récit fictionnel et ses marges : état des lieux », *Vox Poetica* (2006). [http://www.vox-poetica.org/t/articles/wagner2006.html]

Richard Watts, *Packaging (post)-coloniality : the manufacture of literary identity in a francophone world*, Lanham M.D., Lexington Books, 2005.

Christian Zonza, *La nouvelle historique en France à l'âge classique : 1657-1703*, Paris, Champion, 2007.

Index

Acomb   31–33, 35, 331, 346
Angelet   1 n. 1, 345

Baculard d'Arnaud   15, 82, 84, 92, 109, 111, 116, 131, 139, 141–143, 145–146, 183–184, 199, 204, 214, 215 n. 27, 218, 219, 220 n. 47, 221, 260, 267, 334, 341–342, 349
Ballard   68, 351
Baysson   34, 36, 39, 347
Beasley   78 n. 23, 79 n. 26, 347
Béat de Muralt   6, 25, 27, 43–45, 52, 55, 331, 345
Beccary   22, 86 n. 49, 89, 90, 94–101, 107, 135 n. 194, 136–138, 185, 215 nn. 29, 31, 262, 267, 292, 334, 338, 342, 343
Behn   80, 125 n. 162, 302 n. 85
Bell   30, 33, 35–36, 40, 44, 49, 289 n. 50, 290, 331, 347, 356
Benrekassa   38, 347
Boissy   7, 10, 55, 182, 227 n. 70, 228, 266, 343
Bokobza   88, 211 n. 15, 274 n. 6, 347, 352
Bonno   29, 32, 51–53, 228, 347
Bony   79 nn. 30–31, 80, 347
Bourdieu   144, 145 n. 227, 347
Bourdon   26, 56, 58, 343
Bournon-Malarme   24, 76, 85, 86 n. 49, 89, 94, 100–107, 116, 123, 132, 143, 146, 149, 185–186 n. 43, 195–196, 198, 207, 210, 215 n. 25, 216, 218, 220, 224, 229, 231, 232 n. 85, 239, 240 n. 110, 241–242, 248–249 n. 138, 250, 253, 259, 269, 292, 338, 342
Briel   204, 206, 342
Büch   2, 8 n. 36, 348
Buruma   2, 4, 50–51, 348

Cazenobe   211 nn. 14–15, 213–214 n. 23, 254–255 n. 160, 256, 265 n. 206, 274, 348
Cazenove d'Arlens   85–86, 186 n. 43, 189–191 nn. 59, 61, 192 nn. 62, 68, 193, 194–197 n. 79, 199, 203, 238, 342–343
Censer   348
Charles (Shelly)   11 n. 49, 12 n. 52, 13, 14, 52 n. 105, 64 n. 149, 65, 67 n. 156, 68 n. 162,

72 nn. 3, 6, 74, 75, 76, 93, 128 n. 171, 289 n. 49, 345, 348
Chénier   4, 9 n. 38, 343
Cohen   183 n. 37, 354
Contant d'Orville   57, 343
Cottin   186 n. 43, 195, 47, 200 n. 86, 201 n. 92, 202 n. 94, 343
Coyer   25, 41, 48, 331, 344
Cragg   210 n. 12, 307 n. 101, 310 n. 113, 319 n. 134, 342
Crébillon-fils   21, 23, 66, 114, 117, 118, 120–122, 128, 135 n. 193, 137, 143–145, 169, 211–214 n. 114, 228, 241, 254,–258, 271–277, 279–280, 282–286, 288, 305, 329, 339, 341, 344, 348, 350–351, 353, 355, 357
Crouzet   29, 349

d'Aulnoy   171, 206, 341
de Boissy   7, 10, 55, 182, 227–228, 266, 343
de Bombelles   26, 343
de Cueullet   85
de Fleurieu   186 n. 43, 188, 196, 198 n. 80, 343
Defoe   64, 79, 80, 206, 211
de la Gueusnerie   24, 91, 204, 239, 243, 250, 341
de la Serrie   203, 345
Delon   15, 64, 82 n. 40, 101, 133, 183 n. 36, 214, 253 n. 155, 267, 342, 349, 352, 357
de Puisieux   125
de Sacy   261, 342
Desfontaines   4, 122 n. 153, 124
de Souza   24, 86, 186 n. 45, 252 n. 152, 342
de Villedieu   78–79 n. 26, 174, 346, 347
D'hulst   68, 351
Diderot   4, 37, 38, 114, 128, 129, 142 n. 213, 202, 344, 347
Dionne   186 n. 46, 349
Duclos   211
Dufays   20, 110 n. 115, 148 n. 238, 152 nn. 7–8, 153–159, 164, 205–206 n. 2, 248 n. 136, 344
Dziembowski   17, 28, 30, 32–33, 34 n. 32, 40, 44, 50–51, 53–55, 60, 331, 350

Ehrenfreund   228 n. 72, 350

Favart   31
Fielding   64–65, 80 n. 30, 104, 125, 127, 147, 176 n. 15, 182, 257 n. 169, 310, 344
Fougeret de Monbron   6 n. 24, 51, 53, 55, 57, 60, 344
Fréron   4, 111, 113–114, 140, 146, 344

Garrick   150 n. 243, 311, 322 n. 147, 345
Genette   22 n. 77, 72 n. 5, 77–78, 81, 87, 159 n. 29, 350
Goldoni   182
Graeber   12 n. 51, 64 n. 147, 67–68, 83 n. 42, 182–183 n. 34, 185, 214 n. 21, 308 n. 102, 333–334, 351
Green   182 n. 32, 351
Grieder   2, 8–9 n. 37, 12–13 n. 53, 14–15 n. 57, 18–20 nn. 72–74, 31–33, 40–41 n. 63, 47, 52–54, 57, 59, 61, 83–84, 86, 171, 174, 183–184, 186 n. 44, 242, 289 n. 51, 290, 335, 337 n. 10, 351
Grimm   63, 111, 113–115, 117–119, 121–123, 127–128, 135 n. 193, 137–139, 141–146, 212–213, 218, 255–256, 274, 290, 310–311, 332, 344
Grosley   25, 45, 46–48, 322, 344
Gury   3, 6 n. 23, 7 n. 25, 26 nn. 6–7, 54–56, 343, 351

Hartmann   214 n. 22, 216 n. 35, 225 n. 63, 352
Haywood   66, 117–118 n. 138, 211–213, 256, 272–273, 276–277, 302, 329, 344
Hazard   50 n. 59, 352
Hélie   28 n. 12, 352
Herman   1 n. 1, 5 n. 19, 10 n. 42, 12 n. 50, 14 n. 56, 16, 66, 67 n. 155, 72 n. 4, 73, 74, 76, 82 n. 40, 83 n. 41, 88 n. 57, 118 n. 138, 140 n. 209, 144 n. 222, 151 n. 2, 176, 204, 212 n. 17, 293 n. 57, 310 n. 113, 315345, 347, 350, 352
Hobson   82 n. 40, 83, 353
Hume   38, 56 n. 124, 150 n. 245, 152, 344, 345
Hynes   259 n. 177, 353

Imbert   86, 90–91, 135 n. 194, 136, 215 n. 26, 238 n. 108, 264, 342

Keymer   216 n. 34, 344, 345, 353
Kimber   66, 212 n. 17, 213, 228 n. 73, 256–258 n. 174, 329, 344
Kozul   10 n. 42, 74, 82 n. 40, 352
Kremer   10 n. 42, 74, 82 n. 40, 87 n. 52, 105 n. 107, 112 n. 122, 140 n. 209, 349–350, 352–353

Laclos   183 n. 33, 211 n. 14, 254–255, 296, 348, 357
La Combe   25, 345
Lafont   94, 186 n. 45, 252 n. 153, 342
Langford   9 n. 39, 353
La Place   125 n. 162, 176 n. 15, 181 n. 27
Laroch   254–256 n. 168, 274, 353
Leblanc   6, 27, 44, 46, 256, 331, 345
Leerssen   20, 153 n. 9, 154 n. 11, 158–164, 173 n. 10, 175, 262, 277, 332, 353
Lefèvre de Beauvray   21, 23, 26, 41, 43, 47, 56–57, 60, 92–93, 169, 207, 223–224 n. 57, 239–240, 253, 267, 271, 289–290, 292–293, 295–297, 299–303, 305, 331, 339, 341, 345, 347
Leprince de Beaumont   15 n. 59, 86, 107, 132, 143, 146, 222, 229, 246–249, 334, 341
Le Scène des Maisons   43, 345
Librousky   186 n. 43, 224, 343
Liston   150, 327, 345
Lodge   29, 354
Lüsebrink   159, 163, 165 n. 48, 167–168, 267 n. 212, 349, 354
Lynch   182 n. 32, 354

Maingueneau   18, 88 n. 56, 170 n. 2, 354
Mallinson   348, 356
Marcil   208–209, 354
Marivaux   110–111 n. 116, 176, 211
May   10 n. 42, 16, 72–74, 144 n. 222, 354
McGirr   354
McMurran   11, 13–14, 67, 75–76, 333, 354–355
Mercier   26, 42, 46, 59–61, 331–332, 345
Million   261, n. 188
Montesquieu   3 n. 13, 37–39, 145, 161, 303, 345
Moreau   211, 355
Moura   20 n. 75, 27, 159, 164, 355
Mylne   78–79 n. 27, 83–85, 170, 354–355

INDEX

Newman   25, 206 n. 6, 257 n. 169, 290 n. 53, 355

Pageaux   7–8 20, 60, 153 n. 9, 159, 163–168, 175, 227, 355–356
Palmer   171 n. 6, 356
Pasquali   209 n. 11, 356
Pelckmans   195, 350
Pomeau   51, 356
Prévost   12, 17, 52, 65–66, 81, 83, 122, 125–126, 128 n. 171, 134, 137, 148, 162 n. 36, 176, 181, 243 n. 120, 266 n. 208, 314 n. 123, 334, 345, 358
Pujol   35 n. 36, 39 n. 54, 356

Quatremère-Disjonval   186 n. 45
Quérard   289 n. 50, 356

Radcliffe   105, 198
Réau   34–36
Rechniewski   36, 38–39, 356
Riccoboni   17 n. 64, 21, 23, 75–76, 86, 90–92, 102–103, 119, 122–123, 125, 143, 146–150, 183, 204, 209–210 n. 12, 215 n. 30, 239, 242, 266, 271, 291–292, 299, 307–311, 313–319, 321–322, 324–328, 335, 339, 341–342, 345, 349–350, 357
Richardson   4–5, 10, 12, 64, 80, 97, 104, 112, 128–129, 131–138, 181–185, 189, 195, 201, 203, 209–210, 213–219, 221–223, 235, 253–254, 256, 259 n. 177, 290, 292, 333–334, 348, 353–354, 357
Romani   36–38 n. 84, 356
Rosset   152, 228 n. 71, 356–357
Roulston   183 n. 33, 357
Rousseau   2, 4–5, 32, 39–40, 100, 114, 128 n. 172, 130, 136, 182 n. 31, 183, 296, 304 n. 93, 319 n. 134, 346

Sabatier de Castres   8–9 n. 37, 100, 116–117, 246, 341, 346
Sabor   216 n. 34, 353
Sartori   147 n. 236, 357
Sgard   77 n. 20, 81 nn. 37–38, 111 nn. 119, 113 n. 126, 272 n. 1, 341–345, 355
Siemek   211 n. 15, 274, 280 n. 28, 284 n. 36, 357
Sol   183 n. 35, 357
Sorel   33, 357
Stanton   79 n. 25, 357
Steinbrügge   314 n. 122, 357
Stewart   16, 64 n. 147, 82 n. 40, 272 n. 1, 273 n. 2, 341, 345, 352
Streeter   68 n. 163, 123 n. 155
Suratteau   34–36, 357

Taivalkovski   65, 358
Teuton   90 n. 63, 135 n. 195, 215 n. 28, 224, 259 n. 178, 342
Texte   2–3, 4, 32, 51–52, 182 n. 32, 183 n. 33, 266 n. 208, 358
Todorov   39–40, 155, 358

Vanacker   212 n. 17, 140 n. 209, 352, 358
Van Tieghem   113 n. 127, 114 nn. 128–130, 140 n. 208, 182 n. 32, 195 n. 71, 200, 201 n. 89, 208, 358
Versini   97 n. 80, 183 n. 36, 185, 216–217, 255 n. 164, 345, 358
Voltaire   27, 39, 43, 44 n. 77, 50–52, 55, 92 n. 69, 111 nn. 117–118, 114, 145, 182, 329, 346

Watts   89 n. 59, 358
Witart de Bézu   108, 229, 232, 235–237, 249, 296, 342

Zonza   171 n. 4, 358

Printed in the United States
By Bookmasters